2021年度教育部人文社会科学研究规划基金项目

项目批号：21YJA752013

文化转向视域下中国政治文献的多语种外译教学研究

叶欣

王妍、屠学诚、张晰婧、姜春林、徐淑贞、房萱、周文娟、崔杰、常晓宏著

天津社会科学院出版社

图书在版编目（C I P）数据

文化转向视域下中国政治文献的多语种外译教学研究/
叶欣等著. -- 天津 ： 天津社会科学院出版社，2024.6
　　ISBN 978-7-5563-0943-6

　　Ⅰ．①文… Ⅱ．①叶… Ⅲ．①政治－文献－翻译－教
学研究 Ⅳ．①H059

中国国家版本馆 CIP 数据核字(2024)第 050327 号

文化转向视域下中国政治文献的多语种外译教学研究
WENHUA ZHUANXIANG SHIYU XIA ZHONGGUO ZHENGZHI WENXIAN DE
DUOYUZHONG WAIYI JIAOXUE YANJIU
责任编辑：吴　琼
责任校对：杜敬红
装帧设计：高馨月
出版发行：天津社会科学院出版社
地　　址：天津市南开区迎水道 7 号
邮　　编：300191
电　　话：（022）23360165
印　　刷：高教社（天津）印务有限公司
开　　本：787×1092　　1/16
印　　张：31
字　　数：487 千字
版　　次：2024 年 6 月第 1 版　　2024 年 6 月第 1 次印刷
定　　价：98.00 元

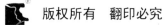

序一

党的二十大报告指出,要"坚守中华文化立场,提炼展示中华文明的精神标语和文化精髓,加快构建中国话语和中国叙事体系……加强国际传播能力建设,全面提升国际传播效能,形成同我国综合国力和国际地位相匹配的国际话语权。"为此,必须加快构建中国话语和叙事体系,打造融通中外,讲好中华优秀创新性故事,促进中华文明与世界文明交流互鉴、共同繁荣的平台,展示好中华文化蕴涵的全人类共同价值、人类命运共同体理念,不断提升国家文化软实力和中华文化的影响力,让世界更好读懂中国、读懂中国人民、读懂中国共产党、读懂中华民族。因而,加快对外翻译探索与研究,加大培养传递中国声音、讲好中国故事的翻译人才势在必行。

2016 年以来,中国政治文献外译教学与研究逐步受到高度重视,部分外语院校、各类大学的外语专业在政治题材翻译教研方面进行了大量实践。2021 年以来,外语教学与研究出版社编写了"理解当代中国"多语种系列教材,该教材的编写和投入使用,促进了政治文献外译成果的应用,形成了政治文献翻译研究与教学快速发展的良好事态。叶欣团队通过前期教研和论证,获批了 2021 年度教育部人文社会科学研究规划基金项目"文化转向视域下中国政治文献的多语种外译教学研究"。该项目以中国政治文献多语种中外对译文本为研究对象,通过多语种合作研究,试图梳理中国政治文献外译的实践、研究、教学历程,探索中国政治文献的翻译规律和特点,提出了"政治文化"的观点,并着重论述了教学应用相关课题。通过多语种政治文献外译教学实践、教学模式和教学课程的设置、与学生的互动、学习效果测量评价等环节,为外语学习者学习政治文献外译提供有益的尝试和借鉴。

团队工作卓有成效,成果可期。

如前所说,加快中国声音的对外传播,是文明互鉴的需要,也是中国式现代化的必然要求。政治文献外译成果应用于外语教学是关系到传播中国声音、讲好中国故事的重要课题,也是改革外语教学、实现教学工具性与人文性双丰收的有效方法。随着中国政治文献外译实践的发展和教研应用团队的不断壮大,贯彻习近平新时代中国特色社会主义思想,推动中外文明互鉴,构建融通中外的对外话语体系已成为全体外语人的使命与担当,更是外语教育的责任所在。衷心希望叶欣团队的研究成果助力外语教育、翻译的责任担当,共同为传播中国声音、构建有效的对外话语体系努力前行,也希望在叶欣团队研究成果的基础上产生更多更高水平的研究成果。

教育部高校外国语言文学类教学指导委员会副主任委员

日语教授　博士生导师

二〇二四年三月

序二

2021 年 5 月 31 日，中共中央政治局就加强我国国际传播能力建设进行第三十次集体学习。中共中央总书记习近平在主持学习时强调，讲好中国故事，传播好中国声音，展示真实、立体、全面的中国，是加强我国国际传播能力建设的重要任务。要深刻认识新形势下加强和改进国际传播工作的重要性和必要性，下大气力加强国际传播能力建设，形成同我国综合国力和国际地位相匹配的国际话语权。

话语体系实际上是思想理论体系和知识体系的外在表达形式，其以工具性构架承载特定的思想价值观念，以实体性表征标示思维能力。话语体系是文明传承、文化积淀的集合与总汇，体现了一国的国家形象、综合实力和发展道路。作为国家文化软实力的重要组成部分，话语体系是一个国家在国际舞台上确立话语权的前提和基础。话语包含对外话语，可以说，对外话语体系是一国向外部世界阐述其思想理论体系和知识体系的表达形式。

近年来国内党政文献外译和国外政治文献翻译研究发展向好，尤其是天津外国语大学中央文献翻译研究基地，作为中央党史与文献研究院设置的国内第一家中央文献外译实践和研究实体基地，在人才培养、实践积累和学术成果输出方面取得重要成绩，为对外讲好中国故事奠定坚实的实践和研究基础。

叶欣是天津外国语大学中央文献研究基地兼职研究员，2021 年由他领衔的课题组获批教育部人文社会科学研究规划基金项目"文化转向视域下中国政治文献的多语种外译教学研究"。该项目涉及天津外国语大学两个校区的教师和五种语言。在研究过程中课题组成员群策群力、团结合作，经过近三年的调查交流、教学实践、反复论证和大量的实证研究以及反复修改，这部作品终于呈现给广大读者。

细读这部作品，会发现其最大的特点是围绕"理论"与"实践"做文章。作品提出了"政治文化"观点，试图探讨"文化转向"翻译理论框架下，如何从意识形态的传达、中外语能力、语言外能力、翻译知识能力、工具能力等多个维度培养外译人才的理论问题。同时尝试从实践角度思考中国政治文献在外译教学中的应用问题，把外译实践、教学科研、专业人才培养等相关问题纳入研究中。客观地讲，先前高校的翻译教学很少涉及"时政文献外译"问题，而此项课题把中国政治文献融入外译教学实践，包括外译教学的典型案例、教学设计、实训操作与教学效果等诸多方面，不仅涉及本科教学，还把研究生培养问题一并考虑，对时政文献多语种外译应用研究有着重要的意义。

希望叶欣及其团队再接再厉，继续完善教学实践与研究，不断发现新问题、提出新观点，在更高层次上为我国外译事业及人才培养做出贡献！

是为序。

教育部高校外语教学指导委员会俄语分会副主任委员

天津外国语大学翻译与跨文化传播研究院院长

二级教授　博士生导师　天津外国语大学原副校长

王铭玉

二〇二四年三月

序三

在中国共产党领导下,全国人民历经改革开放四十余年的艰苦奋斗,有了今日中国综合国力的不断攀升。特别是党的十八大以来,中国的发展、中国的影响、中国的力量为世界所瞩目。党的二十大报告指出:"增强中华文明传播力影响力。坚守中华文化立场,提炼展示中华文明的精神标识和文化精髓,加快构建中国话语和中国叙事体系,讲好中国故事、传播好中国声音,展现可信、可爱、可敬的中国形象。加强国际传播能力建设,全面提升国际传播效能,形成同我国综合国力和国际地位相匹配的国际话语权。深化文明交流互鉴,推动中华文化更好走向世界。"这些论述为对外翻译工作指明了方向。本书的出版恰逢其时,为中外文明互鉴、理解当代中国,提供了有益的尝试。

本书的法译部分,作者凭借着多年一线教学经验和感悟,从法语的语言特点和学生实际需求出发,将自己对对外翻译的深刻认识和独到见解融入到教学实践与课堂设计中,探讨如何从意识形态、政治文化、应用价值等层面进行抉择、取舍和创新。在文化转向翻译理论框架下,从微观和宏观两方面,深入挖掘语言表达机制和调查文本的政治文化内涵,关注语言现象背后的因素,广泛收集学生的翻译反馈,探讨如何在中国政治文献法译中忠实有效地传递特定的政治文化和意识形态,准确把握中国政治文献外译教学中的难点和关键,增强政治文献法译教学的可操作性。读者可以进一步了解中国政治文献法译教学的理论与实践,掌握其法译的原则和方法,提高综合翻译能力和语言素养。也可以从该研究中得到启示,获取关于文化转向视域下中国政治文献法译教学的思路和体验。本书的出版为教师和学习者提

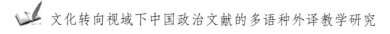

供实用的指导和帮助,同时为研究者提供参考和借鉴。同时本书对于培养具有政治立场、业务素养过硬的实用型外译人才具有较高的应用价值。

最后,感谢项目全体人员的辛勤付出,预祝《文化转向视域下中国政治文献的多语种外译教学研究》顺利出版。希望全体人员在相关领域不断探索,以"实践没有止境,理论创新也没有止境"的精神,为我国政治文献多语种外译实践做出新的探索,取得新的成绩!

河北工业大学法语系主任

邓颖

二〇二四年三月

序四

在中国共产党第二十次全国代表大会上,习近平总书记指出:"必须坚持问题导向,科教融合、加强基础学科、交叉学科建设、培养高素质的教师队伍……",为高等学校教学和科研工作指明了方向。

新时代的高等学校肩负着立德树人的根本任务。培养德智体美劳全面发展的社会主义建设者和接班人,需要高水平、有专长的教师队伍。教师需要将自己的科学研究、学术专长与经济社会发展密切结合,提出独到的创意并将研究成果应用到实际教学活动中。在全球化趋势下,在世界百年未有之大变局的背景下,我们培养的外语外事人才,不仅要"理解世界",还要让世界"理解中国";不仅要具有全球视野、家国情怀,还要能够传达中国声音和提出中国方案。

在外译教学方面,我校教师叶欣带领天津外国语大学和滨海外事学院两校区的老师,通过积极探索,成功获批 2021 年度教育部人文社会科学研究规划基金项目"文化转向视域下中国政治文献的多语种外译教学研究"。课题组经过近三年的努力与探索,现将成果呈现给大家。此课题的研究是将课堂教学、应用研究与践行习近平新时代中国特色社会主义思想、坚持"四个自信"、讲好"中国故事"相结合的有益尝试。希望这一研究成果能给翻译界的同行带来裨益。在本书出版之际,又将迎来天津外国语大学滨海外事学院成立二十周年,我谨代表项目管理单位并以个人的名义,向你们的辛勤付出和奉献,表示诚挚的慰问和感谢!

愿你们在今后的从教和科研道路上,牢记伟大导师马克思的教诲:"在科学上没有平坦的大道,只有不畏劳苦,沿着陡峭山路攀登的人,才有希望达到光辉的顶点。"

让我们为实现中华民族的伟大复兴,培养出更多具有中国智慧、通晓外语、融通世界、堪当大任的复合型人才。

最后,谨祝你们以教学为友,以科研为友,更要以学生为友!

是为序。

天津外国语大学滨海外事学院

院长　教授

二〇二四年三月

序五

为深入贯彻落实习近平总书记关于教育的重要论述,全面实施《高等学校课程思政建设指导纲要》《关于深化新时代学校思想政治理论课改革创新的若干意见》,落实教育部、天津市教委有关指示精神,2020 年课程开始,我们作为一线外语教学单位积极响应、认真组织,将课程思政元素以不同形式融入教学课堂,发挥好每门课程的育人作用,提高高校人才培养质量。我们逐渐在日语方向加入时政翻译赏析、中国政治文献外译等课程,组织英语、法语、俄语等方向讲授翻译相关课程的教师,以《习近平谈治国理政》《在庆祝中国共产党成立 100 周年大会上的讲话》和党的二十大报告等中文版、外文多语版为蓝本,编纂适合初、高年级学生的讲义,通过大量的教学实践和不断摸索,初步形成了中国政治文献外译多语教学的新格局,引领学生形成正确的价值取向,使专业知识和世界观、人生观、价值观的培养有机融合。

在前期课程实践的基础上,天津外国语大学两校区的教师利用自己的专长,积极合作,成功获批 2021 年度教育部人文社会科学研究规划基金项目"文化转向视域下中国政治文献的多语种外译教学研究"。项目组利用大量的工作外时间,历经近三年的课堂教学、理论探究、实证研究、教学评价等环节,合力完成了教学应用研究成果。在此,对你们的辛勤付出和孜孜不倦致力于科研工作的精神表示由衷的敬意!

希望你们以此为契机,百尺竿头更进一步,再接再厉,向着下一个目标勇往直前,取得更好的成绩。希望你们为国育才的同时讲好中国故事、传播中国声音、展现中国形象,向世界展现可信、可爱、全面的现代中国。希望你们在各自的工作中,"中外求索、德业竞进"!

是为序。

天津外国语大学滨海外事学院

教学副院长

二○二四年三月

目　录

序　章

第一章　文化转向翻译理论与中国政治文献翻译

第二章　中国政治文献英译本科教学

第三章　中国政治文献法译本科教学

第四章　中国政治文献俄译本科教学

第五章　中国政治文献日译本科教学

第六章　中国政治文献多语种外译硕士教学

第七章　实证研究在中国政治文献多语外译教学中的应用

第八章　从教育学的视角看中国政治文献多语种外译教学

终　章

序　章

第一节　项目简介

中国政治文献外译突破了传统的翻译定义,是一种典型的外译行为,或者说译出行为。对绝大多数中国政治文献译者来说,这是一种逆向翻译,对于译者的挑战更大,因而中国政治文献外译人才的培养也成为当今值得探讨的一个重要课题。

党的十八大以来,习近平总书记提出的"文化的力量,或者我们称之为构成综合竞争力的文化软实力,总是'润物细无声'地融入经济力量、政治力量、社会力量之中"等系列论断揭示了文化发展的趋势。党的二十大报告中指出:坚持马克思主义在意识形态领域指导,增强中华文明传播力影响力。坚守中华文化立场,提炼展示中华文明的精神标识和文化精髓,加快构建中国话语和中国叙事体系,讲好中国故事、传播好中国声音,展现可信、可爱、可敬的中国形象。加强国际传播能力建设,全面提升国际传播效能,形成同我国综合国力和国际地位相匹配的国际话语权。深化文明交流互鉴,推动中华文化更好地走向世界。为建设社会主义文化强国,我们在"不忘本来、吸收外来、面向未来"的文化形态下,培养能传递好中国声音、讲好中国故事的翻译人才势在必行。

本项目是 2021 年 3 月申请的教育部人文社会科学研究一般项目,经专家评审及教育部公示,8 月正式获批 2021 年教育部人文社会科学研究规划基金项目。

在加快构建中国特色哲学社会科学学科体系、学术体系、话语体系,不断提升国家文化软实力和中华文化影响力的引领下,坚定"四个自信",试图在"文化转向"这一翻译理论的框架下,通过中、英、法、俄、日等多语种多形式的研究探讨、实证分析,提出"政治文化"的思考,寻求中译外在实践过程中,如何从意识形态的传达、双语能力、语言外能力、翻译知识能力、工具能力等多个维度为祖国培养合格的专业人才。在研究过程中,以中国政治文献的文本为素材,提出多语种翻译外译教学模式,力争培养学生翻译出对象国人民易于理解、易于接受的文本形式。同时尝试构建在大学本科和硕士教育中引入思政进课堂的教学模式,在政治文献外译教学过程中潜移默化地为国家培养政治立场合格、业务过硬的外译人才,服务于我国的外宣、外事、外译等行业,助力新时代我国国际传播能力的建设。

项目名称:文化转向视域下中国政治文献的多语种外译教学研究

项目批号:21YJA752013

成果形式:著作

项目组成人员:叶欣、王妍、屠学诚、常晓宏、张晰䂀、姜春林、崔杰、徐淑贞、房萱、周文娟等(以项目参加时间前后为序)

项目进程:2021 年 8 月获批→2021 年 11 月成员构思→2021 年撰写准备→2022 年 8 月初稿→2022 年 9 月中期自检→2022 年 12 月完成成员交流→2023 年 5 月二稿完成→2023 年 12 月提交终稿

第二节　中国主要翻译的回顾

提到翻译,它与我国的政治经济文化发展、国情需要密不可分。外文中译主要可追溯到东汉佛经的翻译,距今已有二千多年的历史。隋唐时期,特别唐代盛世的诗词、文学、史学自不用说,民族融合、对外开放、外来文化的输入,佛教是最兴盛的宗教。其代表人物就是玄奘。玄奘曾前往印度取经,回国译成经纶七十五部,共一千三百三十五卷,译笔忠实、流畅,远远超过前人。754年,鉴真在历经数次东渡且失明的情况下终于到达日本,建立了唐招提寺,将医学、佛教的戒律等传给了日本,修正了当时日本经文的错误。到了明代后期,随着社会生产的发展,出现了资本主义萌芽。李时珍编写的《本草纲目》是16世纪前中国药物学和医学的总结,被译成各种文字。西学东渐,意大利人利玛窦作为传教士来华,与徐光启共同翻译了《几何原本》,介绍科学知识。明末清初创立了四夷馆,将西方的天文、医药等典籍介绍到中国。1793年6月,英国特使乔治·马戛尔尼勋爵访华,由于社会制度、意识形态和文化等的差异,当时的清政府虽然没有答应英国"通商设馆"的要求,但是通过翻译的交流,还是得到一些外部世界的信息;同时英国使团在滞留中国大约7个月的时间里,对中国的地理地貌、山川河流、动植物种、经济状况、社会组织形式、科技水平、军事实力、国民心态等诸多方面进行了深入的考察和研究,成功收集到了许多有关中国的第一手情报,为了解中国和40年后策划鸦片战争埋下了伏笔。

到19世纪中叶,以鸦片战争为标志,林则徐在广州期间组织了对外国报纸和书籍的翻译,译有《四洲志》《华事夷言》,了解了外国情况和西方人对中国的看法,可谓知己知彼。魏源以《四洲志》为基础,编译出版了"师夷长技以制夷"为主旨的百卷《海国图志》,据言此书颇受当时日本人的欢迎。19世纪60至90年代,洋务运动兴起,清政府引进西方设备、建立军工厂、创办新学。其中在上海、广州新设外国语学堂,向欧美派遣留学生,培养外事人才。在"中学为体、西学为用"的思想下,翻译了大量的技术资料,同时也进一步介绍了西方政治、经济、文化人文等信息。但由于清政府的"闭关锁国",在文字交流和外交上没有自己的人才,只能雇佣外国人代表清政府从事对外交流,其代表人物是英国人赫德(1835—1911)。

这一时期,一些年轻人前往英国留学学习造船航行技术,清政府也在福建马尾官办建设造船厂并聘请法国人指导造船技术,介绍欧美思想,严复翻译了赫胥黎的《天演论》,提出了"信、达、雅"的翻译原则。华蘅芳、徐寿编译了物理、化学和机械制造等方面的科学著作,其中《化学鉴原》和《西艺知新》较为著名。20世纪初,以林纾为代表的文学译作《茶花女》《黑奴呼天录》等陆续出版。纵观这一时期,由于我国与世界距离的拉大,迫切需要了解世界和向西方学习,翻译以"文化输入为主",即所谓的"翻译世界"。

第三节　中国政治文献翻译的历程

中国政治文献翻译,是指中国党政文献的翻译工作。从事中国政治文献翻译是一种国家翻译实践活动,可将列为国家层面的各国经典作品译为中文,亦可将中国党政文献对外翻译成各语种。随着中国故事、中国声音的对外传播,中国政治文献外译尤为突出。中国政治文献翻译有着独特的文体特点和话语体系特征,其翻译原则和翻译策略也不同于一般的翻译实践。我们先简单梳理一下中国政治文献翻译的脚步。

一、追求真理与中国共产党探索救国救民道路时期

1899 年,上海广学会主办《万国公报》,其中提到过"马克思"的中文译名。后来,资产阶级维新派梁启超等人也对马克思及其思想进行过介绍。1902 年赵必振将《二十世纪之怪物——帝国主义》一书翻译成中文;1903 年翻译出版了《近世社会主义》,首次系统介绍马克思主义学说,产生了一定的社会影响。1915 年开始的以"民主""科学"为口号的新文化运动、"俄国十月革命一声炮响,真正传来了马克思列宁主义"。其后马克思列宁主义的传播、中国共产党的创建,中国许多优秀青年翻译了大量的进步著述。例如,陈望道首译的《共产党宣言》,李汉俊翻译的《马克思资本论入门》,陈启修、侯外庐等翻译的《资本论》等。随着中国共产党逐渐走上近现代中国的舞台,一些著名人物翻译的代表作品有:瞿秋白首译中文的《国际歌》、高尔基的《海燕》,还有大量的翻译和宣传马克思列宁主义的文艺理论著作和政治著作,包括《马克思主义文艺论文集》《论列宁主义基础》等,体现出浓厚的马克思主义特色和革命斗争色彩。在"五四"时期,《共产主义 ABC》《哥达纲领批判》等出现,红色翻译启蒙了人民大众,为中国共产党的成立提供了一定的理论依据。五四运动后,共产国际代表维经斯基来华,与李大

钊、陈独秀会谈,准备筹建中国共产党,翻译是杨明斋、张太雷等。

随着马克思主义在中国的传播,中国工人运动兴起,全国各地共产主义小组相继成立,1921 年 7 月中国共产党成立。当时国际代表马林出席中共一大成立大会。

1924 年,《新青年》第四期发表列宁的《民族和殖民地问题》和斯大林的《列宁主义之民族问题的原理》之译文,成为第一个翻译列宁和斯大林著作的报刊。1927 年,罗明纳代表共产国际出席"八七"会议。1927 年底,中共代表团参加在莫斯科举行的世界劳工大会。1928 年,国际共青团派代表到华开展工作。1930 年 7 月,中共代表参加在莫斯科举办的赤色职工国际第五次代表大会,译员起到了沟通桥梁的作用。

中国共产党与外界一直积极地保持联系,接受来自共产国际的指导。共产党的译员在其中发挥了重要的作用,承担了共产党与共产国际联络的翻译工作。由于我党不断地发展壮大,成立了专门的编译机构,对马克思经典进行了系统的翻译。从翻译马克思、恩格斯、列宁、斯大林的著作着手,翻译了苏联以及各国马克思主义者的著述。此外,解放区还组织翻译了红色军事翻译、苏联文艺理论及苏俄文学翻译。马克思理论的翻译夯实了共产党的理论基础,为新中国意识形态建设做了准备。

1936 年,美国新闻工作者埃德加·斯诺抵达陕北,得到毛泽东亲自接见。陕北红军翻译协助外国记者采访苏区。斯诺了解了抗战形势与共产党的统一战线政策,并发表文章,很快便引起国际关注。其后,在英国出版了《红星照耀中国》(Red Star Over China),又被译为二十多种语言,发行几个月,销量便达几十万册,后被翻译成中文,书名为《西行漫记》。此后,斯诺夫人海伦在上海出版了《西行访问记》和《续西行漫记》。1938 年 5 月,延安马列学院正式设编译部,翻译出版的作品包括《马恩丛书》《列宁选集》《斯大林选集》。以毛泽东为代表的中国共产党人在这个阶段已经开始重视向国际输出自己的思想,因为反法西斯是世界性的,输出毛泽东的战略思想也是对世界反法西斯战略的支援。同时,毛泽东发表了《论持久战》,在英文刊物上连载,之后单行本发行,这是对世界反法西斯思想的丰富与发展。同年 10 月出版了《论持久战》的日文版。其后,毛泽东著作的系统译介工作逐渐开始,其中,《在延安文艺座谈会上的讲话》的译本在海外有相当大的影响。1941年5月,中央宣传部编译局成立,翻译了列宁和斯大林著述。这一时期翻译"红色经典"的代表人物有王实味、何锡麟等。

1944年,中外记者访问延安,在国内外开始正面塑造中国共产党的形象。美国军事观察组到了延安,这是中国共产党与美国官方机构的首次接触,外事组主要负责与当时美国政府派驻延安的美军观察组的联络、翻译和接待工作,我们自己培养的外事翻译人才凌青为毛泽东、叶剑英等领导人担任过英文翻译。中华人民共和国成立后凌青一直活跃在外交战线上,1980年担任常驻联合国代表、特命全权大使等职。1945年5月,《在中国共产党第七次全国代表大会上的结论》中,毛泽东强调了马克思主义著作翻译工作的重要性。"没有搞翻译工作的我们就看不懂外国的书,他们翻译外国的书,很有功劳……不要轻视搞翻译的同志,如果不搞一点外国的东西,中国哪晓得什么是马列主义?"1946年,毛泽东的诗《沁园春·雪》《清平乐·六盘山》和《七律·长征》,由美国记者罗伯特·佩恩首次向世界翻译出版。

另外,一位名为马海德(1910—1988)的美国友好人士。他是一名医学博士,1933年来到上海研究中国的热带病。在宋庆龄等人的影响下,他接受马克思主义,协助中国共产党。同年马海德到延安,曾担任中共中央外事组和新华通讯社的顾问,积极参加外事活动和对外宣传工作。1937年,马海德帮助新华社创了英文部,开始向国外播发英文消息,还经常为当时中央出版的对外宣传刊物《中国通讯》撰写稿件。美军观察组到延安实地考察,马海德担任美军观察组顾问。在新中国成立后马海德做了大量外事、翻译工作。

在日本侵占区,也有一些反法西斯主题的日本文学翻译作品以隐蔽的形式出现,还有一些翻译家坚持翻译世界文学名著。到了抗战中后期,欧美名家名著较多,左联主导了马克思主义文艺理论的译介与传播,具有一定的影响。在国统区,翻译热点也是世界反法西斯战争和救国救亡的主题,《翻译杂志》也刊登反战题材的译文。在国际战区,即中印缅战区,译员多来自西南联大等校,译员表现突出。在世界反法西斯战争中,翻译人员起到了桥梁作用,可协调作战、收集情报、处理战后等事宜。1962年,美国密歇根大学中国研究中心再次出版了新译本。直到现在,毛泽东的著作在海外也是了解研究近代中国的必读书籍。

二、新中国成立与社会主义建设时期

1949 年至 1978 年是我国社会主义革命与建设时期,这 30 年中较大的翻译活动有新中国成立至 1966 年中国政府组织的翻译输出活动。经由对外宣传翻译输出的经典著述仍在国际上传播,并保持着稳定发展的势头。1978 年 12 月,改革开放迎来了一个新时代,翻译事业也开始蒸蒸日上。

新中国成立之际,国际上形成两大意识形态阵营,新中国为生存发展,加之因为与苏共的关系,国家着眼于意识形态建设,马列著作的翻译再次被提到首位。这时翻译以俄文、英文为主,后来随着国家的需要,其他语种也逐渐展开翻译工作。从延安时期起我党就注重吸收马列理论,同时也注意将自己的学说向国际传输。输出的内容首先是毛泽东著作、诗词,在抗战时期已经有了外文出版经验。国家成立了毛泽东著作翻译室。还有,在抗美援朝、中印边境自卫反击战中,军事翻译、战地译员在保家卫国方面发挥了重要作用。他们要参与谈判、签订协议、与敌方交涉、管理俘虏、处理难民等事务。有些特别突出的译员被载入史册。由于时代背景,很多的翻译人员只是承担一种双方交流的工作,在默默奉献着,在交战期间需要有翻译人员的参与。特别是第二次世界大战至今,从战争到战后都离不开翻译人员的身影。

在外宣外译工作方面,1949 年 10 月成立了中央人民政府新闻总署国际新闻局(后改组为外文出版社),承担着马恩列斯文献的翻译、党和国家对外宣传任务,并负责外文刊物出版,向世界发出了新中国的声音。对外发行的外文刊物有《人民中国》《北京周报》《人民画报》和《中国建设》,逐渐形成了各主要语种的版本,大量默默无闻的翻译工作者战斗在外宣外译战线上。外交战线也是外宣阵地的一部分,在国际上表明了我们的立场,赢得了国际上的支持。

1953 年,中共中央马克思、恩格斯、列宁、斯大林著作编译局(简称"中央编译局")成立,开始全面翻译马恩列斯全集。30年间翻译出版了列宁系列著作等,马克思全集在新中国成立前已经翻译了一部分,后又译出《马克思恩格斯全集》和《资本论》,此外还有斯大林系列著作等。中央编译局还委托了一些集体与个人参加翻译。除了马恩列斯著作,还有来自世界各国的文史哲著作与文学名著,如苏联、法国、意大利、美国、英国、波兰、印度、奥地利、德国、以色列、保加利亚等国的作品,涌现出大批翻译家。

新中国成立后的30年期间,涌现出大量杰出的红色翻译家。文学作品外译也是外宣工作的重要内容,大量红色经典与中国古典名著翻译输出,在国际上宣传中国。这个阶段代表性的翻译家有杨宪益和戴乃迭夫妇、沙博理、路易·艾黎、伊斯雷尔·爱泼斯坦、师哲、姜椿芳、周亮勋、张仲实等。1961年至1977年,外译代表作品《毛泽东选集》第一卷至第五卷英文版相继问世,其间,法、西、俄、日等版本陆续出版。

1972年中华人民共和国重返联合国,就是我国外交战线的重大胜利。联合国资料的翻译也是新中国初期的重要工作,高校人才也参加其中。这一时期,新中国培养出很多外交外宣翻译人才。几十年来,翻译人才在对外宣传中国发展变化,促进中外友好交流,为讲好中国故事、传播好中国声音发挥了重要作用。

三、改革开放与社会主义经济建设时期

1978年,中国共产党十一届三中全会确立实行改革开放。为此,我国不断引进国外的先进技术,利用外资,创建合资、独资企业等,加大与世界各国的交流,其间大量的"外译中"为主的口笔译翻译人才活跃在祖国的各条战线上,为改革开放作出了不可或缺的贡献。改革开放以来,国家的工作重心转移到经济建设上,中外文化交流日趋活跃,主流翻译依然是中国外文出版社、中央文献出版社和中央编译出版社承担了中外文党和国家主要领导人著作集,党和国家重要文献集,毛泽东、周恩来、刘少奇、朱德、邓小平、陈云等老一辈革命家的传记、年谱和生平、思想研究著作,政府工作报告、国家大政方针等时政文献、画册及有关回忆录,以及中共党史、人物研究、地方史

志和一般社会科学方面的著作,为党和国家的大局、为党史和文献编辑和研究工作服务。

随着改革开放的逐渐深入和意识形态的放宽,翻译模式多以市场需求为导向,通过购买国外版权翻译了各个领域的著述,同样我们也输出了中国著作的版权,丰富了世界文化的宝库。步入 21 世纪,随着经济全球化时代下各国文化、经济和政治不断交融,从政治话语为主导变为市场话语与政治话语并重,在服务国家需求的同时注重市场需求,以满足不同层次不同语言需求的读者和中国问题研究者的阅读需求。例如,我国也翻译出版了英文版的《水浒传》《红楼梦》等作品。

四、新时代中国特色社会主义现代化建设时期

自党的十八大以来,在对外宣传和中央文献外译方面,主要出版了多语种的《习近平谈治国理政》(第一卷至第四卷)和《中国共产党简史》《在庆祝中国共产党成立 100 周年大会上的讲话》《中国共产党二十大报告》以及《中国共产党的一百年》英文版等政治文献。以崭新的姿态创建各语种的宣传网站,有人民网、新华网、中国网、中国之声网、人民中国网、北京周报等代表性的网站,在我国对外翻译领域中建立翻译出版的对外传播网络,发挥它们在国际市场上的影响力,使之成为中国文化、中国声音打入国际市场的据点。起着联接中外、沟通世界的桥梁纽带,是服务改革开放和现代化建设、助力构建人类命运共同体、宣传现代中国的重要力量。同时对外出版机构也与国外同行通力合作,在各对象国开立分支机构,开拓海外市场,宣传中国。同时,随着中国科技强国战略的贯彻实施,机器翻译(系统)的研发活动不断取得进展,业已成为国际交往、文化交流的重要辅助工具,亦是中国对外话语体系建设中的重要一环。人工智能、大数据、物联网等新一代信息技术推动现代教育技术的蓬勃发展,外语教育技术在理论范式和实践应用层面都取得了较大的发展,教育技术在翻译教育和对外翻译领域的应用也引起行业的关注。对外翻译工作作为外宣工作的重要支撑,责任更为重大、任务更加艰巨。要担当职责使命,对外译介好、传播好习近平新时代中

国特色社会主义思想。高水平高质量服务改革开放和经济社会发展。坚守文化自信,积极讲好中国故事、促进中外文明互鉴;塑造良好的国际形象,提升国际话语权和文化软实力。逐渐开启了从"译世界"到"译中国"的时代。

2014年9月开始,国务院新闻办公室会同中央文献研究室、中国外文局编辑的《习近平谈治国理政》(第一卷至第四卷),由外文出版社以中、英、法、俄、阿、西、葡、德、日文等多语种向全球陆续出版发行。

中国政治文献外译方面有着丰富翻译实践和理论造诣的译者有黄友义、王学东、柴方国、侯贵信、刘亮、范大棋、卿学民、霍娜等为代表的专家团队,对外翻译了不同语种的毛泽东、周恩来、刘少奇、邓小平、陈云、江泽民、胡锦涛、习近平等党和国家领导人的著作,党、政府、人大、政协报告等中国政治文献。中国政治文献外译在高校教学、科研与育才等方面首开先河的,当数国内知名专家修刚、王铭玉、刘宏、任文等为代表,他们在不同层面为世界了解现代中国、了解中国共产党,起到了开辟外宣外译权威主渠道,以及教学科研育人的引领作用。

第四节　中国政治文献翻译与外译教学

中国政治文献翻译,是将党和政府的文件、报告以及国家领导人的发言、讲话、文稿、著作等翻译成其他国家的文字。简而言之,政治文献翻译是语言表达的一种形式,旨在使其他国家准确地理解我国的方针政策、立场、国情等,它代表着中国的国家意志、人民的根本利益和价值取向。政治文献翻译也是对外宣传的权威依据,所以译者要具备"政治文化"意识,其译文代表国家利益,这一点要有清醒的认识并贯彻工作始终。

彼得·纽马克(Peter Newmark)认为翻译就是把一个文本的意义按作者所想的方式译入另一种语言。翻译是了解文化的途径和渠道,翻译和文化相辅相成,是一种语言的表达形式,中国政治文献外译更是中国故事、中国声音对外传播的主要媒介。外译教学中必须重视政治文化因素对翻译的影响。在外译教学过程中,不仅要引导学生通过翻译实践吸收和介绍国外先进的思想和文化,同时要让学生能够自觉、积极地通过翻译来弘扬中国文化,促进中外文化交流。传统的翻译教学侧重对中外两种语言结构、用语习惯进行对比,其结果是学生在翻译时往往拘泥于原文语言层面上的理解而忽略了对原文语言背后所传递的文化信息的把握,容易造成外译中误译、理解不到位的现象。中国政治文献是国家方针政策对外传达的代表,误译会造成原则性输出失误,必须最大限度避免此种情况发生。因此,关注中国政治文献外译的教学研究是加强社会主义精神文化建设,弘扬社会主义文化,增强全世界对中国文化认同和外宣外译工作,传播好中国声音、中国话语,文明互鉴的重要一环。

为全面推进《习近平谈治国理政》多语种版本进高校、进教材、进课堂,高等学校"理解当代中国"系列教材已由外语教学与研究出版社正式出版,并于 2022 年秋季学期面向全国普通本科高校外国语言文学类专业本科生、研究生和语言类留学生推广使用。全国各地高校应高度重视"理解当代中国"系列教材的使用与课程建设工作,将其作为深化新时代外语教育改革、构建外语教育自主知识体系和教材体系、全面开展外语学科新文科建设、落实外语类专业课程思政的重要举措予以贯彻落实。

高等学校"理解当代中国"系列教材包括外国语言文学类专业系列与国际中文系列,共 43 册。本系列教材选材主要出自《习近平谈治国理政》。中国外文局、外文出版社提供《习近平谈治国理政》版权并推荐审定稿专家协助把关。据不完全统计,截至 2023 年 8 月,全国已有 889 所院校在使用该教材。

外国语言文学类专业系列教材涵盖英语、俄语、德语、法语、西班牙语、阿拉伯语、日语、意大利语、葡萄牙语、韩国语共 10 个外语语种。各语种本科阶段包括《外语读写教程》《外语演讲教程》《汉外翻译教程》;研究生阶段为《高级汉外翻译教程》,其中包括《高级汉外笔译教程》和《高级汉英口译教程》系列教材。国际中文系列教材包括《高级中文读写教程》和《高级中文听说教程》。

外国语言文学类专业系列教材将习近平新时代中国特色社会主义思想系统融入听、说、读、写、译等核心课程,落实立德树人根本任务,探索课程思政建设的有效路径,帮助学生了解中国特色话语体系,用中国理论解读中国实践,提高向国际社会讲好中国故事的能力,为中国参与全球治理、推动文明互鉴、构建人类命运共同体贡献力量。系列教材遵循科学设计、专家指导、目的明确、集体智慧的原则,关键在外语教学改革上下功夫,继承外语教育的工具性,加大人文性力度。编写理念如下。

课程思政。将价值塑造、知识传授和能力培养融为一体,帮助学生读原著、悟原理,将习近平新时代中国特色社会主义思想内化于心、外化于言,坚定"四个自信",进一步增进对中国共产党领导和中国特色社会主义的政治认同、思想认同、理论认同、情感认同。

融合学习。实施内容与语言融合式外语教学理念,帮助学生在使用外语进行知识探究的过程中不断提高外语能力,在开展听、说、读、写、译语言活动的过程中,不断加深对习近平新时代中国特色社会主义思想的理解,最大限度地提高外语学习效能。

能力导向。实施跨文化思辨外语教学理念,帮助学生从跨文化视角分析中国实践,探究中国理论,通过启发式、讨论式、体验式、项目式和线上线下混合式等多种教学形式,提升语言运用能力、跨文化能力、思辨能力、研究能力、合作能力、自主学习能力等多元能力。(参考外研社图书推介手册)

系列教材着力打造立德树人目标和外语教学改革的双实现,克服时政文献不熟悉、时政语言不习惯、照本宣科不知味、课程增加乱节奏等实际问题,旨在继承外语教育工具性传统,加大人文教育力度,开阔视野,提高国际传播能力;外语学习由重在接受,转向接受与表达并重,着力培养使用外语讲好中国大故事和身边小故事的能力,为中外文明互鉴、构建中国对外话语体系、发出中国声音,培育新时代发展建设需要的人才。

一、中国政治文献外译与文化转向的关系

中国政治文献外译,就要涉及语言、翻译与文化。谈到文化,大家会想到语言文化、民族文化、服饰文化、饮食文化、政治文化、经济文化、企业文化、殡葬文化、中西文化、神话文化、戏剧文化、建筑文化、宗教文化等,不胜

枚举。在《辞源》《辞海》《现代汉语词典》等常用的工具书中,其定义使用的关键词也大致相同。

关于文化的概念亦是林林总总,从以下四种语言对"文化"的释义看,也大同小异。

《辞源》中,文化:今指人类社会历史发展过程中所创造的全部物质财富和精神财富,也特指社会意识形态。(1988)

《牛津高阶英汉双解词典》(第四版 增补本)中,culture:customs, arts, social institutions, etc of a particular group or people. / 某一群体或民族的风俗、人文现象、社会惯例等。(2002)

《拉鲁斯法汉双解词典》中,culture:ensemble des structures sociales, religieuses, des manifestations intellectuelles, artistiques qui caractérisent une société. / 文化:指某一社会所具有的独特社会结构、宗教,智力活动和艺术活动等的总和。(2006)

《乌沙科夫俄语详解词典》中, культура:только ед. Совокупность человеческих достижений в подчинении природы, в технике, образовании, общественном строе. История культуры. Развитие культуры происходит скачками. / 文化:人类在自然、技术、教育及社会秩序层面所取得的成就的总和。(academic. ru2023-05-10https://dic. academic. ru/contents. nsf/ushakov/)

《新世纪日汉双解大辞典》解释为,文化:社会を構成する人々によって習得・共有・伝達される行動様式ないし生活様式の総体。言語・習俗・芸術・道徳・宗教や、種々の制度など。/文化:组成社会的人们所掌握的、共有的、交流的行为方式及生活方式的总体。如语言、习俗、道德、宗教以及各种制度等。(2009)

上述四语对"文化"这一基本概念做了一般性的释义。那么从翻译的视点如何理解呢?

纽马克指出,一个使用特定语言作为表达手段的社区特有的生活方式及其表现形式(Newmark,2001)。他从翻译也是语言文化的表达方式、手段上加以注释。我们可否理解为,语言视为文化的基本表现手段,在审美、价值观、基本取向、文化心理、跨文化表现等方面得到体现。

对文化的特征、分类等问题,在此不作进一步的展开,文化的表现在诸多方面,在当今时代,通常受到所属国家、民族、历史、文化和阶级的意识形态等的影响。在此我们所要探讨的是,"政治文化"在"文化转向"理论下中国政治文献外译中的作用与应用。接触过翻译的人都知道,翻译一般分为"口译"和"笔译",现在又逐渐出现了"人工智能"辅助翻译。虽然口译、笔译在翻译过程中各具特点,但它们都是将一种语言转换为另一种语言,同时也传达着一种语言文化、思想意识及表达方式。

人类创造了语言,中国政治文献外译也要考虑逐渐从传统的词句文本的语言层面,逐渐向文化翻译实践研究变化,在翻译实践中产生了"文化转向"。翻译的"文化转向",即译文在深入文本内部的同时还应该注重文本外部的"文化语境",超越了文本和语言本身,强调译出语和原文化等要素在翻译过程中的影响以及翻译对文化的作用,要关注社会、人文、政治文化等要素,以及意识形态对翻译行为的作用。外译不仅是两种语言之间的转换,也是两种文化之间的交流,提倡翻译从纯语言的交换中与文化相联系。语言作为文化的载体,与文化是不可分割的,最终将研究范围从纯语言层面扩展到政治文化层面。因此,政治文化是影响翻译过程的重要因素。"文化转向"理论要在关注译者进行翻译实践过程中受外界因素控制的一面,也要对译者这个翻译的真正实践者的主观能动性进行关注。然而,译者虽然受到这些因素的控制,但是基于译者是文本本身的直接操作者,也应该打破这些控制因素。在某种程度上,按照文本本身的需求、按照自己的理解实施翻译过程。这正是"文化转向"学派不注重文本本身,甚至推翻文本地位的结果。翻译"文化转向"尊重文化的多样性和翻译的主体性,译者在从事政治文献外译过程中的主体地位更显突出,其政治文化、政治站位,在文化转向理论下的应用,就表现得尤为明显和突出。

中国政治文献外译,首先要讲"政治"。政治文献的翻译已超出语言文化范畴,成为一项重大紧迫的政治任务(张颖,2019)。政治文献翻译涉及层面非常广,涉及历史文化、意识形态、国家形象、国际影响等诸多方面,故其在翻译主体、翻译过程以及翻译效果评价等方面存在较大的特殊性与复杂性。因此,政治文献的翻译与教学需要理论的支撑。以"操纵学派"(Ma-nipulation School)理论为代表的"文化转向"理论体系,能够在理论层面为政治文献翻译清晰阐释"谁来译、译什么、如何译"的问题。

党的二十大报告中指出,"加快构建中国话语和中国叙事体系,讲好中国故事、传播好中国声音,展现中国形象",这是对"文化转向"视域下中国政治文献外译在内容上、实践方法上以及研究方向上提出的全新要求。新时代的政治文献外译,除忠实地表达党与国家的真实声音之外,更要在内容上着重传播我国改革开放以来的发展经验,在方法上重点探索符合新时代中国特色社会主义价值体系的叙事手法,在研究上深入挖掘"谁来译""译什么""如何译"才能在复杂多变的国际格局中牢固树立中国的大国形象,有力传播大国价值观。同时,党的二十大报告还指出,"加强国际传播能力建设,全面提升国际传播效能,形成同我国综合国力和国际地位相匹配的国际话语权"(习近平,2022),这更赋予了我国政治文献外译全新的属性与使命。新时代背景下,政治文献外译不再只是语言层面的交流实践,而上升为一种以国家为主体的国际传播行为。不断做好中国政治文献外译工作,是建设中国特色社会主义话语体系的重要一环,助力我国在新时期牢固国际地位、扩大国际影响力,更是助力构建人类文明共同体的重要保障。

20世纪七八十年代,西方翻译研究实现了第二次"转向",从语言层面的研究逐步转向语言之外更为广阔的文化层面,这一转变被学界称作"文化转向"。以英国学者苏珊·巴斯奈特(Susan Bassnett)与美国学者列夫维尔(André Lefevere)为代表学者的操纵学派(Manipulation School)为"文化转向"最具代表性的理论。在其理论体系中,"文化"超越了狭隘的字面之义,而广泛地指一切语言外因素,包括历史因素、社会因素与认知因素。"文化转向"翻译理论在20世纪90年代中期引入中国,立刻引起国内学界的重视,对其的阐释与研究至今仍硕果频出。根据中国知网的统计,2000—2022年,和"文化转向翻译"相关的论文为797篇。2012年之后的相关研究,侧重用"文化转向"的内涵与原理来分析翻译过程、评析译本效果、解释翻译现象。

在"文化转向"的理论框架下,翻译被视为一种"改写"(rewriting)行为,因为在这一阶段,翻译行为早已不可能在纯语言的"真空环境"下进行,而是愈发受到特定文化环境、意识形态的左右与影响。身处特定历史阶段、社会文化、意识形态中的译者,必定在翻译的过程中对原作进行程度不一的"改写",或小幅调整,或大幅删改,以便让译文在各方符合译者所处的时空环境中的主流意识形态。在列夫维尔的理论中,"意识形态"这个核心概念被进一步细化为"诗学形态"(poetics)与"赞助人"(patronage)两种表现形式。其中,"诗学形态"包含两个主要组成部分,其一是各种文学创作手法、题材类别、主题主旨、作品中的人物原型及故事场景以及象征符号等,其二是作品本身在整个社会大系统下所扮演或应当扮演的角色(Lefevere,2010)。改写者会在某种程度上对其手头处理的原文本进行调整与操纵,目的往往是让作品契合其所在时代主流的或至少主流之一的意识形态或"诗学形态"(Lefevere,2010)。而"赞助人"绝不局限于单个的"人",其可以是特定意识形态之下的机构、政府、宗教、群体乃至国家,代表了每个时代的主流意识形态的要求(夏平,2010)。基于这样的核心原理,"文化转向"框架下的翻译理论对于新时代我国的政治文献外译有较强的阐释能力与指导意义。

宏观而言,新时期的政治文献外译,需要正确意识形态的强有力的操控。翻译活动不是在真空中进行的纯语言转换,其往往与意识形态、政治、权力等密切相关,形成一种同谋关系(孙宁宁,2005)。改革开放以来,中国社会经济飞速发展,尤其是党的十八大以来,我国的综合实力明显增强,国际地位显著提升。然而,面对风云多变的国际局势,思想建设的重要性更显关键与迫切。因此,守住意识形态的阵地、厚植国家民族意识,是政治文献外译工作的根本原则与目标使命。我们需要充分借助译者的主体性与能动性,对文本进行符合新时代中国特色社会主义核心价值体系的改写,以服务于国家意识形态的需求。

细分开来,从"诗学形态"与"赞助人"两个角度出发,能够为政治文献外译提供有力的理论支撑。其一,"诗学"概念中,一个重要组成部分即特定文本类型在整个社会系统中所扮演的角色、所占据的地位,那么在新时代努力构建中国特色社会主义话语体系的大潮下,我们选择去译的政治文本,就必须符合社会主义价值观、能够展示我国大国形象、传递党的优秀执政经验，且有利于重构世界话语体系。这正是从"诗学形态"层面回答了"译什么"的问题。其二，新时期的政治文献外译，其最高主体是国家，国家的意志代表了翻译活动中意识形态的要求，则国家成为政治文献外译实践、研究的"赞助人"。作为"赞助人"，国家负责制定政治文献外译的规则，即外译的文本、方式、表达要有利于在国际上积极传播中国声音、树立中国形象，尤其是涉及政治敏感的表达，或带有明显文化倾向、意识形态色彩的语篇表达等，既要符合外文表达的语言习惯，更要符合国家意志与利益。这是从"赞助人"层面回答了"怎么译"的问题。此外，身为"赞助人"，国家也担任着"翻译活动的监督者和指导者"（任东升，2019），一方面建设管理代表国家是翻译活动的各个权威机构，另一方面加强人才培养，为加强我国的国际传播能力提供人才储备。这是从"赞助人"的层面回答了"谁来译"的问题。

基于这些思考，本研究从"文化转向"这一视角来看中国政治文献的外译教学，一方面探索文本类型与理论框架的合理结合，另一方面也能够扩大该理论可以指导、分析的翻译范围，丰富关键概念的内涵，更好地运用到教学环节和外译实践。此外，"文化转向"视域下的中国政治文献外译及其教学应突出"政治文化"，在教学上要注重思政性，在本科阶段引入基本常识性的训练，在研究生培养方案中设置政治文化应用研究+实践类课程，着力打造交际能力出众、国家意志坚定、民族定力强大的高素质国际传播人才。在政治文献外译及其教学中明确"政治文化"，其作用在于以下几点。

(一)增强中国政治文献外译人才培养的针对性和实效性，实现"育新人"

不同于普通的翻译教学，政治文献外译教学需要译者具备坚定的政治立场、政治文化，准确把握原文的精神实质，尽最大可能传达原文的立场、观点，针对性和时效性要求极高。同时，加强中国政治文献的外译教学研究，为培养复合型外语人才创造条件。在具备一定语言知识前提下从低年级开始，渗透一些课程思政的翻译基础常识；进入大学三年级，系统培养不同语种的学生具备课程思政思维的翻译教学新模式的探索，也将助力新时代外语人才的培养,具有一定的参考价值。

(二)讲好中国故事,传播好中国声音,助推中国文化"走出去"

中国政治文献是构建国家形象、传播中国文化的关键,其外译本身的重大意义毋庸置疑。研究其翻译效果如何按计划达成,更是学界必须关注的重点。多语种合作,共同探讨寻求外译教学规律更是外语教学界的首次尝试。培养出能够精准表达中国方案和中国智慧的多语种全方位能力过硬的译者,才能真正服务于中国文化走向世界的国家战略。

(三)深入推进"三进"及课程思政工作,加强习近平新时代中国特色社会主义思想课程体系建设

2020年9月17日,习近平总书记在湖南大学校园内深情地说:"希望同学们不负青春、不负韶华、不负时代,珍惜时光好好学习,掌握知识本领,树立正确的世界观、人生观、价值观,系好人生第一粒扣子,走好人生道路,为实现中华民族伟大复兴贡献聪明才智。"

"办好思政课就是思维要新,创新课堂教学;情怀要深,培养一批具有家国情怀的青年。思政教学要把课堂教学与实践教学有机结合起来。"

"我们要坚定道路自信、理论自信、制度自信、文化自信,其中文化自信是更基础、更广泛、更深厚的自信,当代学生在传承中华优秀传统文化的过程中一定要进一步坚定文化自信!"

习近平总书记列举了"小康""人类命运共同体"等大家熟知的概念,指出这些概念都是从文化经典中来的,源于中华优秀传统文化;教导同学们走中国特色社会主义道路,一定要深深扎根于中国的文化沃土,坚定文化自信。

我们担当复兴大任,承载着历史使命,实现育德与育才、专业教育与思政教育有机融合,有助于培养讲好中国故事、传播好中国声音的翻译人才与国际传播人才,进而向世界展示真实、立体、全面的中国。打造中国特色对外话语体系、培养国际传播人才队伍、关注新时代国际传播人才的培养、服务中外交流交融的必然选择,是一项具有深远意义的举措。在高校师资队

伍转型、钻研不同类型课程的教学模式等方面与国家需求主动接轨,并落实到人才培养全过程,给我们带来很多有益启示。《习近平谈治国理政》多语种教学实践,为破解外语类高校拓展"中译外"高端人才不足、对外话语能力不强等难题开辟了有效途径,在教学思路、教材研发、课程建设方面、课程思政等方面特色鲜明,成效突出,形成了可推广、可复制的示范性案例,充分显示了外语学科在加强我国国际传播能力建设方面的优势和潜力。用新时代中国特色社会主义思想铸魂育人。

二、中国政治文献外译的现状和趋势

(一) 中国政治文献的外译教学研究

中国政治文献对外翻译本质上是一种跨语言和跨文化的具有政治性、目的性、传播性的翻译行为,从事中国政治文献外译实践或研究的人员,以国内专家学者、翻译人员为主,以和各语种母语专家合作为辅。依据在2002 年 1 月至 2022 年 12 月,检索中国知网中与"中国政治文献外译"研究相关的论文,相关研究机构有中国外文局、中央编译局、中国翻译协会、天津外国语大学、新华通讯社等。"中国政治文献外译"研究相关的关键词分布可视化图谱显示,目前,中国政治文献外译主要关注的文本对象是《毛泽东选集》《习近平谈治国理政》等党和国家领导人的著述以及政府工作报告等;研究内容主要聚焦在中国政治文献外译的目的、译者、范式、策略、研究路径、文献原文、行为过程、典故、比喻、结果、受众与效果、国家翻译能力、课程思政、融通中外、术语与关键词、相关教材建设、句式比较、翻译的语言战略等方面;研究成果集中在经典的中国政治文献上;研究主体集中在国家主导的翻译机构上,以及一些专业译者、研究人员、部分教师和兴趣爱好者。

(二) 中国政治文献外译的现状和趋势

1. 现在中译外成果集中在经典的中国政治文献和国家主导的翻译机构上,实践、教学、科研逐渐扩大。

2. 据悉,外语院校中针对中国政治文献外译的教学,部分处于一种"赏析式""探索式"的教学模式。随着 2022 年秋季教育部高等教育司、中宣部国际传播局联合推出的"理解当代中国"多语种系列教材在全国外语院校的使用,填补了"无教材""无课程""无要求"的局面,为中国政治文献外译的教学奠定了基础。

3. 随着中国国力的发展,对真实可信中国感兴趣的外国人增加,我们每个学习外语人都应肩负起与时俱进、客观真实宣传当今中国的责任,学习掌握中国政治文献外译的一般常识和翻译技巧。

4. 现在研究、实践还局限于专业译者、研究人员、部分教师和兴趣爱好者。随着人们对外译认识的提高和需求的增加,在行业专家、知名实践者的传授和指导下,近年来,从"中国政治文献外译"国字号、省部级立项、研究、文论和著述的出版来看,呈上升趋势。今后,随着"中国政治文献外译"实践与理论的探索、体系性的梳理、教学应用研究、多语种外译探索等的不断深入,中外译教学将会成为构建译者知识体系不可或缺的一环。

随着服务国家战略需要,政治文献的多语种外译势在必行。鉴于先行教学实践与研究,针对中国政治文献的外译教学探索尚待进一步完善。政治文献外译专门教学,从外语院校高年级翻译课中设立一个政治类文章的章节的赏析,逐渐开展探索式的教学模式、课程设置,多语种合作寻求共同规律的相关研究更需不断完善。

本研究采取多语种合作的模式,运用统计学的数字分析,对自己负责的外译教学内容进行探讨并客观科学地分析对应的数据,避免了研究结果的主观性,主干部分聚焦政治文献外译教学模式的环节设计,并设定此教学模式的评价标准及科学分析计算方法,力争政治文献外译教学研究得到可行性可借鉴的结果。

(三)文化转向翻译理论(详见第一章)

"文化转向"翻译理论并非新的理论。20 世纪七八十年代,西方翻译界提出了"文化转向"理论。其中,勒弗维尔提出的"改写"理论和翻译操控的两个要素——诗学和赞助人——对译界产生了巨大的影响。"文化转向"

翻译理论在 20 世纪 90 年代中期引入中国,不少学者对此进行了研究。中国知网统计数据显示,2000—2022 年,和"文化转向翻译"相关的论文为 797 篇。而 2012 年之后,研究侧重于用"文化转向"来分析译本、解释翻译现象。

近几年出现了对于该理论赞否派的反思:对理论本身进行相关译学思想的介绍和批判性解读,对其中的观点进行解读和反思;另外一类更多关注的是相应理论的应用层面,使用理论来研究不同的译本,解释中国出现的各种与翻译有关的现象;还有英汉诗歌互译策略的对比研究。

经过实践,学界开始思考文化转向学派的局限性及片面性。如今对该理论在国内外的研究,大部分从文化转向的视角来分析翻译过程、翻译文本,做到客观审视适用范围。

本研究拟从"文化转向"的视角研究中国政治文献的外译,一方面探索文本类型与理论框架的合理结合,另一方面也能够扩大该理论可以指导、分析的文本范围、丰富关键概念的内涵,更好地运用到教学环节和实际的翻译实践。在意识形态方面,即使使用同一种语言,由于生活的国度地区、接受的思想意识、政治文化、宗教、社会语言文化环境等方面的不同,其表达形式、文本翻译效果也多少有些差异。

(四) 中外主要翻译理论的列示

谈到翻译,需要具备相关的基础知识和理论指导,我国严复所提出的"信达雅"流传甚广。随着第二次世界大战的结束和国际交往的加深,国内外出现了大量从事翻译工作的研究者、理论家。这里只做粗略梳理,由于篇幅所限,不做展开叙述。

表 0-1　新中国成立以来中外译界部分翻译理论摘录

编号	时　间	代表者	理　论
1	1950 年前后	[苏]巴尔胡达罗夫	巴氏定律
2	1953 年	[苏]费道罗夫	翻译等值理论
3	1960 年前后	[法]乔治·穆南	翻译的语言学论
4	1964 年前后	[美]尤金·奈达	功能对等论

续表

编号	时　间	代　表　者	理　　论
5	20 世纪 70 年代	［德］汉斯·佛米尔	功能主义翻译目的论
6	20 世纪 70 年代	［德］赫尔兹·曼塔利	翻译行为论
7	20 世纪 70 年代	［德］凯瑟琳娜·赖斯	功能主义翻译批评论（文本类型理论）
8	20 世纪 70 年代	［德］克里斯的安·诺德	翻译功能加忠实理论
9	20 世纪 70 年代	［以］埃文·佐哈尔、［美］安德鲁·列夫维尔和［英］苏珊·巴斯奈特	文化转向论
10	1982 年	金隄	等效翻译理论
11	1995 年	［美］劳伦斯·韦努蒂	异化·归化论
12	2006 年	刘宓庆	中国功能主义翻译流派

第五节　中国政治文献外译的应用、国内高校的教学研究与相关机构

　　党的二十大报告,对"增强中华文明传播力影响力"作出了重要部署,对讲好中国故事、中国共产党故事提出了要求。近年来,我们关注中国政治文献外译的成果,已经有众多的专家学者、教师、译者、相关工作人员做了大量有意义的研究和实践,发表了大量的学术论著,为后人进一步学习探索提供了许多经验,对这些研究成果,我们表示极大的敬意和感谢。大家知道理论性过强的东西,一般读者是不愿问津的。但是,经项目组分析,对中国政治文献的外译教学研究,还是有可操作性的。本项目认为结合教学与应用实践,有必要以读者易于接受的方式,通过英、法、俄、日等多种语言,结合中国政治文献的外译的操作感悟,以点带面、非系统地展示几个事例供学习者借鉴。具体的论述请参考后面的章节。

一、翻译文化、技巧与政治课题

中国政治文献外译的性质决定译者对政治文献外译需要进行政治考量,文字转换只是基础性的,在受众理解译文的同时,要兼顾中国的立场、声音、方策、理论等。作为合格的政治文献外译工作者,除了需具备专业、知识、职业素养,政治素养是第一位的。从事这项工作的译者必须具有较高的政治文化意识。

众所周知,随着翻译实践和理论研究的深入,翻译学者都有各自的译法、观点、论述。简而言之,翻译是一种语言到另一种语言的转换,翻译语言也承载着文化的转向,并在新的语言接受的环境下转化再现完成。在忠实原语言文化的基础上,使读者更好接受、理解译文。中国政治文献的外译,除具备翻译文化的一般属性,还代表执政党、政府形象、国家声音。要求译者不但具有中外语言的造诣,还要有坚定的政治站位,不间断学习相关知识,努力做一位合格的中国之声的传播者。

比如,对"台湾问题"一词外译的表述,我们要注意一些问题,思考一下如何使用? 为什么?

例(1)

a. the Taiwan issue

b. the topic of Taiwan

c. the future of Taiwan

d. the question of Taiwan

关于台湾问题,我们都很清楚,世界上只有一个中国,台湾自古以来就是中国领土神圣不可分割的一部分。《开罗宣言》为台湾回归中国打下了基础(饶戈平,2003),台湾问题属于中国内政,不属于有争议的国际问题。台湾问题要得到解决,海峡两岸必须统一,这一点是明确的,不具有商量余地,更不存在巨大争议,故而不能使用"issue"。"台湾问题"译为"the question of taiwan"或"the taiwan question"是规范的译法。

外交部发言人曾在记者会上说:

中文:台湾问题纯属中国内政,不容任何外来干涉。在涉及中国主权和领土完整等核心利益问题上,中方没有任何妥协退让余地。

英译:The Taiwan question is purely China's internal affair that brooks no foreign interference. On issues concerning China's sovereignty and territorial integrity and other core interests, China has no room for compromise.

说到国家主权的表述问题,根据国家有关出版规定以"台湾问题"为例,我们一般表述为"台湾当局"或者"台湾有关方面",不能使用"中华民国""台湾政府";对于台湾地区所谓的"法律",要使用"台湾地区的有关规定";对于"台湾地区领导人",不得使用"中华民国总统(副总统)";对于台湾地区当局有关机构的名称,不得使用"国立""中央"等字样。无法回避时,应加引号。例如,台湾"立法院"、台湾"行政院"、台湾"中央银行"、台湾"清华大学"、台北"故宫博物院""台湾大学"等。对于台湾社会团体,整体名称需要加上引号。例如,"中华道教文化团体联合会""中华两岸婚姻协调促进会"。作为国际机构成员,要使用"中国台湾"或者"中国台北",不得使用"台湾"或者"台北",也不得使用葡萄牙语音译词"福摩萨"。

我们再举一个有关领土的表述问题,要使用"珠穆朗玛峰",不得使用"诶佛勒斯峰",其海拔高度要使用我国测得的8848.86米这一数据。

例(2)

中文:**坚定**历史自信,**增强**历史主动,**谱写**新时代中国特色社会主义更加绚丽的**华章**。(习近平,2022)

日译:歴史への自信を**固め**、歴史の主導権を**強く握り**、新時代の中国の特色ある社会主義の歴史にいっそう**輝かしい**一ページを刻まなければならない。(習近平,2022)

例(3)

中文:采取一**系列**战略性举措,推进一**系列**变革性实践,实现一**系列**突破性进展,取得**一系列**标志性成果,经受住了来自政治、经济、意识形态、自然界等方面的风险挑战考验。(习近平,2022)

日译:一連の戦略的措置を講じ、一連の変革的実践を推進し、一連の打開的進展をもたらし、一連の象徴的成果をあげ、政治、経済、イデオロギー、自然界などの面から生じるリスク・課題の試練に耐え**抜く**。(習近平,2022)

例(2)中的"固める"基本意是"加固、固定",在句中表达为"坚定",请注意使用搭配;同样,"增强"表达为"強く握る";"谱写绚丽的华章"表达为"輝かしい一ページを刻む"。例(3)使用了四个"一连",请大家也体会一下日语中的排比表达。

二、"直译"与"意译"的拿捏

我们举两个"直译"与"意译"("归化"与"异化")的例子。如大家熟知的,外译"梁山伯与祝英台"时,释义为"'中国的'梁山伯与祝英台";"Gone with the wind"释义为"乱世佳人""飘";"風立ちぬ"释义为"风雪黄昏"。"Coca Cola"释义为"可口可乐";"Paper tiger"释义为"纸老虎";"coffee"释义为"咖啡";"TORA! TORA! TORA!"释义为"偷袭珍珠港";"霸王别姬"释义为"さらば、わが愛"。"When in Rome do as the Romans do."是英语习语,原意是"在罗马,就要像罗马人那样做事"。如果这样翻译,汉语读者会觉得意义不明,若归化翻译为"入乡随俗(入国问禁)"就意义明确得多,而且和汉语谚语意义一致。或者可以译为"到什么山上唱什么歌",也非常形象生动。但不同的语言表达也不尽相同。日语为"郷にいっては郷に従え",与汉语表达类似。再举一例,"High buildings and large mansions are springing up like mushrooms in shanghai."句中的"spring up like mushrooms"(像蘑菇般地涌现),归化翻译为"如雨后春笋般涌现",更符合汉语的表达习惯,汉语读者也更易接受。同样,汉译英时也要尽量站在英语读者的立场,尽量使用英语中类似的表达,使英语译文显得地道、生动。在很多情况下,异化和归化的译文都是可取的,各有特色。"Kill two birds with one stone"异化:一石二鸟。归化:一箭双雕。同样,在政治文献外译上,如何把握"直译"与"意译"体现在译者的文化层面、政治立场和丰富的翻译实践。请看以下实例:

例(4)

中文:中美建设新型大国关系前无古人、后无来者。……(习近平,2014)

日译:中米の新型大国関係を構築した先人はおらず、後人が取り組んでいかなければならない。…(習近平,2014)

首先,我们先谈一下用词,"古人"这个词日语中是有的,即可照搬原汉字词"古人"。在日语中"古人"对"今人",这是一对反义词。但在本文中,要表达"后人"这一词语,没错,日语是"後人",可是它的反义词不是"古人",而是"先人"。在词语的选择上一定要留心。其次,在语言的表述上,我们按照中文的思考范式会表述为:"中美建设新型大国关系"这个事,前面无古人,后面没有人,意思是"空前绝后"。翻译并没有采取字面直译法,而是在充分斟酌原文的基础上,采用使读者更好理解的表达方式。表述为:"没有构建中美新型大国关系的前人,后人必须埋头做下去。"可能英文"前无古人、后无来者"也会按照英文国家易于理解的表达译为:"A record that has never been approached and will never be approached again."所以,通过本例的简单分析,我们可以看出政治文献外译是一门专业的学问。除了基础知识、两国(多国)文化的理解、语言功底、翻译实践对译文起着至关重要的作用。

例(5)

中文:人们经常说,人在做天在看,苍天有眼。

日译:

a.人々はいつも言う。人は行いをなし、天はそれを見ていると。この蒼天には眼がついているのだ。

　　b. 人がしている事は天がしっかり見ている。蒼天には目があるからだ。

　　例(5)中,有 a 和 b 两种表达,作为译者可以根据情况灵活选择适当的表达方式,"苍天有眼"在日语中接近"お天道様が見ている"的表达,也许这样更易于受众,仅供参考。

　　例(6)

　　中文:冲破思想观念束缚,突破利益固化藩篱,坚决破除各方面体制机制弊端,各领域基础性制度框架基本建立。(习近平,2022)

　　日译:固定観念をうち破り、既得権益を打破し、体制・仕組み上のさまざまな弊害を断固取り除いたことで、各分野において基礎的制度の枠組みが基本的に確立された。(習近平,2022)

　　例(6)中的"束缚""固化藩篱",充分考虑到受众,没有字面直译为"束縛・拘束・縛る""(まがき・垣根)固化・固体化""メカニズム・構造・機能"等,采取了一种意译的处理方式。

　　例(7)

　　中文:确保党永远不变质、不变色、不变味。(习近平,2022)

　　法译:Cela nous donne l'assurance que la nature, la couleur et la vertu du Parti demeureront inchangées. (Xi Jinping,2022)

　　例(7)在翻译过程中,对翻译的问题主要体现在对中文文本的内涵意义认识不透彻,加之对法语词汇辨析能力有限,误译为:cela assure que la nature, la couleur et le goût du Parti demeureront inchangées. 这里的三个"不变"主要指:党的性质不变,即不改变马克思主义政党的本质;党的红色基因不变,为人民服务的底色不变;党的优良作风,清廉爱民的政治品格不变。

学生把第三个"不变"简单地直译为"goût"（口味，品味），显然忽略了"味"所指及的深层含义，而且"goût"在法语中的引申义多指品位、偏好，所以直译必然使法语读者产生困惑和误解。

例（8）

中文：2016 年 2 月初，习近平在调研考察时强调，"行程万里、不忘初心"。

俄译：В начале февраля 2016 года в ходе поездок по стране Си Цзиньпин отметил: "Даже пройдя путь в тысячу ли, не забывать о исходной цели".

对于"行程万里、不忘初心"这句话，显然学生是能够理解的，但在翻译时没有注意书面语中政论文体的简洁性要求。首先，我们使用副动词做状语，让译文更加精炼、文体更恰当的同时，还能起到强调动作主次的作用："Даже пройдя путь в тысячу ли, …"；其次，"初心"直译为"цель в начале"明显是由汉语直译而来，俄语中基本不会这样表达，这也是上文提及缺乏阅读量所导致的问题。其实"初心"可以翻译为"первоначальная цель"或"исходная цель"，在乌沙科夫词典中，"исходный"的释义为"начальный，отправной"，基本上传达出了和汉语原文这一词语对等的含义。例如，Исходная цель верхних уровней иерархии（官阶）состоит в том，чтобы помогать нижним уровням достигать своих целей.（上层阶级最初的目的是帮助底层实现其目标。）另外，此句中学生使用的是"забыть кого-что"的结构，这样翻译没有原则性问题，但实际上，从俄语母语者的角度来看，使用"забывать/забыть о ком-чем"在语言色彩上有更加具体的意义，而前者则显得比较泛泛。例如，"забыть обо мне"（忘记我），"забыть название книги"（忘记书名），"Там можно просто расслабиться и забыть о проблемах и городской суете."（那里可以完全放松下来，忘掉麻烦事儿和城里的奔忙。）"забыть прошлое"（忘记过去），"А пока нужно постараться забыть все，что сегодня здесь произошло."（该尽力忘掉今天在这儿发生的一切了。)莱比锡大学俄语语料库的词汇数据统计显示,"забыть о ком-чем"的结构使用频率更高。规范修正的部分为:Даже пройдя путь в тысячу ли, не забывать о исходной цели.

三、中国政治文献外译的一般规律

随着中国在世界的影响力不断提升,了解中国、与中国打交道的外国人也在增加。我国国际话语地位的不断提高,党和领导人的讲话、文选和国家的大政方针的文集的外译出版、对外宣传起着权威的作用。这一工作需要明确的政治立场、国家意识和工作责任,无论是"口译""笔译"还是"中国政治文献外译",尤其在坚持"准确""忠实"的前提下,在译文的文体、等价等效的把握、内容完整的基础上,拿捏好译出语接受的表达方式,以便译文效果的最大化。所以,我们的译文要使读者"看得懂""无歧义""读得下"。

注意特色词的把握。例如,中国特色的社会主义,可以"Chinese socialism"呈现,符合译出语的表达理解和习惯,也能体现译者的思想传达。不须使用逐词译法"socialism with Chinese characteristics",在不影响歧义的基础上,减少修辞词。再举一例,"命运共同体"为"a community of shared future",而非"a community of common destiny"。这种平衡需要译者具备政治文化、专业综合知识、与母语者的合作等素质。政治文献在对外传播中要起到作用,要在把握"准确""忠实"的条件下,需要读者感兴趣、勿使其产生歧义,使用不同的表达方式达到同样的信息效果。根据受众对象,处理好"正式与通俗的关系""逐词译与理解译的关系",这个调整拿捏的"度"是我们翻译工作者追求的目标,需要专业的思考和训练。

例(9)

中文:在幼有所育、学有所教、劳有所得、病有所医、老有所养、住有所居、弱有所扶上持续用力,人民生活全方位改善。(习近平,2022)

日译:育児・教育・所得・医療・養老・住居・救済に持続的に力を入れ、人民の生活がすべての面で改善した。(習近平,2022)

例(10)

中文:……"天行健,君子以自强不息"……"君子喻于义""君子坦荡荡""君子义以为质";……"言必信,行必果""人而不信,不知其可也";……(习近平,2014)

日译:…「天行健なり、君子もって自強して息まず(天の運行は揺らぐことなく続いていく、そのように、立派な人は自ら努め励んで怠らない)」…「君子は義に喩る(君子は真っ先に義を考える)」「君子は坦かに蕩蕩たり(立派な人は、心が穏やかでのびのびしている)」「君子は義を以て質と為す(立派な人は、義を根本とする)」「言は必ず信、行は必ず果(言ったら必ず実行し、実行したら断固としてやり抜く)」「人にして信無くんば、其の可なるを知らざるなり(信がなければ、人間として評価するに値しない)」。…(習近平,2014)

例(9)日译侧重考虑到受众的接受度因而进行了灵活的处理;而例(10)是文言句,在兼顾原文风格的同时,也考虑到受众,在括号中加以解释,党的二十大报告,也有这样的译法处理。只不过是四字熟语,在此从略。

四、政治文献外译等价与其效果

大家先看一下以下短语如何表达,我们可以得到什么启示?

例(11)

a.撸起袖子加油干。/ to roll up the sleeves to work hard (CGTN & Xinhua News)或 to roll up our sleeves to work harder (CRI).

b.像保护眼睛一样保护自然和生态环境。(习近平,2022)/ protéger la nature et les écosystèmes comme s'il s'agissait de la prunelle de nos yeux. (Xi Jinping, 2022)

c.把权力关进制度的笼子里。/ Ограничить власти "клеткой"

дисциплинарной системы.

　　d.撸起袖子加油干。／腕まくりして物事に取り組む。（习近平，2022）

　　例(11)原文中的4个示例已经失去字面的对译表达。如果译者不理解译出语的表达习惯，很难有"贴切""到位"的外译。

　　a."撸起袖子加油干"是习近平主席在2017新年贺词中最响亮的一个金句，接地气、简洁生动，令人印象深刻。央视CGTN、新华社及中国国际广播电台三家媒体给出的英文翻译基本还原了中文原句"撸起袖子"的画面感，这一点在中英翻译中具备完全的可行性。英文中固有"roll up the sleeves"的表达，其在《剑桥高阶学习词典及近义词词典》(*Cambridge Advanced Learner's Dictionary & Thesaurus*)中的释义为"to prepare for hard work"（准备迎接艰巨的工作），因此，这一短语在中、英二语之间实现了语义共享。

　　另外，"加油干"三字在英文中译为"work hard / harder"，是采取了更为简明、更贴近英文读者语言习惯的表达。"加油"二字为中文特有的表达，英文中很难找到完全的语义对应项。值得一提的是，尽管"add oil"这种表达已于2018年收录于《牛津字典》，但其在英语国家的传播甚少，英语读者对其语义难以理解，故不建议用于政治文本外译。将英文改写为"work hard / harder"，既可传达习近平主席的讲话精神，又做到了语言通俗易懂，符合原文"接地气"的文风。

　　b.学生在初译这句话时，如果不考虑法语自身的表达习惯，会直接将这里的比喻译为"comme s'il s'agissait de nos yeux"（像我们的眼睛一样），这样处理显得有些武断。法语中表达对某物的珍视，习惯将本体比喻为"眼眸、眼珠"即"la prunelle de nos yeux"，而不只是"眼睛"(nos yeux)。因此在涉及比喻、习语等内容的翻译时，一定要谨慎考虑目标语中是否存在固定说法，只有选择得当，才能使翻译深入读者内心。

　　c.很多俄语学习者在看到这一短语后，都会直译为"закрыть власти в клетке системы"，但这样翻译只能让俄语母语者对原文有一个大致的概念,而不能精确理解其所蕴含的深意。我们来看《中国关键词》一书中对于"把权力关进制度的笼子里"的翻译:Ограничить власти "клеткой" дисциплинарной системы. 此译文不仅保留了原文形象、接地气的表达方式,更借助"ограничить"(制约,限定)一词强调了制度的严格性,将制度比作限制特权的笼子。这一翻译方式可以更加精准地向俄语国家读者传达原文的内涵,让其直观地感受到我国法律制度的严谨性以及对贪腐问题零容忍的决心。

d. 日译没有从字面上简单将"加油干"译为"負けないでがんばっている",而译为"物事に取り組む/専心从事于……"。"腕まくり(して)/卷袖子"一词本身就表现出精神振作干劲十足的样子,加之修饰"物事に取り組む",更好地表现出"加油干"的深意。

联合国秘书长一词,英文是"Secretary General of the United Nations",那么联合国大会主席呢? 中国国家主席呢? 美国国家总统呢?

例(12)

中文:缅甸外交家吴丹当选联合国第三任秘书长。

英译:Uthant, Burmese diplomat, was elected Third **Secretary General** of the United nations.

例(13)

中文:联合国大会每年6月选举下一届联大主席。

英译:The General Assembly of the United Nations elects the next **President** of the General Assembly in June every year.

例(14)

中文:习近平主席同美国总统拜登举行视频会晤。

英译:Virtual Meeting between **President** Xi Jinping and U. S. **President** Joe Biden.

例(15)

中文:江山就是人民,人民就是江山。(习近平,2022)

英译:This country is its people ; the people are the country . (Xi Jinping, 2022)

日译:国は人民であり、人民は国である。(習近平,2022)

例(12)—(14)以职务表达为例,考虑的也是外译的习惯。以"The President"一词为例,例(13)的"联大主席"、例(14)"(中国国家)主席" "(美国)总统"。例(15)是以"江山"为例在三语种不同的译句表达,中文的"江山"在英译和日译时,分别使用了"country""国"一词,折射出各自的语言文化。

例(16)

中文:**网络**安全和信息化是事关国家安全和国家发展、事关广大人民群众工作生活的重大战略问题,要**从**国际国内**大势出发**,总体布局,统筹各方,创新发展,努力把我国建设成为**网络强国**。(习近平,2014)

日译:**サイバーセキュリティー**と情報化は国家の安全と発展、人民大衆の仕事と生活にかかわる重要な戦略的問題である。国際、国内の**情勢**に**立脚**して、全般的に配置し、各方面を統一的に協調させ、イノベーションによる発展をめざし、わが国をネット強国に築き上げるよう努めなければならない。(習近平,2014)

例(17)

中文:党政军民学,东西南北中,党是领导一切的。(习近平,2017)

日译:

a)党・政・軍・民・学の各方面、東・西・南・北・中の全国各地において、党が一切を指導する。

b)党・政・軍・民・学の各方面、東・西・南・北・中の全国各地、党はそのすべてを指導するものだ。(習近平,2017)

例(16)在《习近平谈治国理政》第一卷有这样的论述,以日译为例,在词的方面,网络安全使用了"サイバー",而没有使用"ネットワーク"。"サイバー"这个词除了"网络"还有"网络空间"的意思,和"安全"搭配更佳。"从……大势出发"译为"…情勢に立脚して",没有译为"…立場から…",使其更具文章化。另外,"总体布局、统筹各方"的译法并未采用直译,它以译出语可以接受的表达方式呈现,似乎起到了较好的"等价效果"。例(17)中的 a 和 b 分别具有二种译法,供大家赏析。我们认为在中国政治文献外译中也存在因译者不同,其结果的差异。重要的是,没有原则的"政治瑕疵"和受众歧义。文献外译时,在受到对象国文化的影响而无法找到适合的表达方式时,译出语就不能完好地表达出我国政治文献的表述。为求译文的等价效果,为更好地传达中国之声,就必须探索对方理解的、易于接受的译文表达方式。

例(18)

中文:让人民群众有更多获得感。①

俄译:укреплять всенародное "чувство приобретения".

例(18)"获得感"译为"чувство получения"。的确,在俄语中"приобрести"与"получить"为近义词,均有"得到""获取"的含义。我们来看《乌沙科夫详解词典》中对于"приобрести"一词的释义:1. Достигнуть чего-нибудь, стать обладателем чего-нибудь. ‖ Тоже, чтокупить. 2. Получить, начать иметь. 中文:1.(通过努力)取得……,成为……的拥有者;2. 与"получить"同义,指"开始拥有……"。再看"получить"在本词典中与当前语境相关的释义:1. Взять, принять что-н. предложенное, присланное, приготовленное, заказанное, искомое и т. п. ‖ Стать обладателем чего-н.,

---

① 新华网,2023-05-10,http://www. xinhuanet. com/politics/2016-11/30/c_112001780
5. htm。

приобрести какое-н. звание, состояние, положе-ние. 2. Принять, взять для выполнения. 中文：1. 拿取,接受被提供的,被发送的,准备好的,预定的或寻找的东西。成为……的拥有者,得到某种称号、状态或地位。2. 接到(任务)。从词典的释义来看,"приобрести"与"получить"两个词有部分含义上的交叉,但也有一定的区别。所以我们应从习近平所提出的"获得感"这一概念的定义入手,比对两个俄语动词哪一个更合适。新华网 2016 年11 月 30 日发布的一则名为《习近平带火的这个词与你密切相关》的报道给出了比较详细的解释:什么是人民群众的获得感? 从一些互联网民生调查中可以看出,收入分配、社会保障、医疗改革、教育公平、反腐倡廉等是网民热议话题,"起跑线公平公正""'老虎''苍蝇'一起打""希望多一些蓝天"等网络留言反映社会诉求。从国计到民生,从宏观到微观,人民群众"获得感"所期待的,是切身利益有保障,公平正义能实现,环境质量得到改善,社会风气更净化……一言以蔽之,就是"人民对美好生活的向往"。通过词典释义我们能够看出"приобрести"一词的内涵具有更多的积极意义,更贴合词条原义。另外,从实际语用角度分析,俄语母语者也会更多使用"приобрести"来表达蕴含了物质、精神等方面含义的"受益"概念,通常是褒义;而"получить"既可以用于褒义的"得到",也可以作为贬义的"受到"使用,相当于中性词。综上所述,将"获得感"译为"чувство приобретения"更有利于俄语读者的理解。

五、意识形态在翻译实践和教学中的应用

在中国政治文献外译实践中,译者会对关键词、核心语句以及表达方式仔细斟酌。今天的中国,中译外体现在对外传播、对外交流等方面。学习外语的人都知道,"中译外"的水平是决定外语人才的"最后的一公里"。在公务场合,它代表国家利益、执政党的方策、国家领导人的形象、主权、政治、外交、宗教、人权、社会等方方面面,是翻译人构建中国对外话语体系、传播中国声音、讲好中国故事的历史使命、时代担当。我们从文化转向意识形态层面探讨中国政治文献外译时需要把握以下几点:文化转向与意识形态密不

可分,把握好政治意识,同时准确表达文化多元性、中国特色的时政文献关键词语,在中国政治文献外译中了解外国受众的思维方式和阅读习惯,注意守正和规避辞典中僵硬的表达。

众所周知,南海是中国的领土。20世纪70年代前,周边国家和我国没有领土争议,随着周边海域发现石油、天然气等重要的资源,越南、菲律宾、印度尼西亚等国纷纷对一些岛屿声索主权并实施侵占。词汇的表达上,我们的黄岩岛(the Huangyang Island),菲方单方面宣称为"帕纳塔格礁"(Pannatag Shoal),它不是简单的称谓问题,而是以此宣布对其拥有所谓"拥有权";中日之间的钓鱼岛(Diaoyu Islands/釣魚島),日方称为"尖阁诸岛"(Senkaku Islands /尖閣諸島),主张对该岛进行非法侵占。他们在各自国家意识形态、文化转向的操控下,向世界强制灌输自己的政治意志,以达到侵占我国领土的目的。另外,外译"南沙群岛"(Nansha Islands)时,我们不能被西方受众的"文化转向"所左右,翻译成"the Spratlys"或者"the Spratly Islands"。

由于国情、历史文化的差异,要规避读者易于产生歧义的表述,以免招致误解、产生政治口实或者无意中招西方别有用心的"中国威胁论"。例如,"脱贫攻坚战""白衣战士"不直接外译为"poverty-relief battle"(脱贫的战役)、"white-coated soldiers"(白大褂的军人),是否译为"poverty-relief campaign"(扶贫运动)"medical workers"(义务工作者),请译者慎重应对。另外,概念不同,所表述的内容也不同。例如,中国国务院(the State Council of China)指中央人民政府,是最高国家权力机关的执行机关。而美国国务院(United States Department of State)指美国联邦政府下属负责外交的职能部门,主管外交并兼管部分内政事务的行政部门。虽然和我国的外交部对等,但是,究其国情和机构职能不能简单译为"美国外交部",要按照约定俗成译为"美国国务院"。其中英文表述和机构职能都是不同的。

一般认为语言表现在不同的文化上,"文化转向"理论在政治文献多语外译中的核心问题还是体现在"政治文化"。也就是说,合格的译者不但具有母语和外语的操控能力与技巧,特别在外译、外宣时,还要始终把握好祖国的立场、民族大业等政治站位,做好对外传播和对外翻译工作,这是从事中国政治文献对外翻译的前提条件。

大家再看看例(19)(20),日本是怎样以"双重标准"描述对自己对亚洲各国进行侵略行为的。

例(19)

日文:一八七九年、朝鮮と通商条約を結んだ。日本が、朝鮮に**進出**する緒が作られた。…しかし、ロシアは、日本が大陸に**進出**することを恐れ、独・仏と…三国干渉と言い、日本はやむ得ず従った。

中译:1879 年,日本与朝鲜签订通商条约。这是日本**进入**朝鲜的开端。……但是,沙俄担心日本**进入**大陆,与德国、法国……称为三国干涉,日本不得不认头。

例(20)

日文:大東亜共栄圏:…石油やゴムといった戦争継続のための資源確保を目的に、**南方進出**を目指す日本が占領地で揚げた。

中译:……为了确保石油和橡胶等维系战争资源目的,日本以**进军东南亚**为目标,在占领地大肆倡导大东亚共荣圈。

1900 年八国联军中的美军侵占北京时,日本媒体使用"紫禁城に**進駐**するアメリカ軍"**进驻**紫禁城的美军(gettyimages)这样的注释。

翻译可以归结到语言表达形式上,例(19)(20)在日本教科书上谈及本国历史上的侵略行为时,恰恰避免了"侵略"等字眼,却选择了"进入""进军",在"getty images"中使用了"进驻"等这样的词汇,为自己的侵略行径做了中性化处理。这是明显的"双标"措辞和所谓的日本人"内外意识"的运用。但是,相对谴责他国战争中的对立国家,却使用"侵略"一词,我们进而可以看出其报道中,"政治文化"代表意识形态在对外传媒和对外翻译中所起的作用。这恰恰是政治文化在语言行为中的典型体现。教师在指导学生阅读学习外媒文本的过程中,要扮演好"过滤器""指路牌"的角色,引导学生辨别不同语言背后那只无形的操纵之手,确保学生学习外媒表达是建立在充分的批判性基础之上,从而培养政治观念明晰、国家意识坚定的外译人才,为我国对外传播人才的建设打好思想基础。

同样,一些舆论工具,打着所谓"人权""公正"的旗号,是制造"双标"的典范。为了达到本国的利益和地缘政治格局,"以台制华""挺台遏华",违背第28届联合国大会2785号决议和中美三个联合公报以及大国公信力,严重违反一个中国原则、损害中方主权和领土完整,我们知己知彼,在外译、外宣、外交上有备而来,在遣词用句上更具有针对性,为祖国的利益、民族大业而战。据此,我们可以理解为"文化转向"理论在时政文献多语对外翻译中要把握好"政治文化"的具体应用,是翻译好中国政治文献的定位与原则。进而认识到外译工作者的使命和担当,为捍卫国家利益、主权做好对外宣传工作。所谓外译的"政治文化",就是对外翻译工作者,除了母语和外语具有较高的水平外,首先要具有政治立场、政治站位、民族正义、意识形态思考等,让外译工作服务好国家战略、民族大业。在翻译的过程中,我们从寻求真理追求现代文明改变落后,发展到服务于国家社会主义建设、民族复兴大业和传达中国主张、中国文明及构建人类命运的共同体。

基于以上案例,我们可以看出传媒在对外宣传和主张时,通常是为本国利益服务的。特别通过代表本国利益的媒体,同一种行为,由于意识形态、"政治文化"取向不同,其遣词用句、表达方式也完全不同。

中国政治文献外译时,为取得最佳效果,要注意"政治文化"技巧的运用,每位翻译工作者要以最佳水平的译文展现出"中国形象""中国智慧"和"中国文明"。

大家再看一下以下译句。

例(21)

中文:"不坚持社会主义,不改革开放,不发展经济,不改善人民生活,只能是死路一条。"(习近平,2014)

日译:「社会主義を堅持せず、改革・開放を行わず、経済を発展させず、人民の生活を改善しなければ袋小路に陥るだけである。」(習近平,2014)

例（22）

中文：全党全国要同心同德、埋头苦干、锐意创新、开拓进取，共同为实现党的十八大提出的全面建成小康社会和全面深化改革开放的目标而奋斗。（习近平，2014）

日译：全党全国は心を一つにし、わき目もふらずに働き、鋭意革新し、開拓前進し、第十八回党大会が提起した小康社会を全面的に築き上げ、改革開放を進化させるという目標を実現するために、共に奮闘しなければならない。（習近平，2014）

例（23）

中文：共建"一带一路"成为深受欢迎的国际公共产品和国际合作平台。（习近平，2022）

日译：「一帯一路」共同建設は広く歓迎される国際公共財と国際協力プラットフォームとなった。（習近平，2022）

例（24）

中文：我们隆重庆祝……中国人民志愿军抗美援朝出国作战七十周年，……（习近平，2022）

日译：われわれは…中国人民志願軍の抗米援朝のための出国作戦七〇周年を盛大に記念し、…（習近平，2022）

例（21）的四个"不"，前三个是否定并列，而第四个是全部"不"的假设，所以，翻译要根据语言的前后文和表意，采取没有奇异的表达为佳。例（22）中的"要同心同德"译为"心を一つにする"，并未译"同德"。"埋头苦干"译成"专心工作"，但和"埋…苦…"还是有一定差异的。如果采取"逐词忠实"，译出语没有相应的表达，恐怕读者不知所云。考虑到传播效果，只好采取受众可接受的表达方式。例（23）是大家熟知的"一带一路"的译法，也同样译为"一带一路"，代替了早期使用的"ワンベルトワンロード"。"One Belt, One Road"是直译，形式上非常贴近"一带一路"。但日译可以采取直译:"一带一路""ワンベルトワンロード",英译中时直译会产生歧义,"一带一路"包括"丝绸之路经济带"和"21世纪海上丝绸之路",故译为"the Belt and Road",能够让大家更好地知道我们说的是经济带。例(24),"中国人民志愿军""抗美援朝"没有按照西方世界的表述"中国義勇軍""朝鮮戦争",也采取了句中传播中国声音的"中国人民志願軍""抗米援朝"的译法。

随着我国经济地位的提高和影响的扩大,我国在世界上话语权也随之变化。在日译方面,我们也逐渐将"现代化"译为"现代化",一些有代表性的汉字名改为"汉语拼音"表述,例如,"太极拳"译为"Taijiquan";"饺子"译为"jiaozi",可加注"Chinese dumpling";"户口"译为"hukou",可加注"registered househol";"西藏"译为"Xizang",而不再译为"Tibet"等。

例(25)

中文:国家统一、民族复兴的历史车轮滚滚向前。(习近平,2022)

法译:Le courant de l'histoire progresse sans arrêt vers la **réunification** du pays et le renouveau national. (Xi Jinping,2022)

例(25)的误译,主要源于不求甚解和缺乏常识。对于"祖国统一"的翻译,只要学生在日常阅读中有相关的积累,就不会对此类惯常翻译产生主观错译。通过仔细查阅"réunification"的定义可知,其含义表示将原本统一的领土再次合为一体的过程,此概念与台湾是我国固有领土的一部分的原则是相契合的。而"unification"指将原本不同的事物或元素融合到一起,显然不符合我国国情。所以,在翻译过程中"政治文化"的考量要贯彻始终。可谓"差之毫厘,谬之千里",故在外宣翻译和中国政治文献外译中必须忠实原文,谨慎处理语义。绝不可以误译为"Le courant de l'histoire progresse sans cesse vers l'unification du pays et le renouveau national",以免成为别有用心者利用的口实。

意识形态、政治文化在翻译过程中具有潜在的作用。一个译者如果重视译出语文本的意思,会侧重源译出语词、句的翻译;如果考虑译出语的受众更好地理解,会在"忠实""等价"的基础上,在译出语译文上下功夫。尤其是代表国家声音的外译、外宣工作,如果外方不能有效地理解你的译文,那就是你的损失,也会给国家带来负面影响。

六、几个数字词的使用

例(26)

中文:全面建成小康社会的历史任务,实现第一个百年奋斗目标。(习近平,2022)

日译:小康社会の全面的完成という歴史的任務を完遂し、一つ目の百周年の奮闘目標を達成した。(習近平,2022)

例(27)

中文:十九大、十九届六中全会提出的"十个明确""十四个坚持""十三个方面成就"概括了这一思想的主要内容,必须长期坚持并不断丰富发展。(习近平,2022)

日译:この思想の主な内容は、第十九回党大会と十九期六中全会で「一〇の明確化」「一四の堅持」「一三の成果」としてまとめられ、必ず長期にわたって堅持しかつ不断に発展させなければならない。(習近平,2022)

例(28)

中文:解决台湾问题、实现祖国完全**统**一,是党矢志不渝的历史任务,是**全体**中华儿女的共同愿望。(习近平,2022)

日译:台湾問題を解決して祖国の完全**統**一を実現することは、中国共産党の確固不動の歴史的任務であり、すべての中華民族の人々の共通の願いである。(習近平,2022)

例(29)

中文:增强对"一把手"和领导班子监督实效。(习近平,2022)

日译:**最高責任者**と指導グループへの監督の実効性を強化する。
(習近平,2022)

在政治文献日译中我们要注意一下数字类的书面表达,在例(26)中的"一つ"可以用于口语中的数数,同时在文章的书面语中,也可使用。"第一个"译为"一つ目",没有译为"第一目"什么的。例(27)中的"十""十三""十四""十九"分别译为"一〇""一三""一四""第十九回""十九期",请注意"十九大"与"十九届"的表述。例(28)中的"全体",使用了"すべて"这一书面语的表达。例(29)中"一把手"中文有"某方面技术高的意思",还有"主要成员的意思",本句显然是"首长、最高领导"的意思。故译为:"最高責任者"。

七、中国政治文献外译的应用与国内高校教学

谈到中国政治文献外译,自新中国成立至今,一般是专业的出版社和专业的政治译者的工作。比如,早期的《毛泽东选集》(第一卷至第四卷)日文版就是由外文出版社出版,中国国际书店发行的,主要是对外宣传中国共产党和毛泽东思想的需要。除一些馆藏、有志于外译和研究中国问题的专业人士,非专业工作者几乎很少接触这类工作。随着我国在联合国恢复合法席位,特别是1978年中国实行改革开放,出于对外交往和学习外部世界的经验、科学技术等的需要,逐渐恢复、开设外语专业,社会上也形成了"学习外语热"。一种是引进原版教材,另一种是我国的著名外语专家编写的一些外语教材。20世纪90年代,随着外语专业的扩招,教材水平的进一步提高提上了日程。此时以一些外语院校、著名的外语教育者编写的教材和引进海外版的翻译教材为主。进入21世纪,我国自己培养的外语人才成为外语工作和外语教学的主力军,逐渐海外留学人员也回到祖国,加入到与使用外语相关的各行各业。根据新形势的需要,尤其是在高等学校,这些人才与

时俱进,各显其能,百花齐放,编写了大量的各专业的教科书,为教书育人提供了优秀的教材。

党的十八大以来,教育部成立主管部门,对教材编辑出版使用的指导、管理更加规范。2010 年前后,在全国主要外语院校纷纷成立高级翻译学院,培养各语种翻译人才。据不完全统计,2013 年,在中译外方面,输入大于输出;2014 年开始逐渐从"译世界"向"译中国"过渡。即使这样,正式系统地进行政治话题、政治文献外译训练的翻译课程也属鲜见。

2011 年 11 月,天津外国语大学"党和国家重要文献对外翻译研究博士人才培养项目",为积极回应国家文化发展的战略需求与中央编译局(现为中共中央党史和文献研究院第六研究部)合作共建的"中央文献翻译研究基地",是中央编译局在全国高等院校设立的第一个实体化翻译研究基地,也是高校与党政部门合作、更好地服务国家和社会的一种新形式。博士研究生教育始于 2013 年,重点培养"党和国家重要文献对外翻译研究"人才。2017 年 6 月,首批以党和国家重要文献对外翻译研究为研究方向的博士生毕业。2018 年 1 月,中央文献翻译研究基地正式提升为中共中央编译局直属的部级研究机构。该基地的成果主要体现在三个方面:英、俄、日文献外译的实践与研究,文化传播口笔译工作,人才培养和学术研究。2023 年 3 月,中共中央党史和文献研究院与天津外国语大学就中央文献翻译研究基地建设进行专题调研,并举行揭牌和协议签署仪式。就进一步加强同该部的联系,拓宽合作领域、充实合作内容、创新合作方式、扩大合作成效,加强翻译人才培养,深化对外话语体系研究,共同助力我国国际传播能力建设,为更好阐释中国理论、讲述中国故事、传播中国声音作出新的更大贡献进行了交流。

2020 年 6 月,教育部印发《高等学校课程思政建设指导纲要》,指出高校要深化教育教学改革,充分挖掘各类课程中的思想政治资源,发挥好每门课程的育人作用,全面提高人才培养质量。其中强调,课程思政和思政课程在实施路径、方法手段等方面又有所不同。课程思政以专业课为主要依托,覆盖到所有院系、所有学科专业和所有教师。这就需要从学科专业建设、课程体系建设、课堂教学建设、教师队伍建设、评价激励机制等方面进行整体统筹和系统谋划,根据不同学科专业育人要求、不同类型课程特点进行分类推进,从而构建一整套符合专业育人特点、符合认知科学要求、使思政工作落地见效的课程思政教学体系。

2021年5月,根据教育部部署,全国外语类高校要将治国理政思想作为思政要素融入高校的教育教学中,要求《习近平谈治国理政》进高校、进教材、进课堂(即"三进"),并分批试点。至此为止,全国高校外语类专业政治文献翻译教学与外语课程思政实践在系统指导、主线教材、课程实操等方面还处于浅层探索、各自尝试的阶段。2021年12月,经全国哲学社会科学工作领导小组批准,"高等学校外语类专业'理解当代中国'多语种系列教材编写与研究"被立为2021年度国家社会科学基金重大委托项目,批准号为210ZH043。该项目牵头单位为北京外国语大学,会同北京语言大学、北京第二外国语学院、上海外国语大学、大连外国语大学、天津外国语大学、广东外语外贸大学、四川外国语大学、西安外国语大学、北京大学、南京大学等高校共同承担,主要任务是以《习近平谈治国理政》三卷本的重大主题为纲要,将习近平新时代中国特色社会主义思想系统融入外语类专业核心课程教材,开展高等学校外语类专业"理解当代中国"多语种系列教材的编写与研究,为构建"把中国介绍给世界"的知识体系和话语体系、培养担当民族复兴大任的高素质外语人才提供有力支撑。2022年7月,教育部高等教育司下发《关于开展〈理解当代中国〉多语种系列教材任课教师培训的通知》。2022年秋季学期"理解当代中国"系列教材面向全国普通本科高校外国语言文学类专业本科生、研究生和语言类专业留学生推广使用。这样,在新中国外语教学史上,首次将中国政治文献外译的学习,在全国高等学校外语类专业本科生、研究生层面启动,标志着我国英、俄、法、西、阿、德、葡、日、意等主要外语,加强外语教学应用方面又取得了一次跨越式的提升。可以说这是中宣部、教育部推动成型的"国字项目"。

2022年8月,中央党史和文献研究院第六研究部与北京大学外国语学院高端翻译人才培养基地(Advanced Training Center for Translators)签约及揭牌仪式在北京大学举行。双方签署了高端翻译人才培养基地共建协议,双方合作可以实现优势互补、资源共享,将为中央文献对外翻译和研究、中国对外话语体系建设以及马克思主义中国化最新成果的对外阐释提供更多智力支持。根据协议内容，双方将在人才培养、学科建设、课题研究、学术交流、党建工作等领域进行广泛深入的交流与合作，共同探索建立高端翻译人才尤其是中央文献翻译人才培养的新模式，探索推动翻译学科的发展方向和目标，促进翻译成果和学术成果的有效转化，为国家高端翻译人才培养和国际传播能力建设贡献力量。

2022 年 11 月，全国翻译专业学位研究生教育年会在上海外国语大学举行，来自中央国家机关和上海市政府相关部门的代表、教指委委员和全国开设翻译专业的院校共百余位专家学者与会，共同探讨翻译学科和专业学位建设的未来方向。助力新时代翻译事业和国际传播事业高质量发展，务实推进翻译专业学位研究生教育实现新跃升。

上海外国语大学为了更好地让海内外了解、研究党的二十大精神，充分发挥外国语言文学领先的学科优势，以及多语种学术资源，由上海外国语大学校党委宣传部与图书馆共同策划出品，推出"二十大报告多语种对照查询平台"，对外传播习近平新时代中国特色社会主义思想这一马克思主义中国化最新成果，做好外译工作，助力更多研究者利用该多语种平行语料库深入挖掘和研究党的二十大报告（平台网址：http://document. shisu. edu. cn/）。

"二十大报告多语种对照查询平台"收录了汉语、英语、德语、俄语、日语、法语、西班牙语、阿拉伯语、葡萄牙语、越南语、老挝语共 11 种语言版本的二十大报告文本数据，并进行句子切分。用户可以登录电脑、手机、平板等终端，使用其中任何一种语言，输入需要查询的关键词，均可便捷搜索到其他 10 种语言相关段落的对照表述。平台添加了热搜关键词功能，可以通过点击热搜词快速定位到该词所在的语句，并查看其他语种的翻译。同时提供 11 个语言版本报告全文的下载链接。今后该平台将不断完善，对于多语种中国政治文献外译、教学、研究将起到更好的辅助作用。

除此之外，由中国外文局和中国翻译研究院发起，中国翻译协会和中国外文局对外传播研究中心具体组织实施，分五个专题以中、英、法、俄、阿、西、日 7 个语种发布。后续将陆续推出更多专题和语种。项目成果将持续在中国网"中国关键词"专题多语种网站(http://www.china.org.cn/chinese/china_key_words/)上发布,并将建立微传播发布平台,服务于各国政党、政要、智库、媒体和研究机构,同时可作为我国外事外宣部门和驻外使领馆工作的重要参考。

在政治文献翻译教学的同时,各高校教育工作者结合自身的专业和研究特长,取得了国家级、省部级立项研究资助,一批专业教师活跃在我国的翻译传媒科研领域。我们从中可以领略行业现状和代表者的风采。

表 0-2　近五年部分主要代表研究列示

编号	年　月	负责人	名称	项目类别
1	2023 年 9 月	项成东	政治文献中的文化隐喻翻译研究	国社科一般项目
2	2023 年 8 月	修　刚	国家翻译能力视域下翻译专业研究生教育教学体系研究	省部级项目
3	2023 年 5 月	于保柱	《资本论》在战前日本的翻译和传播研究	国社科后期资助
4	2022 年 6 月	王铭玉	中国共产党百年翻译成就研究	国社科重点项目
5	2021 年 12 月	王定华	"理解当代中国"多语种系列教材编写与研究	国社科重大委托项目
6	2021 年 11 月	修　刚	"理解当代中国"日语系列教材编写与研究	国社科重大委托项目
7	2021 年 9 月	李　晶	中共党史对外译介研究	国社科一般项目
8	2021 年 9 月	刘　曼	我国主流媒体日文版的对外话语体系研究	国社科一般项目
9	2020 年 9 月	朱鹏霄	基于语料库的习近平著述日译文本语言特征研究	国社科一般项目
10	2020 年 9 月	耿　强	中国共产党重要文献中的隐形翻译话语研究	国社科一般项目
11	2019 年 7 月	陈大亮	《习近平谈治国理政》英译本质量评价与接受效果研究	国社科一般项目
12	2018 年 9 月	修刚、田海龙	中央文献外译研究(理论与实践)	省部级专项资助
13	2018 年 6 月	李运博	社会主义经典文献在日本的翻译与传播研究	国社科重点项目

编号	年　月	负责人	名称	项目类别
14	2018 年 6 月	任　文	文化外译战略背景下高端翻译人才培养的国际经验与中国路径研究	国社科一般项目
15	2018 年 6 月	张峻峰	习近平总书记治国理政话语英译研究	国社科一般项目
16	2018 年 6 月	潘卫民	国家翻译实践中的《毛泽东选集》英译研究	国社科一般项目
17	2018 年 6 月	赵　晶	新时代中国特色政治话语的对外翻译和国际传播研究	国社科一般项目

八、在我国政治文献外译方面的两大机构

(一) 中国外文出版发行事业局

简称中国外文局,对外称中国国际传播集团(China International Communications Group,CICG),前身是成立于 1949 年 10 月的中央人民政府新闻总署国际新闻局,是在毛泽东、周恩来、陈毅等老一辈无产阶级革命家的亲切关怀和直接领导下创办的。中国外文局是承担党和国家对外宣介任务的国际传播机构,是中共中央直属事业单位。经过 70 多年的发展,这里聚集了众多的应用型多语种中外专家,为新中国的对外出版、宣传工作作出了巨大贡献。同时对中国政治文献外译、语料库的建设、翻译类书籍、教材、杂志的使用开发、相关研究与应用具有强大的影响力。其外译主要出版机构为外文出版社。

(二) 中央党史和文献研究院

中央党史和文献研究院是党的历史和理论研究专门机构,是党中央直属事业单位,为正部级。2018 年 3 月,中共中央印发的《深化党和国家机构改革方案》指出,党史和文献工作是党的事业的重要组成部分,在党和国家工作大局中具有不可替代的重要地位和作用。为加强党的历史和理论研

究,统筹党史研究、文献编辑和著作编译资源力量,构建党的理论研究综合体系,促进党的理论研究和党的实践相结合,打造党的历史和理论研究高端平台,将中央党史研究室、中央文献研究室和中央编译局职责整合,组建中央党史和文献研究院,对外保留中央编译局牌子。

除此之外,中国翻译协会、当代中国与世界研究院、中国外文局翻译院等单位在对外宣传、中国政治文献外译等领域也实践研究成果颇丰。还有一些专门从事翻译机器研究的单位与高校合作,其成果开始应用到翻译工作中,值得我们借鉴。

九、外译相关的国家资助

国家主管部门为推动中国学术从积极"走出去"到有效"走进去",深化中外学术交流与对话,促进世界更好地了解中国和中国学术,增强中国学术的国际影响力和国际话语权,不断提升国家文化软实力,每年推出"国家社科基金中华学术外译项目""中国图书对外推广计划""中国当代作品翻译工程""经典中国国际出版工程""中国文化著作对外翻译出版工程""经典中国国际出版工程"和"丝路书香工程"等国家项目的申报。从事教学、应用和研究中国政治文献外译的相关人员,可以结合自己的志趣、应用领域尝试申请国家资助。

十、关于本课题的浅见

我国的外语教育事业,经改革开放特别是党的十八大以来的不断摸索和国际交往的需要,有了长足的发展和崭新的成绩。国际交流、留学进修,以博硕为主体形成的"海归"、具有高级职称的教师群体活跃在全国不同的高校,为我们带来了"新知识""新理念""新操作",丰富了推动了高校教学与科研的发展。但是,在教育改革上,以"书本知识""课程设置"的更新换代居多,在"理论与实际""学以致用"方面,尚需提高。截至2022年7月,全国外语院校的本科、翻译专业硕士培养依然主要是语言学、文学、经济、社会文化、商务等育人方向为主。MTI"政治方向""中国党政文献口笔译"方向的人才培养模式尚未成熟,还在不断摸索。另外,师资方面,由于社会背景、社会需求、擅长领域、术业有专攻、专业实践局限等原因,国内一些优秀的翻译家、专家教授也较少从事"中国政治文献外译"的实践活动,即使从事,也是出于对外翻译宣传中国的需要,部分高校受合作方的委托,参与了中国政治文献的外译工作。而在全国外语类高校的课程实践中,"中国政治文献外译"有计划、成体系的教学活动专业训练尚不多见。因此,2022 年9 月开始的全国外语类高校"理解当代中国"多语教材的投入使用有效解决了这个问题,为日常的教学训练打下了良好的基础。现历时一年有余,任课教师在不断熟悉积累经验,定会进入一个高阶的升华。

本研究项目在 2021 年 8 月正式获批并开始启动。可以说与上述"国字号"的项目为同一类型。对于我们来说,本研究项目具有相当大的难度和挑战。我们的研究要有自己的应用特色,要借鉴前人、专家编写的教材和相关的研究成果,拾遗补阙,充分做好行业现状调研,在研究规定的框架下,遵守学术规范、扎实推进、全员合作、集思广益,提出可行的对策,期待按期完成合格的成果。本项目着重论述教学应用部分,包括多语种外译教学实践、教学模式和教学课程的设置、与学生的互动、学习效果测量评价等环节(详细论述参见第一至第八章相关章节的教学研究)。

(一) 研究目标

"文化转向"视域下中国政治文献外译教学研究以培养拥有可靠的"政治立场""政治文化",以民族大业为己任的中译外专业人才为目标,使专业课教学紧跟习近平新时代中国特色社会主义思想,为民族复兴做好本职工作。根据对前期受众调查接受情况的数据分析结果,选择指向性明显的外文版内容,深度思考形成"融盐于水"般的外译教学内容,构建文化转向下"政治文化"深层介入的中国政治文献外译教学的全方位、多语种教学模式,力争科学有效地在教授学生翻译知识的过程中强调价值引领,构建讲好中国故事、培养牢固树立"四个意识"的翻译人才,实现新技术与新文科的融合,进而培养新知识、新能力融合的翻译人才。

同时,我们建议从事中国政治文献外译的从业人员关注以下方面:

1. 培养政治话题的兴趣、具有较强的政治意识、关心国内外政治大事;

2. 关注对政治文化、政治问题的敏感度与表达能力;

3. 每天一点儿,持之以恒坚持阅读《人民日报》、相应外语报刊以及网站,学习政治话语的表述;

4. 广泛参加相关领域的中国政治文献外译实践活动,为教学积累经验素材,掌握相关粗浅的理论知识;

5. 教学相长、向同行学习,具有敏锐的国际视野,坚定政治方向,为民族大业育人育才;

6. 提高信息检索等现代化技术应用服务翻译,教学科研以国家发展为导向,学以致用,服务社会。

(二) 研究内容

1. 研究对象

(1)本研究拟在文化转向的视域下,基于党政类文本及此类文本外的政治文化因素双重出发点,分析此类文本的翻译过程。同时,超越语言层面,分析意识形态介入对翻译过程的操纵,力争更加合理地揭示政治文献翻译现象的本质和规律。

(2)本研究拟全面分析目前本科、硕士研究生阶段中译外各课程的现行教材、课程教学大纲、课程评价指标、专业培养方案等。结合外语类专业的育人目标,在中译外课程教学的各个环节从历史与现实、理论与实践等维度深刻理解习近平新时代中国特色社会主义思想。同时,结合不同课程的特点、思维方法和价值理念,深入挖掘意识形态传播元素,有机融入课程教学,结合专业知识教育引导学生,达到润物无声的育人效果。

(3)在项目组成员的前期研究成果的基础上,进行相关的系列进阶研究。在前期成果的基础上进行"外译受众接受程度调查问卷"调查结果的描述性分析,包括频率、集中趋势、离散趋势和双变量关联性指标及多维尺度统计量。参与中央文献外译实践的成员总结实战经验,进行理论思考。

2.研究框架

(1)对已发行的中国政治文献外译版本进行重点分析

分析此类文本的语言、读者群体受众,探索具体的翻译方法、翻译原则,分析译者如何对译文进行适当的灵活处理,来提高译者的主体性。

(2)翻译课程的教学实践设计

其一,转变和创新教学理念,制定有针对性的符合中国政治文献的外译教学培养方案。传统的外语类人才培养方案多是从英语专业分离而来,未能突出不同语种翻译课程的人才培养特色及中国政治文献外译的培养目标。中国政治文献外译需要体现政治性、针对性、时效性和准确性,正是基于宣传立体真实的中国,在制定培养方案时需要适应时代发展,制定的课程要能培养学生具备必备的知识、素养、能力,更要不断地探索性改革,进行统筹考量。

其二,创设与创造支持条件,为中国政治文献的外译教学搭建多样性平台。教学模式的支持条件包括教学环境和设施、信息时代技术媒体、教学手段以及教学的时空组合等方面。教学质量的提高,离不开各项硬件和软件条件的支持。通过搭建教学信息平台,丰富外译教学专业背景知识体系,尤其注重加强训练外译过程中"政治文化"的双向思维,促进译者专精与博晓的有机结合。

其三,优化翻译专业课程设置,除了基本的翻译训练课程、选用恰当的教学内容,还应注重学生的语言功底和对资料检索的能力,提升译者的良好语感和文字理解能力。在中国政治文献翻译文本中,将翻译理论更好地运用于中国政治文献外译中,同时从译文润色、重要概念译法等核心点上切实提升外译教学培养质量。

其四,丰富教师外译实践经验,构建师生良好交往系统。担任此类课程的教师,首先要对中国政治文献的外译有深入的了解,同时也应具备丰富的翻译实践经验,还要采用有效手段调动学生学习的积极性,促使学生主动进行翻译实践,进而激发学生对中国政治文献的外译热情。

其五,转变课程考核方式,构建效果反馈评价体系。在课前、课中、课后积极运用现有平台,创建多元化评价体系,及时改进培养方案。

3. 研究的基本思路

试图在"文化转向"这一翻译理论视野下,通过引用英、法、俄、日等多语种中国政治文献外译文本中的案例、相关定性教材的学习、受众接受情况的调查研究和实证分析,以及在翻译教学中"政治文化"的表达方式,探索中国政治文献的外译教学的新模式。对中国的政治文献外译文本进行分析,从中选出适合用于外译教学的内容。设计外译教学的评价模式,争取科学客观地切实提升外译教学模式的质量。其间尝试在大学本科和硕士教育中结合课程思政的教学理念,在翻译教学过程中潜移默化地为国家培养具备"政治文化"的外语人才。

4. 研究方法

项目成员都来自教学一线,部分教师不同程度从事过中国政治文献外译、语言文化翻译的实际操作、教研以及外译受众情况的调查研究工作。这些前期工作和经验积累为课题研究打下了良好的基础。

(1)社会调查法

利用全面调查、抽样调查、典型调查等具体方法,通过有计划、有步骤地开展观察、访谈、问卷等实地考察活动来分析、解释和说明某一社会翻译现象。

(2)统计分析法

运用统计学中有关搜集、整理、分析资料的原理和方法来描述和解释社会现实中那些林林总总、复杂多样的翻译现象,以期从中发现它们所共有的一些普遍规律和特点。

(3)个案研究法

把每个翻译现象看作一个整体,在尽可能收集所有相关资料后,对这一翻译现象作全景式描绘和详尽性分析,以便揭示这一翻译现象的特殊性以及各种因素之间的因果或互动关系,最终实现翻译效果的提升。

(4)文本分析法

针对中国政治文献的外译版本,进行传统的文本类型的分类、具体的翻译策略、翻译方法、翻译原则分析与教学活动,以探索外译的有效途径。

（5）在线采集法

在不同的教学阶段，评价数据，通过在线测评平台，实现数据的采集、调查结果的收集。

十一、多语种政治文献外译教学的共同点、存在的问题与解决方案

截至 2022 年 7 月，我国高校本科、硕士研究生阶段，从教学大纲、课程设置到具有系统教材讲义，开展多语种政治文献外译教学的单位，尚不多见。随着中国经济实力和国际地位的不断提升，需要向世界展示一个有平等国际传播能力和水平，向世界介绍新时代的中国，更好展现真实可信、立体、全面的中国形象。我们奋力向世界学习，经过几代人的不懈努力，取得了世界第二大经济体的佳绩。党的十八大以后，中国走向世界、世界读懂中国、实现伟大复兴更需要讲好中国故事，相关的人才培养自然要提上日程。在坚持改革开放的同时，也需要向世界展现中国、翻译中国，中宣部、教育部深入学习贯彻习近平新时代中国特色社会主义思想，从"三进"到 2022 年秋季开学，在全国外语类高校开展学习使用"理解当代中国"多语种系列教材的具体举措，就是最好的尝试。我们外语教师不能机械地照搬教材，在国家全面加强新文科建设的背景下，要坚持"大学科、大交叉、大数据、大传播"综合发展理念，与时俱进、锐意创新，结合各校的特色和自身的实际情况，对学生做到因材施教、有机融合，达到最佳的实用效果。作为译者要学会检索机器翻译、网络信息、专用网站、利用计算机统计辅助翻译等。让我们高举中国特色社会主义伟大旗帜，以习近平新时代中国特色社会主义思想为指导，培养出更多的具有家国情怀、全球视野、专业素养、为民族大业为推动中国更好走进世界、世界更好理解中国作出更大贡献的外译复合型人才！

第六节　研究目的和组织框架

关于翻译学的理论研究和实践,涉及极其广阔的领域,各行各业活跃着大量的代表人物和实践者。近年,随着中国经济实力和国际地位的不断提高,需要构建与之相适应的国际话语体系,以传达中国声音和展现中国形象,为此对中国政治文献外译的质量要求也在不断提升。要求译者不但具有高水准的中文、外文表达能力,还要在意识形态、价值取向、理解对象国文化等方面具备专业素养,为准确传达中国声音、把握国家方针政策做好准备。我们在梳理和总结前人研究成果的同时,结合研究团队的教学实践,在文化转向视域下中国政治文献外译教学以培养可靠的"四为"中译外专业人才为目标,使专业课教学以习近平新时代中国特色社会主义思想为指导,利用统计学的数据分析结果,选择指向性明显的外文版内容,深度思考形成"融盐于水"般的外译教学内容,构建文化转向深层介入的中国政治文献外译教学的全方位、多语种教学模式,实现新技术与新文科的融合,力争科学有效地在教授学生翻译知识的过程中强调价值引领,讲好中国故事,培养牢固坚定"四个自信"、具有"政治文化",与新知识、新能力相融合的新时代合格的中国政治文献对外翻译人才。本书构成如下:

序章　向读者介绍本书的概况。回顾了中国翻译和中国政治文献外译的进程,简明介绍了文化转向理论知识与中国政治文献外译教学应用的关系。以中国政治文献外译为例,通过不同的案例介绍如何使用本理论。以习近平新时代中国特色社会主义思想为引领,更好地为中国政治文献外译服务。大学翻译课堂教学既要注重理论的指导,也要理论与实践并重。文化转向翻译理论下提出"政治文化"这一概念。从语言外层面的视角探索中国政治文献外译的方法。翻译教学科研,既要在理论的引领下进行外译训练,更要引导语言外层面的思考。只有学生在语言操作的同时,将文本所涉及的意识形态、目标受众、文本功能等诸多语言外因素纳入宏观思考的范畴,翻译的教学目的才能真正实现,学生的译文才能达到专业水平。

第一章　简要介绍了文化转向理论体系的框架,重点介绍了"操纵学派"翻译理论的基础知识,及其对中国政治文献外译教学的指导意义。以中国政治文献英译为例,通过案例体现该理论对于政治文献外译教学的阐释力。大学翻译教学呼吁理论的指导,文化转向翻译理论从语言外层面解析翻译过程,为培养具备政治意识、国家意识的国际传播人才提供了有力的指导。翻译的教与学是一套综合体系,在理论的渗透中,既要辅助语言层面的训练,更要引导语言外层面的思考。只有学生在语言操作的同时,将文本功能、目标受众、意识形态、国家意志等诸多语言外因素纳入宏观思考,才能真正达到翻译教学的效果,才能实现培养新时代国际传播人才的目的。

第二章　本章节以中国政治文献英译教学为核心,深入探讨其在翻译教学中的应用。通过对比例文与政府官方译本,教师对所涉及的概念进行解读并分析翻译思路及方法。同时,循序渐进地通过专业词汇、经典例句以及篇章翻译,逐步激发学生对中国政治文献英译的兴趣。在引导学生在思考、查阅文献资料、使用检索工具等实践过程中,体会中国政治文献英译与应用型文本或文学类翻译的差异,并且培养学生的翻译能力,使学生认识到中国政治文献外译是翻译中相对独立且不可或缺的一部分。学生在加强中国政治文献外译基础翻译训练的同时,也能树立讲好中国故事、传播中国声音、加快构建中国话语和叙事体系的意识。

第三章　在中国政治文献法译教学实践与探索中,将语料库及平行文本的使用引入课堂,通过词谱分析和文本对比准确把握用词译句,体现政治文献翻译的独特性。探索思政在翻译课中的介入,重点突出政治文化翻译的策略研究。同时以文献翻译为依托,展示整个翻译课堂设计的全貌。政治文献外译具有特殊性,不同于一般的应用型翻译,更不同于文学翻译,题材多偏理论化,是一项艰巨而枯燥的工作。在课堂设计中,力图减轻学生的为难情绪,摆脱以字典为拐棍的僵化翻译手段,并通过词汇汇编总结,在一定程度上形成自主整体翻译,为学生将所学直接运用到将来的翻译活动和工作中做好准备,为将来投身文献翻译事业打下坚实基础。

第四章　第一节分析了中国政治文献俄译教学现状与存在的问题,并尝试提出主要问题的解决途径。第二节通过课程思政与中国政治文献俄译教学的结合,在课堂的翻译活动中,以《习近平谈治国理政》为切入点,对词句的译法、重点难点进行了阐述。通过课堂活动的实际运用示例,为文化转向视角下的中国政治文献俄译教学策略提供了一些创新思路。教学案例注重学生个人思考、小组翻译实践、教师点评等方面的平衡,使教学者获得更多灵感,让学习者乐于学、易于学。同时,案例中尽量做到"如盐入水"般自然引入课程思政,意在提升学习者的阅读、翻译、表达能力。第三节简要介绍中国政治文献俄译教学训练与效果。最后为本章结语。

第五章 从中国政治文献日译教学面临的问题、文化转向下各翻译策略的介入、中国政治文献日译教学中文化传授的教学前沿三个方面阐述了课题本科教学实践。试图通过两次问卷调查,验证新型教学模式的教学效果。结合统计学分析方法,力争从重点词汇、词语搭配及语法翻译等多方面,验证中国政治文献外译教学的真实效果。高校翻译实践课程是为国家培养对外宣传服务文化"走出去"的德才兼备人才的优势平台,主动服务国家战略和地方社会经济发展,是新时代对高等教育的要求。希望新的教学模式可以为政治文献外译实践课程的实现路径形成提供积极的探索,最终实现表达能力和传播能力的双提高。

第六章 第二至第五章主要探讨了英、俄、法、日各语种本科阶段的实操层面中国政治文献外译的教学思考和模式,以及与课程思政的有机结合。本章在此基础上,从硕士研究生的角度,尝试从文化转向的角度对中外文化进行对比,进一步提升学生对两国文化的理解和表达能力,同时兼顾文献外译的文化层次和实操技巧训练,使学生最终掌握较高水平的中国政治文献外译能力,了解外译的基本规律、方策,增强外语人传播中国声音的意识,粗晓政治文本在外译实操时常见的问题和处理方法,通过扎实的训练与实践演练,进一步提升中国政治文献外译水平、学术研究能力及用外文讲述中国故事的能力,为国家培养高级别的外语工作者奠定良好的基础。

第七章 统计学在中国政治文献外译教学应用中的作用。课题的论述有效可行需要佐证的支持,实证研究应运而生。定量研究就是通过分析事物量的规定性来把握事物质的规定性。运用数学方法研究和考察事物之间的相互联系和相互作用,通过统计数字描述一个社会现象和揭示社会现象间的关系,也可以推断局部和总体的关系。外语学科所属文科,自然有效可操作的统计学研究成为我们合作、关注的对象,它能为我们的研究给予有力的支撑。本章以实战为导向,讲解了如何用计算机技术对教学研究实施过程进行评价。通过对数据的收集、整理、分析、反馈为教育教学实施提供决策指导。

第八章　从教育学的视角看中国政治文献多语种外译教学,简述了中国政治文献外译课程的内涵与开发、教育学理论与中国政治文献外译教学的关系、中国政治文献外译教学的实践与展望。从课程的内涵出发,分析了课程的特点,进而确定了课程开发的程序,探讨了如何实施课程评价。在分析中国政治文献外译课程"怎样教"的基础上,探讨了可行的教学模式,以及在开展教学时需要做好的准备、教学中运用的技巧,以期产生更高的教学价值。作为外语教育工作者,要主动肩负起"政治使命",在教学中给予"政治文化"的输入,培养学生成为传播"可信、可爱、可敬"中国形象的新时代青年,为构建我国的对外话语体系,做出应有的贡献。

终章　对项目历时近三年的情况总结成果、不足和展望。在"文化转向"视域下研究了中国政治文献的多语种外译教学,在理论与应用方面提出了"政治文化"在外译、教学中的应用。得出的结论是,译者要具有政治敏感度和政治问题素养以及较高水准的中文、外文的表达能力,还要在意识形态、价值取向、理解对象国文化等方面具备专业素养的"政治文化",为准确传达中国声音、把握国家方针政策,做好译者的工作。今后的课题展望,要以习近平新时代中国特色社会主义思想为指导,全面贯彻党的二十大精神,培养出为中华民族伟大复兴,与时俱进、有担当有作为、具有家国情怀和远大的格局,服务于国家的外译、外宣、外交人才。

第七节　结语

中国政治文献多语种外译教学在我国尚处在一个探索阶段。各语种外语教师要研究课程思政教学和学习本语种的时政文献,与时俱进地把课程思政元素"润物无声"地加入外译教学之中,以党史、新中国史、《习近平谈治国理政》、党的二十大报告等中国政治文献等相关内容以及高等学校"理解当代中国"系列教材为素材,有机地纳入本科打基础、硕士上档次、博士重专题研究的教学体系中。教师对教学活动进行具体设计,为提高外语类学生各层次的翻译综合能力,从翻译基础入手,提升学生应具备的外语运用能力、思辨能力、跨文化交往能力、时政文献的赏析能力,以及一定的自主学习能力、实践能力、信息技术应用能力和研究创新能力。进行有效的数据分析和实证研究,以求客观地评价。提高外语学人的国际交际和讲好中国问题的应用能力。努力做一名合格的"融通中外"、具有"政治文化"思维的中国政治文献对外翻译的学习者、教育者、翻译人。

其重点在于以下三点:一是文化转向理论的实际应用;二是中国政治文献外译版的内容选择与教学模式设计;三是统计及假设检验。

其难点在于以下三点:一是文献语料的选择与外译教学的课程设置;二是政治文化在翻译过程和翻译教学中的导入;三是传统的翻译思维与现实的外译表达。

回顾中国共产党的百年奋斗史,外语、翻译在中国共产党探索救国救民道路上、完成新民主主义革命建立新中国、推动中国社会主义建设和深入改革开放、进入新时代中国特色社会主义中发挥了独特的作用。中国政治文献多语种外译教学实践研究,以中国政治文献多语种文本为研究对象,通过多语种多学科交叉合作研究,试图在中国政治文献外译过程中,探索中国政治文献的外译规律和特点,为学习者、应用者提供有益的借鉴,从而得出切实可行的结论,共同探讨对外话语体系建设。在中国政治文献外译教学研究方面,可否与传播传媒学交叉融合,"外译—外宣—外交—话语"是我们进一步研究的课题。随着中国政治文献外译实践、教研应用团队的不断壮大,贯彻习近平新时代中国特色社会主义思想,推动中外文明互鉴、构建融通中外对外话语体系、实现中华民族伟大复兴,是全体外语人的使命担当,是外语教育的责任。深化新时代外语教育改革,构建外语教育自主知识体系,培养具有家国情怀、国际视野和专业本领、讲好中国故事的国际化人才是外语类高校大力推进的举措。让我们共同践行中共中央总书记习近平

2022 年 4 月 25 日考察中国人民大学时的殷切希望，"用脚步丈量祖国大地，用眼睛发现中国精神，用耳朵倾听人民的呼声，用内心感应时代的脉搏，把对祖国血浓于水、与人民同呼吸共命运的情感贯穿学业全过程、融汇在事业的追求中。"

（本章撰写：叶欣）

参考文献

[1]习近平.习近平谈治国理政:第1卷[M].北京:外文出版社,2014.

[2]习近平.高举中国特色社会主义伟大旗帜为全面建设社会主义现代化国家而团结奋斗[M].北京:人民出版社,2022.

[3]习近平.决胜全面建成小康社会夺取新时代中国特色社会主义伟大胜利[M].北京:人民出版社,2017.

[4]白寿彝.中国通史纲要[M].上海:上海人民出版社,1990.

[5]修刚等.十九大报告翻译实践与中央文献的日文翻译策略[J].日语学习与研究,2018(2).

[6]修刚,田海龙.中央文献外译研究:理论与实践[M].北京:北京航空航天大学出版社,2018.

[7]卿学民.政治文献重要术语外译的理论逻辑分析[J].日语学习与研究,2018(2).

[8]陈勇.政治文献外译的"三维"话语互动:内涵、模式和动因[J].北京:中国翻译.2022,43(3).

[9]小野信爾.人民中国への道[M].東京:講談社,1977.

[10]鳥飼玖美子.翻訳学入門[M].東京:みすず書房,2009.

[11]鳥飼玖美子.よくわかる翻訳通訳学[M].京都:ミネルヴァ書房,2013.

[12]最新世界史図表(二訂版)[M].東京:第一学習社,2019.

[13]細川俊夫等.標準社会6年上[M].東京:教育出版株式会社,1973.

第一章　文化转向翻译理论
与中国政治文献翻译

若说"新老融合"是一件好事，那么我们即将展开的研究便是将 20 世纪的翻译理论与当下新时代的翻译需求、翻译实践、翻译建设做一个有机的、辩证的结合，以让"老"的理论在新的时代与时俱进，继续发挥强大的解释力与指导性，也让"新"时代的翻译研究与实践在成熟的理论体系下走得更稳、更好。本研究所基于的"老"理论体系，是 20 世纪 70 年代兴起发展的"文化转向"翻译理论；而本研究所围绕的主要对象，是新时代背景下我国的政治文献翻译。

第一节　"文化转向"翻译理论

一、翻译研究"文化转向"的理论背景

"文化转向"的关键在于"文化"，实质在于"转向"。探索"文化转向"这一理论体系的背景，则要从"转向"谈起。既然是"转向"，必然涉及从一个阶段向另一个阶段的"转换"，以及从一个研究主题向另一个研究主题的"换向"。大框架下，自人类出现翻译行为至今，全球的翻译研究已经经历了三个大的阶段，这一点得到学界的普遍认同。对三个阶段的名称，学界并无统一术语定之，但不同的叫法实则内涵所指基本相同。

第一个阶段是翻译研究的"感性化阶段",亦可称为"非科学界阶段"。这一阶段的翻译研究从古代翻译开始一直延续至近代,翻译研究主要依赖译者、读者、评论者的感性体验,譬如以是否喜欢、是"好"是"坏"等来评判翻译行为的成功与否,缺乏科学的理论指导,没有任何学科作为研究支撑。这一阶段有着许多我们所熟悉的经典译论,如古代道安提出的"五失本三不易"、玄奘的"五不翻",都是基于自身佛经翻译实践的经验总结与感性归纳;近代严复的"三字真言"——"信、达、雅",或者傅雷所提"神似"说、钱钟书所提"化境"论,亦是如此,均为经验式的简单归纳,然而究竟多"信"才是"信"? 怎样才算"达"? 做到如何才可以成为"化了境界""神韵相似"了呢? 都无答案、更无标准,归根结底是没有科学的理论体系为翻译研究提供解释与支撑。这一阶段的西方翻译研究亦是如此。譬如,哲罗姆(St. Jerome)在欧洲早期广泛开启的《圣经》翻译活动中所提出的"直译与忠实",艾迪安·多雷(Etiene Dolet)所提出的"翻译的五原则",以及泰特勒(A. F. Tytler)经典的"翻译三原则",等等。如林克难所总结的:乔姆斯基语言学"革命"以前,由于语言学研究影响不大,翻译理论的研究处于前科学阶段,基本上停留在"印象式、评点式"的译事经验的总结上,充其量是一种经验主义的所谓"理论"(林克难,1994)。

20世纪中叶,翻译研究来到了第二个阶段"语言学阶段",翻译研究也迎来了第一次"转向",我们且称其为翻译研究的"语言学转向"。1957年,美国语言学家诺姆·乔姆斯基(Avram Noam Chomsky)出版《句法结构》(Syntactic Structures)一书,掀起了语言学界的一场革命。乔姆斯基发动的语言学"革命"给翻译理论研究注入了一股旺盛的生命力,推动翻译理论研究进入一个崭新的科学的时期(林克难,1994)。从20世纪的狭义视角出发,翻译活动作为一种语言行为,应与语言学理论建立紧密关联,并由语言学理论进行解释与规范。在这一阶段中,翻译研究大量借助某一语言学理论作为"母论",在其框架下对翻译行为的本质、过程及方法进行阐释,并提出翻译的标准。这一阶段具有代表性的译论,我们略举三例。其一是英国学者约翰·卡特福德(J. C. Catford)在20世纪60年代所著《语言学翻译理论》(A Linguistic Theory of Translation)。在乔姆斯基的理论影响下,卡氏在其书中详尽地分析了从一种语言向另一种语言的转换过程中,如何在词素、单词、词组、分句、整句这五个层面实现语言结构的对等。作为基于句法层面的译论,卡特福德的理论是这一阶段初期的典型代表。其二是美国学者尤金·奈达(Eugene Nida)所提出的"动态对等",奈达的理论在我国翻译学界几乎无人不知,甚至 21 世纪初期在我国翻译学界一度形成"谈理论必谈奈达"的潮流趋势。以乔姆斯基的"转换-生成语法"为"母论",奈达跳出了单纯句法层面的框架,上升至"语义"层面,认为翻译是翻译语言的"意义"。不同的语言,通过语言结构上的有效转换,可以达到原文所想表达的"意义",进而"在译入语中再现与源语最为接近自然的对等"(Nida,2004)。其三是德国学者奥古斯特·古特(Ernst-August Gutt)所提出的"关联翻译理论"。这一理论是基于斯博伯与威尔逊(Sperber & Wilson)的关联理论,将翻译研究的关注点从"语义"层面推向"语用"层面,将翻译活动视为一种语义交际行为,注重交际双方的认知,以及交际发生的具体语境。20世纪中叶的翻译研究以西方译论为先头主导,我国译论在这一阶段发展较晚,以吸收引进为主。

经历了这一次"语言学转向",翻译研究在语言学理论框架内又经过了从"句法"到"语义",再到"语用"三个层面的过渡发展,研究层面逐渐上升、范畴逐渐扩大,加之全球形势不断变化、社会背景不断复杂化,翻译研究便来到了第三阶段,暂且称为"超语言阶段",也就此实现了第二次"转向",即我们所讨论的"文化转向"。需要强调的是,"文化转向"中"文化"二字并非狭义上的"文化",而是一个宽广的概念,是超出语言层面的各种因素的综合。自 20 世纪 70 年代前后开始,翻译研究逐渐跳出语言学层面,向文化层面发展。翻译研究的重心,由传统意义上只停留在语言转换层面,逐渐转变为将各种语言外的因素纳入研究范畴,开始思考、讨论诸如意识形态、社会背景、政治经济、历史文化、传统习俗、商业需求等超语言因素在翻译过程中扮演的角色,以及其对翻译行为产生的影响。这一"文化转向",为翻译研究提供了新的研究范式(薛芳,2010),让翻译研究演变为一种跨文化研究并逐渐成为一门显学(冯亚武,刘全福,2008)。

20 世纪 70 年代,以色列学者埃文·佐哈尔(ItamaEven-Zohar)提出的

"多元系统理论"（Poly-system Theory），强调翻译过程受制于源语、译入语文化各个不同系统之间的相互关系，强调了翻译与文化的紧密关系，为翻译研究的"文化转向"谱写了序章。1992年，比利时裔美籍学者安德鲁·列夫维尔（Andre Lefevere）出版了《翻译、改写以及对文学名声的控制》（*Translation, Rewriting and the Manipulation of Literary Fame*）一书，以浓墨重彩强调了意识形态（ideology）作为关键元素，以"诗学"（poetics）与"赞助人"（patronage）为两种表现形式，对于翻译的影响与操控，提出翻译的实质即在意识形态操纵之下的"改写"（rewriting）行为。列夫维尔的这一学说亦被称为"操纵学派"翻译理论。列夫维尔这一理论的提出，让翻译的文化学派进入全面发展，语言外的因素势不可当地进入翻译研究的范畴，译学的研究领域得到了空前的扩大，研究内容得到了空前的丰富。

同在1992年，列夫维尔编辑出版了论文集《翻译、历史与文化论集》（*Translation / History / Culture: A Sourcebook*），仍旧侧重翻译研究的文化视角，按照意识形态的影响、赞助人的作用、诗歌翻译、文化体系、翻译和语言的发展与教育、翻译的技巧、文本中心、中心文化等主题排列，多方位呈现了语言外因素对于翻译过程产生的影响。1997年，列夫维尔与英国学者苏珊·巴斯奈特（Susan Bassnett）合作编辑了论文集《文化构建——文学翻译论集》（*Constructing Cultures: Essays on Literary Translation*），进一步强调了翻译不应局限于传统的语言形式范畴，而应在社会、政治、文化、意识形态的更大框架之下进行宏观的分析与阐释。抛开翻译本身不谈，巴斯奈特拥有的是一种放眼全球的全局性眼光，在她看来，在未来愈发国际化的发展中，单语人才的竞争力将大大低于多语人才，因为单语人才意识不到不同文化之间的差异，而文化间的差异是靠语言点滴揭露显现的（Bassnett，2013）。在巴斯奈特看来，使用另一门语言去沟通，需要的不仅是语言能力，更重要的是变换思维方式，真正进入另一种文化的思维世界，再相应地去构造语言（Bassnett，2013）。她认为，翻译绝不是纯粹的语言行为，而是根植于有关文化深处的一种行为；翻译就是文化内部和文化之间的交流；翻译对等就是源语与目标语在文化功能上的对等（薛芳，2010）。

在列夫维尔与巴斯奈特的联手下，翻译研究的"文化转向"被推向高潮,翻译研究也正式从语言学的从属地位中解脱出来,成为一门融合了语言因素与语言外因素的独立学科。就这样,在全球翻译研究走过了三大阶段、经历了两次转向后,"文化转向"理论体系破土萌发,生长壮大。这一理论体系的产生,其意义无疑是巨大的。如曾文雄所评:"文化转向"试图将翻译研究从译语本位观中解放出来,强调翻译的文化研究,赋予翻译研究新的维度,即翻译的社会、历史、文化等多维度,并试图凸显跨文化共通的译学规律(曾文雄,2006)。又如孙宁宁所评:它(翻译研究的文化转向)使得翻译研究经历了一场深刻的范式革命,翻译研究被置于更为广阔的文化语境之中,不仅关注翻译的内部研究,更强调意识形态、文化、历史等对翻译活动的影响,因而拓展了其研究视域(孙宁宁,2005)。

同在20世纪90年代,继在西方破土发展之后不久,列夫维尔的理论逐渐被引入我国翻译学界。笔者在中国知网上检索"文化转向翻译"这一关键字,收集到了自2000年至2021年发表在国内各类期刊上的论文共772篇,其中本世纪初期(2010年前)对于该理论研究达到一个小高峰;在2010年之后,则侧重用"文化转向"来分析译本、解释翻译现象;随后在近几年,则出现不少对于该理论学派的反思。学者们的研究大致可以分为以下几个类别:对列夫维尔为代表的文化学派的相关译学思想的介绍和批判性解读类,这类文章主要关注列夫维尔的翻译理论,譬如其理论背景与主要内容,如赵彦春的《对摆布派译论的译学反思》(2003)、《文化派的理论取向与实质》(2004);另外一类则将更多的关注点放在这一理论的应用层面,即用列夫维尔的操纵理论来研究各类不同的译本,如朱伊革的《从文化学派翻译观比较林纾和庞德的译介活动》(2004),或者解释历史上所出现的各种与翻译有关的现象,如吴莎、屠国元合著的《论中国近代翻译选材与意识形态的关系(1840—1919)》(2007)。还有学者关注这一理论体系的内涵以及其与学科建设的关联,如王洪涛的专著《翻译学的学科建构与文化转向》(2008),以及我国国内专门探讨翻译研究"文化转向"的第一部专著:王宁所著的《翻译研究的文化转向》(2009)。除此之外,还有小部分学者关注的是列夫维尔的《中西翻译思想》(*Chinese and Western Thinking on Translation*)这篇文章,对其中的观点进行解读和反思;还有个别学者研究列夫维尔的早期文章《诗歌翻译：七大策略及其发展蓝图》(*Translating Poetry：Seven Strategies and a Blueprint*)，并提出相应的翻译策略来进行英汉诗歌互译策略对比研究。

今天，距离"文化转向"这一理论体系的产生已经过去数十载，翻译研究领域在这期间得到了前所未有的拓展，相比 20 世纪 90 年代刚刚从语言学桎梏中解脱出来之时，研究视角要宽阔得多。譬如，当下蓬勃发展的生态翻译学、社会翻译学，尤其是现在刚刚兴起的国家翻译学说，更是集大成于一体，内涵丰富而广阔。但是，新理论的发展绝不意味着老理论的失效。理论的产生必然会带有时代的局限性，但在与时俱进的发展中，老的理论不仅不会"过期"，还会随着时代的发展被赋予新的解释力，焕发更大的生命力，发挥更好的指导作用。本研究以"文化转向"为理论框架，将其与新时代的国家政治文献翻译相结合，便是本着这样的初衷。本研究中所使用的"文化转向"理论，以列夫维尔在 1992 年所著《翻译、改写以及对文学名声的控制》一书中所提出的"操纵"理论为主。

二、列夫维尔"文化转向"理论的基本内容

在《翻译、改写以及对文学名声的控制》一书的开篇，列夫维尔便提出了"翻译即改写(rewriting)"的全新理念，称"翻译本身，当然地，是对原文本的一个重写"(Lefevere，2010)，笔锋直指语言学阶段翻译研究的理论核心："对等"。列夫维尔认为，对于原作的翻译、改写、编订选集、批评和编辑等工作都属于改写。既然翻译是一种改写，那么绝对的对等是不存在的(夏平，2010)。

"改写"二字由何而来？列夫维尔认为，翻译作为一项语言活动，有着众多的影响因素，而其中最不重要的恰恰是来自语言层面的影响因素。因为翻译的过程并非在纯语言的乌托邦式状态下进行。作为活动主体的译者处在特定的时代、特定的文化环境、受特定的意识形态的左右，因而其产出译文的过程必然与这些方面产生不可忽略的联系，且其中的许多因素往往对翻译过程影响巨大，甚至是决定性的。基于这样的前提，身处特定时空、

文化、环境之中的译者，必定在翻译的过程中对原作进行程度不一的"改写"，或是小幅加工调整，或者大幅增删改减，均有可能，以便让译文符合译者所处的时空环境的主流意识形态。正如列夫维尔在该书的序言中所说，"所有的改写，无论出发点是什么，都反映了某种特定的意识形态、诗学形态等等，因为这些因素操纵着文学，以便让其在特定的社会环境中以特定的方式发挥特定的功用。改写就是操纵"（Lefevere，2010）。据他观察，"改写者们会在某种程度上对其手头处理的原文本进行调整与操纵，目的往往是为了让作品契合其所在时代主流的，或至少主流之一的意识形态或诗学形态"（Lefevere，2010）。笔者认为，在列夫维尔的理论中，最大的关键词莫过于"意识形态"这四个字，"意识形态"是一只操纵翻译过程的"无形的手"，符合特定文化环境主流意识形态的需求，是翻译"改写"过程中所遵循的纲领原则。在列夫维尔的理论中，"意识形态"这个大概念被进一步细化为"诗学"（poetics）与"赞助人"（patronage）两个不同的表现形式。

在《翻译、改写以及对文学名声的控制》一书的第二章、第三章里，列夫维尔着重阐述了"诗学"（poetics）与"赞助人"（patronage）这两个制约翻译过程的影响因素。在列夫维尔的理论体系中，这两个概念的内涵要远远大于其字面本身，"诗学"不仅指"诗"，也是受意识形态影响下的文学呈现形式、文本体裁、主流审美观念，甚至不拘泥于文本，扩大到整个艺术范畴的一个概念。同样，"赞助人"的"赞助"也不局限于"资金资助"这一简单的概念，而是更接近一种发起推动、影响操纵的主导力量。而"赞助人"的"人"往往并非一个个体化的"人"，而是特定意识形态下的机构、政府、宗教、群体乃至国家，甚至译文的受众群体也可能发挥"赞助人"的作用。列夫维尔认为，文学作为一个大的系统（system），受到内部、外部两种力量的制约。在内部，专业人士（如文学家、评论家、教师、专业译者等）是主要的制约力量，他们会在选择过程中排除掉其所认为"不入流"的作品，或者是将这些作品进行改写，将其打造成符合主流诗学形态与意识形态的新面貌；在外部，赞助人是主要的制约力量，他们掌握主导权（或是经济方面，或是权力方面），也会要求作品必须符合其所主张的意识形态。借用夏平的总结，赞助人代表了每个时代的主流意识形态的要求。大致而言，赞助人负责意识形态的管制,专业人士负责诗学形态的掌控(夏平,2010)。在下面的两个小节中,将着重讨论"诗学"与"赞助人"这两个因素对于翻译的影响与操纵。

三、"诗学"(poetics)操纵下的翻译

列夫维尔理论体系中的"诗学"(poetics)这一概念,包含两个主要组成部分:其一是各种文学创作手法、题材类别、主题主旨、作品中的人物原型及故事场景,以及象征符号等;其二是作品在整个社会大系统下所扮演,或应当扮演的角色(Lefevere,2010)。

在列夫维尔看来,两个部分相较,后者对于文本的选题更具影响力。但综合二者,列夫维尔认为"一种诗学形态的功能组成明显与诗学范畴之外的意识形态有着紧密的关系,且诗学的功能组成是在其文学系统环境下由意识形态的影响力催生出来的"(Lefevere,2010)。

"诗学"这一概念在翻译行为上一个十分具体化的体现便是严复之"雅"。严复"信、达、雅"的"三字真言"流传至今已有百年之余,但对于"雅"字的理解仍有许多人停留在字面,甚至从未知晓其真意。众所周知,赫胥黎所著《天演论》原文采用了平实的语言风格,但严复在翻译过程中将原文本的"plain English"全部改写成桐城古文派的语言,不惜忍受语言结构反复调整之烦琐,此意为何?熟悉文学的人都知道,桐城派是中国清代文坛里最大的散文流派,在清末时期达到鼎盛,颇受贵族士大夫的推崇。严复本着以译此书来传播资产阶级先进思想的目的,必须攻克贵族士大夫这一受众群体。但他又认识到这些书对于那些仍在中古的梦乡里酣睡的人是多么难以下咽的苦药,因此他在上面涂了糖衣,这糖衣就是士大夫们所心折的汉以前的古雅文体(王佐良,1984)。故而其译文广用韵文、格律严谨,力求"用汉以前字法、句法"(严复,1984),以提高所译西学论著的学术品位,从而提高"西学"的地位,使之为当时中国高级知识阶层所重视和接受,以遂其文化救国之志(沈苏儒,1998)。"雅",乃是严复的招徕术(王佐良,1984)。

严复与桐城派的关系比较复杂，以胡适为代表的学者认为严复属于桐城派，而以刘声木为代表的学者持相反的观点（潘务正，2007）。严复本人是否是桐城派并无定论，但其确实使用了"桐城派"这一文学风格作为其"制胜利器"，改变醉心汉以前古雅文体的士人对"西学"的轻视态度，使他们看得起译本，克服反感心理，进而认真阅读"西学"（沈苏儒，1998）。能够在近代初期就将诸多语言外因素纳入翻译行为之中做综合考虑，并作出相应的翻译策略选择，严复此番良苦用心实属不易。如此，所谓"雅"字并非字面之"典雅"而已。功能学派会将"雅"字认定为对于文本功能的满足，语用研究则会将"雅"解读为"读者群体"或"受众需求"。而在列夫维尔的"文化转向"理论体系下，严复之"雅"是"诗学"操纵翻译的一个典型案例。在译者自知所译文本并不符合其所处社会环境的主流意识形态（晚清统治阶级"天朝大国"之思想根深蒂固）时，则通过"改写"行为，让原文本的写作手法、文风类别（"诗学"的第一个组成部分）发生大幅改变，以使译文作品能够以不一样的形态去发挥其社会功用，扮演在整个社会系统中被期望扮演的角色（"诗学"的第二个组成部分）。

同样典型的例子是前几年网络上广为流传的一首假冒莎士比亚的小诗。一夜之间，各社交媒体突然冒出一首所谓"莎士比亚最美情诗"，原文如下：

You say that you love the rain,

but you open your umbrella when it rains.

You say that you love the sun,

but you find a shadow spot when it shines.

You say that you love the wind,

but you close the windows when it blows.

This is why I'm afraid, since you said that you love me too.

笔者初见此诗便颇有怀疑，无论从语言的现代程度还是用词的平凡程度，都实在不像莎翁亲笔。更何况，相对莎翁的格局而言，这首小诗还显得矫情做作,倒像是普通小情侣日常的小清新、小情趣而已。果不其然,简单查阅资料,便发现该诗其实是出自一土耳其人之手,在网络发布时为自己冠上了莎士比亚之名。那么问题来了,既然是无名网友之作,为何在万里之外的中国网民中间能够引发巨大关注与热情? 其实,让这首小诗爆红网络的主要因素,是千万中国网民多种多样的翻译版本,或者用"文化转向"的术语而言,是改写版本。我们可以看下网络盛行中的五个中译版本①:

版本一(五言律诗):

恋雨偏打伞,爱阳却遮凉。

风来掩窗扉,叶公惊龙王。

片言只语短,相思缱绻长。

郎君说爱我,不敢细思量。

版本二(七言律诗):

恋雨却怕绣衣湿,喜日偏向树下倚。

欲风总把绮窗关,叫奴如何心付伊。

版本三(《离骚》体):

君乐雨兮启伞枝,君乐昼兮林蔽日,

君乐风兮栏帐起,君乐吾兮吾心噬。

版本四(《诗经》体):

子言慕雨,启伞避之。子言好阳,寻荫拒之。

子言喜风,阖户离之。子言偕老,吾所畏之。

版本五(宋词体):

君曰喜雨凭栏望,启伞避雨茫;

爱阳寻阴遮凉,悦风却闭门窗。

恋佳人、惜花香、易成殇,

春去残红,君离卿去最断肠。

---

① 五个版本均引自 http://k. sina. com. cn/article_6414376209_17e539d1100100sso6.
html。

以上仅是网络上众多译文中的几例而已,网民对此诗的热情可见一斑。举例至此,也就不难理解为何一首他国的无名小诗会在我国被奉为"莎翁最美情诗"了。若说"莎翁"二字是因原作者自诩莎翁,那么"最美"二字则是来自国内网友诗兴大发、挥毫泼墨的畅然发挥。在这一案例中,众多网友扮演了"改写者"的角色,将原诗中平平无奇的选词用字、平实简单的句法结构"改写"为韵体律诗、宋词,甚至《离骚》《诗经》的体式,通过对作品文学体裁、写作手法("诗学"的第一个组成部分)的改变,让原诗略显造作的小儿女气息脱胎换骨,摇身一变焕发了古风古韵、沈博绝丽的"高级感",而这种"高级感",实质是现代社会快餐文化环境下普通人对于文化的追求,或是崇古尚文,或是附庸风雅,总之满足的是广大受众群体对于"文化人"这一形象崇拜追逐的意识形态。毕竟,诗学形态一旦形成,便具备相当的持久性,诗学形态的变化速度远远不及其所在社会系统周围环境的变化速度(Lefevere,2010:30)。这就是为什么晚清时期的文人仍推崇先秦汉唐文学,也是为什么21世纪的现当代人仍把吟诵古诗视为"腹中有墨",正是因为诗学形态是相对恒定的,不与社会发展变化而同步。在"诗学"的强大操纵下,无名他国小诗变成了被万千网友追捧的"最美情诗",便是通过"改写"让作品在社会大系统中经历了角色的改变("诗学"的第二个组成部分)。

还有一例与此极为相似。查尔斯·狄更斯(Charles John Huffam Dickens)在其著作《大卫·科波菲尔》(*David Copperfield*)中有这样一小段围绕字母"E"所做的文字游戏:

I love my love with an E, because she's enticing; I hate her with an E, because she's engaged. I took her to the sign of the sign of the exquisite, and treated her with an elopement, her name's Emily, and she lives in the east?

(*David Copperfield*, XXII)

这样一段依托英文字母展开的文字游戏给中文译者造成了巨大的挑战。在众多版本的译文中,笔者发现有一篇显得十分特别:

吾爱吾爱,因伊可爱;吾恨吾爱,因伊另有所爱。吾视吾爱,神圣之爱,吾携吾爱,私逃为爱;吾爱名爱米丽,吾东方之爱。

[引自马红军:1999:76;原译文刊载于《中国翻译》1996(6):18]

原文本是"plain English",且文风轻松活泼,译文却使用了盛行于我国魏晋南北朝时期的骈体文,四字、六字对仗工整,就连原文中反复出现的交际线索字母"E",在译文的翻译补偿中也变成了古韵古风的"吾",让原文俏皮可爱的氛围一下子变成了一种古典深沉,甚至略显"老气"的风格。这正是魏晋时期的文体在20世纪90年代仍然健在的生动例子。正如列夫维尔所论述的:尽管随着时代和环境的改变,诗学形态不可能不发生改变,但是它的内容,例如某种体裁,仍有可能在沉寂多年之后复活或者重新被发现(夏平,2010)。

类似的例子列夫维尔在其书中也多有讨论。在《翻译、改写以及对文学名声的控制》第一章的开篇,他就亮明立场,称"本书是写给所有的中间人,即那些并不写作品,而是改写作品的人们,因为一部作品能否在非专业受众群体中得到接受、能否生存,都是仰赖于中间的改写人"(Lefevere,2010)。他谈道,在19世纪中叶以后,文学开始出现雅俗之分。高雅文学的受众仅是一小部分高居象牙塔之中的专业人士,而千千万万非专业人士则通过译本、改编读本、选集、文学批评等来获取高雅文学,所以对于大多数的受众而言,他们所看到的作品往往并非原汁原味的作品,而是经过"改写"之后的样子。连英国伟大的诗人拜伦也是通过法语译本阅读歌德的《浮士德》,俄国"诗魂"普希金也是通过法语译本阅读拜伦的大作(夏平,2010)。列夫维尔还特别谈道,西方人对于中国唐诗的认识,大多是通过美国诗人埃兹拉·庞德的二次创作。庞德本身对东方文学兴趣浓厚,于是借鉴了中国古诗与日本俳句的元素进行创作,在诗歌中寻找中西方文化元素的融合。但是,倘若我们真的去读庞德所"翻译",或称其"创作",或索性称其"发明"的中国唐诗,原文与译文之间的差异之大不必多言,所谓的"中国唐诗"早已面目全非。这倒让笔者想起在欧美国家颇受欢迎的许多"中餐"名菜,譬如美国人喜欢的"左宗棠鸡"(酸甜口味的炸鸡块),还有日本人喜欢的"天津饭"(蟹柳鸡蛋的浇汁饭),哪里还有中餐真正的样子,不过都是美、日两国人民基于自己喜欢的口味对于中餐改造之后的版本。也就是说,他们所吃的"中餐",其实是经过中间环境层层改造后的"二创中餐"。这就仿佛改写原作的创作方式,让其符合社会系统的主流,从而使作品在社会体系中占据一席之地。如此看来,"诗学"这个因素怕是在烹饪界也具备阐释力的。

其实放眼四周,"诗学"对于语言改写的操纵在我们的生活中无处不在。近几年网络上流行的"新成语",譬如"十动然拒""细思极恐""人艰不拆"等,原本都是通俗平实的生活语言,譬如"男孩求婚后,女孩十分感动,然而还是拒绝了"本是供围观群众"吃瓜消遣"的一个叙事陈述,"仔细想想觉得极其恐怖"本是再平常不过的一种心情表达,"人生已经如此的艰难,有些事情就不必再拆穿"也本是某流行歌曲的歌词,但人们将其"改写"为中国传统的四字格形式,仿拟成语的范式,将原本并无亮点的话语打造成颇有文化气息的"新成语"("诗学"的第一个组成部分),以此大大延长了这些网络热词的生命长度,甚至赋予其"成语"的新身份,让其在未来有可能一直存续、被人使用("诗学"的第二个组成部分)。正如列夫维尔所言:"通过改写而产生的可变的,或正在改变的诗学形态,会决定着什么样的原作品与改写作品能够被特定的社会系统所接受,或者换言之,诗学形态将成为教师、批评家等等人群手中的一块试金石,借此来决定哪些作品最终胜出、哪些作品惨遭淘汰。"(Lefevere,2010)

当然,读至此处可能会让读者发生误解:"诗学"的操纵都是侧重"崇古"吗?当然不是。如今,我们经常会在中央电视台这样严肃的政治新闻媒体上看到许多赶潮流、接地气的话语,从较早期的"雷人""给力",到后来的"萌萌哒""一个小目标",再到现在的"厉害了,我的国(系"word哥"的谐音应用)""雪糕刺客""套路"等,表面上是国家级中央媒体在拉近与普通百姓的距离,实质上也是"诗学"操纵下的一种语言改写行为。通过改写原文本的写作手法与表现形式("诗学"的第一个组成部分),让话语借助新面孔快速打入目标群体(年轻群体)内部,以使新闻更好地发挥传媒、宣传的效用,更加高效地实现其功能("诗学"的第二个组成部分)。

如果说以上是一则"从高向低"的例子,那么接下来则是一则"由西向中"的例子。列夫维尔谈道,对于一种主流诗学形态的批评攻击,"往往会披上翻译的外衣"(Lefevere,1995)。巴斯奈特也指出,当作家想改变社会既有的文学观、引进新的诗学形式时,为了让作品被自己文化体系中的读者接受,他们常常会将自己的作品"伪装"成翻译作品,提醒人们不要用现存的诗学观和审美观来评判来自他者文化的作品(赵彦春,2004)。这一现象大量存在于我国近代时期,因为那个特定时期是我国面临民族存亡、国家生死的特殊时期,大量的西学文化涌入,"德先生(或"德谟克拉西")、赛先生(或"赛因斯")""逻格斯""乌托邦"等诸多闻所未闻的"洋词"层出不穷,在这西学来华的过程中势必会发生以翻译引入诗学形态的语言行为。鲁迅的翻译观就是一个典型的例子。鲁迅大量翻译外国作品,却常被诟病语句欧化严重,读来生涩难懂。瞿秋白在写给鲁迅的信中,就恳请他考虑"应当用中国人口头上可以讲得出来的白话来写"(瞿秋白,1984)。而鲁迅则坚持"宁信而不顺"(鲁迅,1984),称"译得'信而不顺'的至多不过看不懂,想一想也许能懂,译得'顺而不信'的却令人迷误,怎样想也不会懂,如果好像已经懂得,那么你正是入了迷途了"(鲁迅,1984)。鲁迅的执着源自他译书的初衷:引进西方新思想,力求补充、刷新、丰富当时中国落后的社会文化。正如陈福康所言,鲁迅主张在翻译中容忍"不顺",并非一种消极的办法,而是一种积极的主张,为的是"输入新的表现法"和改进中文的文法、句法(陈福康,2000)。

的确,如果语言层面的考虑因素与意识形态、诗学形态层面的考虑因素发生冲突,那么胜出的一定是后者(Lefevere,2010)。"诗学"作为意识形态在语言层面的一种具体操纵力量,无论在古代还是现代,无论在西方还是在我国,都具备强大的解释力,小到两种语言的转换互译,大到各种各样的语言改写行为,都会受到"诗学"无形中的操纵。

四、"赞助人"（patronage）操纵下的翻译

除了"诗学"（poetics），"赞助人"（patronage）是意识形态对于翻译操纵的另一个表现形式。在提出"赞助人"这一概念之前，列夫维尔首先强调了"系统"（system）这一概念。他借用 20 世纪二三十年代盛行的俄罗斯形式主义学说，提出文化是一个复杂的"系统中的系统"（Lefevere，2010），其中包含了文学、科学、技术等子系统，随即提出要"将文学放置于系统之中去思考"（Lefevere，2010）。在列夫维尔看来，有内部、外部两股力量在制约着文学系统——其中内部的制约力量被其称为"专业人士（professionals）"，譬如批评家、评论家、教师、译者等职业者。这部分人士"主导着文学作品应该呈现什么样子（或者被允许呈现什么样子），即'诗学形态'；也主导着整个社会该呈现什么样子（或者被允许呈现什么样子），即'意识形态'"（Lefevere，2010）。针对来自专业人士的种种约束与制约，在翻译行为中，"原作者们试图去反抗，而改写者们则试图去迎合"（Lefevere，2010）。翻译即改写，那么这里的"改写者"指的便是译者，所谓"迎合"也是意识形态操纵下译者的工作实质与本职所在。外部的制约力量，则叫作"赞助人"（patronage），指的是"任何能够推动或阻碍文学作品阅读、写作，以及改写的权利形式（如个人或机构组织）"（Lefevere，2010）。简而言之，"赞助人"是一个相当宽泛的概念，可以是个别的人，也可以是团体，如宗教集团、政党、阶级、皇室、政府部门、出版商以及大众传媒机构，等等（赵彦春，2004）。这两方面之间，内部的"专业人士"负责"诗学"方面的操控，而外部的"赞助人"主要负责"意识形态"上的操纵与制约。相互之间，"赞助人"在实质上依赖"专业人士"去在"诗学"层面上保障文学系统符合其意识形态的要求。

列夫维尔又进一步将"赞助人"细化为三个组成元素：意识形态（ideological component）、经济（economic component）、地位（element of status）。其中，"意识形态"自不必赘言，作为社会与文化的产物，意识形态始终以一种隐形的作用力操控着翻译（孙宁宁，2005）。列夫维尔特别强调，文学系统中的意识形态并不局限于政治层面，这就为我们在广义层面上进行讨论提

供了更大的空间。"经济"则是我们无法回避的问题,涉及赞助人的资金报酬、物质酬劳、译者(或改写者)的经济收入、能否维持生计等。"地位"则主要指赞助人所处的地位会直接影响到其是否被接受。简而言之,赞助人地位的高低之别、有威信力与否,直接关系到翻译活动的进行与否。

若论"赞助人"对翻译的操纵,例子可谓无处不在,不胜枚举。沿着从古至今的时间轴来看,我们可以先从古代宗教翻译谈起。中国翻译史上的第一次翻译高潮是从汉末至宋初,尤以隋唐的佛经翻译为盛(赵彦春,2004)。在中国佛教史上,有人把鸠摩罗什、真谛、玄奘、不空(一说为义净)四人并称为四大译师。其实,最突出的是鸠摩罗什与玄奘二人,而玄奘尤为突出(陈福康,2000)。玄奘是浩瀚中华文明史上的一位传奇人物,他远行万里前往印度,从贞观十九年开始,历经二十多载,潜心于佛经翻译事业,先后译出大、小乘佛经著论共计 75 部 1335 卷。那么,这样的翻译行为何可让译者不远万里、不辞辛劳?所译之物为何是佛经,而非他物?答案显而易见。从历史文化背景看,佛教在传入中国之后于隋唐时期发展最为迅猛,在盛唐时期达到鼎盛,被唐王朝尊为"国教"(史料显示,在玄奘所处的盛唐时期,信奉佛教之外宗教的群体一度被称为"外道人")。另一方面,虽然据考证玄奘西行印度并未得到唐太宗李世民的支持,但其返回长安之后,唐太宗对其开展的佛经翻译给予了极大的情感支持与经济资助。在君主的关怀下,玄奘的佛经翻译在数年间成果颇丰。玄奘佛经翻译的"赞助人",从广义层面说,是唐王朝的宗教社会,正是"国教"之尊贵与正统催发了玄奘的翻译行为;而从狭义层面而言,"赞助人"是唐太宗李世民,其君主身份(element of status)的关照、资金支持(economic component),以及其作为皇室是佛教的最大拥护者(ideological component),三者共同作用下,成就了玄奘的翻译行为。不止玄奘如此,在其之前就提出"五失本、三不易"著名译论的道安大师亦是如此。正如赵彦春所引列夫维尔之言:此次翻译高潮是与作为赞助者的统治王朝分不开的。东晋时期的译经大师道安就曾指出若没有君主的支持便不会有佛经翻译的繁荣(赵彦春,2004)。

横向西望,西方的古代宗教翻译,最为典型的例子当属古罗马后期哲罗姆(St. Jeromo)与奥古斯丁(St. Augustine)的《圣经》翻译。据谭载喜考证,古罗马后期,随着文学创作活动的衰退,文学翻译也不如前期活跃。统治阶层为了挽救濒于崩溃的帝国,收拢分离涣散的民心,而加紧对基督教的利用。这样,宗教翻译自然受到了重视,得到了更大的发展。可以说,这个阶段的宗教翻译构成了西方翻译史上的第二大高潮(谭载喜,2004)。因为统治阶级(element of status)意欲守住皇权、收拢人心(ideological component),故而弱化文学翻译,强化宗教翻译(poetics),大力支持基督教义的传播,才有了《圣经》翻译的大规模开展。古罗马统治阶级明显充当了这一翻译行为的"赞助人"。

近代时期,"赞助人"对于翻译行为的操纵更加凸显。在中国历史上,近代时期是一个充满激变、动荡的时期,是黑暗的时期,同时亦是思想觉醒的时期。近代时期的翻译活动大多是基于促进民族觉醒、挽救国家于水火的动机而存在、开展的。晚清时期,维新派为了救国,急于打破洋务派所坚持的"中学为体,西学为用"的传统观念,故而下大力气翻译西方先进的社会科学作品。在维新派这一集体作为"赞助人"的影响下,严复翻译了《天演论》,旨在介绍西方资产阶级的民主与科学理念;梁启超在《清议报》创刊号中发表《译印政治小说序》,并开展大量政治书籍的翻译工作,完成了对日本著名的政治小说《佳人奇遇记》的汉译本,这是中国第一部政治小说的汉译本。而对于近代中国而言,最值得一提的是陈望道翻译《共产党宣言》的例子。20世纪20年代,中国社会面临大量外来输入思想,各种学论自四面八方蜂拥而来。在深刻观察中国社会的特定形态、民族人民的真切需求之后,先后有梁启超、李大钊、张闻天等进步人士摘译、引用《共产党宣言》的片段,陈独秀、毛泽东、陈延年等也一直对这部著作高度关注。但苦于国内一直没有中文的全译本,致使马克思主义思想迟迟无法在中国得到真正的传播。而就在这时,陈望道经过了新文化运动的洗礼,主动担负起了这一历史使命。他参考英译本、日译本,在艰苦的环境中快速完成了中国第一部《共产党宣言》的全译本。而推动、成就这一翻译行为的"赞助人",是北京大学校园里众多寻求真理的有志青年,是近代中国所有谋求出路、寻找光明的进步人士,更是全中国千千万万工人阶级与劳苦大众。同样值得一提的是,陈望道本人是白话文的提倡者,故而他坚持要将《共产党宣言》翻译成易于广大民众接受的、大众化、通俗化的白话文。这一行为的实质,是通过改变作品的"诗学"形态以让作品在特定受众中发挥功用,以便服务于意识形态的需求。

在今天,新的时代对于翻译有着新的需求。无论是当今开展的如火如荼的中华文化外译工作,还是本研究所关注的中国政治文献翻译,还有时下新兴的"国家翻译实践",均是新时代下以"国家"作为"赞助人"而开展的翻译活动。关于这些,我们会在本章第二节详细展开讨论。

第二节 "文化转向"翻译理论与国家翻译实践

身处新的历史时期,面对新的全球格局,顺应新的发展潮流,习近平深刻指出:"我们面对的是百年未有之大变局。新世纪以来一大批新兴市场国家和发展中国家快速发展,世界多极化加速发展,国际格局日趋均衡,国际潮流大势不可逆转。"①早在 21 世纪初,学界便深刻地认识到了语言交际对于国家发展、国际交流的重要性:"宛如放久了的橙子逐渐萎缩一般,整个世界正在紧缩,各种文化背景的人们愈发相互凑近,那么有一句简单的话将在今后一直保持关键,那就是:不译即死"(Engls & Engle, 1985,引自 Gentzler,2004)。今天,在全新的世界格局之下,各国之间的交流、交际乃至交锋愈发频繁与关键,而翻译作为国家之间、民族之间交际的关键介质,在全球舞台上扮演着愈发重要的角色。而翻译研究的"文化转向",使意识形态、权力、文化等与翻译的关系成了翻译研究的热门话题。语言与文化之间透明的互译是不可能的,语言之间的交易总是民族和国际斗争的一个交锋场所(孙宁宁,2005)。2017 年 10 月 18 日,习近平在中国共产党第十九次全国代表大会上作报告,响亮地喊出了"推进国际传播能力建设,讲好中国故事,展现真实、立体、全面的中国,提高国家文化软实力"(习近平,2017)

---

① 引自习近平接见 2017 年度驻外使节工作会议与会使节并发表的重要讲话,摘自求是网(www. qstheory. cn/zhuanqu/2021-08/27/c_1127801606. htm)。

的宏伟目标,清晰地表达了新时期下要让语言服务于国家的发展,这为我们的翻译研究与实践赋予了新的意义、提出了新的要求。在新时代背景下,"国家翻译实践"这一概念横空出世,蓬勃发展开来。

一、"国家翻译实践"的理论背景与主要内容

面对当前世界性与民族性、全球化与本土化的双重变奏,缺乏国家意识和国家传播的国家翻译能力建构无异于国家话语实践的阿喀琉斯之踵(杨枫,2021)。基于民族与国家这一宏观层面,"国家翻译"的概念适时登场,进一步拓宽了翻译研究的视角,提高了翻译实践的站位,丰富了翻译学科的内涵。

"国家翻译实践"这一翻译学新概念,第一次出现是在任东升教授2012年主持研究的国家社会科学基金项目"国家翻译实践中的'外来译家研究'"中。随后在2015年,在任东升与高玉霞合著的《国家翻译实践初探》一文中正式提出了这一概念,并将其定位为译学术语,进行了阐释、说明、介绍。2019年,在《国家翻译实践概念体系构建》一文中,任东升进一步将这一概念进行了细化切分,搭建起这一概念的理论体系构架。在此之后,这一译学新概念便正式进入学界视野,蓬勃发展开来。至2021年,研究"国家翻译实践"已渐成潮流,学界纷纷循着这一概念进行深入探讨,主要有杨枫的《国家翻译能力建构的国家意识与国家传播》,任文、李娟娟的《国家翻译能力研究:概念、要素、意义》,以及潘艳艳的《国家翻译实践视角下的国家意识及其培养》;蓝红军于2020年与2022年分别撰文《国家翻译实践——从现实需求到理论构建》与《国家翻译实践研究的基本理论问题》,对这一概念提出反思与建议,对于该概念中的"主体"进行了更新,极大程度上丰富了"国家翻译实践"这一新概念。

(一) 对于翻译"主体"的全新定位

"国家翻译实践"这一概念的提出,是从翻译"主体"这一个全新的界定切入的。在这一概念体系下,翻译活动的主体可能是个人、组织或机构,也

可能是主权国家,甚至是跨国间的国际机构(任东升、高玉霞,2015)。"国家翻译实践"超越了传统的翻译主体一元论强调"译者是唯一的翻译主体"的观念,提出了"国家"作为翻译行为主体的核心观点:无论是传统意义上的政权性质的"国""朝",还是现代意义上的"主权国家",当"国家"作为"翻译行为"的名义主体或法律主体时,便有"国家翻译"这样的国家行为(任东升、高玉霞,2015)。在这样的全新理念中,翻译上升为一种体现国家意志的国家行为,"国家"作为翻译行为的策动者、赞助人和主体(任东升、高玉霞,2015)。

在"国家翻译实践"的概念下,"国家"是翻译行为的主体,国家的意识形态支配翻译行为的启动、过程及完成,同时兼任翻译活动的发起者、规则制定者、执行者三个角色,从"文化转向"理论角度来看,是操纵翻译活动的意识形态(ideology)的具体化身,也是整个翻译活动独一不二的赞助人(patronage)。任东升等认为,国家翻译实践本质上是一种制度化翻译(institutionalized translation)(任东升、高玉霞,2015),在国家作为主体的前提下,国家翻译实践具备了三个属性,分别是:自发性、自利性和自主性。其中,"自发性"指的是国家提供资金支持、承担经费支出、设立专门机构、聘用专用译员;"自利性"指的是国家作为主体的一切翻译行为要符合、维护、保护国家在安全、经济、文化三个层面的基本利益;而"自主性"指的是由国家自主定义翻译活动之中的一切内容、语言、方向,不受任何外力干涉。任东升等特别强调,"国家"只是翻译实践的"名义主体"或"法律主体",国家翻译机构及其译者或受委托者,才是国家翻译实践的行为主体(任东升、高玉霞,2015)。

将"国家"视为翻译行为的主体,是一种全新的、突破性的理论创新,是对翻译主体概念极大的丰富与拓展,受到了学界的一致肯定,譬如任文等认为,国家翻译能力研究将翻译行为主体/行动者范围进一步扩大,不仅包括作为具体翻译活动发起人、赞助者、推动者、传播者的国家,以及代表国家利益和形象的翻译相关行业、机构、政策、机制等,他(它)们都可被作为整个网络系统中的行动者来考察,从而丰富了翻译研究的主题维度(任文、李娟娟,2021)。蓝红军也认为,这一描写和概括提供了对国家翻译实践的重要认识,也十分契合实际,因为国家是一种意志体、利益体、责任主体、能力主体,也是最高权力主体(蓝红军,2022)。

　　然而,正如任文等所言:国家翻译能力(capacity)最终要通过个体翻译能力(competence)体现出来(任文、李娟娟,2021),任何翻译行为,即便由国家作为主体,但最终落到笔头上还是要由具体的翻译机构、个人译员来操作,所以针对"国家"作为翻译主体,如何发挥效能,与具体译员之间关系几何,学界对此疑惑颇多。如蓝红军发问:以国家为名的翻译活动,最终还是要由个体或机构主体来承担或执行,那么,国家翻译实践中的名义主体和执行主体之间究竟是怎样的关系?(蓝红军,2020)另外,国家担任这些角色(策动者、赞助人、翻译主体等)时具体工作方式是什么?(蓝红军,2022)任文等亦有相似的疑问:国家翻译能力显然不是个体翻译能力的简单叠加,那么它与个体翻译能力的区别与联系是什么?具体行为主体如何进行伦理行为的决策和协调?(任文、李娟娟,2021)针对这方面的疑问,2019年任东升就已对"国家翻译实践"的概念进行过更新:当某种翻译实践是国家主体发起,在国家行为的使用权限之内,为维护国家的整体利益,具有高度政治性、主权性和国家自利性,便可判定为国家翻译实践(任东升,2019),并对国家翻译实践的主体做出了进一步的细分,划分为高位、中位、地位三个主体。"高位主体"指国家本身,或政府,是翻译活动的总设计师,制定规则、约束行为、监督活动;"中位主体"指的是国家设立的官方翻译机构或组织,譬如中共中央编译局、中国外文出版发行事业局(中国外文局)、中国民族语文翻译局等,它们具体负责承接、组织、实施翻译活动;而"低位主体"指的是我们传统狭义上所理解的译者。当然,在宏观的概念体系里,"低位主体"不仅指译者,还包括读者、原作者等直接参与翻译活动的各方个体。

　　针对这一点,蓝红军则认为:国家翻译实践和个体翻译实践的区别不在于"权威性",而在于其"权威的来源"(蓝红军,2020)。他认为,"国家"作为主体的权威来源是国家权力,而个人译员的权威性来自其学术造诣,或者在行业内的名望。从这个角度出发,蓝红军对于任东升等给"国家翻译实践"所下的定义做了修改与翻新,将其重新定义为:获得主权国家赋权的机构或个人为实现国家战略目标而实施的翻译实践(蓝红军,2020)。蓝红军的这一新定义,关键在于翻译活动中"主体"的具体落实与分工细化。在笔者看来,这更加具体化、更加贴近翻译活动的现实,是对于"国家翻译实践"这一译学新概念恰到好处的修正,也是在实践层面上对于"高位、中位、低位"三个主体之间互动关系的具体界定。

总而言之,将"国家"视为翻译活动的主体,是译学理论的重大创新。它突破了传统翻译主体仅是译者的一元论,极大地拓宽了主题的研究视域,让翻译活动最大化地进入全方位的超语言研究层面。正如杨枫评价:这一概念的价值在于强调国家翻译目的与任务是国家事权,体现国家意志(杨枫,2021)。不难看出,这里的"主体"这一概念,高度对应"文化转向"理论体系中的"赞助人"(patronage)这一概念,并且其内涵大大丰富于"赞助人"。从宏观来看,国家翻译要体现国家意志,那么"国家"即是操纵翻译活动的意识形态;从具体来看,国家自主发起翻译活动、提供资金支持、设立专门机构、聘用专业译员,是翻译活动的策动者(initiator);国家选择翻译文本、筛选符合意识形态要求的文本类型,是"诗学"(poetics)形态对翻译的操纵;国家制定翻译规范、翻译原则、监督翻译过程、审校翻译产品,是"赞助人"(patronage)对翻译的操纵。基于这些,"国家翻译实践"中的"主体",是对"文化转向"理论体系中三大操纵概念的丰富与发展。基于这样一个理论创新,我们就可以开展针对国家作为翻译主体的主体性特征的探索,揭示国家翻译实践中的规律、规则和规范,从而更好地理解国家翻译行为,为国家进行翻译实践提供更为科学的行为依据(高玉霞、任东升、蓝红军,2021)。

(二)"国家翻译实践"的特征与类型

从理论建设的层面来看,"国家翻译实践"的特征在于多元综合的"超学科"性。在前一节我们提到的翻译研究的第二次转向中,我们就深刻地明白,自20世纪七八十年代起,翻译早已不再是单纯的语言行为,翻译行为也早已离开了纯语言的乌托邦,来到了综合政治、经济、文化等多元领域。尤其是当今新时代,世界格局深刻变革,全球交流日益深刻,翻译行为的内涵也随之丰富。任东升等提出,国家翻译学是基于超学科研究范式的(高玉霞、任东升、蓝红军,2021),其所涉及的学科,除语言学、翻译学,以及我们常谈的政治、经济、文化等,还包含安全学、传媒、修辞学、行为学说、国家话语权等诸多领域的学术研究。根据高玉霞等人的解读,国家翻译学是一门需要利用翻译学、政治学、修辞学、传播学、价值学、伦理学、社会学、经济学、安全学等众多学科的研究成果和方法解决国家翻译实践及其相关问题的新兴超学科(高玉霞、任东升、蓝红军,2021)。蓝红军认为,"国家翻译学"是一个融合政治学、社会学、法学意义的现代翻译学概念(蓝红军,2020)。任文等也认为,国家翻译能力研究还将进一步拓展翻译研究的跨学科维度(任文、李娟娟,2021)。

从翻译实践的层面来看,"国家翻译实践"具备两个特征:带有强烈的意识形态性质,是一种需要"系统性"管理的制度化翻译。任东升等提出,凡属国家翻译行为,必须坚持政治上维护国家利益,文化上对内强化意识形态……对外利于塑造国家形象(任东升、高玉霞,2015)。杨枫也指出,"国家翻译实践"等概念一产生就充满了政治基因(杨枫,2021)。基于这一点,意识形态对翻译的强大操纵力是"国家翻译实践"在实践层面上最显著的特征,翻译活动由特定意识形态发起、过程受意识形态约束、产品要符合意识形态要求,是"国家"作为主体的翻译活动的必然形态。同时,鉴于国家翻译实践是由国家或政府牵头组织的大型翻译活动,其制度化属性使其需要"系统性"的管理。任东升等将这种"系统性"管理的体现方式分为三种:多类译本互补;标准统一;系统开放(任东升、高玉霞,2015)。

"国家翻译实践"的分类方法,根据任东升等理论创立者的划分,有两种,其一是按照国家行为的不同方向,划分为"对内"(In-national Translation Program)与"对外"(Out-national Translation Program)两种类型;其二是根据操作语言的类型,分为"国内语际"(Domestic Interlingual Translation)与"跨国语际"(Transnational Interlingual Translation)两种类型。这两种分类非常好理解。

"对内"型翻译行为主要负责对国内强化意识形态,譬如我们所熟悉的中国重要共产党人的文选外译、中国共产党的历史文献外译、我国各项大政方针的政策外译等;"对外"型翻译行为则主要负责在国际上构建国家形象、保护国家利益、传播国家文化等功能,譬如我们所熟悉的外宣翻译、文化外译项目,以及政策宣讲传播等。《习近平谈治国理政》就是一个典型的例子,该系列丛书迄今已被外译出版了 21 个语种,发行全球百余个国家和地区,发行量突破 625 万册,在全世界范围内很好地传播了新时代我党治国的优秀经验,有许多经验被其他发展中国家成功借鉴。

另一种分类方法中,"国内语际"型翻译指的是一国之内官方语言与非官方语言之间的翻译行为。例如,在党的十九大期间,中国民族语文翻译局组建的大会民族语文翻译小组,用彝、藏、壮、蒙古、朝鲜、哈萨克、维吾尔七种民族语言,负责党的十九大期间民族语文翻译、同声传译等各项任务,翻译出版了党的十九大报告单行本、党的十九大审议通过的《中国共产党章程》单行本,以及《中国共产党第十九次全国代表大会文件汇编本》三个重要出版物的民族语言版本。而"跨国语际"型翻译行为是指占比最大的不同国家语言之间的互译行为。任东升等又在此基础上按照翻译的不同方向(如外译中、中译外)将此进一步划分为"输入"型国家翻译实践(Import National Translation Program)与"输出型国家翻译实践"(Export National Translation Program)(任东升、高玉霞,2015)。

二、"国家翻译实践"是"文化转向"理论在新时代的拓展与延伸

新的时代,"老"的理论需要丰富发展,"新"的实践需要理论支撑。"文化转向"理论的核心在于意识形态对于翻译行为的操纵,而"国家翻译实践"的核心在于"国家"作为翻译主体,翻译要体现国家意志。"国家翻译实践"是新时代背景下对于"文化转向理论"在理论层面的延伸与实践层面上的拓展,而经过丰富后的"文化转向"理论可以继续发挥其阐释力与指导性,为"国家翻译实践"提供有效的理论框架支撑。

(一) 新时期的"国家翻译实践"需要正确意识形态的强大操控

列夫维尔认为,改写者们对于原文本均在一定程度上进行了修改或操

纵,目的往往就是去契合他们所处时代主流的,或主流之一的意识形态与诗学形态潮流(Lefevere,2010)。的确,翻译活动不是在真空中进行的纯语言转换,而且往往与意识形态、政治、权力等密切相关,形成一种同谋关系(孙宁宁,2005)。意识形态对翻译行为的操纵从古至今一直显赫地存在,随着时代的发展其作用将会只增不减。玄奘时期的佛经翻译便可理解为"国家翻译实践"在古代的具体体现,除了加强文化交流、促进宗教事业等目的,归根结底是佛教作为封建王朝维护统治的依托,受到唐皇室的肯定与支持,继而惠及了当时大规模的佛经翻译活动。近代时期众多进步人士大规模的翻译活动,如严复译《天演论》以传播西方民主科学思想,陈望道译《共产党宣言》,更有梁启超在大量翻译作品之外所著的《论译书》,书中所提"当首立三义"是对国家翻译实践翻译规范、国家翻译人才培养和国家翻译机构协同化的系统性认识(高玉霞、任东升,2021)。这些翻译行为虽以译者自发为主,但实质均是本着挽救国家、振兴民族的目的,且鉴于当时国内政治的混乱局面,故可看作是"低位主体"扮演主要角色的国家翻译行为。

　　放眼全球,无法否认的是,自近代至今,归因于西方国家的发达经济及强权政治,西方文化一直在世界占据主导位置,而包括中国文化在内的东方文化一直被其视为次要地位的异域文化。且由于意识形态的冲突与对立,西方世界针对我国文化作品的翻译活动乃至所有的语言行为,也往往戴着有色眼镜,其中不乏偏见,甚至丑化。一个典型的例子就是1910年,由两名英国人约翰·奥特维·布兰德(J. O. P. Bland)和艾特豪德·拜克豪斯(Edmund Trelawny Backhouse)合写的《慈禧统治下的中国》(*China Under the Empress Dowager*: *The History of the Life and Times of Tzu Hsi*)一书。该书被亚马逊网站评为"迄今为止关于中国历史最为畅销、争议最多的书目之一(one of the most popular and controversial)",其中争议最大之处,便是第十七章"大臣景善日记",作者是拜克豪斯。该章中,拜克豪斯伪造文献,夸大事实,极力突出了清朝晚期统治者的失败、政府的无能、国家的腐败,塑造了远比事实更甚十倍之多的负面形象。造成这一语言行为的实质便是西方对于东方文化根深蒂固的蔑视与敌意,拜克豪斯的这些操作正是迎合了这种顽固意识形态的口味,以此来强化西方世界长久以来自视为"殖民者"的强者形象,以及其在全球所设立的所谓文化规范。正如孙宁宁分析:在文化身份的塑造上,翻译也以其巨大的力量,构建起对异域文化的再现,并始终被意识形态操控着(孙宁宁,2005)。不仅是语言领域,扩大到所有文化活动中,类似的例子比比皆是。在以西方为主导的电影业界,中国电影一直属于"外语片"的小众范畴,一直难以在国际电影界占据重要席位。然而,张艺谋的早期电影作品,如《菊豆》《大红灯笼高高挂》等,陈凯歌的电影作品《霸王别姬》,以及田壮壮的电影作品《蓝风筝》等,均在欧美各国及日本屡获大奖,抛开电影本身的艺术造诣不谈,究其根本正是这类影片中涉及我国一些特定历史时期的消极事件,迎合了西方传统认知中对于中国在文化上的轻视与政治上的敌意,利用此类影片在西方世界丑化东方世界,尤其是与其意识形态不相符的国家作为"异端"的形象。

中国共产党和中华人民共和国的翻译实践分为政党阶段、政权阶段和国家阶段三个阶段(任东升、李江华,2014)。在新中国成立之前的"政党阶段",国家翻译实践主要是服务于党建立政权、夺取新民主主义革命胜利的意识形态要求;在新中国成立之后一段时间内的"政权阶段",国家翻译实践主要服务于稳定政权、为社会主义发展铺平道路的意识形态需求;而今时今日全面大发展的新时代,党和国家的翻译实践活动已然来到了"国家阶段",对于翻译活动的要求更上一个台阶,要传递国家的声音、符合国家的意志、树立国家的形象、保护国家的利益,进而促进世界和平发展,构建人类文明共同体。在2021年5月召开的中共中央政治局第十三次集体学习会议上,习近平提出要"加快构建中国话语和中国叙事体系,用中国理论阐释中国实践,用中国实践升华中国理论,打造融通中外的新概念、新范畴、新表述,更加充分、更加鲜明地展现中国故事及其背后的思想力量和精神力量"(习近平,2022)。所以,在现当代的国家翻译实践中,意识形态的操纵作用早已不应该局限于传统的"姓社"还是"姓资"的问题上,而是应该在世界多极化发展的大背景下努力构建中国特色社会主义话语体系,树立中国形象、弘扬正确价值观念、传播优秀中国文化,增强民族自信,助力伟大复兴。所以,新时期的"国家翻译实践"需要正确意识形态更为强大的操控,无论是"诗学"形态上对于翻译文本类型的选择,还是"赞助人"操控下对翻译规则的制定、翻译过程的监督,更有制度化层面上发挥"国字头"翻译机构的职能,以及国家翻译实践人才的培养,等等,都应高度符合国家意志、服务国家需求。

(二)从"诗学"角度出发选择符合国家利益的翻译实践文本类型

早在数年前,习近平就曾谈道:"在当今世界复杂多变的形势中,中国发展日益受到各方关注。一段时间以来,国际上对中国的各种看法和评价众说纷纭,其中有'唱多',也有'唱空',还有'唱衰',有赞许、理解、信心,也有困惑、疑虑、误解。"①的确,近十年来,中国的大国崛起之路吸引了全世界的瞩目。国际社会所高度关注的,不仅有中国快速发展的方法、国家发展的未来动向,更有其对世界格局潜在的意义、价值及影响。但与此同时,对中国优秀的发展表现,全世界范围内(不排除中国国内)也存在着各种各样的误读和曲解。首先在中国国内,西方不当价值观的宣传仍旧时时"作祟",社会面中仍有不当的思想涌动,更有甚者,还有极少部分人否定我国的社会主义发展、否定马克思主义的正确性、不断挑战思想的底线,其危险性不容小觑。此外,放眼全球,尤其是一些西方国家"冷战"思想冥顽不化,毫不掩饰其"双标"倾向,拒绝接受世界的多极化发展,对中国的发展怀有难以消除的偏见与敌意。这些国家试图通过其意识形态来占领全球话语权,而这种所谓的"话语权"实质上仍旧是"霸权"。因此,提高文化软实力,增强国际话语权,构建具有自身特质的话语权体系,是回应国际社会对中国发展道路的关切和在全球治理中发挥更大作用的迫切要求(闫安,2018)。

列夫维尔指出:"一种'诗学'形态的功能组件,明显与'诗学'形态本身之外的意识形态影响有着紧密的联系,而且'诗学'形态本身也是在整个文学系统中意识形态的作用力之下产生的"(Lefevere,2010)。同时,鉴于"诗学"概念的一个重要组成部分是指特定文本类型在整个社会系统中所扮演的角色、占据的地位,那么在新时代努力构建中国特色社会主义话语体系的

---

① 引自习近平 2015 年 10 月 21 日在英国伦敦金融城市长晚宴上的演讲《共倡开放包容,共促和平发展》,摘自人民网(http://world.people.com.cn/n/2015/1023/c1002-27730466.html)。

大潮下,我们就迫切需要在"诗学"这一层面上选择合适的,符合我国社会主义核心价值观的,有利于提升我国文化自信、重构世界话语体系的文本类型,旨在展示"真实、立体、全面"的中国(任文,2021)。

在对内型国家翻译实践中,所选择的文本类型应当对内"强化意识形态,维护本国文化传统,维系本民族的认同感和凝聚力"(任东升、高玉霞,2015)。首先要注重党和国家政治文本、大政方针宣传文本。笔者参与的此类翻译活动,包括2018年参加中央编译局所组织的《中国共产党的历史》英译项目、2022年外文出版社所组织的《社会主义发展简史》英译项目,以及同年中央编译局所组织的《中国共产党的一百年》英译项目。从笔者的亲身参与出发,作为国家翻译实践中的"低位主体",感触颇多,最为突出的就是在各项翻译活动的参与过程中能够重新踏实地学习党的历史、国家的历史,树立正确的历史观、价值观。同为"低位主体"的广大读者,尤其是外语业界、学术圈内、高校之中的广大读者,也一定会有同样思想上的升华,这样的翻译行为对于对内维持意识形态稳定发挥着十分重要的作用。需要特别提到的是,在对内的党政文本翻译上,跨国语际型翻译虽占绝大比重,但也需特别重视国内语际型翻译活动,尤其是汉语与民族语言之间的互译行为,这对于国家社会稳定、长治久安是十分重要的。党政文献的少数民族语言翻译,可以让少数民族人民更好地了解国家的大政方针,帮助其按照党中央的统一要求组织生产和发展,从而进一步保证民族大团结,实现全国一盘棋的发展模式(高玉霞、任东升、蓝红军,2021)。此外,任文在加强中译外能力建设"译什么"这个问题时谈到,翻译的文本类型要"既有国家政治话语的宏大叙事,也有平凡却感人至深的小故事。可政府倡导,可民间推送"(任文,2021)。因此,除党和国家政治文本这类严肃体裁,还应当注重文化类文本的翻译,上至经典文学艺术作品,下至优秀网络流行文本,均可纳入国家翻译的对内型实践活动,为国家丰富双语文化,促进文化传承,增强文化自信。

在对外型国家翻译实践中,所选择的文本类型应当维护国家形象、保护国家利益、全方位提升国家的文化软实力,让中国的意志、中国的声音在西方话语体系中得到有效的表达与传播,从而在国际舞台上确立新时代中国特色社会主义话语权。笔者认为,针对对外型国家翻译实践,应着眼于"时政"与"文化"两个大方面的文本类型。"时政"类型的文本,应当选取能够集中体现我国发展路径、治国方针、国家智慧、先进理念的文本,既包括严肃的政治文本,如《习近平谈治国理政》这样传播大国大党优秀经验的系列丛书、党的十九大报告、党的二十大报告这类向世界报告我党先进工作成果的文献,还有国家施政颁布的各个"白皮书"等,也包括紧扣时代潮流、社会发展的文本类型,如涉及经济、军事、政策、科技、防疫等方面的文本类型。如任东升谈道:国家有关防治经验的翻译就承担了国际联防联控的光荣使命,把中国经验无私奉献给世界,体现了人类命运共同体构建中的大国情怀(高玉霞、任东升、蓝红军,2021)。而"文化"类型的文本,要注重优秀中国文化的向外输出与传播。这样的翻译实践,早有杨宪益、霍克斯译《红楼梦》,蓝诗玲译鲁迅、张爱玲的作品;近有葛浩文译莫言、刘宇昆译刘慈欣的作品,都是将中国文化推向世界的成功案例。如今由国家担当翻译主体,承揽文化传播,中华文化走向世界会更加轰轰烈烈。以笔者亲身参与过的此类国家翻译实践活动为例,2018 年由李瑞环同志主持开展的"中国戏曲像音像工程"栏目下"中国戏曲故事连环画丛书"的英译项目,以及 2019 年由天津外国语大学承揽的"中国世界级非物质文化遗产概览"多语种外译项目,都属于国家翻译的对外型实践,都是中华文化对外传播走出去的坚实步伐。

(三)从"赞助人"角度出发全面发挥"国家"作为翻译主体的力量

首先,作为国家翻译实践的"高位主体",国家首先承担的角色是"翻译总体目标的设计者和确立者,翻译规划和规范的制定者"(任东升,2019)。结合列夫维尔所述:赞助人的工作首先是要直接维护整个社会体系的稳定性(Lefevere,2010),那么,国家身为"高位主体",其功能与作用并非直接参与翻译过程,而应主要起到意识形态的把控作用。鉴于"文化转向"理论视域下意识形态是操纵翻译活动不可忽视的强大隐形力量,并且"国家在实施翻译行为时所考量的利益和所追求的目标与个体译者完全不同"(高玉霞、任东升、蓝红军,2021),国家对于意识形态的把控应当主要体现在以下两个方面:其一是文本选择方面,要选择能够维护国家利益、树立国家形象、传播中国优秀文化的文本类型,这一点在上面谈"诗学"时已详细谈过;其二是翻译规则制定方面,要制定有利于在国际上传播中国声音的翻译规则与方法,尤其是涉及政治性敏感的专有词汇、表达,或者带有文化倾向、意识形态色彩的语篇表达等,既要符合外文表达的语言规律,更要符合国家意志与利益。

其次,身为翻译活动的"高位主体",国家要对"中位主体"起到有力的监督、管理、组织功能,担任"翻译活动的监督者和指导者"(任东升,2019)。对于能够代表国家实施翻译的各个权威机构,譬如中央编译局、中国外文局、中国翻译研究院、中国民族语文翻译局等,国家要强化制度管理,进行行政监督、积极组织翻译实践、促进"高位主体"与"中位主体"之间,以及各个"中位主体"之间的思想交流与学术合作。

最后,身为国家翻译实践的"高位主体",国家还应着力发展"低位主体"的培养工作。翻译工作核心在人才,力量在人才,效果也在人才(李汶莲、罗莹,2022)。国家翻译实践人才的培养,要分为两个方面。其一是国内翻译人才的储备建设,这是规模最大、任务最重的部分。这一任务很大程度上落在各个高校。高校应当重视"大思政"格局下的翻译专业建设,着力培养一批又一批既有翻译业务能力又有正确思想意识的国家翻译实践人才。同时,高校也应当重视人才激励机制,在职称评定、荣誉评选、薪酬待遇等方面,给予相关人才足够的重视和政策倾斜,让政治文献翻译"主力军"能够放心、安心地开展工作(李汶莲、罗莹,2022)。同时建立翻译人才智库或平台,激发高校高端翻译人才的翻译活力。其二是外籍翻译人才的储备。中国共产党领导中国人民探索现代化新路的百余年征程上,有一大批致力于向世界传播中国声音、讲好中国故事的外国友好专家,他们不仅具有精湛的语言能力,更重要的是拥有对中国的真切认识与真挚情感,是现当代中国文化国际传播当之无愧的"语言看门人"(唐磊,2022)。的确,相比国内外语人才而言,外籍人才在语言上更具权威性,能够在语言层面更好地保障用世界的语言讲好中国的故事、讲好中国的声音,毕竟无论翻译研究如何发展,语言始终是其工作的核心。正如任文所说,培养包括中国译者和未来汉学家在内的高端中译外人才,是解决"谁来译"问题的长远之策(任文,2021)。

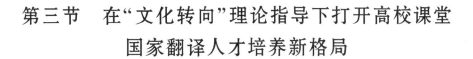

第三节 在"文化转向"理论指导下打开高校课堂国家翻译人才培养新格局

自 2005 年我国首批高等院校的翻译专业获批设立,大学翻译专业一路蓬勃发展,遍地开花,到今天已走过 18 个年头。高校翻译专业课堂教学,从最初经验摸索阶段注重文本操作的语言工作坊模式,发展至今,已逐步演化为实践与理论并重、文本与应用结合的系统化模式。如今,在大学翻译课堂中进行理论渗透,已经成为各个院校的基本共识。那么,如何选择理论、选择何种理论、如何进行切入,便成为各个高校翻译专业的一个思考重点,这是我们本节讨论的一个重点。

百年大计,教育为本。党的二十大报告明确指出:"坚持为党育人、为国育才,全面提高人才自主培养质量,着力造就拔尖创新人才,聚天下英才而用之。"新时代下,翻译作为一种国家行为,其根本目的是维护主权国家自身的利益,本质上是对文化资本和话语权的争取(任东升,2019)。所以,面对世界格局的深刻变化,呼应中国发展的时代需求,高校翻译人才已经远不能够局限于单纯的语言人才培养,而是应当以全球化战略发展思维武装头脑,着力培养体现中国意志、传播中国文化、为建设中国特色社会主义话语体系服务的国家翻译实践人才。

如今,各高校本、硕、博各阶段、各层次的翻译专业建设如火如荼,直接服务国家翻译实践的人才培养项目也正蓬勃兴起,欣欣向荣。如 2022 年 8 月,北京大学挂牌成立了"中央党史和文献研究院第六研究部·北京大学外国语学院高端翻译人才培养基地(Advanced Training Center for Translators)",为有效提升外语传播能力、以翻译促强国的专门人才队伍搭建了新的高水平平台,更是为加强国际传播能力、争取与我国现当下大国地位相符合的更大国际话语权提供了稳健的人才储备。那么,在这样的全新格局下,如何加强国家翻译人才建设,需要着眼哪些方面,这是我们本节讨论的另一个重点。

一、以"文化转向"翻译理论指导高校翻译教学

一直以来,针对大学阶段的翻译教学是否需要加入理论的元素,教师们意见不一。相当一部分教师认为,大学阶段的学生群体尚处于翻译入门阶段,应将全部重心放在语言层面上,打好语言基础即可。其实,这样的观念未免狭隘。翻译学的范畴远比单纯的语言要广,其所涉及、包含的层面有文化、历史、心理、认知、社会等,且远不止于此。倘若翻译的教学只注重语言,而不顾及语言之外的众多维度,那么学生所接收的译学技巧、方法则缺乏宏观的原则与微观的思考,这一点针对入门级别的翻译学习者而言尤为如是。正如翻译学界一句常闻的笑谈:"会外语远不等于会翻译。"仅注重语言训练而忽视理论渗透的翻译教学注定是浅层化、碎片化的,有失专业性,难成体系。

(一)大学翻译课堂呼吁理论的指导

传统的翻译教学侧重语言的实操,在实操中做经验式的总结、感性式的评点,较少上升至理论的高度来指导翻译活动。然而,大学本科翻译教学的目的应该是通过对学生进行全面的基本技能训练与培养,增强学生对于双语的语感,加强他们对两种语言现象差异和文化差异的敏感性,从中提高其双语转换能力。传授理论知识就是达到该目的的手段之一。

尤其对于本科生而言,其翻译学习处于起步入门阶段,甚至是尚处于由单纯的双语学习向复杂的二语对比的转换阶段,翻译活动更应在理论的指导下进行。在大学翻译教学中,教师如果不强调理论对实践的解释作用和指导作用,其授课内容就不可避免地会带上经验性和随意性,科学性较弱、说服力亦不强,从而使学生误认为翻译无原则、可以我行我素。正如徐莉娜所说:"理论教学的必要性就体现在它对实践的指导作用和尺度作用"(徐莉娜,1997)。丛滋杭也谈道:"翻译理论与翻译教学的关系是非常密切地从事翻译教学不能没有理论指导"(丛滋杭,2007)。

然而相对研究生阶段,本科阶段的翻译学习有很大局限,譬如学生基础

薄弱、课时安排不足,导致大学翻译课堂的理论渗透无法做到面面俱到、广泛涉猎。如此,选择适用性强、针对性强的理论进行渗透指导,就显得至关重要。

(二) 文化转向理论对大学翻译课堂的适用性

根据大学本科生教学特点,翻译理论内容应是少而精,教师应根据本学年教学计划有针对性地、有重点地讲授有关理论。笔者认为,结合本科翻译教学应当注重文本与理论并重的特点,应当将大学翻译课堂教学分为两个层面——语言层面与语言外层面,区别对待。就语言层面的教学而言,应当选择语言学派翻译理论进行渗透指导,譬如我国翻译界早已广泛学习的动态对等理论,就是对于语言转换具有针对性、有效性的指导性理论。

而翻译教学的另一个重要内容,就是提升学生的语言外意识,即翻译远远不仅是关乎于语言的操作,更有语言外的种种因素制约。那么,针对语言外层面,文化转向理论作为文化学派核心的理论,则具备明显的适用性。与其他各种翻译研究流派相比,列夫维尔所创导的文化转向翻译观的一大特点,就是把翻译过程、翻译研究置于更为宏观的现实框架、文化背景之下,作为社会意识形态的一种表现来加以解释、考察。结合中央政治文献作为教学语料,文化转向理论则能体现更强解释力、更大指导性,帮助达到更好的教学效果。其所主要讨论的制约翻译过程的最大文化性因素"意识形态",以及其两个表现形式——"诗学"形态和"赞助人",涵盖了文化差异、时代背景、社会语境、译者目的、受众心理等方方面面,可以对包括中央政治文献在内的大多数文化类翻译提供原则的指导与方法的解释。同时,文化转向理论所强调的"重写"这一概念,则更契合翻译活动语言外层面的要求。

可以看出,文化转向理论"是将翻译活动放置在一个广阔的背景中加以观察研究的"(夏平,2010)。这对于指导大学生在翻译过程中放眼语言之外的宏观文化因素有着直接的引导性,也对翻译过程中受外力制约而产生的各类"不信"现象有着最优解释力。用文化转向理论来指导大学翻译课堂的语言外层面学习实践,是合理的选择。

二、抓牢意识形态,培养具备国家意识的国际传播人才

2019 年 10 月,《人民日报》刊发社论,指出要构建"大思政"育人格局,强调"推进思政教育,也要挖掘其他课程和教学方式中蕴含的思想政治教育资源,实现全员全程全方位育人"。同年 12 月,《光明日报》也刊发要闻,提出要构建"大思政"一体化育人体系。如此,如何将思政元素合理地、有机地融入大学各个学科的课堂教学,是新时代背景下高校各个专业应当思考的问题。2021 年,《光明日报》刊登了通讯《心怀"国之大者"担当复兴大任——〈习近平谈治国理政〉多语种版本进高校进教材进课堂试点工作见闻》及试点高校负责同志专题文章,介绍了《习近平谈治国理政》多语种版本进高校、进教材、进课堂工作(以下简称"三进"工作),进一步要求我们切实促进习近平新时代中国特色社会主义思想进教材、进课堂、进学生头脑,将思政元素有机融入外语人才培养全过程,抓牢"意识形态"这一重要因素在外语人才,尤其是翻译人才培养中的功能作用、影响方式,以及积极效用。

习近平强调:我们党立志于中华民族千秋伟业,必须培养一代又一代拥护中国共产党领导和我国社会主义制度、立志为中国特色社会主义事业奋斗终身的有用人才。在这个根本问题上,必须旗帜鲜明、毫不含糊。所以,高校要时刻不忘"为党育人、为国育才"的初心使命,坚持知识传授与价值引领双管齐下,培养担当民族复兴大任的时代新人,确保高校始终作为培养社会主义事业建设者和接班人的坚强阵地,为推进社会主义现代化国家建设提供有力人才支撑。

当下,全国高校响应号召,积极落实将思政元素融入各个学科的课堂教学。笔者登录中国知网搜索发现,检索"思政元素融入"这一关键词,显示结果已多达 1475 条,涉及学科种类多样;进而检索"思政元素融入英语"这一关键词,显示结果则骤降为 104 条,说明目前外语学科类在这一行动上仍处于起步探索阶段,试探性的实践多,但深入性研究少。进而,笔者再检索"思政元素融入翻译"这一关键词,显示结果仅有 3 条。特别是"三进"工作的核心文本《习近平谈治国理政》,研究其翻译者多,可研究如何有效将其

融入翻译课堂、外语教学的很少。可见,具体到翻译学科,思政元素融入研究明显不足。在这样起步式的现状下,大学翻译专业师生应当有针对性地深入探索,对于"思政+翻译"教学模式的可行方法、实施效果、教学意义等方面开展系统性的实践研究。习近平总书记在全国高校思想政治工作会议上的重要讲话,是指导新形势下高校思想政治工作的纲领。尤其在建党百年之际,党的二十大传递新的精神、提出新的目标,高等教育全方位发挥立德树人的使命更显重大,思政育人也不会局限于思政课,而是贯穿各个学科,形成多维度的完整体系。笔者相信,不仅翻译学科的思政元素融入研究会稳步推进,逐渐丰富,所有学科的这一工作也将蓬勃开展,硕果累累。

从根本上来说,一个学科赖以生存的关键实际上不是其体系是否宏大,而是其是否具有独特的社会功能,是否能有效地实现其功能(高玉霞、任东升、蓝红军,2021)。培养国家翻译实践人才,在高校翻译专业教学中推进"三进"工作模式具备十分重大的价值。在思想建设方面,在"大思政"格局下推进高校翻译专业的"三进"模式,能够真正使思政和专业并行,引领学生知中国、观寰宇,在翻译中升华价值观、滋养家国情怀、开阔国际视野。外语学科本身具备特殊性,需要大量接触西方文化及主流媒体,而将思政元素合理引入,可以对师生的思想认知做最佳的引导,提高政治觉悟,激发爱国、爱党意识。在专业教学方面,以《习近平谈治国理政》和其他党和政府重要政治文献为教学语料,可以指导学生熟悉政治文本译法,提升应用知识技能。党政类文本鲜明的语言风格,可以促进学生更直观地对比分析英汉语言的结构、风格、文化差异,从而提高双语对比的敏感度与能力,在语言层面为翻译学习打下基础。在学科建设方面,该研究旨在探索中建立"思政+翻译"的有效机制,培养"思想正、业务强"的师资力量,开发体现国家意志,服务于国家文化传播的新教材,优化"大思政"格局下的教学方法,为培养国家翻译实践人才提供教育保障。特别是将《习近平谈治国理政》多语种版本融入外语专业人才培养全过程,能够积极解决外语、翻译教学系统之中"为何教、教什么、如何教"的问题,为培养高素质跨文化传播人才保障了牢固的意识形态根基。

在方法上,传统的大学翻译片面注重技巧的传授、语篇的操作及理论的讲解,而现在我们要着力推进"三进"模式,抓牢意识形态。笔译的课堂教学可以逐渐转变为从《习近平谈治国理政》及其他重要党政文献的原文本与其多语种版本的语篇对比分析入手,在双语对比研究之中深化思想渗透,培养正确的世界观、人生观、价值观;口译的课堂教学,则可以《习近平谈治国理政》及各类时政文本的双语语篇研读为基础,开展翻译能力集中训练,紧扣《习近平谈治国理政》及各类时政文本中的政治、经济、文化、生态、军事、外交等紧密联系国家发展的方面,开展大小专题练习,以译促思,以思正德。一句话总结:"文化转向"理论体系指导的高校翻译教学必须将意识形态的塑造作为工作的重中之重。

三、回归翻译本质,在文本操作中培养文化意识

翻译的本质终究是一种语言行为,在宏观的理论指导下,仍需我们回归语言操作、回归文本处理,这是提升翻译能力、培养翻译人才最根本、最实际的路子。"翻译是一种综合技能,是学生处理两种语言能力的综合体现"(徐修鸿:2011)。这里所说的"处理两种语言",并非只指文本层面的操作。翻译是一个极其复杂的过程,除了文字转换、文本操作,众多语言外的因素也对翻译策略的选择、翻译方法的取舍有着的决定作用,譬如时代背景、社会语境、意识形态、读者受众等。反过来看,译文亦会对其目标受众及其背后的目标语文化语境产生影响。因此,"仅仅把翻译局限于语言层面的讨论不足以反映翻译的复杂性"(夏平,2010)。高校翻译课堂教学亦是如此。针对语言外层面的翻译教学,以文化转向理论为指导原则,不仅对于包括重要党政文献在内的大多数语料具备强大的解释力,还能够直接地培养学生的跨文化意识。跨文化意识在国际传播的翻译活动中至关重要,正如李长栓所谈:"跨文化意识不应当沦落为'策略',而应当是最高层面的思维方法,就像全局意识一样"(李长栓、王苏阳,2020)。笔者在此以几个不同的语言外因素为角度,略举几例。

(一)时代背景与社会语境

文化转向理念认为"翻译研究与文化研究同步性的重要表现之一是两者对文本特定语境的关注,其主张翻译实践应从形式主义阶段转向对诸如社会语境、历史等更广泛问题的关注,对于某一文化的文本翻译应系统研究该翻译发生的条件背景"(Bassnett & Levefere,2001)。这就要求重要政治文献的翻译"应同具体的时空、社会语境相结合,翻译时不仅要坚持语言符号与政治蕴含的协调,更要注重国内与国际语境的协调"(翟石磊,2017)。在大学翻译课堂教学中,我们要在这方面对学生进行有效引导,启发学生在处理党政文献时不能拘泥于字面本身,而要放眼文本所处的时代背景与社会语境。

例(1)

中文:(1954万隆)会上形成两派观点:一派**支持**中立主义,**赞成**与共产主义共处;另一派**支持**所谓集体防御,**主张**与西方结盟来反对共产主义。①

学生英译:Countries held two different kinds of attitudes: one **supported** neutrality, **with approval for** coexisting with communism; the other **supported** the collective defense, and **advocated** the alignment with the West against communism.

教师英译:At the meetings nations fell into two distinctly different camps——one **stayed** neutral, **with no objection to** coexisting with the communist nations; the other one **insisted on** establishing a collective defense, **which meant** alignment with the Western powers in opposition to communism.

在这个案例中,对于画线部分的处理,学生译文明显"照搬字面",缺乏语言外层面的思考,完全没有将文本放在宏观的时代背景与社会语境之中

①　中共中央党史研究室.中国共产党历史·第二卷(1949—1978)上册[M].北京:中共党史出版社,2011.

去处理。万隆会议是新中国成立后积极召开对外开放时期的重要会议,但鉴于当时世界格局,国际(尤其西方国家)对于新中国的社会体制、国家性质并不接受,受此影响,万隆会议上各亚洲国家间形成两派阵营。首先"支持"中立在语义逻辑上并不搭配,"中立"是一种态度,应当处理为"stay"或"remain",更加能够契合当时部分国家不被西方牵着鼻子走的立场。而鉴于当时整个国际的意识形态,只有极少数国家真正"赞成"共产主义,加之前文已经明确提出是"中立",那么下文的"赞成"再处理成"approval"这样带有明显倾向性的词则既不符合逻辑又不符合当时的历史背景。因此,改写为"with no objection to"才可以与前文的"neutral"契合,符合万隆会议时期的国际社会现实。在后半句的翻译中,要清楚知道在万隆会议之时,所谓的"集体防御"尚未建立,只是一个提议,故"support"不合适。笔者作为该部分的译者,在课堂教学过程中重点推荐了"insist on"这个短语,既可契合当时部分国家的态度性,又可依托改短与本身的语义烘托出这部分国家在特定历史背景下的盲目与顽固。至于最后一处画线部分,对于尚未成立的所谓"防御",顺带用"which meant"带出,充分符合时代事实,在语义上也添加了信息补充的意味,令语义更加流畅,文本更加符合当时特定历史条件下的社会背景。

在笔者的教学实践中,还有一例,令人印象深刻。在日常的党政文献翻译练习中,数届学生屡次问道:从语序的角度出发,为何"中国共产党"的英译是"CPC",而不用"CCP"?且学生均提到,外媒多用"Chinese Communist Party",即"CCP"。针对这一问题,仅从语言角度出发为学生解惑是远远不够的,要从历史维度出发,解释不同的历史背景对翻译造成的影响。我们知道,中国共产党成立初期受到共产国际的大力支持,故从共产国际的视角去解读,成立初期的中国共产党的确可以看作是其在东方古国的一个"分部",所以彼时的党名唤作"Chinese Communist Party"是合情合理的,因其性质是"Communist Party",前缀"Chinese",强调是在中国建立的一个支脉。然而历史变迁,20世纪40年代共产国际退出世界舞台,成为历史,此其一;新中国成立后我国大力进行社会主义建设,走出了属于我们自己的一条中国特色社会主义道路,而非照搬套路、盲从苏联,此其二。基于这样的历史变革,我们将"CCP"更改为"CPC"(Communist Party of China)是符合时代变化的,它强调中国共产党是一支属于新中国的政党,一支独立奋斗、中国特色的政党。

(二)文本功能与翻译目的

巴斯奈特指出:"对某一译本的评价只能是基于特定语境下的翻译目的、功能及过程评价"(Bassnett,2002)。尤其是针对政治文献文本的处理,学生在翻译过程中遵循什么样的翻译原则、选择什么样的翻译策略,均需要充分考虑文本的功能,建立译者的目的。习近平总书记在2013年全国宣传思想工作会议上强调:有效传播中国故事是全体媒体从业者的首要任务。之后,党的十九大报告进一步提出"讲好中国故事,提高国家文化软实力"的对外传播目标。这些均为外宣翻译工作者指明了工作目标,那就是在新的时代,让世界了解中国,推进中外交流,构建中国对外话语体系。

例(2)
中文:绿水青山就是金山银山。
学生英译:Green water and mountains are mountains of silver and gold.
党的十九大报告英文版:Lucid waters and lush mountains are invaluable assets.
教师英译:Clean water and lush mountains are the fountain of fortune.
/ Green is Gold.

这是习近平总书记所提、最为我们耳熟能详的"金句"之一,文风朴实,微言大义。对于这句话的翻译,课堂教学需要充分引导学生思考文本的功能与翻译的目的,从而更好地传达话语精神、传播国家声音。在这一案例中,学生的译文明显未脱离字面,拘泥于语言层面,缺乏语言外层面的宏观思考。"green water"非但会让英语国家的读者摸不着头脑,甚至可能让其联想到水藻泛滥的污染水面;"金山银山"在中文里亲切质朴,而"mountains of silver and gold"这样"死忠"的译法,在英文里似有俗气之嫌,并不契合一位领导人"金句"的风格。

在教学实践中,笔者作为教师向学生展示了党的十九大报告的译文,引导学生走出字面,体会文本的功能与翻译的目的。就目的而言,"lucid"与"lush",准确地表达了"青、绿"的真实信息;而就文本功能而言,"invaluable assets",抛弃了"山"的意象,既避免了英文语境下的"金银之俗",又强调了"财"的意象,实现了文本该有的呼唤功能。

进一步地,笔者作为教师引导学生进行批判性思考。针对习近平总书记面对父老乡亲时朴实亲切的语言风格,"lucid"一词略显书面,不够平实;而"invaluable assets"丧失了原文"两山"的隐喻,语言的趣味性骤然尽失,减少了"金句"的语言魅力。在笔者建议的改写版本中,选择"clean"来恢复总书记的平实亲切,再用"mountain / fountain of fortune"来实现隐喻与尾韵。这样就文本功能而言,增强了文本的呼唤功能;就译者目的而言,还原了原文的语言风格,补偿译文可能丧失的语言魅力。

例(3)

中文:中国式现代化

学生英译:Chinese-style modernization

党的二十大报告官方英译:Chinese path to modernization

《中国时政话语翻译基本规范・英文》英译:Chinese modernization

2022年11月,党的二十大胜利召开,"中国式现代化"也随之成为热词,其所包含的民族自豪感引发全国人民的共鸣,为人津津乐道。让党的二十大金句走入课堂,实现"翻译+思想"双育人,是新时代丰富、充实大学翻译课堂的必要方法。在这一案例中,学生将"中国式现代化"译为"Chinese-style modernization",明显是逐字翻译,未充分考虑隐藏于字面之下的文本功能及翻译应该达到的目的。这样的表述不仅不够严肃,还会授予某些西方国家以话柄,使其抓住"style"一词作为"小辫子",诟病中国向世界强加自己的模式、进一步宣扬"中国威胁论"。

针对学生逐字对译的版本,笔者作为教师首先展示了党的二十大报告官方英译本:Chinese path to modernization。就文本功能而言,所谓的"中国式"并不是指强硬的范式,而是一种平和的、亲切的"中国模式",是在中国共产党的领导下走向社会主义现代化、走向中华民族伟大复兴的一条道路、一种方法。"path"一词生动形象,很好地表现出中国自解放后,尤其是改革开放以来自我奋斗的特色发展路径。就翻译目的而言,我们做政治话语对外翻译的目的始终是传递中国声音、树立中国形象,建立属于中国的国际话语权。因此,拘泥于字面无益于我们实现翻译目的,只有挖掘文字背后的时代特征、文字诉求,才是对外宣传的正确之道。除此之外,笔者还向学生展示了最新版本的修订译文。2023 年 1 月,外文出版社出版发行了《中国时政话语翻译基本规范·英文》一书,由中国外文局、中国翻译研究院、中国翻译协会、当代中国与世界研究院、外文出版社、中国外文局等权威单位通力合作,参照中联部、中央党史和文献研究院、外交部、新华社、国台办等单位从业专家的意见,编写成册,为政治话语外译的规范化建设奠定了新的基础。书中针对"中国式现代化"给出的译文是"Chinese modernization",言简意赅,与西方式现代化(Western modernization)对应(《中国时政话语翻译基本规范·英文》编写组,2023),体现出具有中国特色的现代化方法。

(三)受众对象与目标读者

判断翻译策略的正确与否、翻译成果是否成功,要看"语言表达方式是否符合目标语读者的习惯与倾向"(Bassnett & Lefevere,2001)。换言之,外宣翻译中我们不仅注重"说什么",更要关注"怎么说",关注如何改进和提高政治话语翻译效度,这些都需要"充分了解目标受众的接受习惯和话语期待"(胡安江,2020)。在日常的翻译课堂教学中,教师需要时刻培养学生的"读者意识",判断清楚译文的目标受众,再选择适合的翻译方法。

例(4)

中文:科学发展观 / 中国共产党的精神谱系

学生英译:Scientific Outlook on Development

/ the spiritual genealogical lineup of the Communist Party of China

教师英译:Sustainable and Balanced Approach to Development
/ the enduring inspiration for the Communist Party of China

学生的译文仍旧表现出拘泥于语言层面的特点。英文"scientific"一词只含有"science"的意味,并无中文中广泛的引申义。"scientific outlook"这样的表达,给英语国家的读者留下的第一印象就是中国要启动一个科技方面的计划,与原意大相径庭。换作"sustainable"与"balanced",才真实地传达出"科学发展观"所蕴含的"全面、协调、可持续发展"的精神实质。而针对后一个翻译,原外交部翻译司主任陈明明就曾在众多场合指出,"spiritual"一词"在英文中100%是指宗教信仰的"(陈明明,2014),这样的译文无疑会让西方读者产生极大的误会,严重不符合我党唯物主义者的政治形象。这个例子很好地说明,在翻译政治文献的过程中,要心中装着目标读者受众的语言环境与接受能力,切忌望文生义、造成误读。在大学翻译课堂教学之中,我们需要引导学生"通过提升符合英语读者接受习惯的语言搭配、加强中国特色词汇的内涵意译与信息补译、改进措辞表达等翻译策略以提高读者对原文信息的准确获取,从而提高海外读者对中国发展核心思想及观点的认知"(张海燕,2021)。

第四节　结语

时代的发展瞬息万变。过去十余年,我国翻译活动正逐步从"翻译世界"走向"翻译中国"与"翻译世界"并重(任文、李娟娟,2021)。的确,新时代的翻译有着新的历史意义,要呼应新的国家需求。对于翻译研究者而言,我们不仅要研究传统的以语言为表达媒介的翻译,更要关注作为国家形象建构之载体的跨文化的翻译和阐释。这样,我们才能有效地用世界通用的语言来讲好中国故事(王宁,2018)。在新时代,大学翻译教学所要培养的绝非简单的"翻译人才",而是具备多元素质的"国际传播人才",这是中国在世界舞台上构建中国特色社会主义话语权的中坚力量。

一、以文化转向理论为指导，培养具备宏观思考能力的翻译人才

高校翻译课堂教学呼吁理论的指导，文化转向翻译理论为从语言外层面的视角解析翻译过程特色提供了强有力的指导。翻译教与学应当是一套综合、完整的体系，在理论的渗透中，既要辅助语言层面的训练，更要引导语言外层面的思考。在"文化转向"理论的引导下，学生在进行语言操作的同时，可以将文本所涉及的意识形态、目标受众、文本功能等诸多语言外因素纳入宏观思考的范畴；更为重要的是，该理论体系让学生能够从"诗学形态"出发，有针对性地"讲中国好故事"，从"意识形态"出发，有策略地"讲好中国故事"，将国家视为翻译活动的最高"赞助人"，真正为中国发声、助力中国的国际传播效能。这样，翻译的教学目的才能真正实现，学生的译文才能达到专业水平。这正是我们本章开篇所谈的"新老融合"的本质，也是可以服务于国家翻译实践建设的有效路径。

二、以双籍教师合作为机制，培养具备优秀外语能力的翻译人才

要讲好中国故事、传递中国声音，我们的译文不仅要彰显时代特征、展示中国特色，更要使用外国读者看得懂、能接受、易理解的语言，这样才能保证外国受众及时了解中国的时代政策、政治立场、特点观点。然而，政治话语中大量包含中国特色的语言表达，如果全部按照中式的语言习惯译入外语，势必造成外语表述不清、语义混乱，给外国受众造成困惑。因此，在日常的翻译教学中，要充分发挥外籍教师的语言优势，以此确保翻译语言的基本质量。如此，在大学翻译教学中建立双籍（中国籍、外籍）教师的合作机制，构建双籍教师团队，是保障翻译教学效果的有效手段。一方面，要积极向以目标语言为母语的外籍教师寻求语言帮助，确保译文的有效表达；另一方面，也要充分依靠中国籍教师的方法论引导、思想引导，在语言合作的过程

中保持意识形态的判断力、辨别力,做到客观、理性、正确地中西融合。

三、以国家意识为原则,培养具备民族文化定力的翻译人才

政治翻译,首先要讲政治。而讲好政治的根本,在于翻译从业者强烈的国家主体意识、坚实的民族文化定力,而这两方面对于外语学习者、翻译从业者而言更为关键。在长期学习外语的过程中,我们暴露在西方的思维观念、文化历史、意识形态之下,甚至很多时候,我们会被动接受许多西方国家充满敌意的言论,时刻挑战着我们的政治原则与思想定力。在"国家翻译"概念的大框架下,大学翻译教学尤其应当重视专业课程与思政元素相融合,欲在专业上"教书",必先在思想上"育人"。在大量的日常教学实践中,学生难免缺乏正确的认知与判断,从而盲目跟从西媒,将"中国大陆"错译为"mainland China",无形中营造出与"island China"相对应的"一边一国"之感,正中某些西方国家下怀;或将"香港回归"错译为"the Chinese government reclaimed the sovereignty over Hong Kong"、将"台湾当局"错译为"Taiwan government",而浑然不知自己成为了西媒的附和者,成为西方敌对势力的"帮凶"。教师需要从思想层面进行引导,从"一个中国原则"出发引导学生纠正译为"the Chinese mainland";从历史的角度出发,让学生认识到我国从未放弃过对于香港的主权,从而引导学生纠正译为"Hong Kong was restored to China";从国家统一的角度出发,让学生认识到一个中国只有一个"government",从而引导其纠正译为"Taiwan authorities"。只有国家意识明确、文化定力坚定,才能保障翻译人在语言处理的过程中不盲从、不跟风,明辨是非、捍卫国家主权,才能有效保障我国在新时代的对外传播效能。

(本章撰写:张晰婧)

参考文献

［1］BASSNETT, S. Translation Studies［M］. London：Methuen, 2002.

［2］BASSNETT, S. & A. LEFEVERE. Constructing Cultures：Essays on Literary Translation［C］. Shanghai：Shanghai Foreign Language Education Press, 2001.

［3］BASSNETT, S. Culture Encounters［A］. In Chunbai, Z（ed.）. An Integrated English Course［M］. Shanghai：Shanghai Foreign Language Education Press, 2013.

［4］GENTZLER, E. Contemporary Translation Theories［M］. Shanghai：Shanghai Foreign Language Education Press, 2004.

［5］LEFEVERE, A. Translation：Its Genealogy in the West［A］. In Bassnett, S. & Lefevere, A（eds.）. Translation, History, and Cultures［C］. London & New York：Printer, 1995.

［6］LEFEVERE, A. Translation, Rewriting and the Manipulation of Literary Fame［M］. Shanghai：Shanghai Foreign Language Education Press, 2010.

［7］陈福康. 中国译学理论史稿［M］. 上海：上海外语教育出版社,2000.

［8］陈明明. 在党政文件翻译中构建融通中外的新概念新范畴新表达［J］. 中国翻译,2013（3）.

［9］丛滋杭. 翻译理论与翻译教学［J］. 中国科技翻译,2007（1）.

［10］冯亚武、刘福全. "文化转向"与文化翻译范式［J］. 西安外国语大学学报,2008（12）.

［11］高玉霞、任东升. 梁启超《论译书》中的国家翻译实践思想［J］. 外国语（上海外国语大学学报）,2021,44（5）.

［12］高玉霞、任东升、蓝红军. 以翻译理论创新拓展话语空间——关于"国家翻译实践"研究的对谈［J］. 北京第二外国语学院学报,2021（6）.

［13］胡安江.中国特色对外话语体系的译介与传播研究［J］.中国翻译,2020(2).

［14］蓝红军.国家翻译实践——从现实需求到理论构建［J］.外国语文(双月刊),2020(5).

［15］蓝红军.国家翻译实践研究的基本理论问题［J］.上海翻译,2022(2).

［16］李长栓、王苏阳.北外高翻笔译课［M］.北京:中国出版集团·中译出版社,2020.

［17］李汶莲、罗莹.建党百年与中央文献翻译事业的发展——第六届"中央文献翻译与研究论坛"综述［J］.国外理论动态,2022(2).

［18］林克难.试论现代翻译理论发展的三个阶段［J］.天津外国语学院学报,1994(1).

［19］鲁迅.关于翻译——给瞿秋白的回信［A］.翻译通讯编辑部.翻译研究论文集(1894—1948)［C］.北京:外语教学与研究出版社,1984.

［20］鲁迅.几条"顺"的翻译［A］.翻译通讯编辑部.翻译研究论文集(1894—1948)［C］.北京:外语教学与研究出版社,1984.

［21］马红军.翻译批评散论［M］.北京:中国对外翻译出版公司,1999.

［22］潘务正.严复与桐城派——以刘声木《桐城文学渊源考》不收严复为中心的考察［J］.淮南师范学院学报,2007(3).

［23］瞿秋白.关于翻译——给鲁迅的信.翻译通讯编辑部.翻译研究论文集(1894—1948)［C］.北京:外语教学与研究出版社,1984.

［24］任东升.国家翻译实践概念体系构建［J］.外语研究,2019(4).

［25］任东升、高玉霞.国家翻译实践初探［J］.中国外语,2015(5).

［26］任东升、李江华.国家翻译实践的功利性特征——以《党的组织和党的出版物》重译历程为例［J］.东方翻译,2014(1).

［27］任文.不断加强中译外能力建设［N］.人民日报,2021-04-06(18).

［28］任文、李娟娟.国家翻译能力研究:概念、要素、意义［J］.中国翻译,2021(4).

[29]沈苏儒.论"信、达、雅"——严复翻译理论研究[M].北京:商务印书馆,1998.

[30]孙宁宁.意识形态对翻译活动的操控[J].四川外语学院学报,2005(1).

[31]谭载喜.西方翻译简史(增订版)[M].北京:商务印书馆,2008.

[32]唐磊.翻译架起中外文明交流互鉴桥梁[N].中国青年报,2022-08-30(10).

[33]王宁.翻译与国家形象的建构及海外传播[J].外语教学,2018(9).

[34]王佐良.严复的用心[A].翻译通讯编辑部.翻译研究论文集(1949-1983)[C].北京:外语教学与研究出版社,1984.

[35]习近平.决胜全面建成小康社会　夺取新时代中国特色社会主义伟大胜利——在中国共产党第十九次全国代表大会上的报告(精装本)[M].北京:人民出版社,2017.

[36]习近平.习近平谈治国理政(第四卷)[M].北京:外文出版社,2022.

[37]夏平,导读.安德烈·列夫维尔.翻译、改写以及对文学名声的控制[M].上海:上海外语教育出版社,2010.

[38]薛芳.翻译文化研究的渊源及影响[J].西安外国语大学学报,2010,18(1).

[39]徐莉娜.关于本科生翻译教学的思考[J].上海科技翻译,1997(1).

[40]徐修鸿.大学英语翻译教学中理论与技巧的渗透[J].长春理工大学学报(社会科学版),2011(2).

[41]闫安.构建新时代中国特色社会主义话语体系[J].内蒙古宣传思想文化工作,2018(6).

[42]严复.天演论·译例言[A].翻译通讯编辑部.翻译研究论文集(1894—1948)[C].北京:外语教学与研究出版社,1984.

[43]杨枫.国家翻译能力建构的国家意识与国家传播[J].中国翻译,

2021(4).

[44]翟磊.话语认同与话语协调:论政治话语翻译中的国家意识[J].学术探索,2017(5).

[45]赵彦春.文化派的理论取向与实质[J].四川外语学院学报,2004(11).

[46]张海燕.文化转向视角下的《习近平谈治国理政》核心术语英译特色解析[J].天津外国语大学学报,2021(5).

[47]曾文雄.对翻译研究"文化转向"的反思[J].外语研究,2006(3).

[48]"中国时政话语翻译基本规范·英文"编写组.中国时政话语翻译基本规范·英文[M].北京:外文出版社,2023.

第二章　中国政治文献英译本科教学

第一节　中国政治文献英译教学实践

随着我国进入新时代,政治、经济、社会和技术领域的发展对国际社会产生越来越重要的影响力。在全新的世界格局之下,各国之间的交流、交际乃至交锋愈发频繁与关键,而翻译作为国家之间、民族之间交际的关键介质,在全球舞台上愈发扮演着至关重要的角色。而翻译研究的"文化转向",使意识形态、权力、文化等与翻译的关系成了翻译研究中的热门话题。在新时代背景下,将中国声音、中国故事和中国方案传向全球成为适应时代发展的需要。政治文献是一国政治发展、政治运作和政策执行的总体现,是国家发展和形象的缩影。作为外界了解我国的权威窗口,政治文献翻译在国家之间、民族之间的交际上起着越来越重要的作用,在全球舞台上愈发扮演着至关重要的角色,因此政治文献的外宣翻译要求译者具备高度的政治责任感、使命感和专业精神。

一、政治文献英译教学目的

翻译实践课程是本科英语专业学生的必修课程与核心课程之一,具有很高的综合性、专业性与实践性。该课程是以英语专业学生在校所学的各门不同专业课程的综合知识为基础,培养学生英语应用能力在学习、工作生活中实际运用的主干课程。翻译实践课程教学的目的旨在让学生对翻译理论与技巧的理解基础之上,进一步强化学生的翻译时间能力、跨文化交际能力和语言运用能力,为学生将来能够准确、熟练并规范地从事翻译实践工作夯实基础。

面对世界格局的深刻变化,呼应中国发展的时代需求,高校翻译人才已经远不能够局限于单纯的语言人才培养,而是应当以全球化战略发展思维武装头脑,着力培养体现中国意志、传播中国文化,为建设中国特色社会主义话语体系服务的国家翻译实践人才。政治文献英译融入英语专业本科生的翻译实践课程中,不仅能够拓展学生对于不同类型文本,特别是政治类文本的把握与理解,还可以潜移默化地在教学过程中渗透立德树人的教育理念,推进高校课程思政的实际应用,进一步提升英语专业课程的深度与广度。

二、政治文献英译课程设置

大学本科生阶段的翻译课程重视语言层面的操作,在翻译练习过程中多是一些经验与技巧的总结,较少上升到理论的高度来指导翻译活动。然而,本科阶段翻译教学的目的应该是通过对学生进行全面的基本技能训练与培养,增强学生对于双语的语感,加强他们对两种语言现象差异和文化差异的敏感性,提高双语转换能力。为此,可以在讲解翻译练习的过程中结合翻译理论,让学生在理解翻译技巧的同时也受到翻译理论的影响与指导,让翻译过程更具有科学性和说服性。政治文献的翻译具有较高难度,因此需要学生有一定的基础翻译功底作为铺垫,建议在第五、第六学期的翻译实践课程中加入政治文献英译的教学内容。

在选择教学材料方面,应把握材料的准确性、权威性和学习性。选取可靠的内容,比如党政领导人的讲话、政治法律文献,辅以权威专家撰写的科学、哲学以及学术专著等。例如,《习近平谈治国理政》第一卷至第四卷是始自 2014 年 10 月出版的一部重要政治文献,收录了习近平同志自 2012 年 11 月 15 日起的讲话、谈话、演讲、答问、批示、贺信等 79 篇,所选篇目分为

18个专题,旨在向国际社会介绍中共中央领导集体的治国理念和执政方略。

该书由外文出版社用八种外语全球同步发行,是改革开放以来我国国家领导人著作海外发行量最大的一部政治文献。其中官方英译本 *Xi Jinping: The Governance of China* 销量最大,译者是国新办、中央文献研究室和外文局汇集优秀翻译专家组成的官方翻译小组,代表了当下中国外宣翻译的最高水准,具有很强的学习性,可以作为政治文献翻译教学的主要材料。将中央政治文献作为翻译教学材料,更能体现文化转向理论的解释力、指导性和科学性,增强教学效果。该书体现了制约翻译过程的最大文化性因素"意识形态",以及两个表现形式——"诗学"形态和"赞助人",包括文化差异、时代背景、社会语境、译者目的、受众心理等方面,可以对包括中央政治文献在内的大多数文化类翻译提供原则的指导与方法的解释。

在授课方式的设置上,除了传统的讲授法,还需要创新课堂模式,提高学生的学习兴趣。为此设置了学生课前展示环节,让学生四人为一组,搜集近两周国内外发生的要闻大事,挑选其中重要的中英文双语词汇、短语和句子,制作成幻灯片在班级面前进行展示讲解。不仅能够拓展学生知识面的广度,还可以激发学生的学习兴趣,充分发挥学生在课堂中的主体性。同时,增加课堂小组讨论的比例,每位学生对于同样一句话或一篇文章的理解是不同的,因而会产生多种多样的译文,学生会在讨论的过程中相互交流理解思路与翻译过程,强化学生思维的灵活性,提高学生的合作性。此外,课堂会设置一些真实翻译情境的演练,增加课堂的趣味性,让学生们切实体会到翻译的实用性。最后,对于学生的评价要采取多维度的立体评价方式,以教师点评学生的译文为主,增加学生之间互评的环节,能够取长补短,查漏补缺。最后,教师需要在每个教学阶段设置形成性检测,根据检测的结果来灵活地调整教学进度。

在多媒体使用方面,可以借助学习通手机 App(应用程序)或电脑网页版与线下课堂进行联动,作为线下课堂互动的补充。如果因一些原因改为网络授课,学习通上面也可以进行线上授课,不会影响教学进度。

第二节　中国政治文献英译教学的典型案例

首先,在开课前一周将本节课授课主题"政治类文献英译",通过学习通手机App(以下简称为App)发送给学生,让学生有充分的心理预期,做好准备。并且让学生课前搜集10个与时政热点事件相关的中英文双语单词或短语,上传到App。

按学号顺序每周选取2名学生进行课前展示,每人5分钟左右,讲述内容为时政热点词汇中英双语表达、出处、来源等介绍。要求学生制作PPT(演示文稿)辅助演讲。学生演讲结束之后教师进行点评,而后进入教师授课环节。

一、政治文献的基本内涵

思考题:

1.你阅读过哪些与政治相关的文章或者著作?

_____

2.你认为什么样的文本可以称之为政治文献呢?

_____

(一)政治文献的定义

思考:以下哪本书不属于政治文献?

A.《茶馆》　　　　　　　B.《论坚持全面深化改革》

C.《习近平论治国理政》　　D.《论中国共产党历史》

通过多媒体屏幕图片向学生直观展示四本书的封面,设置A、B、C、D四个选项。学生现场通过App进行投票,选择哪一本书不属于政治文献,教室多媒体屏幕会以饼状图实时展示投票结果。正确选项为 A。

引出定义:政治文献一是关乎国家大政方针的政策文件,主要指党和政府的文件和工作报告等;二是党和国家领导人的讲话,属于纽马克"表达型文本"中的"权威文告"或"官方文告"类型,"包括党政领导人的讲话、政治法律文献、权威专家撰写的科学、哲学以及学术专著"(Newmark,2001)。

我国的政治类文献大多涉及国家大政方针政策,关乎国家形象与国际外交。因为政治类文献属于表达类型中的权威性语篇,所以为体现政治文献的权威性,政治文献的翻译必须具备准确性、政治性、时效性、单义性、客观性和完整性六个特点(马会娟,2014)。

思考题:

1.你在平时做翻译时是否有一些自己认同的翻译原则呢?

_____

2.你认为翻译政治类文献需要保持什么样的原则呢?

_____

(二) 政治文献的翻译原则

政治文献翻译要求译者具备高度的政治敏锐性,译文既要紧扣原文,又不能太"死";既要灵活,又不能"活"得出格(王弄笙,2002)。要紧扣原文,不得任意增删,要注意原文的语序,甚至一些"小零件"也不应放过,避免犯政治性错误(程镇球,2003)。准确是政治翻译的基本原则。事关国家大政方针的文本,字字句句都是经过反复打磨后才完成的。所以,译者应首先在政治上忠实于原文,力求做到语言的准确性,忠实地传达原文的意旨和内容。

对有政治含义和影响的词句,尤其要字斟句酌,多从政治方面进行深入解读并掌握好分寸。同时更需要完成翻译的目的,即达成跨文化传播效果。这要求译者需要审查译文是否符合目的语的表达习惯,是否能够被译语读者理解。因此,将中国政治文献翻译成外文读者易于理解的表达,达到跨文化传播效果,是政治文献翻译的另一个原则。

二、政治文献词语的翻译

思考题:

1.你是否认识下列词汇,其表达的内涵是什么?

1)"五位一体"

_____

2)"四个全面"

_____

3)"两个一百年"

_____

4)强农、惠农、富农

_____

5)命运共同体

_____

参考答案:

1)Five-Sphere Integrated Plan

2)Four-Pronged Comprehensive Strategy

3)Two Centenary Goals

4)strengthen agriculture, benefit farmers, and raise rural living standards

5)a community with a shared future

2.这些词汇具有哪些特点?

_____

(一) 政治词汇和短语的特点

政治文献的特点之一是其包含了一些具有时代特色的新概念和新词汇,以鲜明的语言风格,促进学生更直观地对比分析英汉语言的结构、风格、文化差异,从而提高双语对比的敏感度与能力,在语言层面为翻译学习打下基础。为了保证译文的准确性和严肃性,译者必须准确理解词汇的深刻内涵,这些词汇包含了我国在新时代的内政、外交等领域里使用到的中国特色概念的表达,具有重要意义和丰富的内涵。

进入中国特色社会主义新时期,政治文献也具有了鲜明的时代特点,可以总结为以下三点:一是具有深厚的中华传统文化精髓;二是具有高度的概括性;三是具有亲民性。

1. 深厚的传统文化精髓

中华民族的文化自信离不开优秀的传统文化,这也是中华民族发展中更深沉与持久的力量源泉。在推动中华文化的创造性转化和创造性发展方面,习近平总书记为我们做出了典范,在总书记的讲话中,经常会引用一些中华经典著作中的华章佳句,准确地阐释了这些中华传统优秀文化的内涵,赋予了新的时代内涵,让古籍里的文字闪烁着新时代的思想光芒。从中华优秀传统文化里汲取的治国理政的智慧,能高度概括体现我们当下面临的一些情况、立场、原则等。

比如习近平在考察民主生活会的时候引用了清代著名文学家郑板桥的一句诗"一枝一叶总关情",这首诗是郑板桥担任知县的时候所作。郑板桥在县衙官府之中听到潇潇的竹声,在他听起来像是疾苦百姓的呻吟之声,这些竹子无论哪一枝哪一叶,都关乎着他的情感,表达了他爱民的深切之情。习近平多次引用这句诗,表达出深厚的为民情怀。

2. 高度的概括性

中国有很多归纳性和概括性较高的政治类词汇,这些词汇可以将多句话想要表达的意义用数字加上后缀表述出来,多以四字组合居多,比如"一国两制""三个代表""四个全面""五位一体"等。这些词汇看似简洁,实则具有丰富的内涵,涵盖面广泛。这种高度概括性的表达也同时体现了汉语的凝练性这一特点。

3. 亲民性

《习近平谈治国理政》第一卷至第四卷收录了习近平自 2012 年 11 月 15 日起的讲话、谈话、演讲、答问、批示、贺信等 79 篇,分为 18 个专题,全面系统回答了新的时代条件下中国发展的重大理论和现实问题。习近平能够使用通俗的话语去解释说明一些政治论点,体现了他的话语风格,更显示了他卓越的语言能力和亲民的风格。习近平的基调沉稳自信,语气平和真诚,语言平实有力,令人倍感亲切、温暖和感动。他广泛使用了一些简单质朴、清晰易懂、有浓郁生活气息的"大白话"。这些例子我们都是非常熟悉的,比如"萝卜白菜,各有所爱"等。

在翻译政治类文献之前,译者要充分做好译前准备工作,包括查证原文本出处、社会背景、作者的立场等资料。同时,译者在翻译过程中一定要做到充分理解,尽可能全面、细致和深入,因为理解是为了忠实地表达原作的意义。原文本中出现的政治类专业术语和表述,需要通过结合上下文与查证的权威性资料进行综合论证得出正确的译文,避免仅通过字面意思来字对字的机械性翻译。

在译文产出阶段,译者需要根据翻译目的灵活选择翻译方法,如音译、意译、直译、释译、文内或文外加注等方法。

(二) 政治词汇和短语的翻译讲解

例(1)

中文:"四个全面"战略布局(习近平,2018)

英译:Four-Pronged Comprehensive Strategy(Xi Jinping,2018)

概念解读:"四个全面"战略布局是以习近平同志为核心的党中央治国理政战略思想的重要内容,闪耀着马克思主义与中国实际相结合的思想光辉,蕴含着马克思主义的立场观点方法,其内涵为:全面建成小康社会、全面深化改革、全面依法治国、全面从严治党。"四个全面"的提出,使当前和今后一个时期,党和国家各项工作关键环节、重点领域、主攻方向更加清晰,内在逻辑更加严密,新一届中央领导集体治国理政总体框架更加完整,日臻成熟。

分析讲解:该词条包含了丰富的中国特色内涵,译者在翻译过程中选择了直译的方法,能够向作者靠拢,保留中国话语的特色,向外传递我国意识形态的内涵。选择"Pronged"一词,该词准确地将战略布局的四个方面体现出来,在英文中"Pronged"指"having a usually specified number parts or approaches",具有指定数量的部分或方法,符合原语的意义。此外,当该词条首次出现在文章时,译者还对"四个全面"所包括的四个基本内涵进行了英文释义,"The Four-Pronged Comprehensive Strategy is to make comprehensive moves:1) finish building a moderately prosperous society;2) deepen reform; 3) advance the law-based governance of China; 4) strengthen Party self-discipline." 当原文再次出现该词条时,因为前面已经对"四个全面"的内涵进行了释义,读者有了一定的理解和铺垫,所以保留直译的内容,无须反复释义。最后,译者还需要注意到一些细节问题,作为中国特色的重大战略布局的专有词汇,需要首字母大写。

例(2)
中文:"两个一百年"奋斗目标(习近平,2018)
英译:Two Centenary Goals(Xi Jinping,2018)

概念解读:2017年10月18日,习近平在中国共产党第十九次全国代表大会上的报告《决胜全面建成小康社会　夺取新时代中国特色社会主义伟大胜利》中谈到"两个一百年"奋斗目标时说,改革开放之后,我们党对我国社会主义现代化建设作出战略安排,提出"三步走"战略目标。解决人民温饱问题、人民生活总体上达到小康水平这两个目标已提前实现。从现在到2020年,是全面建成小康社会决胜期。从党的十九大到二十大,是"两个一百年"奋斗目标的历史交汇期。我们既要全面建成小康社会、实现第一个百年奋斗目标,又要乘势而上开启全面建设社会主义现代化国家新征程,向第二个百年奋斗目标进军。习近平提出,从2020年到本世纪中叶可以分两个阶段来安排。第一个阶段,从 2020 年到 2035 年,在全面建成小康社会的基础上,再奋斗十五年,基本实现社会主义现代化。第二个阶段,从 2035 年到本世纪中叶,在基本实现现代化的基础上,再奋斗十五年,把我国建成富强民主文明和谐美丽的社会主义现代化强国。

分析讲解:总结来看,该词条涵盖了两大重要内涵:一是时间节点,包括在中国共产党成立一百年时和在新中国成立一百年时;二是具体内容,包括全面建成小康社会,建成富强民主文明和谐美丽的社会主义现代化国家。在翻译国家层面的重大固定关键词时,译者选择直译为“Two Centenary Goals”从表达内涵、形式和数量上与原词条能够形成对应。此外,对于原文中的“奋斗”一词,译者采取了省译的方法,因为译者选择了“Goals”一词,而“goal”一词在英文词典中的释义为“N-COUNT Something that is your goal is something that you hope to achieve, especially when much time and effort will be needed.”包含了“effort”(奋斗)的含义,对于已经体现出来的意义,译者选择了省略掉重复表达的部分,做到了精简凝练。同时,在无法找到完全对应的英文表达时,译者的构词需要符合英文的表述习惯,选择“adj. + n.”即形容词加名词的方式,选择百年的形容词“centenary”,其意义为“of or relating to or completing a period of 100 years”。此外,我们还要注意到如果单以直译的方式将该词条呈现给读者,其深刻内涵是无法全面地传达出来的,所以,译者进行了文内释义“The Two Centenary Goals are: to finish building a moderately prosperous society in all respects bythe time the Communist Party of China celebrates its centenary in 2021; and to turn China into amodern socialist country that is prosperous, strong, democratic, culturally advanced, and harmoniousby the time the People's Republic of China celebrates its centenary in 2049.”

例(3)

中文:双引擎(2015 年政府工作报告)

英译:twin engines(中央文献重要术语译文发布,2015 年第 1 期)

概念解读:该词条出自 2015 年政府工作报告中"打造大众创业、万众创新和增加公共产品、公共服务双引擎"。2015 年 2 月 25 日,时任国务院总理李克强主持召开了国务院常务会议,会议确定了多项调控政策。既有传统的投资拉动政策,也注意到创业、创新和人才等新引擎的培育,体现了打造"双引擎"的思路。双引擎主要是指:一方面,充分发挥市场在资源配置中的决定性作用,培育打造新引擎,推动大众创业、万众创新;另一方面,更好发挥政府作用,改造升级传统引擎,增加公共产品、公共服务供给。

分析讲解:双引擎的本义指的是"飞机的双引擎一般是分别安装在飞机的左右两边",其对应的英文词条为"twin engine"。同时,"引擎"一词在这里比作推动经济发展的驱动力,而英文的引擎"engine"一词也包含了这一意义"something that produces a particular and usually desirable result"。因此,直译的翻译方法既可以保留原文的形式,也能够让目的语读者理解原文的内涵,该词条所在的句子翻译为:We need to develop twin engines – popular entrepreneurship and innovation, and greater supplies ofpublic goods and services – to drive development. 其中也包含了对双引擎内涵的释义,通过"–"符号来将释义作为句子的插入成分,自然流畅,符合英文的表述习惯。

例(4)
中文:硬骨头(2015 年政府工作报告)
英译:tough issue(中央文献重要术语译文发布,2015 年第 1 期)

概念解读:"硬骨头"一词在汉语中原指骨头很硬,其引申义为坚强不屈的人或艰巨的任务。该词条在原文中的意义为艰巨的任务。第十二届全国人民代表大会第三次会议在人民大会堂举行开幕会,听取 2015 年政府工作报告、审查计划报告和预算报告。2015 年政府工作报告中指出,深化改革开放,激发经济社会发展活力。针对束缚发展的体制机制障碍,我们通过全面深化改革,以释放市场活力对冲经济下行压力,啃了不少硬骨头,经济、政治、文化、社会、生态文明等体制改革全面推进。

分析讲解:译者需要注意到,原文使用了比喻的修辞手法,将艰巨的任务比作硬骨头,如果将其直译为"a tough bone"与中文所表达"艰巨的任务"意义不符。因为经过搜索查证,英文中并没有用"a tough bone"来表述困难或艰巨的任务。所以,当直译的结果无法正确表述原文内涵时,译者需要灵活变通,选择意译的处理方式来翻译出原文的内涵。所以,该词条翻译为"tough issue"是符合目的语表述习惯,达到了翻译的目的。该词条所在句子的翻译为:We tackled many tough issues.

例(5)

中文:拦路虎(2015年政府工作报告)

英译:tiger in the road(中央文献重要术语译文发布,2015年第1期)

概念解读:该词条出自2015年政府工作报告中"体制机制弊端和结构性矛盾是'拦路虎'"。"拦路虎"一词原指拦路打劫的匪徒,出自《清平山堂话本·杨温拦路虎传》:"温是将门之子,绰号拦路虎。"该词现多比喻前进道路上遇到的困难和障碍。2015年政府工作报告指出,当前存在的主要矛盾的核心是体制机制弊端,这是第一个。第二个是结构性的矛盾,政府工作报告当中把这两个认定为"拦路虎",不仅阻碍中国经济的增长,而且很难消除。要想消除它,必须从机制上、法治上、手段上、思想上高度重视并且形成全社会的合力,才有可能把这些矛盾和不足,把这些体制机制的弊端和结构性的矛盾有效地去除。

分析讲解:在中华传统文化中关于老虎这一意象既有褒义的用法(比如"生龙活虎""如虎添翼"),也有贬义的用法(如"为虎作伥""狐假虎威")。无论是在西方文化还是中国文化,对于一些客观事物的认识是相同的,比如中西方都认为老虎和狮子是凶猛的野兽。因此,该句选择了套译的方式,借用了英文习惯用法"a lion in the way"(obsolete a difficulty, obstacle, or danger impeding one's progress that causes one to immediately or prematurely abandon one's duties or ambitions),将"拦路虎"翻译为"tiger in the road",不仅易于读者理解,还能够保留原文的形式,可谓一举两得。该词条所在句子的翻译为:Institutional and structural problems have become "tigers in the road" holding up development.

例(6)

中文:强农、惠农、富农(2015 年政府工作报告)

英译:strengthen agriculture, benefit farmers, and raise rural living stand-ards(中央文献重要术语译文发布,2015 年第 1 期)

概念解读:该词条出自 2015 政府工作报告中"加大强农惠农富农政策力度,实现粮食产量'十一连增'、农民收入'五连快'"。我国有着深远的农耕文化传统,现今有五亿多农民,堪称世界之最,所以在农业方面的表达和术语是我国所特有的,并不能在英语国家找到完全的对等翻译。所以,译者要时刻了解国家最新的大政方针以及事实动态,不断充实拓宽自身知识的深度与广度。其中,对于农业方面需要了解的一个重要组成部分就是我国的"三农"政策,"三农"政策指的是国家对农业、农村、农民的一系列扶植政策。

分析讲解:经过查证后,这里的"三农"不能够粗略地理解为完全相同的意义,其包含的意义分别为"农业""农民"和"农村"。因此译文在准确把握政策内涵的基础之上,将"三农"政策翻译为"strengthen agriculture, benefit farmers, and raise rural living standards",这样能够让目的语读者清晰地理解我国农业方面的政策方针,准确有效地传递了原文信息,达到跨文化交际传播的目的。

例(7)

中文:精准扶贫、精准脱贫(习近平,2018)

英译:take targeted measures to help people lift themselves out of poverty (Xi Jinping,2018)

概念解读:习近平总书记提出:精准扶贫,就是要对扶贫对象实行精细化管理,对扶贫资源实行精确化配置,对扶贫对象实行精准化扶持,确保扶贫资源真正用在扶贫对象上、真正用在贫困地区。精准扶贫是为了精准脱贫。要设定时间表,实现有序退出,既要防止拖延病,又要防止急躁症。要留出缓冲期,在一定时间内实行摘帽不摘政策。要实行严格评估,按照摘帽标准验收。要实行逐户销号,做到脱贫到人,脱没脱贫要同群众一起算账,要群众认账。

分析讲解:经过译者深入的调查与理解,“精准”一词翻译为“targeted”指“to identify or treat as the object of action, criticism, or change”,与原文意义相符。同时,该词条中的“扶贫”和“脱贫”并不是分别独立的两个活动,二者之间是存在一定的逻辑关系的,需要在译文中体现出来,精准扶贫的目的是帮助人民脱贫。因此,译文在“take targeted measures”的后面使用了介词“to”来表示二者之间的逻辑关系,表示目的。此外,脱贫当中的“脱”一词的英文表述方法也是目的语的常用表述形式“lift… out of …”,易于读者理解。

例(8)

中文:命运共同体(习近平,2018)

英译:community with a common future(Xi Jinping,2018)

概念解读:该词条出自“我们的事业是同世界各国合作共赢的事业。国际社会日益成为一个你中有我、我中有你的命运共同体”。2012 年 11 月党的十八大明确提出要倡导“人类命运共同体”的价值观。习近平就任总书记后首次会见外国人士就表示,国际社会日益成为一个你中有我、我中有你的“命运共同体”,面对世界经济的复杂形势和全球性问题,任何国家都不可能独善其身。“命运共同体”是中国政府反复强调的关于人类社会的新理念。人类命运共同体旨在追求本国利益时兼顾他国合理关切,在谋求本国发展中促进各国共同发展。人类只有一个地球,各国共处一个世界,要倡导“人类命运共同体”价值观。

分析讲解:译文中的“community”在此处的意义为“a group of people having common interests”,指有着共同利益的群体,生动形象地体现出了我们人类并不是作为单独的个体而存在的,而是与其他生物共同生活在地球家园之中,表达出了全球化的视野。"commonfuture"表达出了人类作为一个群体,未来是休戚与共、不可分离的。该词所在的句子译为"Our cause is the cause of win-win cooperation with all countries. The world is increasingly becoming a community with a common future in which all countries are interdependent."

(三)课后练习:查找下列词汇的出处,解释其内涵,并将其翻译成英文后与官方译法进行比较

1."三严三实"

出　　处:＿＿＿＿＿＿＿＿＿＿＿＿＿＿＿＿＿＿＿＿＿＿＿

内　　涵:＿＿＿＿＿＿＿＿＿＿＿＿＿＿＿＿＿＿＿＿＿＿＿

你的译文:＿＿＿＿＿＿＿＿＿＿＿＿＿＿＿＿＿＿＿＿＿＿＿

官方译文:＿＿＿＿＿＿＿＿＿＿＿＿＿＿＿＿＿＿＿＿＿＿＿

2."一带一路"

出　　处:＿＿＿＿＿＿＿＿＿＿＿＿＿＿＿＿＿＿＿＿＿＿＿

内　　涵:＿＿＿＿＿＿＿＿＿＿＿＿＿＿＿＿＿＿＿＿＿＿＿

你的译文:＿＿＿＿＿＿＿＿＿＿＿＿＿＿＿＿＿＿＿＿＿＿＿

官方译文:＿＿＿＿＿＿＿＿＿＿＿＿＿＿＿＿＿＿＿＿＿＿＿

3."廉政建设"

出　　处:＿＿＿＿＿＿＿＿＿＿＿＿＿＿＿＿＿＿＿＿＿＿＿

内　　涵:＿＿＿＿＿＿＿＿＿＿＿＿＿＿＿＿＿＿＿＿＿＿＿

你的译文:＿＿＿＿＿＿＿＿＿＿＿＿＿＿＿＿＿＿＿＿＿＿＿

官方译文:＿＿＿＿＿＿＿＿＿＿＿＿＿＿＿＿＿＿＿＿＿＿＿

4."财政补贴"

出　　处：_____

内　　涵：_____

你的译文：_____

官方译文：_____

5."假日经济"

出　　处：_____

内　　涵：_____

你的译文：_____

官方译文：_____

6."灵活就业"

出　　处：_____

内　　涵：_____

你的译文：_____

官方译文：_____

7."素质教育"

出　　处：_____

内　　涵：_____

你的译文：_____

官方译文：_____

8."小康社会"

出　　处：_____

内　　涵：_____

你的译文：_____

官方译文：_____

参考答案：

1. Three Stricts and Three Earnests campaign

2. the Belt and Road

3. build a clean government

4. financial subsidy

5. holiday economy

6. flexible employment

7. quality education

8. moderately prosperous society

三、政治文献句子的翻译

在我们翻译好政治文献中涉及的一些专业词汇之后，就需要着手构建英文句子了。句子能够比较完整地体现意义，是较为理想的翻译单位，但是译者在翻译过程中要考虑到中西方思维的差异而导致的句子结构不同。中文的通常关注内容的意会性，强调文字表达的意义及其关联，因此中文句子的主语可以由各种性质的词汇充当，而英文句子需要由名词或者名词性的词语充当，而且中文政治文献中常出现无主句的情况，这也是政治文献句子的一个特点。此外，中文句子的谓语不受主语支配，不需要像英文构句时考虑主谓一致的原则。所以在政治文献句子英译过程中，译者需要把握好中文和英文之间句子的差异，遵循好英文的语法规则。

（一）政治文献句子翻译实例讲解

根据政治文献的特点，译文需要保留政治文献的准确性和严肃性，同时将中国特色文化传递给外文读者，达到文本的外宣功能。因此，译者需要根据具体情况，选择向作者靠拢或向读者靠拢。

例(9)

中文:中国特色社会主义理论体系、是马克思主义中国化最新成果,包括邓小平理论、"三个代表"重要思想、科学发展观,同马克思列宁主义、毛泽东思想是坚持、发展和继承、创新关系。(习近平,2014)

英译:The theory of socialism with Chinese characteristics is the latest achievement in adapting Marxism to China's conditions. It incorporates Deng Xiaoping Theory ,the important thought of the Three Represents and the Scientific Outlook on Development. It has inherited,continued and creatively developed Marxism—Leninism and Mao Zedong Thought. (Xi Jinping, 2014)

先给学生独立翻译的时间,再进行小组讨论,以小组为单位将一篇翻译上传到 App。

分析讲解:此句原文中的"马克思列宁主义""毛泽东思想""邓小平理论""'三个代表'重要思想""科学发展观""中国特色社会主义理论体系"属于国家政治思想的专有词汇,因此译文需要更加倾向于作者,采用异化的翻译策略严格依照官方给出的英文专有词汇的版本进行翻译。切忌自行编造,让读者产生曲解,产生严重后果。

同时,此句原文较长,译文根据原文意群进行了断句处理。将原文主语"中国特色社会主义理论体系"作为译文的主语"The theory of socialism with Chinese characteristics",第二句和第三句用代词 it 来指代主语,使句意简洁明了,清晰明确。若后两句都采用"The theory of socialism with Chinese characteristics"作为主语,会使句子显得赘述且冗长,不符合英文的表述习惯。

例(10)

中文:这就像穿衣服扣扣子一样,如果第一粒扣子扣错了,剩余的扣子都会扣错。(习近平, 2014)

英译:When we button up our coat,we may inadvertently put the first button in the wrong button whole,and that will result in all the other buttons being put in the wrong holes. (Xi Jinping, 2014)

先给学生独立翻译的时间,再进行小组讨论,以小组为单位将一篇翻译上传到 App。

分析讲解:此句体现出《习近平谈治国理政》中的"谈"字。政治文献属于正式文体,但是习近平总书记能够使用通俗的话语去解释说明一些政治论点,体现了他的话语风格,更显示了他卓越的语言能力和亲民的风格。因此,在翻译能够体现说话人口吻的句子时,译文同时需要体现出来作者的说话口吻和风格,要求译者向作者靠拢。同时要考虑读者的可接受程度。原文描述了日常生活中穿衣服扣错扣子,属于一个比较常见场景,因此按照字面意思直译出来能够被外文读者接受。

此外,中文原句是一个典型的无主句,在中文里比较常见。此句的主语虽然没有明确表述出来,但是其主语也是不言而喻的。"穿衣服"和"扣扣子"是人的动作,译文选择"we"作为主语,能够恰当地将原文直译出来,贴切达意、通俗易懂。

例(11)

中文:中国国民革命的先行者孙中山先生说:"世界潮流,浩浩荡荡,顺之则昌,逆之则亡。"(习近平,2014)

英译:Dr. Sun Yat-sen, the pioneer of China's democratic revolution, had this to say: "The trend of the world is surging forward. Those who follow the trend will prosper, whilst those who go against it will perish. " (Xi Jinping, 2014)

先给学生独立翻译的时间,再进行小组讨论,以小组为单位将一篇翻译上传到 App。

分析讲解:引用名人名言能够起到勉励和警示的作用,同时能够体现作者的语言特征和文化内涵。在翻译时需要向作者靠拢,采用异化的翻译策略。此外,原文的语序是先出现人物的头衔"中国国民革命的先行者",再说名字"孙中山",而译文进行了语序调整,先翻译出来"Dr. SunYat-sen"再加上头衔"the pioneer of China's democratic revolution",更加符合英文的表述习惯。同时,引用的内容原句采用了简洁凝练的四字词语,能够烘托出气势。译文也向作者靠拢,使用了短句,与原文风格相同。

例(12)

中文:保持惩治腐败的高压态势,做到有案必查、有腐必惩,坚持"老虎""苍蝇"一起打。(习近平,2014)

英译:We must be tough in cracking down on corruption, and ensure that all cases of corruption are investigated and that all corrupt officials are punished, catching "tigers" as well as "flies" —senior officials as well as junior ones guilty of corruption. (Xi Jinping, 2014)

先给学生独立翻译的时间,再进行小组讨论,以小组为单位将一篇翻译上传到 App。

分析讲解:中国特色词汇"纸老虎"已被目的语读者所了解熟知,所以将其直译为"paper tiger"不会对读者产生理解障碍。在此句中,习近平总书记也在其论述中运用了相似的形象化比喻:"老虎"和"苍蝇"。这两个词是新时期中国反腐斗争形势下提出的时政词汇,用两种动物体型上的巨大差距来比喻贪污腐败、违法违纪领导干部职位的高低。在翻译时,首先直译出"tigers"和"flies"保留了原文本的文化内涵,再采用文内释义的方法,清晰地向读者阐明这两个词所指"senior officials as well as junior ones guilty of corruption",让英语读者体会到比喻本身的话语修辞效果,也向读者传达了中国反腐斗争的决心。

例(13)

中文:有的要求超规格接待,住高档酒店,吃山珍海味,喝美酒佳酿,觥筹交错之后还要"意思意思"。(习近平,2014)

英译:Some demand excessive receptions, stay at expensive hotels, eat at all sorts of delicacies, drink fine wines and then take bribes. (Xi Jinping, 2014)

先给学生独立翻译的时间,再进行小组讨论,以小组为单位将一篇翻译上传到 App。

分析讲解:在此句中,原文采用多个四字词汇表现出贪腐官员的奢靡,如"山珍海味""美酒佳酿"和"觥筹交错"等词汇,体现出汉语的文化特色。而英文的特点是避免过多的文字堆砌,力求简洁明了,所以在翻译时,译文采取了适当合并,译为"eat at all sorts of delicacies,drink fine wines"。在不涉及国家大政方针和意识形态的句子时,可以适当向读者靠拢,采取简化翻译的方法,有助于使译文更加精简明了,增加译文的可读性,有利于读者的理解。该句末尾的"意思意思"指的是一些贪腐官员的行贿受贿行为。中文的表述比较含蓄,英语中缺少该词条对应的表达形式,所以意译为"take bribes",让读者易于理解。

例(14)

中文:党的十八大强调,建设中国特色社会主义,总依据是社会主义初级阶段,总布局是五位一体,总任务是实现社会主义现代化和中华民族伟大复兴。(习近平,2014)

英译:It was emphasized at the 18th National Congress that the basic foundation for building socialism with Chinese characteristics is that China is in the primary stage of socialism,that its overall plan is to seek economic,political,cultural,social,and ecological progress,and that its main objective is to achieve socialist modernization and rejuvenation of the Chinese nation. (Xi Jinping,2014)

先给学生独立翻译的时间,再进行小组讨论,以小组为单位将一篇翻译上传到 App。

分析讲解:该句中的"五位一体",指的是指经济建设、政治建设、文化建设、社会建设和生态文明建设"五位一体",全面推进。该短语涉及我国的大政方针、政策路线,要特别注意紧扣原文。所以,为了不遗漏信息,译文选择将其所承载的具体政治布局释义出来,采取向读者靠拢的策略,翻译为"to seek economic,political,cultural,social,and ecological progress"来完整地向读者呈现我国社会主义初级阶段的总布局。

(二) 课后练习:查找下列句子的出处并翻译成英文,并比对官方译文

1. 原文:要倡导社会文明新风,带头学雷锋,积极参加志愿服务,主动承担社会责任,热诚关爱他人,多做扶贫济困、扶弱助残的实事好事,以实际行动促进社会进步。

出　　处:_____

你的译文:_____

官方译文:_____

2. 原文:我们还要积极探讨把中欧合作和丝绸之路经济带建设结合起来,以构建亚欧大市场为目标,让亚欧两大洲人员、企业、资金、技术活起来、火起来,使中国和欧盟成为世界经济增长的双引擎。

出　　处:_____

你的译文:_____

官方译文:_____

3. 原文:全面建成小康社会,最艰巨最繁重的任务在农村特别是在贫困地区。

出　　处:_____

你的译文:_____

官方译文:_____

4. 原文:当前,上海合作组织发展既面临难得机遇,也面临严峻挑战。"三股势力"、贩毒、跨国有组织犯罪威胁着本地区安全稳定。

出　　处:_____

你的译文:_____

官方译文:_____

5.原文:中国坚持与邻为善、以邻为伴,坚持睦邻、安邻、富邻,践行亲、诚、惠、容理念,努力使自身发展更好惠及亚洲国家。

出　　处:＿＿＿＿＿＿＿＿＿＿＿＿＿＿＿＿＿＿＿

你的译文:＿＿＿＿＿＿＿＿＿＿＿＿＿＿＿＿＿＿

官方译文:＿＿＿＿＿＿＿＿＿＿＿＿＿＿＿＿＿＿

参考答案:

1. Young people should advocate new social trends, be the first in learning from Lei Feng, take an active part in voluntary work, shoulder social responsibilities, care for others, help the poor, the weak and the disabled, and do other good and practical deeds, so as to promote social progress with their actions. (Xi Jinping,2014)

2. We should also look to combine China-EU cooperation with the initiative of developing the Silk Road Economic Belt, so as to integrate the markets of Asia and Europe, energize the people, business, capital and technologies of Asia and Europe, and make China and the EU the twin engines for global economic growth. (Xi Jinping,2014)

3. With Regard to completing the building of a moderately prosperous society in all respects, the hardest and most arduous tasks lie in the rural areas and the poverty-stricken regions in particular. (Xi Jinping,2014)

4. Just as the SCO enjoys precious opportunities for development, it also faces severe challenges. The "three forces" of terrorism, separatism and extremism all pose threats to the security and stability of this region as do drug trafficking and transnational organized crime. (Xi Jinping,2014)

5. China always pursues friendship and partnership with its neighbors, seeks to bring amity, security and common prosperity, and works hard to ensure that its development brings benefits to all other countries in Asia. (Xi Jinping, 2014)

四、政治文献篇章翻译

(一)政治文献篇章英译实例讲解

例(15)

原文:

树立"绿水青山就是金山银山"的强烈意识

生态文明建设是"五位一体"总体布局和"四个全面"战略布局的重要内容。各地区各部门要切实贯彻新发展理念,树立"绿水青山就是金山银山"的强烈意识,努力走向社会主义生态文明新时代。

要深化生态文明体制改革,尽快把生态文明制度的"四梁八柱"建立起来,把生态文明建设纳入制度化、法治化轨道。要结合推进供给侧结构性改革,加快推动绿色、循环、低碳发展,形成节约资源、保护环境的生产生活方式。要加大环境督查工作力度,严肃查处违纪违法行为,着力解决生态环境方面突出问题,让人民群众不断感受到生态环境的改善。各级党委、政府及各有关方面要把生态文明建设作为一项重要任务,扎实工作、合力攻坚,坚持不懈、务求实效,切实把党中央关于生态文明建设的决策部署落到实处,为建设美丽中国、维护全球生态安全作出更大贡献。(习近平,2018)

英译:

Clear Waters and Green Mountains Are Invaluable Assets

Ecological progress is an important component of our overallapproach to building socialism with Chinese characteristics and the Four-pronged Strategy. All regions and departments should diligentlyimplement the new development concepts, be fully aware that "clearwaters and green mountains are invaluable assets", and makeeveryeffort to usher in a new era of ecological development under the socialist system.

Reform for ecological progress should be driven to a new level, and a pertinent institutional framework should be set up as soon aspossible, providing functional mechanisms buttressed by the ruleof law. By introducing supply-side structural reform, we will speedup China's development in a green, circular, and low-carbon fashion, and make our work and our daily life less resource reliant andmore environment-friendly. Emphasis will be put on the supervision of environmental crimes and violations of Party discipline, and the law in relation to environmental protection will be handledaccordingly. We will focus our strength on pressing environmentalproblems, so that the public will see noticeable improvementin theecological environment. Party committees and governments at alllevels, along with other relevant bodies, must treat ecological progress as an important task, take solid steps to tackle difficult issues, and be persistent and pragmatic to achieve concrete results. They must make sure that the decisions and plans of the Party Central Committee on ecological development are thoroughly implemented, and strive to contribute to a better environment for a beautiful China and to global ecological safety. (Xi Jinping, 2018)

查证:译者在进行翻译工作之前,首先要对政治文献的翻译原则和策略有一个正确的理解和认识,因为政治文献的外译关系到国家话语能力和国际话语权的提升,准确地将政治文献所表达的话语外译是一名译者必须牢固树立的准则。这段原文出自《习近平谈治国理政》第二卷的第十一章"建设美丽中国",是习近平总书记关于做好生态文明建设工作的批示。通过文章标题进行查证,"绿水青山就是金山银山"是习近平总书记于 2013 年 9 月 7 日,在纳扎尔巴耶夫大学发表演讲时,明确提出的观点,强调建设生态文明、建设美丽中国是我们的一项战略任务,要给子孙后代留下天蓝、地绿、水净的美好家园。2014 年 3 月 7 日,习近平总书记在参加十二届全国人大二次会议贵州代表团审议时,进一步强调了这个观点。

例(16)

中文:树立"绿水青山就是金山银山"的强烈意识(习近平,2018)

英译:Clear Waters and Green Mountains Are Invaluable Assets(Xi Jinping,

2018)

　　分析讲解:标题是文章的重要组成部分,能够为文章锦上添花,起到吸引读者的作用。但是也需要注意到中文与英文之间标题的差异,汉语标题具有全面性的特点,尽可能完整地表述文章的要点,看到文章标题即可让读者对于正文内容有一个心理预期。而英文标题常以精简的文字将正文的核心内容概括出来。由此我们可以得出,这篇文章标题的核心内容就是"绿水青山就是金山银山",而其中的"绿"和"青"这两个字是意义相近,但是不能简略地将其合并为"Green Watersand Mountains",需要选择符合目的语表述习惯的译文。中文当中常用"绿水"来表述水的清澈,而英文常用"clear water",而"水"字在这里具有高度的概括性,包含了江湖河海等大片水域,所以英文也需要使用概括程度高的词汇,不能单使用"rivers"或者"lakes",译文选择了"Waters"符合目的语的表述习惯,同时也准确地表达了原文的意义。"Green Mountains"符合目的语表述习惯,直译出来能够让目的语读者理解原文意义。此外,译者还需要注意到英文标题的时态用法,常使用一般现在时,"绿水青山"作为一个复合主语,在这里强调个体,因此谓语动词要使用"Are"。标题中"金山银山"使用了比喻的手法,将美好的自然环境为人类带来的财富比作了金山和银山,如果直译为"Gold and Silver Mountains",目的语读者可能无法理解,不能达成翻译传播的目的,因此译者需要进行取舍,将这部分比喻内容的本体保留并舍弃喻体,翻译为"Invaluable Assets",体现了英文标题简明扼要的特点,将标题内涵清晰地表达出来。

　　例(17)

　　原文:生态文明建设是"五位一体"总体布局和"四个全面"战略布局的重要内容。(习近平,2018)

　　英译:Ecological progress is an important component of our overallapproach to building socialism with Chinese characteristics and theFour-pronged Strategy. (Xi Jinping,2018)

概念解读:党的十八大报告指出,建设中国特色社会主义,总布局是经济建设、政治建设、文化建设、社会建设、生态文明建设"五位一体"。报告对全面协调推进"五位一体"建设作出了重大部署。"五位一体"总布局标志着我国社会主义现代化建设进入新的历史阶段,体现了我们党对于中国特色社会主义的认识达到了新境界。"五位一体"总布局与社会主义初级阶段总依据、实现社会主义现代化和中华民族伟大复兴总任务有机统一,对进一步明确中国特色社会主义发展方向,夺取新时代中国特色社会主义新胜利意义重大。

"四个全面",即全面建设社会主义现代化国家、全面深化改革、全面依法治国、全面从严治党。"四个全面"战略布局的提出,完整地展现出新一届中央领导集体治国理政总体框架,使当前和今后一个时期,党和国家各项工作关键环节、重点领域、主攻方向更加清晰,内在逻辑更加严密,为推动改革开放和社会主义现代化建设迈上新台阶提供了强力保障。

分析:该句中"五位一体"和"四个全面"体现了中国特色政治词汇的高度概括性的特点。

分析讲解:包含着丰富的内涵政治术语,要通过释义或者加注的翻译方法将其所蕴含的意义表达出来,其中"五位一体"的内涵为"overall plan for promoting economic, political, cultural, social, and ecological progress","四个全面"的内涵为"to complete a moderately prosperous society in all respects, further reform, advance the rule of law, and strengthen Party discipline"。但是译者也需要注意到,本文选自《习近平谈治国理政》第二卷的第十一章,"五位一体"和"四个全面"在前文中已经多次出现,而其内涵也已经在译文中进行过阐释,因此在这里译文可以进行省略其释义,进行简化翻译,也能够体现出英文写作精简的特点,符合目的语的表达习惯。

例(18)

中文:各地区各部门要切实贯彻新发展理念,树立"绿水青山就是金山银山"的强烈意识,努力走向社会主义生态文明新时代。(习近平,2018)

英译：All regions and departments should diligentlyimplement the new development concepts，be fully aware that "clear waters and green mountains are invaluable assets"，and makeeveryeffort to usher in a new era of ecological development under the socialist system. (Xi Jinping,2018)

概念解读：党中央、国务院高度重视生态文明建设,先后出台了一系列重大决策部署,推动生态文明建设取得了重大进展和积极成效。

分析讲解：这句话巧妙地与标题形成呼应,并且详细地解释了树立"绿水青山就是金山银山"意识的主体就是各地区各部门,也表述了我们这么做的目的是走向社会主义生态文明的新时代。因此,译者将与原文"各地区各部门"所对应的"all regions and departments"选作主语,保留了原文的结构。同时,在译文中使用了"diligently"副词,意为"勤奋地;勤勉地"能够和"切实"一词的中文意义相呼应,而"implement"意为"to make sth that has been officially decided start to happen or be used",也能够和"贯彻"一词形成对应,选词恰到好处。此外,译文中"aware"为"意识"的形容词词性,但原文中"意识"是作为名词出现的,这里译者并没有拘泥于原文的形式,而是选择了更加准确和精简的表述方式,将其译为"be fully aware that"将原文中的"树立"这一动词省略掉了对应的英文翻译"establish",能够让译文更地道。同时,译文中将原文的"努力"一词译为"make every effort to"是英文对于努力的惯用表达,易于读者理解。最后,还有一点需要注意的是对于原文中"走向"一词的正确理解,如果按照字面意思译为"walk"与后文的"新时代"的翻译"newera"并不是英文当中常用的搭配,不易于读者理解,所以译者选择了更加符合原文的表达"usher in",意为"引领、开辟",也能够与原文"新时代"的意义相搭配。

例(19)

中文：要深化生态文明体制改革,尽快把生态文明制度的"四梁八柱"建立起来,把生态文明建设纳入制度化、法治化轨道。(习近平,2018)

英译：Reform for ecological progress should be driven to a new level,and a pertinent institutional framework should be set up as soon aspossible, providing functional mechanisms buttressed by the ruleof law. (Xi Jinping,2018)

概念解读:该句中提到的"生态文明体制改革"是全面深化改革中的内容,目的是加快建立系统完整的生态文明制度体系,加快推进生态文明建设。2015 年 9 月,中共中央、国务院印发《生态文明体制改革总体方案》,其中提出的八项制度,是生态文明体制建设的"四梁八柱"。八类制度是指自然资源资产产权、国土开发保护、空间规划体系、资源总量管理和节约、资源有偿使用和补偿、环境治理体系、市场体系、绩效考核和责任追究。

分析讲解:该句原文从句式结构上来看,是政治类文献中常见的无主句。汉语是主题显著的语言,突出的是主题而非主语。主语(主题)不仅形式多样,而且可有可无。汉语里几乎什么词都可直接作主语。英语是主语显著的语言,除省略句,每个句子都必须有主语。通常只有名词或主格人称代词才能作主语,其他任何词要作主语,必须使其具有名词的性质,因而要在形式上做些改变。因此在汉译英中,如何找准句子重心,确定主语常常是决定翻译成败的关键因素。译文选择将"reform for ecological progress"作为主语,抓住了此句的中心主题"生态文明体制改革",将中文的无主句转化为英文的被动句符合了英文的常用表述习惯。原文中"深化"一词不能只按照字面意思译为"deepen",而是要将生态文明方面的改革需要提升到一个新的阶段,译文采用了"bedrivento a new level",阐释了"深化"一词的深刻内涵。"四梁八柱"在前文中出现过,并已经作出了释义,因此,这里译为"pertinent institutional framework"是能够让目的语读者理解的。此外,原句中出现了"纳入"和"轨道"的搭配用法,其内涵是为生态文明建设提供制度和法治保障,因此译文选择将制度化和法治化的内涵整合为"functional mechanisms buttressed by the ruleof law"。其中,"buttress"一词原名词意义为"a support usually of stone or brick; supports the wall of a building",在译文中灵活地使用为动词意义"reinforce with a buttress",准确地表达了原文的内涵。

例(20)

中文:要结合推进供给侧结构性改革,加快推动绿色、循环、低碳发展,形成节约资源、保护环境的生产生活方式。(习近平,2018)

英译:By introducing supply-side structural reform, we will speedup China's development in a green, circular, and low-carbon fashion, and make our work and our daily life less resource reliant andmore environment-friendly. (Xi Jinping,2018)

概念解读:该句中出现了一个我国全面深化改革中的一个重要概念——供给侧结构性改革。供给侧结构性改革旨在调整经济结构,使要素实现最优配置,提升经济增长的质量和数量。需求侧改革主要有投资、消费、出口三驾马车,供给侧则有劳动力、土地、资本、制度创造、创新等要素。

分析讲解:原文从句式结构上来看,该句属于典型的无主句,前文中分析了无主句的处理方式之一是将原句中的中心词作为译文主语,以被动句的方式来呈现。此句选择了无主句的另外一种常见处理方式,增补主语"we"作为译文的主语。使用第一人称作为句子的主语,体现了在改革过程中我们需要充分发挥主观能动性,同时也体现了本文是以总书记的视角对于生态环境改革作批示。同时,该句中的"供给侧"一词英文能找到与其意义完全对应的单词"supply-side",且原句中的一些与发展理念相关的重要概念也能够在英文当中找到对等如"绿色"和"green","循环"和"circular","低碳"和"low-carbon",所以可以将其直译成英文,能够让目的语读者理解原文意义。而"保护环境"一词在前文当中曾出现过多次,如果反复译为"protecting environment"会使英文读起来过于重复,不符合英文的表述习惯,因此译文选择了使用"environment-friendly"一词来表述环保的概念。

例(21)

中文:要加大环境督查工作力度,严肃查处违纪违法行为,着力解决生态环境方面突出问题,让人民群众不断感受到生态环境的改善。(习近平,2018)

英译:Emphasis will be put on the supervision of environmental crimes and violations of Party discipline, and the law in relation to environmental protection will be handled accordingly. We will focus our strength on pressing environmental problems, so that the public will see noticeable improvement in the ecological environment. (Xi Jinping,2018)

分析讲解:该句的译文采用了被动句的方式,将原文中所强调的"力度"译为"emphasis"作为译文的主语,突出了该句的主题。同时,原文中出现了"违纪"一词,指违反党纪党规,所以需要在译文中进行释义为"violations of Party discipline"。此外,在原文一句话中出现了多个重点方面时,译文按照意群进行切分成为两个单句。译文第二句强调了解决生态环境的目的是让人民即"the public"感受到环境的改善。

例(22)

中文:各级党委、政府及各有关方面要把生态文明建设作为一项重要任务,扎实工作、合力攻坚,坚持不懈、务求实效,切实把党中央关于生态文明建设的决策部署落到实处,为建设美丽中国、维护全球生态安全作出更大贡献。(习近平,2018)

英译:Party committees and governments at alllevels, along with other relevant bodies, must treat ecological progress as an important task, take solid steps to tackle difficult issues, and be persistent and pragmatic to achieve concrete results. They must make sure that the decisions and plans of the Party Central Committee on ecological development are thoroughly implemented, and strive to contribute to a better environment for a beautiful China and to global ecological safety. (Xi Jinping,2018)

分析讲解:该句的主语为"各级党委、政府及各有关方面",涵盖的内容广泛,层级各有不同,特别是"有关方面",不能进行简单地省略或合并。因此翻译成"Party committees and governments at alllevels, along with other relevant bodies",清晰地表达了原文所强调的各级主体。第二个分句的主语与第一句主语相同,如果再次分别将其直译出来会让译文略显赘述,不符合英文的行文习惯,因此译文选择了使用代词作为第二个分句的主语,译为"they"。同时,第二句再次出现了"切实"一词,前面段落将其翻译为"diligently",如果在此句中再次翻译为相同的词汇,那么会使译文显得单调乏味,因此译文选择了"make sure"的表达方式,灵活体现了"切实"的含义。最后,译者应树立灵活变通的观念,在原文中出现多次意义相同或相近的动词或形容词时,需要根据具体语境来选择不同的英文表述方式,让英文表达更加丰富。

(二)课后练习:将此篇文章翻译成英文,并与官方译文进行对比学习

1. 中文:

推动形成绿色发展方式和生活方式

推动形成绿色发展方式和生活方式是贯彻新发展理念的必然要求,必须把生态文明建设摆在全局工作的突出地位,坚持节约资源和保护环境的基本国策,坚持节约优先、保护优先、自然恢复为主的方针,形成节约资源和保护环境的空间格局、产业结构、生产方式、生活方式,努力实现经济社会发展和生态环境保护协同共进,为人民群众创造良好生产生活环境。

人类发展活动必须尊重自然、顺应自然、保护自然,否则就会遭到大自然的报复。这个规律谁也无法抗拒。人因自然而生,人与自然是一种共生关系,对自然的伤害最终会伤及人类自身。只有尊重自然规律,才能有效防止在开发利用自然上走弯路。改革开放以来,我国经济社会发展取得历史性成就,这是值得我们自豪和骄傲的。同时,我们在快速发展中也积累了大量生态环境问题,成为明显的短板,成为人民群众反映强烈的突出问题。这样的状况,必须下大气力扭转。

推动形成绿色发展方式和生活方式,是发展观的一场深刻革命。这就要坚持和贯彻新发展理念,正确处理经济发展和生态环境保护的关系,像保护眼睛一样保护生态环境,像对待生命一样对待生态环境,坚决摒弃损害甚至破坏生态环境的发展模式,坚决摒弃以牺牲生态环境换取一时一地经济增长的做法,让良好生态环境成为人民生活的增长点、成为经济社会持续健康发展的支撑点、成为展现我国良好形象的发力点,让中华大地天更蓝、山更绿、水更清、环境更优美。

要充分认识形成绿色发展方式和生活方式的重要性、紧迫性、艰巨性,把推动形成绿色发展方式和生活方式摆在更加突出的位置,加快构建科学适度有序的国土空间布局体系、绿色循环低碳发展的产业体系、约束和激励并举的生态文明制度体系、政府企业公众共治的绿色行动体系,加快构建生态功能保障基线、环境质量安全底线、自然资源利用上线三大红线,全方位、全地域、全过程开展生态环境保护建设。

我就推动形成绿色发展方式和生活方式提六项重点任务。一要加快转变经济发展方式。根本改善生态环境状况,必须改变过多依赖增加物质资源消耗、过多依赖规模粗放扩张、过多依赖高能耗高排放产业的发展模式,把发展的基点放到创新上来,塑造更多依靠创新驱动、更多发挥先发优势的引领型发展。这是供给侧结构性改革的重要任务。二要加大环境污染综合治理。要以解决大气、水、土壤污染等突出问题为重点,全面加强环境污染防治,持续实施大气污染防治行动计划,加强水污染防治,开展土壤污染治理和修复,加强农业面源污染治理,加大城乡环境综合整治力度。三要加快推进生态保护修复。要坚持保护优先、自然恢复为主,深入实施山水林田湖一体化生态保护和修复,开展大规模国土绿化行动,加快水土流失和荒漠化石漠化综合治理。四要全面促进资源节约集约利用。生态环境问题,归根到底是资源过度开发、粗放利用、奢侈消费造成的。资源开发利用既要支撑当代人过上幸福生活,也要为子孙后代留下生存根基。要树立节约集约循环利用的资源观,用最少的资源环境代价取得最大的经济社会效益。五要倡导推广绿色消费。生态文明建设同每个人息息相关,每个人都应该做践行者、推动者。要加强生态文明宣传教育,强化公民环境意识,推动形成节约适度、绿色低碳、文明健康的生活方式和消费模式,形成全社会共同参与的良好风尚。六要完善生态文明制度体系。推动绿色发展,建设生态文明,重在建章立制,用最严格的制度、最严密的法治保护生态环境,健全自然资源资产管理体制,加强自然资源和生态环境监管,推进环境保护督察,落实生态环境损害赔偿制度,完善环境保护公众参与制度。

生态环境保护能否落到实处,关键在领导干部。要落实领导干部任期生态文明建设责任制,实行自然资源资产离任审计,认真贯彻依法依规、客观公正、科学认定、权责一致、终身追究的原则,明确各级领导干部责任追究情形。对造成生态环境损害负有责任的领导干部,必须严肃追责。各级党委和政府要切实重视、加强领导,纪检监察机关、组织部门和政府有关监管部门要各尽其责、形成合力。(习近平,2018)

2. 文章出处:_____

3. 重要概念解读:_____

4. 翻译过程中遇到的困难以及解决思路:

_____

5. 译文

你的译文	官方译文
	Green Development Model and Green Way of Life
	Promoting the green development model and a green way of life is anessential requirement of our new development concepts. We must give top priority to ecological progress in our overall plan, follow the basic statepolicy of resource conservation and environmental protection, and give high priority to saving resources, protecting the environment, and promoting its natural restoration. We must develop a resource-saving andeco-friendly land-utilization planning system, industrial structure, mode of production, and way of life. We should strive for the coordinated development and common progress of the economy, society, and environmental protection, and create a good environment for our people to work and live in.

你的译文	官方译文
	Humanity must respect, protect, and stay in harmony with nature in its development activities; otherwise nature will take its revenge. This is a law that everyone should observe. Humanity relies on nature, and the relationship between the two is one of symbiosis. Harm to nature will eventually hurt humanity. Only by following the law of nature can we effectively avoid going astray in our exploitation andutilization of nature. Since the introduction of reform and openingup in 1978, our achievements in social and economic development, of which we are rightly proud, have been historic. At the same time, however, many environmental problems have arisen. These problems have become prominent deficiencies and have become pressing concerns to the public. We must redouble our efforts to address them.
	Promoting the green development model and a green way of life represents a profound revolution in people's mindset on development. This requires us to adopt and implement the new development concepts, and strike a proper balance between economic growth and environmental protection. We should protect the ecosystems as preciously as we protect our eyes, and cherish it as dearly as we cherish our lives. We must be resolute in casting aside the growth model that harms or even destroys the environment, and in abandoning the practice of development at the expense of the environment for temporary economic growth in certain localities. The protection and improvement of the ecosystems will help improve quality of life, sound and sustainable social and economic development, and present an image of an environmentally friendly China. We should strive to build a beautiful China where skies are blue, mountains green, and waters lucid.

你的译文	官方译文
	We must be aware that it is an important, pressing, but difficulttask to adopt the green development model and a green way of life. We must place it high on our agenda and speed up the building of arational, appropriate, and well-designed plan for land use, an industrialsystem for green, circular, and low-carbon development, a complete supporting system for ecological progress which attaches equal importance to incentives and restraints, and an environmental governance system jointly implemented by the government, enterprises, andthe public. We will speed up our work on drawing three red lines for protecting the ecosystems, covering ecological function security basic environmental quality standards, and natural resource utilization. Wewill step up environmental protection in all the processes of production, distribution and consumption.
	In regard to promoting the green development model and a green way of life, I want to prpose the following six key tasks: First, accelerate the shift of the economic growth model. To fundamentally improve the ecosystem, we must abandon the model based on an increase in material resource consumption, extensive development, high energy consumption, and high emissions. We should rely on innovation to pursue a more innovation-driven development which is oriented towards the future and gives fullplay to first-mover advantage. This is an important part of supply-side structural reform.

144

你的译文	官方译文
	Second, intensify the comprehensive control of environmental pollution. We will resolve the pressing problems ofair, water, andsoil pollution on a priority basis, and redouble our efforts in environmental pollution prevention and control. We will carry out the Action Plan on Air Pollution Prevention and Control, strengthen water pollution prevention and control, conduct soil pollution control and soil restoration projects, reinforce prevention and control of wide-spreadpollution in agriculture and intensify comprehensive environmental governance in urban and rural areas.
	Third, accelerate environmental protection and restoration. Wemust prioritize conservation and promote natural restoration, carryout an integrated program of protection and restoration for mountains, waters, forests, farmlands and lakes, launch large-scale land greening campaigns, and step up comprehensive control of soilerosion, desertification, and stony desertification.
	Fourth, promote all-round resource conservation and efficient resource utilization. Environmental problems, in the final analysis, arecaused by over exploitation, inefficient utilization, and wasteful consumption of resources. We exploit and utilize natural resources to guarantee a happy life for the people, but at the same time we should leave to our future generations sufficient resources for their needs. We should establish a mindset of conserving, recycling, and efficiently using resources, and strive to obtain maximum social and economic benefits at a minimum cost in resources and environment.

你的译文	官方译文
	Fifth, advocate and popularize green consumption. Ecological progressis a matter for everyone. Each of us should pursue andadvance ecological progress. We should enhance publicity and education on the need to promote ecological progress, and raise environmental consciousness among the people, encourage them to develop a green way of life and a consumption model characterized by economy, moderate consumption, and low carbon, and foster a social trend in vavor of eco-conservation.
	Sixth, refine the overall mechanism for ecological-progress with complete supporting systems. To promotegreen development and guarantee ecological progress, it is imperative to have the strictest possible institutions and legislation in place. We must improve the natural resource assets management system, strengthen natural resources and environmental regulation, implement environmental inspections and an eco-compensation system, and refine the system of public participationin the protection of the environment.
	Officials have a key role to play in implementing eco-conservationprograms. We must implement an eco-conservation responsibility system for officials during their tenure of office and an audit of natural resource assets when they leave their posts. We must clearly identify, in accordance with laws and regulations, the items for which officials at all levels are to be held accountable throughout their lifetime. In doing so, we will follow the principles of objectivity and fairness, rational conclusions, and balance between power and responsibility. Any official responsible for damage to the environment must be held accountable. All Party committees and governments must attach great importance to this and provide stronger leadership. Party discipline inspection commissions and organization departments, together with the government's oversight agencies, must assume their responsibilities and join efforts to form a synergistic force.

第三节　现代技术在中国政治文献英译教学中的应用

随着信息技术的进步与广泛应用，传统的课堂教学正在发生着深刻的变化，"互联网+教育"的理念越来越受到广大教育者的重视，并探索其应用方式。为了更好地促进课堂教学效果，提高学生的学习兴趣，政治文献翻译教学中引用了超星学习通平台来辅助课堂教学。该平台功能比较丰富，包含各种教与学相关的微应用，教师与学生可以在学习通上查询图书馆藏书、搜索并下载电子资源、学习学校专业课程，进行小组讨论，查看本校通讯录等。

在课前，教师会根据课程大纲以及教学进度，在学习通平台上预先发送给学生下节课要讲的主题，并布置好思考题。在学习进度与材料的选择方面，需要考虑学生现有的翻译水平和可接受性，从原理、方法到词、句子再到篇章，依照难度循序渐进。相比于教师口头讲述而言，在学习通上发布预告做法有更明确的任务性和目的性，会让学生对于即将要学的内容有一个心理预期，引起学生的注意与兴趣，让学生带着目的主动去听课，而不是脑子空空的到教室被动地接受知识。在发布预告的时候，教师需要注意方式方法，做到目的明确、突出重点、图文结合。在学生查看消息之后，教师也会得到反馈。

在上课时，教师可以通过学习通来检查考勤。传统通过点名的方式来检查考勤过于浪费时间，也容易让学生产生排斥情绪，特别是遇到班级人数较多的时候，点名的方式效率低下，挤占了课堂讲授的时间。使用学习通可以通过教室的多媒体屏幕来实时反映到场人数，采用的签到方式也具有创新性，比如普遍使用的点击签到，还有画手势、验证码、人脸识别等多种多样的方式，学生只需要在上课前几分钟点几下手机即可完成签到，做到了省时且高效。

在课程进行过程中，教师可以根据不同的学习内容来安排多种形式的小组活动,比如在屏幕上为学生展示问题,让学生 4 人为一小组进行 5 分钟的讨论,并且将讨论的结果上传到学习通平台。随后,教室屏幕上会显示出学生上传的讨论结果,全体同学可以共同研究和讨论,教师针对其结果进行分析和点评。传统的课堂答题一般采用教师点名回答或者学生自主举手回答的方式,覆盖面有限,难以从整体上把握学生的学习情况。现在,教师可以利用学习通让全体学生通过点击手机的方式进行现场答题,屏幕上会显示每个选项有多少学生选择,并给出统计数据。如果遇到某一题出现大量学生做错的情况,教师能够得到及时的反馈,对于该题涉及的知识点可以再次展开讲解,因此教师可以根据全体学生答题的结果来实时调整授课进度。比如,教师在屏幕上展示四本书的封面图片,分别对应 A、B、C、D 四个选项,让同学们选择出哪一本属于政治类文献,如果出现很多学生选错的情况,教师可以进行政治类文献定义的讲解后再返回该选择题,让学生重新选择。

课后,教师可以把多媒体资源上传到学习通进行多样化的作业布置,比如观看视频、阅读文章、翻译句子等,每个任务完成之后会在学习通平台自动生成完成标记,反馈给教师。在布置作业的同时,也需要明确地给学生标记出任务的起止时间,在截止时间之前,系统会给学生发送提醒。

在信息爆炸的时代,学生们所接收的信息也是来自多种渠道的,教师需要紧跟时代发展的步伐,将信息技术合理融入课堂教学中,提高学生的学习兴趣,拓宽学生获取知识的渠道与方式,推进"互联网+教育"的进一步发展。

第四节　结语

经过一学年的翻译实践教学,在翻译实践这门课程中引入政治文献翻译的教学内容受到了广大学生的好评,不仅进一步提升了学生的翻译能力,也通过鉴赏优秀的官方权威译文拓展了学生们的知识储备和知识广度。

知识的传授和思想政治教育是大学课程重要的双重功能(司显柱,

2021)。在翻译教学中融入政治文献翻译强化了语言的教育价值和政治价值，能够在课程中将知识的传授与引导正确价值观做到有机统一，提炼出课程蕴含的社会责任、文化自信、人文精神等价值范式，使学生在认知、情感和行为方面有正确的方向(肖香龙、朱珠，2018)，也就是指"课程承载思政、思政寓于课程"，注重在思政教育和价值传播中蕴含知识底蕴，同时在知识传播中强调价值的导向作用(王海威、王伯承，2018)。

翻译的学习往往伴随着中西文化思想的激烈碰撞和各种文化的相互交融、互相渗透。在学习中，学生的人生价值观容易受到一定程度的负面影响，不能忽视西方的话语霸权和意识形态对中国学生的渗透。比如，我国高校普遍订阅美国报刊给学生作英语阅读材料，但这些材料中包含很多对中国负面评价的内容(穆凤良，2013)，有些英文教材未做严格审核，掺杂着一些不符合我国社会主义核心价值观的内容。

此外，无论是教授翻译理论课程还是教授翻译课程，无论是口译课程还是笔译课程，还是词语、句子、段落以及语篇层面上翻译要义、策略、方法的阐释，以及布置课后的翻译练习，都涉及翻译材料与案例的选择与使用。翻译材料，无论是用于课堂讲授，还是翻译作业，对其选择不仅要考虑与讲授的内容匹配是否，从前述课程思政的角度，还关乎与我国社会主义核心价值观、主流意识形态是否一致的问题。

最后，我国的教育事业是为了培养德、智、体全面发展的社会主义事业的建设者和接班人，教育必须为社会主义现代化建设服务，那么英语教学、翻译实践教学离不开对学生的思想政治教育(司显柱，2021)。因此，实现翻译教学过程中的全程育人，落实课程思政以文化人，结合专业特色立德树人，具有重大的实践意义和价值。

（本章撰写：姜春林）

中国政治文献英译词语对照索引

B

不忘初心	stay true to the mission

C

超国民待遇	super-national treatment
创新型政府	pro-innovation government
踔厉奋发、勇毅前行	forge ahead with enterprise and fortitude
创新驱动发展战略	innovation-driven development strategy

D

低碳城市	low carbon cities
第二个百年奋斗目标	the Second Centenary Goal

F

分享经济	sharing economy

G

工匠精神	craftsmanship spirit
供给侧结构性改革	supply-side structural reform
共同富裕	common prosperity for all

H

沪港通	Shanghai-Hong Kong Stock Connect
互联网金融	online finance
互联互通	establish and strengthen partnerships / connectivity
互联网+政务服务	Internet Plus government services

J

京津冀一体化	Beijing Tianjin Hebei integration

精准扶贫	targeted poverty reduction
精准医疗	precision medicine
机遇之城	cities of opportunity
江山就是人民	This country is its people
健康中国	Healthy China Initiative

K

科教兴国战略	strategy for invigorating China through science and education

L

"两个一百年"	"two centenary goals"
蓝色经济	blue economy
利益共同体	community of shared interests
"猎狐"	"hunt down foxes"
"两步走"	"two-step strategic plan"
零容忍	zero tolerance

M

马克思主义中国化时代化	adapt Marxism to the Chinese context and the needs of our times
美丽中国	Beautiful China Initiative

P

平安中国	Peaceful China Initiative

Q

全过程人民民主	whole-process people's democracy
全面建成小康社会	finish building a moderately prosperous society in all respects
全面依法治国	law-based governance on all fronts

R

人才强国战略	workforce development strategy

人民就是江山	The people are the country
人民首创精神	pioneering spirit of our people

S

"双一流"	"Double First Class" initiative
深港通	Shenzhen Hong Kong Stock Connect
实名认证	real-name authentication

T

脱贫攻坚	eradicate absolute poverty

W

文化自信	cultural confidence

X

新常态	new normal
新型大国关系	new type of major-power relationship
现代医院管理制度	modern hospital management system
雄安新区	Xiong'an New Area
新征程	new journey
新发展理念	new development philosophy
乡村振兴	rural revitalization

Y

医疗改革	medical reform
亚投行	Asia Infrastructure Investment Bank
一小时通勤圈	one hour commuting circle
永远吹冲锋号	keep sounding the bugle

Z

中国梦	the Chinese Dream
《中国制造 2025》	*Made in China* 2025
自贸试验区	pilot free trade zones

纵向横向经济轴带	north – south and east – west intersecting economic belts
战略性新兴产业	emerging sectors of strategic importance
直播经济	live stream economy
众创、众包、众扶、众筹	crowd innovation, crowdsourcing, crowd support and crowdfunding
中国式现代化	Chinese modernization

参考文献

[1]舒白梅.现代外语教育学［M］.上海:上海外语教育出版社,2013.

[2]程镇球.政治文章的翻译要讲政治[J].中国翻译,2003(3).

[3]冯庆华.实用翻译教程［M］.上海:上海外语教育出版社, 2002.

[4]刘宓庆.当代翻译理论[M].北京:中国对外翻译出版公司,1999.

[5]勒代雷（Lederer）.释意学派口笔译理论[M].北京:中国对外翻译出版公司,2002.

[6]刘宓庆.口笔译理论研究［M］.北京:中国对外翻译出版公司, 2004.

[7]刘和平.口译理论与教学［M］.北京:中国对外翻译出版公司,2005.

[8]李文革.西方翻译理论流派研究［M］.北京:中国社会科学出版社,2004.

[9]马会娟.汉英文化比较与翻译[M].北京:中国对外翻译出版有限公司,2014.

[10]马慧娟,苗菊.当代西方翻译理论选读［M］.北京:外语教学与研究出版社,2009.

[11]司显柱.翻译教学的课程思政理念与实践[J].中国外语, 2021,18(2).

[12]王弄笙.近年来汉语翻译中出现的一些新问题[J].北京:中国翻译,2002（1）.

[13]王海威,王伯承.论高校课程思政的核心要义与实践路径[J].学校党建与思想教育,2018(14).

[14]王斌华.口译:理论·技巧·实践［M］.武汉:武汉大学出版社,2006.

[15]汪榕培,王之江.英语词汇学［M］.上海:上海外语教育出版

社，2018.

[16]肖香龙,朱珠."大思政"格局下课程思政的探索与实践[J].思想理论教育导刊,2018(10).

[17]穆凤良.外语教学中的意识形态思考[J].清华大学教育研究,2013.

[18]习近平谈治国理政:第一卷[M].北京:外文出版社,2014.

[19]习近平谈治国理政:第二卷[M].北京:外文出版社,2018.

[20]叶胜年,徐在中,刘银景.西方文化导论[M].上海:上海外语教育出版社,2013.

[21]Peter Newmark. A Textbook of Translation[M],Shanghai:Foreign Language Education Press,2001.

[22]Xi Jinping:The Governance of China I[M]. Beijing:Foreign Languages Press,2014.

[23]Xi Jinping:The Governance of China II[M]. Beijing:Foreign Languages Press,2018.

第三章　中国政治文献法译本科教学

第一节　文化转向关照下的课程思政构建

翻译不仅是传统意义上的语言之间的桥梁抑或语言符号间的转换,也是两种文化甚至多种文化之间的碰撞,译者更像在文化的边界上徘徊。正是由于翻译文本和译者的存在文化才得以被移植和达到彼此交流。在当今政治与社会生活中,文化已经成为身份识别与政治活动构建的拱顶石,在此背景下翻译也超越了纯语言层面,成为一种文化和政治现象,故在对篇章和话语的翻译中,我们无法不考虑译入语与译出语的内在文化逻辑和语言思维模式,特别当译者面对具有高度中国特色的政治文献翻译时,更应将语篇置于语言外的宏观叙事中去揣度词、句、语言风格及逻辑的构建。

政治文献涉及党、国家和人民政治生活的方方面面,形式涵盖官方文件、领导人讲话、外宣材料和权威社论,具有鲜明的意识形态色彩、时代特点、国别特色甚至是领导人个人的风格展现,其外译是国际社会读懂我国大政方针、改革方向、内政外交政策,理解我国国情民情秩序,树立良好国际形象,摒除误解和矛盾的关键。习近平新时代中国特色社会主义思想是治理中国社会的经验秘籍,是政治文献学习和翻译的核心,是中国话语体系建立的基本准绳,是外语学习者及翻译工作者讲好中国故事的关键立足点。故本次教学探索主要以《习近平谈治国理政》的"三进"为契机,将政治文献翻译和课程思政引入本科高年级汉法笔译课堂,力求以学生为本,运用符合学生认知发展和更具可操作性的方式,培养符合新时代要求的外语翻译人才。

第二节　中国政治文献法译教学设计与探索

以列夫维尔和巴斯奈特为代表的文化转向理论,为翻译研究提供了新的线索和方向。翻译课堂是培养服务于国家战略需求翻译生力军的主战场,更应体现翻译理论创新的最新动态,并与本科生学习特点相结合。以语言为载体,在教学中强调文化中介的角色,强化理解和掌握两种文化之间的差异和相似之处,深挖语言机制背后的思维模式差异。引导学生反思,通过讨论、写作和口头表达等方式,鼓励学生思考翻译的目的、过程和结果,意识到翻译也是不同文化背景下权利关系的转换,翻译不可能完全中立,翻译主体文化背景和身份会影响翻译的结果。译者需要在翻译过程中理解和尊重源语文化,并以目的论为导向,在目标语文化中适当调整,达到最佳翻译效果。

课前由教师根据本课教学核心内容布置课程引入材料,并设计相关问题,触发学生自主思考,结合学生已有经验和认知,通过反思对比提出解决问题的设想,引导学生深入挖掘语言表达机制,关注语言现象背后的语言外因素。教师可在线上发布任务,收集学生反馈,统计和分析学生答案,实时掌握学生的思维活动,课上讨论中鼓励同学之间互评,在互动中激发新的思维角度。

在课中学生带着自己的思考、困惑和发现来参与课堂,以小组为单位进行课堂讨论、课堂发言、作业提交等活动。教师根据不同的问题导向,提出摆脱传统翻译模式,引导学生用语料数据库、平行文章,通过语境中的真实语料和范式参考,高效地完成翻译实践。同时解决翻译中被工具书误导、语言文化习惯差异、特定领域词汇知识匮乏、语言风格模仿等深层次语言转换。

课后学生将特殊词汇和表达汇编成表,总结翻译成果,为今后的翻译活动乃至口译活动和演讲表达积累素材。教师根据学生的课堂学习情况设计课后作业,主要分为两种:一是巩固性作业,进一步加深学生课上所获取的固态知识,使之系统化程式化;二是增加主题延伸性作业,引发学生对课堂主题进行触类旁通、举一反三,或提出自己的批判性见解,培养学生的自主思维能力。

第三节 中国政治文献法译教学实践

一、语料库在政治文献翻译教学中的应用

不同民族的语言形成都深受其所在地域的社会文化、政治文明的影响,具有显著的个体差异性。词汇及其搭配作为语言的基础,其内在语法逻辑也往往体现了各民族的文化内涵,翻译文本中显著或非特异性的偏离语言使用规范现象,往往会造成译本在其受众中的可接受度大打折扣。

语料库语言学兴起于 20 世纪 90 年代中期,其在翻译实际与教学中的应用独树一帜,打破了传统的教学模式,使师生都可以接触到大量一手语言素材,从真实语言文化语境中获取意义,一方面有助于从宏观上分析佐证翻译策略的选择,另一方面可以为广大译者和学习者提供翻译范式,将文化偏移和表达失效情况减少到可控范围内。笔者尝试将语料库引入翻译文献翻译课堂,引导学生摆脱母语的思维定式及其对法语表达的干扰,去除翻译腔,用符合受众表达习惯的语言讲述中国故事,准确、忠实地传递中国特色社会主义政治文化。

(一)课前准备

学生于课前获取相关翻译任务。

任务一:阅读《习近平谈治国理政》第二卷中"不忘初心,继续前行"部分内容,注意画线部分译文是否恰当,提出自己的见解。

例（1）

中文：党的十八大指出，坚持和发展中国特色社会主义是一项长期而艰巨的历史任务，必须准备**进行具有许多新的历史特点的伟大斗争**。这就告诫全党，要时刻准备**应对重大挑战、抵御重大风险、克服重大阻力、解决重大矛盾**，坚持和发展中国特色社会主义。（习近平，2017）

法译：Le XVIIIe Congrès du Parti a indiqué que la poursuite et le développement du socialisme à la chinoise constituaient une tâche historique ardue et de longue haleine，pour laquelle nous devons être prêts à **effectuer une grande lutte** aux nombreuses caractéristiques historiques nouvelles. Cela nécessite à tout le Parti d'être prêt à **affronter les défis**，à **résister aux risques**，à **vaincre les résistances** et à **résoudre les contradictions**，à poursuivre et développer le socialisme à la chinoise.

任务二：思考原文中的高频词汇"坚持"一词的法译，并尝试给出译文。该部分选自《习近平谈治国理政》第二卷之"不忘初心，继续前行"，对中法两个版本建立一个微型双语语料库，借助 Antcone 软件对高频词"坚持"进行检索分析，结果有 11 处，总结如下：

（1）坚持不忘初心，继续前行，就要坚持马克思主义的指导地位……

（2）坚持中国特色社会主义道路自信；

（3）坚持以我们正在做的事情为中心；

（4）坚持在实践中不断丰富和发展马克思主义；

（5）坚持党的领导地位和执政地位；

（6）坚持和发展中国特色社会主义道路；

（7）坚持中国特色社会主义道路是一项长期和艰巨的任务；

（8）坚持党的基本路线不动摇；

（9）坚持马克思指导地位；

（10）坚持马克思指导地位这一问题上，我们必须……

（11）坚持问题导向。

(二) 小组讨论

引导学生将思考集中到词汇搭配上,意识到译文中的动宾搭配有所异常,而这种偏移不出现在语法层面而是词义辨析及表达习惯的潜意识层面,其中有些比较明显例如"affronter les défis"(面对挑战),法语中"relever les défis"(迎接挑战)经常在类似的语境中频繁出现,但是进一步追究"affronter les défis"的搭配是否存在,又适用于何种语境,则让多数同学产生困惑;"effectuer une grande lutte"(进行一次伟大斗争)则比较隐蔽,粗略读来不觉得有何不妥之处,其搭配却显得生硬,有不妥的嫌疑。要解决这些问题显然依靠词典是不够的,有同学提出可以在网络搜索引擎中输入相关搭配来验证和研究这些搭配的真伪和使用外延,这个思路是正确的,也就是我们必须回到原语言语境中去伪存真。

语料库作为语言使用痕迹的留存,是各种题材和体裁篇章、话语的汇总,是语言学与信息科技结合的宝贵产物,为外语学习者和翻译工作者大开方便之门。笔者在法语文献的翻译课堂上为学生引介了莱比锡大学语料库(Lexicoscope)和中国特色话语对外翻译标准化术语库,在实践过程中这类工具为学生高效准确实现政治文献翻译带来很多裨益。

Lexicoscope 是用于探索词汇之间连接方式和依附关系的多语言在线语料库,本课堂选取《世界报》1949—2019 年文章汇总的单一语料库,以便更契合法语文献翻译的语境,该语料库包含 397605514 字符,719462 篇文章。

以" * _VERB+ obj défi_NOUN+le_DET"为检索模式,也就是以动词加"défi"作为宾语为标准,分别得到"relever les défis"及"affronter les défis"每种组合出现的频率。

从数据可见"relever les défis"的使用频率远远高于其他搭配,为 1352 次,"affronter les défis"列为第二位,出现频率为 92 次,也就是使用前者符合大多数语境而后者需要视具体语境而定。通过两种搭配的"wordsketch",可从与该结构联结的形容词、动词的语义,对其表意的倾向作出判断。

Adjectifs modifieurs

économique_ADJ ↻	24.17	121.73
tout_ADJ ↻	11.42	121.73
nouveau_ADJ ↻	6.07	60.84
futur_ADJ ↻	12.85	60.84
européen_ADJ ↻	1	30.41
principal_ADJ ↻	7.33	30.41
éthiopien_ADJ ↻	1	30.41
financier_ADJ ↻	7.33	30.41
technologique_ADJ ↻	5.51	30.41
politique_ADJ ↻	5.51	30.41

图 3-1　relever les défis
修饰形容词分布图

Adjectifs modifieurs

nouveau_ADJ ↻	5	164.05
mondial_ADJ ↻	3	98.32
technologique_ADJ ↻	3	98.32
vrai_ADJ ↻	2	65.51
actuel_ADJ ↻	2	65.51
grand_ADJ ↻	2	65.51
global_ADJ ↻	1	32.74
nombreux_ADJ ↻	1	32.74
futur_ADJ ↻	1	32.74
difficile_ADJ ↻	1	32.74
gloval_ADJ ↻	1	32.74

图 3-2　affronter les défis
修饰形容词分布图

Verbes têtes de la principale

permettre_VERB ↻	14.67	121.73
réussira_VERB ↻	7.33	30.41

图 3-3　relever les défis
主句动词分布图

Verbes têtes de la principale

peiner_VERB ↻	1	32.74

图 3-4　affronter les défis
主句动词分布图

161

根据索引结构见图3-1、图3-2,可见"relever les défis"形容词修饰语的前10位中出现了"politique",即政治话题是该搭配常出现语境,可点击查看具体例句,如"Par conséquent, majorité et opposition doivent toutes deux **relever le défi politique majeur** qui nous est lancé, refonder le lien social."(因此,多数党和反对党都应该共同迎接这一重大政治挑战,重新建立社会联系。)而"affronter les défis"在语料库并没有出现与"politique"共现的情况。再看主句见图3-3、图3-4,"relever les défis"与"permettre"(允许,能够)与"réussir"(成功)共现,表现了战胜挑战的能力与信心,如"Les différentes composantes du plan d'investissement européen offrent les outils nécessaires pour les financer. Ils **permettront à l'Union de relever les défis de demain**."(欧盟投资计划的各个部分提供了足够的融资手段,足以使欧盟应对未来的挑战。)当然如果该表达出现在疑问句或否定句中表意则会翻转。而"affronter les défis"则与"peiner"(费力、难过)共现,表意上倾向于"face à des défis difficiles à relever"(面对难以克服的困难),强调面对挑战的困难之大,不易解决,显示出战胜挑战的信心不足,如"une jeune femme déclassée, issue de la grande bourgeoisie, et **peinant à affronter les défis de l'âge adulte** comme ceux de la réalité."(一个富人家的没落小姐,艰难地应对着年龄以及现实生活对她的挑战。)通过对比,我们不难发现,我们国家要塑造的形象应该是积极主动,面对挑战出击,并能在困难面前完胜的正面形象,通过对比两种搭配使用的宏观语境跃然纸上。

　　再看"effectuer une lutte","effectuer"表示"实行,进行","进行斗争"从汉语的逻辑来看似乎没有问题,但我们把这一结构输入语料库结果并非如此,其出现频率为0次见图3-5。

图3-5　effectuer 与 lutte 搭配频次图

进一步通过复杂索引,重复上文的操作查找"动词+限定性成分+名词 lutte"的结构,得出使用频率最高的表达"mener une lutte"(开展斗争)见图3-6。

Fréquence par réalisation

Réalisation	Fréquence	Comparer
mener_VERB un_DET lutte_NOUN	308.11	cmp
avoir_VERB un_DET lutte_NOUN	65.64	cmp
livrer_VERB un_DET lutte_NOUN	57.02	cmp
engager_VERB un_DET lutte_NOUN	48.62	cmp
poursuivre_VERB un_DET lutte_NOUN	35.54	cmp

图3-6　与 lutte 搭配动词频次图

"résister aux risques"(抵御风险)在语料库检索中出现了 2 次,说明该表达的使用频率偏低,甚至可能是特殊语境下的创造性搭配。反查"résister à"(抵御),后面常接的名词间接宾语,按频率递减排序前 50 位中没有"risque"(风险),图 3-7 为最常出现的 10 个名词间接宾语。

résister_VERB à_ADP pression_NOUN	526.11	cmp
résister_VERB à_ADP tentation_NOUN	417.96	cmp
résister_VERB à_ADP assaut_NOUN	210.58	cmp
résister_VERB à_ADP concurrence_NOUN	208.7	cmp
résister_VERB à_ADP crise_NOUN	162.39	cmp
résister_VERB à_ADP épreuve_NOUN	156.39	cmp
résister_VERB à_ADP attaque_NOUN	153.83	cmp
résister_VERB à_ADP envie_NOUN	111.83	cmp
résister_VERB à_ADP plaisir_NOUN	111.54	cmp
résister_VERB à_ADP vague_NOUN	104.01	cmp

图3-7　与 résister à 搭配名词间接宾语频次图

对"抵御风险"的具体含义进行探究,以便以符合法语逻辑的方式更好诠释原文含义。通过研读习近平关于“正确认识和把握防范化解重大风险”这一重大理论和实践问题的相关论述,其中“早虑”“早豫”“见微知著,抓早抓小”“居安思危”“早识别,早预警,早发现,早处置”,都表现出习近平对风险意识,对防范、防早防小、防微杜渐、忧患意识的侧重表达。从语料库检索中,与“risque”相搭配的动词出现了“prévenir”(防范),出现频率达到281次,故选择“prévenir les risques”不失为一种合理的策略,这也与官方的翻译版本不谋而合。

“vaincre les résistances”(战胜阻碍)的使用,由于课前布置作业已经预设了这些表达存在问题学生从感性上察觉到异常但不明其理。本条作业的布置旨在让学生深入解构搭配出现的上下文,让学生对译出语语言习惯的捕捉更加有的放矢。图3-8为语料库中该搭配出现的语境,主要关注右侧的结构。

Concordances

Info	Sous-corpus	Contexte gauche	Nœud	Contexte droit
	[19--49]	ue, il a répondu que l'on s'occupait de	vaincre	les résistances qui s'opposaient à l'org
	[19--49]	bitude de s'appuyer sur le Conseil pour	vaincre	les résistances rencontrées au Palais-B
	[19--59]	yse à concilier les inconciliables et à	vaincre	les résistances londoniennes on sera bie
	[19--59]	oute M. Jules Moch s'efforcer a-t-il de	vaincre	les résistances de son groupe.
	[19--59]	Aidez-nous à	vaincre	les résistances du Parlement et à calme
	[19--59]	Pour	vaincre	les dernières résistances des professio
	[19--59]	Et Dieu sait s'il lui en fallut pour	vaincre	les résistances de la bonne société de s
	[19--59]	M. COMMIN : il faut	vaincre	les résistances à la loi-cadre,
	[19--59]	ble pour_que passe la loi-cadre et pour-	vaincre	toutes les résistances qu'il rencontre e
	[19--59]	dans la nuit de samedi à dimanche pour	vaincre	les résistances.

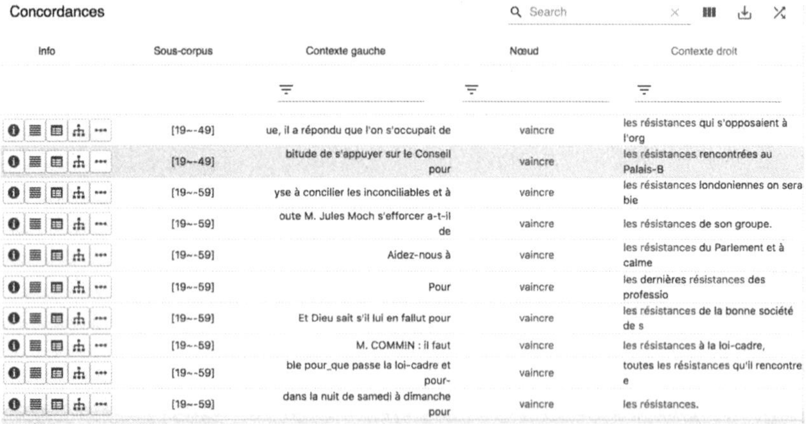

图3-8 vaincre les résistances 上下文索引图

如图3-8所见,在该搭配的使用过程中“résistance”(阻碍)后面总是存在限定性成分,分别为关系从句(les résistances **qui s'opposaient à ...... qu'il rencontre**)、过去分词(les résistances **rencontrées au ......**)、形容词(les résistances **londoniennes**)、介词de引导的名词补语(les résistances **de son groupe, du parlement, des professions, de la bonne société**)、介词à引导的名词补语(les résistances **à la loi-cadre**),在总计50个语料中仅有2次“résistance”后面没有其他成分,并且如将这两个例子放至更大的语境中发

现在前后文中都有对其具体指代对象和含义进行说明。当然这并不意味着
"vaincre les résistances"不能单独使用,但至少说明该搭配出现的语篇上下
文对其具体含义的照映较充分,不适用于语义较抽象的文本,这一结论从某
种程度上印证了我们的质疑。故可以选择一种更泛化的方式翻译此处。最
后的"résoudre les contradictions"(解决矛盾)可以参考此翻译研究过程得出
类似的结论。

由此师生共同对目标译文进行如下修改,同时也是官方法语版本给出
的译文:

例(2)

法译:Le XVIIIe Congrès du Parti a indiqué que la poursuite et le
développement du socialisme à la chinoise constituaient une tâche historique ar-
due et de longue haleine, pour laquelle nous devons être prêts à **mener une gran-
de lutte** aux nombreuses caractéristiques historiques nouvelles. Cela nécessite à
tout le Parti d'être prêt à **relever les défis**, à **prévenir les risques**, à **surmonter
les obstacles** et à **résoudre les problèmes**, à poursuivre et développer le social-
isme à la chinoise. (Xi Jinping,2018)

将语料库检索的研究方式引入时政翻译课堂,使学生对进一步探索挖
掘其中的奥秘产生浓厚的兴趣,觉得语言及其转换越发具有趣味性,触发学
生在忠实原文的基础上向译出语语言文化转向。学生接触语料库,可以变
被动学习为主动学习,变线性思维为发散性思维,边研究边学习,建立发现
提出问题→提出假设→研究求证(证伪证实)→找到解决办法→汇总留存
经验的积极学习方式。

(三)小组翻译及错误辨析

学生通过简单讨论,深入理解面对未来,面对挑战,习近平提出"八个
坚持"的具体含义。时刻不忘初心,继续前进就是要牢记把为共产主义而
奋斗确定为自己的纲领,要继续坚持党的基本路线不动摇,要保持马克思主

义的指导地位,要保持党的先进性和纯洁性,要始终不渝地走中国特色社会主义道路,不断把为人民造福的伟大事业推向前进。

运用传统翻译方式,以小组为单位展示译文,展开班级讨论和互评,在此过程中,学生大量使用"insister sur"翻译"坚持"。

翻译过程中应该根据语境准确理解词义,不能望文生义,或者机械地对号入座。Nouveau Robert 法法字典对"insister"的解释如下:s'arrêter avec force sur un point particulier, mettre l'accent sur(特意在某一点上多做停留,强调突出),可见该词的意思接近"souligner"(划重点、强调),更倾向表示强调某事或某点问题。为了进一步了解"insister"的使用语境和搭配习惯,可以尝试使用语料库检索。莱比锡大学语料库呈现搭配的方式较直观,虽缺少定向的检索方式,但该语料库支持 252 种语言,法语语料库是一个综合性语料库,包含 7400 多万个句子。选择新闻类语料库,将"insister"输入检索会生成该词的关系图,见图 3-9,该语料库同时支持中文检索,对比输入中文"坚持"一词,见图 3-10,观察可得出相应结论。

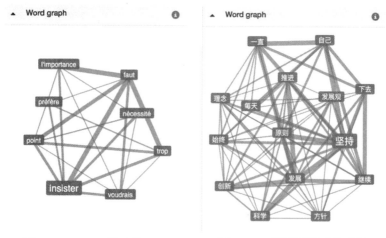

图 3-9　insister 搭配关系图　　　图 3-10　"坚持"搭配关系图

可看到"insister"经常和哪些词一起使用,如 préférer(更愿意)/vouloir(想)/il faut(应该)insister(trop)(过于)sur un point(观点)/l'importance(重要性)/la nécessité(必要性)。而中文的"坚持"得到的结果是:一直/每天/始终/继续坚持推进/下去+方针/原则/理念/科学发展/发展观/创新/自己。由此,学生可以对词汇形成更立体准确的理解,非常直观地看到"insister"和"坚持"一词的语义区别,更能把握词汇的核心意义和用法,避免生搬硬套进行单一的汉法语对照,几乎不需要老师再用语言解释语义,从而突破中译外时学习的尴尬境地。

　　对于本科阶段的学生,为尽快突破语言障碍,能够顺利开展文献翻译,不仅可以巧妙使用综合性语料库,也可以借助专业用途的多语种语料库辅助翻译。针对文献翻译,中国特色话语对外翻译标准化术语库是可考虑的选择。在搜索栏中输入"坚持",显示出以下5条,见表3-1。

表3-1　中国特色话语对外翻译标准化术语库"坚持"法译表

中文术语	法文术语
构成新时代**坚持和发展**中国特色社会主义的**基本方略**	Composer **la stratégie fondamentale** pour **le maintien et le développement** du socialisme à la chinoise de la nouvelle ère
海峡两岸均**坚持**一个中国的**原则**	Les deux rives du détroit **s'en tiennent** chacune **au principe** d'Une seule Chine
坚持党的领导、人民当家作主、依法治国有机统一是社会主义政治发展的必然要求	**maintenir** l'osmose entre **la direction** du Parti; la souveraineté populaire et la gouvernance de l'État en vertu de la loi est une exigence essentielle du développement politique socialiste
坚持党对人民军队的绝对**领导**	**maintenir la direction** absolue du Parti sur l'armée populaire
坚持独立自主的和平外交**政策**	la Chine **s'en tient** toujours **à sa politique** extérieure d'indépendance et de paix

　　从检索结果来看:"坚持……原则";"坚持……政策"→s'en tenir à(限于,不超出)坚持……基本方略;坚持……领导→maintenir(动词,维持维护); le maintien(名词,维持维护)为学生理解和翻译《习近平谈治国理政》第二卷中的高频词"坚持"提供了线索和范式。

　　最终,将《习近平谈治国理政》第二卷中的法译与中文原稿进行录入,切分词,对齐创建微型双语语料库,提取高频词"坚持"的法译并分析其翻译策略的选择:

　　1.省译,这种处理有四处,省译就是把"坚持"直接省去,将其后的宾语名词变为动词,进而指出坚持的实际内容。

例(3)

中文:**坚持**不忘初心,继续前行,就要坚持马克思主义的指导地位……
(习近平,2017)

法译:Rester fidèle à l'engagement initial et poursuivre notre marche en avant, cela signifie que nous devons maintenir le statut de pensée directrice du marxisme…(Xi Jinping,2018)

例(4)

中文:**坚持**中国特色社会主义道路自信(习近平,2017)

法译:Nous devons avoir confiance dans la voie du socialisme à la chinoise(Xi Jinping,2018)

例(5)

中文:**坚持**以我们正在做的事情为中心(习近平,2017)

法译:**Concentrer** toute notre attention sur ce que nous faisons maintenant(Xi Jinping,2018)

例(6)

中文:**坚持**在实践中不断丰富和发展马克思主义(习近平,2017)

法文 ne pas cesser de l'enrichir et de le développer dans la pratique(Xi Jinping,2018)

2.精确化翻译,此类策略占较大比例。法译通过对汉语较常出现的"坚持"一词在不同搭配下的细化阐释,如"poursuivre"继续中国特色社会主义(道路);"maintenir"保持维持领导/指导地位;"persévérer"对基本路线坚定不移;"suivre"遵循原则。避免了法译的用词重复和搭配不当或语意偏差,突出反映了政治文献翻译准确、具体的要求。

例(7)

中文:**坚持**党的领导地位和执政地位。(习近平,2017)

法译:**maintenir et consolider** son rôle dirigeant et son statut du parti au pouvoir.(Xi Jinping,2018)

例(8)

中文:**坚持**和发展中国特色社会主义道路。(习近平,2017)

法译:poursuivre et développer le socialisme à la chinoise.(Xi Jinping, 2018)

例(9)

中文:**坚持**中国特色社会主义道路是一项长期和艰巨的任务。(习近平,2017)

法译:**la poursuite** et le développement du socialisme à la chinoise constituaient une tâche historique ardu et de longue haleine.(Xi Jinping,2017)

例(10)

中文:**坚持**党的基本路线不动摇。(习近平,2017)

法译:**persévérer** dans la ligne fondamentale du Parti.(Xi Jinping,2018)

例(11)

中文:**坚持**马克思主义指导地位。(习近平,2017)

法译:nous devons **maintenir** le statut de pensée directrice du marxisme.(Xi Jinping,2018)

例(12)

中文:**坚持**马克思指导地位这一问题上,我们必须……(习近平,2017)

法译:en ce qui concerne **le maintien** du statut de la pensée directrice du marxisme…(Xi Jinping,2018)

例(13)

中文:**坚持**问题导向。(习近平,2017)

法译:**Suivre** le principe recommandant de"se focaliser sur les problèmes".
(Xi Jinping,2018)

(四)小组提交

学生对目标文章翻译成果进行总结,包括词汇层面和表达层面,对翻译过程中出现的特色时政词汇、固定搭配表达加以分类梳理,形成固定主题的词汇表。汇编词汇表是学生总结翻译过程、积累语言素材的重要手段。在实践过程中,词汇表会更具完善性,同时不失针对性,并在将来的类似翻译篇章、口译实践以及对外引介中国政论时多次重复使用。

值得注意的是,在汇编词汇表过程中注意输出词汇单位尽量以语意为基础,孤立的词不具有明确语境意义,会降低词汇表在使用中的效率和准确性。试比较以下两组同学在课后提交的词汇表(见表3-2、表3-3),不难发现词汇表3-3的实用性。

表3-2 词汇汇编表 A

中文	法文
坚持	maintenir, poursuivre, s'en tenir à
初心	l'engagement initial
基本路线	la ligne fondamentale
马克思主义	le marxisme
社会主义	le socialisme
指导地位	la pensée directive
领导地位	le rôle dirigeant
艰巨的	de longue haleine
问题导向	se focaliser sur les problèmes

表 3-3　词汇汇编表 B

中文	法文
特色表达	
坚持……地位	maintenir le rôle/le statut
坚持执政地位	consolider le statut du parti au pouvoir
坚持和发展……道路	poursuivre et développer la voie
坚持……路线	persévérer dans la ligne
坚持……原则	suivre le principe
以……为中心	concentrer toute attention sur
在实践中丰富	enrichir dans la pratique
长期而艰巨的任务	une tâche historique ardue et de longue haleine
在……这一问题上	en ce qui concerne
问题导向	se focaliser sur les problèmes
特色时政专有词汇	
不忘初心	Rester fidèle à l'engagement initial
道路自信	avoir confiance dans la voie
中国特色社会主义	le socialisme à la chinoise
基本路线	la ligne fondamentale

二、平行文本的在政治文献翻译教学中的应用

　　平行文本,意指分属于不同语言的可放在一起平行对照阅读的文章,是指同一文本在两种或多种语言中的对照文本,通常包括源语言文本和目标语言文本,此概念兴起于比较语言学。平行文章匹配程度各有差异,但需保持交际情景和功能的对等。北京外国语大学李长栓(2019)教授在"非文学翻译"中,将平行文本做了广义与狭义的区分,并将其概括为"与原文内容接近的任何参考资料"。通过比较源语言文本和目标语言文本,可以更准确地识别和翻译词汇和短语;更好地理解上下文和语境,提高翻译的准确性和自然度;更好地识别语法结构和句子成分的对应关系,提高翻译的准确性

和连贯性;可以学习不同语言之间的表达方式和习惯,提高翻译者的跨文化沟通能力和语感。

平行文本恰当使用,可以快速锁定对应的翻译,提高翻译的效率和速度,可以帮助学生以构句及篇章衔接为中心,从宏观上把握原文的叙事风格和角度,同时可以帮助译者获取更多行业知识和术语翻译,建立对等翻译。特别是对于第二语言学习者和翻译实践,可以通过平行文本实现从模仿借鉴到自主创新的过程,如使用得当,可解决翻译中遇到的大难题,大大提高译文在母语读者中的接纳度。

(一)课前准备

阅读《习近平谈治国理政》第二卷中《推进供给侧结构性改革》一文,重点研究什么是供给侧结构性改革及供给侧结构性改革的重点,同时提供给学生新华社法语版网址 https://french.news.cn 和《今日中国》法语版网 http://www.chinatoday.com.cn/french/index.htm,试在不使用词典的前提下翻译下面段落。

例(14)

供给侧结构性改革,重点是解放和发展社会生产力,用改革的办法推进结构调整,减少无效和低端供给,扩大有效和中高端供给,增强供给结构对需求变化的适应性和灵活性,提高全要素生产率。(习近平,2017)

例(15)

供给侧和需求侧是管理和调控宏观经济的两个基本手段。需求侧管理,重点在解决总量问题,注重短期调控,主要是通过调节税收、财政支出、货币信贷等来刺激或抑制需求,进而推动经济增长。供给侧管理,重在解决结构性问题,注重激发经济增长动力,主要通过优化要素配置和调整生产结构来提高供给体系质量和效率,进而推进经济增长。(习近平,2017)

思考以下问题：

1. 如你作为译者，翻译这段文字需要获取哪些知识？

2. 在翻译过程中哪些困难是你无法解决的？

3.《今日中国》法语版网站和新华社法语版网站是否能帮你解决一些问题？解决哪些问题？

(二)小组讨论

同学们在线上线下的讨论中，表达了各自的意见、建议和感想。作为译者，同学们看到这样两段文字，最初的感受是比较困难的，因为对"供给侧结构性改革"的背景知识和专业知识匮乏，同时对经济类和宏观经济调控的知识比较欠缺，例如，供给侧结构性改革、全要素生产、宏观经济、优化要素配置、无效和低端供应、有效和高端供应等。利用传统经济类字典，很难在上下文语境中判断词条的适用性，有一些随着时代新近出现的词汇也无法在词典中获得解释。

尝试用笔者建议的网站进行搜索。但是在索引过程中也遇到了困难。由于事先并不确定"供给侧结构性改革"的法语如何表达，那么如何搜索到相关的法语平行文章呢？成功找到参考文章的同学分享了他们的经验，有的同学检索了"réforme économique"（经济改革）没有结果反而搜索"réforme"（改革）时在文章列表中找到了"réforme structurelle sur le côté de l'offre"（供给侧结构性改革）；也有同学在研究笔者所提供网站时发现了新华社法语版网站的子目录 Comprendre la Chine avec des Mots-Clés（理解中国关键词）从中通过检索"réforme"（改革）一词获得了相关文章；还有同学在中国网上通过"économie"（经济）的分栏文章，在第一页列表中就找到了题为"La réforme structurelle du côté de l'offre : nouvelle pratique à l'ère de la nouvelle normalité"（供给侧结构性改革：新常规下的新实践）的文章；也有同学通过词汇搭配课程中的中国特色话语对外翻译标准化术语库直接找到了"供给侧结构性改革"的法语表达直接进行精确检索。在平行文本检索中需花费大量时间。可见，检索合适的平行文本是平行文本应用到翻译中的关键，往往经历了从宏观到微观，从泛化到准确化的过程。在翻译过程中选择适合的平行文本非常重要,对于特定的领域和专业,要选择专业性强的平行文本,要选择同类文本,如同类型的新闻报道、文献等,当然还要选择正式出版或被专业人士认可的文本作为参考,以确保文本的可靠性。实际翻译中也不可能完全依赖平行文本,任何单一的手段都是不可靠的,合格的翻译作品往往是多种手段相结合反复印证的产物。

通过阅读平行文本,首先学生们获得了更加广阔的背景知识,在获取的平行文本中不仅有关于"供给侧结构性改革"概念本身的解释,还包括对其目的、重要性、特殊领域如农业供给侧结构性改革、其初步获得的效果甚至是国内国外评价和国内国外影响的描述,这些知识都是通过传统查字典的方式无法获取的。借由这些资料对相关主题获得了立体化的认识,更重要的是具有了语篇意识,引导学生更好地把翻译的重心从词转移到更大的意群。

(三) 小组翻译和讲评

例(14′)

中文:**供给侧结构性改革**[1],重点是**解放和发展社会生产力**[2],用改革的办法推进**结构调整**[3],减少**无效和低端供给**[4],扩大**有效和中高端供给**[5],增强**供给结构对需求变化的适应性和灵活性**[6],提高**全要素生产率**[7]。

法译平行文本 1:D'autre part, l'offre n'a pas suivi l'évolution structurelle de la demande. Résultat : elle est excédentaire dans l'**offre ineffective de bas de gamme** , et insuffisante dans l'**offre effective et moyen et haut de gamme** . (另一方面,供给侧没有随需求结构变化而调整。结果就是,无效和低端供给过剩,而有效和中高端供给不足。)

(出处:http://french. china. org. cn/china/txt/2017 − 08/11/content_ 41393230. htm)

法译平行文本 2: La《**réforme structurelle du côté de l'offre** 》met davan-tage l'accent sur l'optimisation de la structure économique. Son essence est d'**augmenter la productivité globale des facteurs de production.** (供给侧结构性改

革更加注重经济结构的优化,核心在于提高全要素生产率)

(出处:http://french. china. org. cn/china/archives/china _ key _ words/2016-12/21/content_39956182. htm)

法译平行文本 3:L'avancement de ce concept vise à intensifier la réforme structurelle, à libérer davantage le potentiel de la demande intérieure…la promotion réciproque entre le maintien d'une croissance régulière et **le réajustement des structures.** (供给侧改革的提出,旨在加大结构性改革力度,进一步释放内需潜力……实现稳增长和调结构互为支撑、互促共进。)

(出处:http://french. china. org. cn/china/archives/china _ key _ words/2016-12/21/content_39956182. htm)

法译平行文本 4:Elle encourage l'innovation des entreprises, l'élimination des capacités de production obsolètes et excédentaires, et la réduction de charges fiscales, afin de **libérer davantage les forces productives, de renforcer la compétitivité et enfin, de promouvoir le développement économique.** (通过鼓励企业创新、促进淘汰落后、化解过剩产能、降低税费负担等方式,解放生产力、提升竞争力,从而促进经济发展。)

(出处:http://french. china. org. cn/china/archives/china _ key _ words/2016-12/21/content_39956182. htm)

法译平行文本 5:La tâche principale, qui est d'améliorer la qualité de l'offre, exige de diminuer l'offre inutile en augmentant l'offre réelle, d'améliorer la qualité de l'ensemble du système d'offre, et **de mieux adapter la structure de l'offre à celle de la demande.** (主攻方向是提高供给质量,就是要减少无效供给、扩大有效供给,着力提升整个供给体系质量,提高供给结构对需求结构的适应性。)

(出处:http://french. china. org. cn/china/archives/china _ key _ words/2018-12/06/content_74247012. htm)

学生法译:La réforme structurelle du côté de l'offre **vise à** libérer et développer des forces productives sociales, et à réaliser une promotion du réajustement des structures par la suite. **Son essence est** de réduire l'offre ineffective de bas de gamme et d'élargir l'offre effective et moyen et haut de gamme, de sorte que dans le but d'augmenter la productivité globale des facteurs de production, l'offre soit bien adaptée et réagissent d'une façon flexible selon l'évolution de la demande.

在翻译过程中,学生通过对比阅读捕捉到了大多数专业术语的表达,并通过反查确定了词意的对应性,这一步是不可或缺的,否则有可能出现错译,切不可存有侥幸心理。同时引导学生关注汉语原文中句子之间的逻辑关系,可以看到以 1 句为统领,2、3 句是 1 句的宗旨目的,4、5 句是实现目的的具体手段,6、7 句是供给侧结构性改革要达到的最终目标。学生翻译的版本,受到平行文本的启发,参照使用了"viser à"和"son essence est de",将阅读中获取的表达内化成自己的积极内存,并通过相同的语境模仿使用,使译文增色不少,在尊重官方翻译版本的前提下,也不失为一次有益创新尝试。

例(15′)

中文 :**供给侧和需求侧**是管理和**调控宏观经济**的两个基本手段。需求侧管理,重点在解决总量问题,注重短期调控,主要是通过调节税收、财政支出、货币信贷等来刺激或抑制需求,进而推动经济增长。供给侧管理,重在解决结构性问题,注重激发经济增长动力,主要通过优化要素配置和调整生产结构来提高供给体系质量和效率,进而推进经济增长。

法译平行文本 1: La réforme du côté de l'offre constitue l'antonyme de la **réforme du côté de la demande** et s'attaquera aux domaines de l'offre et de la production. ("供给侧"是相对于"需求侧"而言的分别针对供给与生产端。)

(出处; http://french. china. org. cn/china/archives/china_key_words/2016-12/21/content_39956182. htm)

法译平行文本 2: D'une part, elle enrichit la théorie de la nouvelle normalité économique et inscrit un nouveau chapitre à l'économie politique socialiste à la chinoise, et de l'autre, elle inaugure une nouvelle époque en Chine en matière de réforme, de développement, **de macro-contrôle** et de restructuration économique.（其不仅在理论上丰富了经济新常态理论,为中国特色社会主义政治经济学书写了新篇章,而且在实践上开创了中国改革发展、宏观调控和经济结构调整的新纪元。）

（出处:http://french. china. org. cn/china/archives/china_key_words/2021-01/08/content_77093817. htm）

法译平行文本 3:l'avancement de ce concept vise à intensifier la réforme structurelle…à stimuler la vitalité de l'offre, à élargir la demande par l'innovation de l'offre, à stimuler le dynamisme de l'offre, afin d'élargir la demande par l'innovation de l'offre.（供给侧改革的提出……旨在加大结构性改革力度,进一步释放内需潜力……实现稳增长和调结构互为支撑、互促共进。）

（出处:http://french. china. org. cn/china/archives/china_key_words/2016-12/21/content_39956182. htm）

法译平行文本 4:Xi Jinping est d'avis que la réforme structurelle du côté de l'offre《vise à libérer et développer les forces productives》et qu'elle《attache de l'importance à l'offre tout en prêtant une vive attention à la demande…》（习近平指出,供给侧结构性改革"重点是解放和发展社会生产力","既强调供给又关注需求……"）

（出处:http://french. china. org. cn/china/archives/china_key_words/2021-01/08/content_77093817. htm）

法译平行文本 5:…fait jouer au marché un rôle décisif dans la distribution des ressources tout en mettant en valeur le rôle du gouvernement, et se base sur le présent tout en portant son regard sur l'avenir.（……发挥市场在资源配置中的决定性作用又更好发挥政府作用,既着眼当前又立足长远。）

（出处:http://french. china. org. cn/china/archives/china_key_words/2021-01/08/content_77093817. htm）

法译平行文本 6:En 2017, l'accent a été mis sur l'élimination de l'offre ineffective, le développement de nouveaux moteurs de croissance et l'abaissement des coûts de l'économie réelle.（到2017年强调重点在"破、立、降"上下

功夫。)

（出处：http：//french. china. org. cn/china/archives/china _ key _ words/
2021-01/08/content_77093817. htm）

法译平行文本7：La voie essentielle, qui est d'approfondir la réforme, exige de perfectionner les institutions permettant au marché de jouer un rôle décisif dans **la distribution des ressources**, d'approfondir la réforme du système de gestion administrative, de briser les monopoles, **d'optimiser le marché des facteurs**, et de faire en sorte que le mécanisme de prix guide effectivement **la distribution des ressources**.（根本途径是深化改革，要完善市场在资源配置中起决定性作用的体制机制，深化行政管理体制改革，打破垄断，健全要素市场，使价格机制真正引导资源配置。）

（出处：http：//french. china. org. cn/china/archives/china _ key _ words/
2018-12/06/content_74247012. htm）

学生法译：Le côté de la demande et celui de l'offre sont deux moyens fondamentaux pour le macro-contrôle économique. La gestion du côté de la demande **vise à** résoudre des questions de volume total au recours du réajustement du taux d'impôt, des dépenses financières et des prêts monétaires **tout en prenant une vive attention** au contrôle à court terme afin de promouvoir la croissance économique **en stimulant** ou restreigant la demande. La gestion du côté de l'offre vise à régler des problèmes structurels et à stimuler de nouveaux moteurs de croissance économique. Elle améliore la qualité et l'efficacité du système par l'optimisation de la distribution des ressources et le réajustement de la structure productive pour atteindre l'objectif de promouvoir la croissance économique.

通过平行文本学生获得了与"供给侧"相对应的"需求侧"的表达，这里值得探讨的是学生直接使用了"macro-contrôle"来表示"管理和调控宏观经济"，笔者认为在文献翻译中，特别是概念性问题必须准确，特别是中西方政治经济学很多内涵意义是有差异的，因为作为非专业人员我们很难界定"宏观调控"与"管理和调控宏观经济"是否内涵对等，所以应谨慎尊重原文译为:"La gestion et le contrôle macro-économique"。

在平行文本中学生没有找到"调节税收""财政支出""货币信贷"的对应表达,但是这三个词为普通经济用语,通过经济类专业词典可以获取。在翻译中也积极借鉴和模仿了平行文本中的句式,如"viser à""tout en prenant une vive attention",同时注意到在经济领域中"刺激"经常用"stimuler"一词。

该学生借鉴了平行文中的"de nouveaux moteurs de coissance"来对应"经济增长动力",但是学生忽略了平行文本中的核心词是"développement",直接与 stimuler 搭配略显不妥。那么就要去查找是否还有其他的表达。2019 年 9 月 17 日,由世界银行、国务院发展研究中心和财政部共同发布了一篇题为《创新中国:中国经济增长新动能》的报告,法语的题目译为 *La Chine innovante : les nouvelles forces motrices de la croissance économique de Chine*,那么此处建议借鉴此表达译为"stimuler les nouvelles forces motrices de la croissance économique"。其次学生在平行文本中获取到"la distribution des ressources"就将其与"要素配置"对应,忽略了"要素"并非"ressources",而应该是"facteurs",参照前文的"全要素生产率"。

由此可见,在借助平行文本的翻译过程中,需要译者胆大心细,要警惕偏离原文的现象。平行文本作为一种参考工具可以使译者尽快进入语境,模仿翻译和熟悉词汇,但是不能奉行拿来主义,必须在反复核实的前提下才能使用。

(四) 小组提交

请同学课后分小组合作翻译习近平二十大金句,列举出你搜索到的平行文章及其出处,并用表格的形式呈现平行文本与原文的对应关系。

三、政治文献中的文化翻译

文化具有很强的社会属性和共同性,不是个人独创的,是特定群体共同经验的总和,亦即文化具有鲜明的国别性和民族性。虽然图像、声音、肢体及社会行为都可以表现文化,但是语言和文字仍是文化最为重要的载体,语言既传播文化,同时又是文化的一部分,其发生机制受到源出文化的塑造和制约。可以说语言一旦发生交互,文化的互动和碰撞就无法避免。近年来学者们都不约而同地转向了翻译的文化层面。

文化"走出去"下的政治文献翻译,更要求新时代的翻译工作者和未来的翻译工作者具备良好的跨文化交际素养,从"走出去"到"走进去"的过程中,敏感地捕捉到语言背后的文化差异,填补语言文化之间的鸿沟,使文化之间达到互通。

(一)课前准备

请学生在课前阅读《习近平谈治国理政》第一卷《深入推进党风廉政建设和反腐败斗争》一文,以小组为单位思考该文中有哪些具有中国文化符号的语言,包括词汇、表达及句子,试对其进行分类并研究其背后蕴含的文化信息。

(二)小组讨论

文化包括表层文化和深层文化。表层文化指一个社会群体在人际交往中约定俗成的习惯性定势构成的生活方式和交往方式,如风俗习惯、道德风尚、语言风格、礼仪礼貌、言谈举止的行为规范等。深层文化指的是精神本质层面,如价值观念、思维方式、情感方式等(林娟娟,2006)。虽然在本科阶段没有对学生进行集中的理论训练,但是在阅读过程中选取了独特的语言作为参考,笔者认为这种基于直觉的判断是合理的。如以下语句:

①"坚持**党**要管**党**,从严治**党**"。

②"讲真话、讲实话、讲心里话"。

③"始终心系党、心系人民、心系国家"。

④"相信组织、依靠组织、服从组织"。

⑤"一劳永逸""一蹴而就""大公无私""公私分明""光明正大""克己奉公""志存高远""言行一致""表里如一"。

⑥"攥紧拳头打出去""坚持'老虎''苍蝇'一起打"。

⑦"扶正祛邪""猛药去疴""刮骨疗伤""壮士断腕"。

⑧"发现问题及时处理,不能养痈遗患"。

⑨"党同人民群众的血肉联系"。

⑩"滋生腐败的土壤"。

⑪"党中央作出的决策部署,党的组织、**宣传**、**统战**、**政法**等部门要贯彻落实,**人大**、政府、**政协**、法院、检察院的党组织要贯彻落实,事业单位、**人民团体**等的党组织也要贯彻落实……

⑫"纠正'四风'"。

⑬"手莫伸,伸手必被抓"。

⑭"见善如不及,见不善如探汤"。

学生阐述选择这些内容的原因,并在老师的带领下对背后的文化因素进行切分。

首先,在这些语料中存在不少排比和重复现象,如句①②③④。纵观习近平总书记的众多演讲和讲话,这类修辞的使用可谓不胜枚举,当然这与语篇体裁的需要有关,排比与重复的使用有助于提高话语的劝服力、感染力、感召力,更适用于宏大叙事的铺陈、衬托和渲染语境。但是如果我们关注同样体裁的法语篇章,该修辞的使用频率要远远低于中文。那么我们就不得不到构建语言思维中去寻找原因。西方语言受直线型思维的影响,往往在一个主题句的引领下,以扩展句的形式层层推进主题,句与句之间环环相扣。包括汉语在内的东方语言受迂回型思维的影响,往往围绕一个原点反复阐述,并从各种间接角度来说明问题(张军平,2010)。另外一个显著特点是四字格结构及成语,句⑤从汉语四字格和成语的构造中也可洞悉汉语迂回型思维的痕迹,常出现同义词或者反义词相构的情况,也体现了儒家文化影响下中国人辩证统一、讲究中庸、追求和谐与平衡的语言风格。

其次,再观察句⑥⑦⑧⑨,习近平用"攥紧拳头打出去"比喻在党风廉政建设和反腐败斗争中要全国上下一盘棋,全国上下紧密结合,强调只有形成合力才能有力度。习近平用"'老虎''苍蝇'一起打",比喻反腐败道路上不分大小,凡是损害人民利益的猛兽和害虫都要清除,表现了党和国家反腐的决心。用"土壤"比喻腐败滋生的环境,用"血肉联系"比喻党和人民之间打断骨头连着筋,密不可分的关系。用一系列治病医人的重手比喻当前反腐形势的严峻,和党中央反腐的信心和决心。用"祛邪扶正"比喻作风建设,用"养痈遗患"比喻发现问题及时处理的必要性。这一系列的隐喻,仿佛让读者在认知上坐上了加速车,使本来复杂的含义瞬间跃然纸上。通过使用隐喻,能更简洁而直接地描写思想过程或状态,揭示事物的本质和性状。同时,值得我们注意的是,隐喻是发起于源语言文化中人们所熟悉的概念或具体事物及情景,进而通过其中的联系将其投射到陌生、无形和抽象的领域的认知行为。汉语思维重形象,具有发散性,不拘泥于形式,善于捕捉不同事物之间的内在隐形联系,加之迂回表意的倾向性,使隐喻在中文语篇中出现频率远远高于法语的平行文本,在法语中取而代之的是直截了当的说理或者明喻。

句⑪和句⑫中的加黑部分,其中"四风"是极具中国政治语言特色的数词缩略语,是形式主义、官僚主义、享乐主义和奢靡之风的合成,这种创新性表达在中国文化中由来已久。而句⑪中的称谓更是专属于中国政治生活和政治体制的特色词汇,往往在目的语文化中是缺失的,更需要译者选择合适的翻译策略,既要灵活贯通又要忠实于原文。

句⑬和句⑭分别来自《陈毅诗词选集》和《论语·季氏》,"见善如不及,见不善如探汤"意思是说,见到善良的,要努力追求,唯恐赶不上;见到邪恶的,要尽力避开,就像怕将手伸到开水里。党员干部要时刻提高自身修养,见贤思齐,而不可有丝毫懈怠和腐化。"手莫伸,伸手必被抓"取自陈毅在1954年参加中共七届四中全会后写的《感事抒怀》组诗,《七古·手莫伸》是其中之一,后两句为"党与人民在监督,万目睽睽难逃脱"。习近平以革命先辈的话来时刻提醒党员干部不可存有侥幸心理。习近平在历次国内国外重要讲话中大量引经据典，以古喻今，用中国传统文化的魅力感染着海内外友人同胞，为树立良好的中国形象，让世界感受中国文化的博大精深起到了关键作用。典故中蕴含着丰富的历史文化、民风民俗、神话传说、名言名句等中华民族特有的图腾，基于文化差异，如何将这些文化元素准确且灵活地引介到目的语文化，是考验译者翻译策略选择和语言能力的关键。

基于对选定文章的分析归纳，笔者与学生共同将文化翻译的对象分为四类：迂回型思维影响下的修辞、构句和四字成语翻译；隐喻的翻译；古语典故的翻译；中国特色政治语言翻译包括数词缩略语和文化缺位词。

(三) 翻译策略选择及反思

态度是策略选择的前提。译者的态度在文化翻译中具有举足轻重的作用。译者既是作者的代言人，又是目的语读者的传话人，当作者与读者分处于不同的文化时，译者就成为名副其实的跨文化交际协调者。原则上来讲，协调者的立场应该是中立的。译者既不能一味对作者亦步亦趋、鹦鹉学舌，错误估计或者忽视读者的接受程度和感受，也不能过分取悦读者，迎合读者的趣味，两种情况都会导致交际的失败，前者使两种文化产生隔阂，后者则会造成对源语言文化的篡改，两者都会造成交际的失败，也就是译者的失败。

目的是策略选择的依据。中国政治文献外译是向世界宣传中国文化、中国道路和中国特色的重要窗口。陈明明在接受记者采访时表示政治文献的外宣翻译目的是对外宣传，向语言文化背景迥异的外国受众讲述中国故事、传播中国声音，因此要求译者要有服务受众的意识，在忠于原文思想的前提下，顺应外国读者的语言、思维和文化习惯，以国外受众喜闻乐见的话语方式，产出通顺可读的译文，以实现宣传中国的目的(周忠良，2020)。

文化自觉是策略选择的关键。很长时间以来，国内的外语教学和外语翻译教学多以第二语言习得为理论基础，较多强调外语习得和翻译活动中母语的负迁移作用。在文化教学中多侧重外语文化的引介，忽略了对母语文化的强调，甚至在对外交流中很多同学虽然语言流利但是对本民族文化的熟悉与精通程度不及外国人,作为外语教学者不免感到惭愧。习近平在中国文学艺术界联合会第十次全国代表大会上指出:"文化是一个国家、一个民族的灵魂。坚定文化自信,是事关国运兴衰、事关文化安全、事关民族精神独立性的大问题。"因此,作为新时代的青年,必须努力承担起发扬中国传统文化的重任,树立文化自信,增强文化强国意识。授课过程中应引导学生对译者在文化移植和文化翻译中扮演的角色进行思考,强调译者的文化自觉性。

1.思维方式影响下的语言模式差异

(1)重复及排比的处理

西方人的思维方式属于直线型思维,反映在语言中,法语少有重复出现,喜用替代手段来避免重复的发生,诸如使用同义词或者变换结构,当然也常常借助法语发达的代词体系。这样的语言习惯是译者应该尊重的。从修辞句式上来讲,排比句在习近平的著作讲话中俯拾皆是,排比的修辞功能可以概括为"增文势""广文义"。排比项排叠而出,语气一贯,节律强劲,各排比项意义范畴相同,带有列举和强化性质,可拓展和深化文意(刘蔼萍,2016)。原则上来讲,对排比句的处理,既可保留原排比句式(因为在法语当中也存在排比的修辞,但是要恰当处理排比句中出现的重复成分),也可以打破原有句式,按照法语的表达习惯重新构句。

例(16)

中文:**坚持党要管党、从严治党,强化党**对党风廉政建设和反腐败工作统一领导。(习近平,2018)

法译:**Le Parti** doit contrôler étroitement le comportement de **ses membres** et faire régner une stricte discipline **dans ses rangs** . Sa direction doit être unifiée et renforcée dans la lutte pour l'intégrité et contre la corruption. (Xi Jinping, 2018)

译者在例(16)中将第二个"党"具体理解为"党的成员"也就是"ses membres",第三个"党"理解为"在党的队伍中"也就是"dans ses rangs",第四个"党对…领导"的结构被简化为偏正的名词结构"党的领导"也就是"sa direction",而最后一处"党风廉政",作风建设不言而喻其对象是党,汉语此处的处理是出于四字的表达习惯,所以此处做了省略处理。

例(17)

中文:要切实加强组织管理,引导党员、干部正确对待组织的问题,言行一致,表里如一,**讲真话,讲实话,讲心里话**,接受党组织教育和监督。(习近平,2018)

法译:Nous devons renforcer de manière tangible la gestion de l'organisation. Par ailleurs, il faut pousser les membres du Parti et les cadres à adopter une attitude correcte envers l'organisation, à mettre leurs actes en accord avec leurs paroles, **à être sincères** et à se soumettre à l'éducation et à la supervision de l'organisation du Parti. (Xi Jinping,2018)

例(17)"真话""实话"与"心里话"表面上似乎各不相同,但其语义都指向实事求是、坦诚相待。中文这种通过概念重复,围绕核心概念绕圈子的表达方式,源于汉语迂回式思维方法,如将这种论述方式引入译文,必然会使目的语读者"丈二和尚摸不着头脑",甚至产生误读。笔者认为这样的愚忠,反而是对源语言文本的背叛。而在这种情况下,译者采用合并意义的策略才是真正的忠实原文,符合交际目的的需求。

例(18)

中文:始终**心系党,心系人民,心系国家**,自觉坚持党性原则。(习近平,2018)

法译:**garder toujours à l'esprit** les intérêts du Parti, du peuple et de l'État, et rester fidèles à nos principes. (Xi Jinping,2018)

在例(18)的处理中,译者将三个"心系"排比模式重组成一个动词词组联合多个名词的模式。中文中"心系"动宾结构的重复即体现了汉语的韵律美和整体统一性,但在法语中则会显得重复和啰唆。

例(19)

中文:**相信组织、依靠组织、服从组织、自觉接受组织安排**和纪律约束,自觉维护党的团结统一。(习近平,2018)

法译:Ils doivent faire confiance au **Parti**,compter sur **lui** et se soumettre à **lui**,en acceptant consciemment **ses** décisions et les restrictions disciplinaires,et en préservant coûte que coûte la cohésion et l'unité du Parti.(Xi Jinping,2018)

在例(19)中,第二、三次"组织"都用重度人称代词"lui"来进行代替,"组织"一词第四次出现在"组织安排"的偏正关系中,恰好可以用主有形容词来表达,即"ses décisions"。

从这两个例子中我们可以看出,用代词不断回指中心词的手法,不仅避免了重复,而且使上下文产生了形式上的衔接。法语是重形式的语言,从语篇上来讲,需要具体的标志来增强语义上的连接,因此代词的使用也可以使篇章结构更紧凑。

(2)成语及四字格的处理

成语及四字格的结构是汉语的独特魅力之所在。连续的四字结构更显词义丰富、语言优美、语气凝练,表意上更注重营造气势和意境。因此译者在法译过程中不应该拘泥于形式,在无法进行对等翻译的情况下,适当进行简化和意译,对于含义明确不易产生歧义的情况,也可酌情进行直译。

例(20)a

中文:要切实加强组织管理,引导党员、干部正确对待组织的问题,**言行一致,表里如一**,讲真话,讲实话,讲心里话,接受党组织教育和监督。(习近平,2018)

法译:Nous devons renforcer de manière tangible la gestion de l'organisation. Par ailleurs,il faut pousser les membres du Parti et les cadres à adopter une attitude correcte envers l'organisation,**à mettre leurs actes en accord avec leurs** paroles,à être sincères et à se soumettre à l'éducation et à la supervision de l'organisation du Parti. (Xi Jinping,2018)

例(20)a 中的"言行一致"与"表里如一"如同汉语中许多四字结构的叠用一样,意义或相同或相近,这种使用方法在汉语中十分常见,能够增强语气。由于四字格的形式非常固定,因此连续出现也很有节奏感。而法语在表意时没有固定音节形成的格式,构句上讲求严谨,语义要求简练,又忌讳重复。所以译者将两个四字格做简化处理,不影响语义传递同时也符合了法语受众的语言习惯,同时考虑后文"讲真话、讲实话、讲心里话"和"être sincère"(真挚)对"表里如一"的语义也有所补足。

例(20)b
中文:我们共产党人特别是领导干部都应该**心胸开阔**、**志存高远**。(习近平,2018)

法译:En tant que communistes, et plus encore en tant que cadres dirigeants, **nous devons avoir de nobles ambitions et une grande ouverture d'esprit** . (Xi Jinping,2018)

例(20)c
中文:解决好保持党同人民群众的血肉联系问题,不可能**一劳永逸**,不可能**一蹴而就**,要**常抓不懈**。(习近平,2018)

法译:Le maintien d'une relation étroite entre le Parti et les masses populaires ne peut être **le résultat d'un travail épisodique et considéré comme acquis définitivement. Il faut déployer sans relâche des efforts dans ce sens**. (Xi Jinping,2018)

例(20)b、c 中的几个成语不涉及语义的重复,但是在法语中又很难找到与之对标的表述方式,如采取直译"心""胸""抓"这些词极容易让土生土长的法国人感到困惑,在这种情况下译者考虑使用意译的方法着重解释源语的内涵意义。

查阅《中国成语大词典》,"心胸开阔"的"心胸"表示思想,气量,"心胸开阔"表示思想坦率接受力强,并非小心眼,心智并不狭窄,故"l'esprit"正有思想之意,而"une grande ouverture"正有接受力强、不狭窄之意。"立志高远"意思是追求远大的理想和事业上抱负,法语中的"ambition"恰好可以诠释这一概念,译者为了与"grande ouverture"形容词加名词的结构对仗,选用"noble"修饰"ambition"同时崇高的含义也兼顾了对理想的映射。

接下来一段话中的"一劳永逸"表示一次性付出努力和辛苦,事情办好后,就无须多费力了。"一蹴而就"表示只需要迈出一步就能获得成功,成功来得易如反掌。两个成语在语义上均表示事情完成的方式,前者用于需反复努力完成的事情,适用于肯定及否定句;后者强调某事可以在短时间内完成,多指长期和复杂的工作,多用于否定句。译者注意到了两个成语语义上的联系,用"ne pas être le résultat d'un travail"(不是一项怎样的工作)统领句意,再用形容词"épisodique"指向短时间即"一蹴而就",用过去分词加补语"considéré comme acquis définitivement"指向最终完成即"一劳永逸"。

总体来看,在对成语意译时要充分理解成语在语境中的真实含义,在转换成法语时要尽量抓取核心意义,多以名词为核心辅以形容词、过去分词等成分进行修饰,以获得成语完整意思的呈现。

例(20)d

中文:作为党的干部,就是要讲**大公无私,公私分明,先公后私,公而忘私**,只有**一心为公、事事出于公心**,才能坦荡做人、谨慎用权,才能光明正大、堂堂正正。(习近平,2018)

法译:En tant que cadres du Parti, nous devons **servir corps et âme l'intérêt public**. Il s'agit de **séparer l'intérêt public de ses intérêts personnels**, et de **faire passer celui-là en priorité absolue sur ces derniers**. Si nous travaillons de manière continue pour l'intérêt public, nous pourrons être francs et sincères dans la vie et prudents dans l'exercice du pouvoir. (Xi Jinping, 2018)

例(20)d 中有一系列"公"和"私"的辩证关系为依据的四字格成语,译者观察到句子中"公""私"的概念清晰明确,指代内容统一不易产生歧义。除第一处用法语中现成的"corps et âme"来对应全心全意、大公无私,其他地方均以直译的方法用"l'intérêt public"对应"公",用"l'intérêt personnel"对应"私",用"séparer"对应"分明",用"faire passer de priorité absolue"对应"先",由于"公而忘私"与"大公无私"及后文的"一心为公,事事出于公心"语义有所重复,所以译者选择了删减,同时从法语的构句来看,继续以"公""私"为核心的构建句子的空间也已经不足了。

2.表层文化翻译

(1)隐喻的处理

正如前文提到的,隐喻往往与作者及其所代表文化的共同经验有关系,所以行为习惯的差异也就是表层文化的差异又往往通过隐喻传递出来。如作者、译者及读者的共同经验相通,则翻译活动畅通无阻;如三者出于不同的经验团体,则会为翻译活动制造障碍。译者必须核实源出语中的能指和所指之间的链条是否符合目的语读者的认知模式。缺少这样的调查研究,会造成阅读效果上的巨大反差,甚至使翻译效果南辕北辙。

例(21)a

中文:中央纪委按照党中央决策部署,在强化党的纪律特别是政治纪律约束、强化执纪监督、强化查办腐败案件等方面**攥紧拳头打出去**,形成了鲜明的工作特色。(习近平,2018)

法译:La Commission centrale de contrôle de la discipline a accentué ses efforts dans la lutte contre la corruption, en renforçant la discipline, notamment politique, du Parti, et en intensifiant la supervision de l'application de la discipline, ainsi que les enquêtes et les poursuites en justice des cas de corruption. Tous ces efforts ont des traits particuliers. (Xi Jinping,2018)

在例(21)a 中的"攥紧拳头"在法语中有"montrer les poings""serrer les poings"之意,往往与愤怒、发疯、诅咒等念头相关,而原语境更强调拧成一股绳,劲儿往一处使,心往一处想的干劲和共同努力。试想如果我们不采取意译方式,恐怕就会令法语读者产生误导,甚至令其对利国利民的反腐败斗争产生负面印象。加之后文中也有对本句话的进一步解释说明,所以译者在这里进行了省略翻译。

例(21)b

中文:坚决查处腐败案件,坚持"老虎""苍蝇"一起打,形成了对腐败分子的高压态势。(习近平,2018)

法译:Nous avons traité avec rigueur les cas de corruption, qu'il s'agisse des" tigres" ou des" mouches", et maintenu ainsi une pression forte sur les éléments corrompus. (Xi Jinping,2018)

例(21)b 中的"苍蝇,老虎"也是法国人所熟悉的生物,虽然老虎是源自亚洲的猛兽,但是老虎作为百兽之王早已声名远播。至于"苍蝇"法语中早有表达"Il ne ferait pas de mal à une mouche"(连一只苍蝇都伤害不了),表示某人对一只都不能造成威胁,足见苍蝇的微不足道。与前面的"老虎"形成鲜明的对比,在语境中用来指代腐败分子中的厉害角色和小人物,这种隐喻应该不难在法国读者中产生共鸣。

例(22)a

中文:坚持以解决突出问题为切入口,**扶正祛邪**,取得明显进展。(习近平,2018)

法译:Nous avons encouragé l'intégrité et fait disparaître les malversations, en commençant par régler les problèmes flagrants. Ainsi, nous avons pu accomplir des progrès remarquables. (Xi Jinping,2018)

例(22)b

中文:全党同志要深刻认识反腐斗争的长期性、复杂性、艰巨性,**以猛药去疴、重典治乱的决心,以刮骨疗毒、壮士断腕的勇气**,坚决把党风廉政建设

和反腐败斗争进行到底。(习近平,2018)

法译:Tous les membres du Parti doivent prendre conscience du fait que la lutte contre la corruption est exigeante, complexe et permanente. Il nous faut mener jusqu'au bout la lutte pour l'intégrité et contre la corruption, **avec une détermination et un courage sans bornes.** (Xi Jinping,2018)

例(23)

中文:解决好保持**党同人民群众的血肉联系**问题。(习近平,2018)

法译:Le maintien d'une relation étroite entre le Parti. (Xi Jinping,2018)

例(22)a 和 b 中的隐喻都来自中医,其中"猛药去疴"与"重典治乱"寓意相通,"刮骨疗伤"与"壮士断腕"寓意相似,其典故都来自中国的典籍及古典著作,"关云长刮骨疗伤"更是为中国人所熟知。但这些比喻对普通法国人来说显然是陌生的。以"刮骨疗毒"为例,如按照字面意思译为"gratter le poison dans ses os"(刮挠骨骼里的毒),法国人的感受可能是残忍的,血腥的甚至觉得是超现实的,也就是这样的隐喻在以法国历史文化为背景的读者中产生的效果是极为不确定的。而政治文献翻译不同于文学翻译,可以说任何误读都是不被允许的。所以译者选择了完全意译的办法。例(25)中体现的也是同样的道理,"血""肉"在法语中对应"le chair"和"le sang",血肉作为人身体的组成部分,常常用来表示人本身,也就是我们常说的血肉之躯。如译为"une relation/le lien de sang et de chair"(血和肉的关系)则会让法国读者不明所以。

由此可见,在政治文献翻译中要谨慎处理具有隐喻功能的表达,文化翻译不能只看字面意思而忽略文化内涵,使主要信息淹没在次要信息之中,那就是丢了"捡了芝麻丢了西瓜"得不偿失。

例(24)

中文:在肯定成绩的同时,我们也要看到,*滋生腐败的土壤*依然存在……(习近平,2018)

法译:Tout en regardant ces accomplissements à leurs justes valeurs, nous ne devons pas oublier qu'il subsiste encore **des terrains propices à la corruption.** (Xi Jinping,2018)

例(24)中的"土壤"是这组隐喻中的喻体,由于法国和中国一样是农业文明发达的国家,对土地都有着类似的认知,根据法语维基字典的解释,"terrain"的引申意里面包括:"Ensemble de facteurs propices ou néfastes à quelque chose."表示对某事有利或者不利的各种因素的总和。与原文中"滋生腐败的土壤"即有利于腐败产生的环境因素条件的寓意是一致的。

例(25)

中文:要抓早抓小,有病就要马上治,发现问题就及时处理,**不能养痈遗患**。(习近平,2018)。

法译:Il nous faut agir immédiatement, lorsque le problème vient d'émerger et qu'il est marginal. Tout comme une maladie qui vient d'être découverte chez un patient, on doit la traiter sans attente. **Nous ne devons pour rien au monde attendre que l'ulcère provoque un mal irrémédiable.** (Xi Jinping,2018)

例(25)中的"养痈遗患"的"痈"字表示毒疮,经过查阅我们可以肯定毒疮是溃疡病的一种,而法语中的"溃疡"一词"l'ulcère"也可以用来映射"source de problèmes sociaux"即社会问题的根源,所以译者保留这一喻体也就顺理成章了。

由以上几个例子我们可以看出,如果原文作者的认知和译文读者的认知体验在译者身上达到和谐统一,也就是源语言作者和目的语读者由于生理结构、认知结构、认知方式、外部环境等方面的共同性,选用相似的涉身经验,即借助相似的有形的物体表达抽象的范畴时(曹灵美,2019),译者就可以实现顺利的文化迁移。

（2）文化缺位词

例（26）

中文：党中央作出的决策部署，党的组织、宣传、**统战**、政法等部门要贯彻落实，人大、政府、**政协**、法院、检察的党组织要贯彻落实，**事业单位**、**人民团体**等的党组织也要贯彻落实。（习近平，2018）

法译：Toutes les décisions et dispositions prises par le Comité central du Parti doivent être mises en application non seulement par les services du Parti relatifs à l'organisation, à la communication, au **travail du front uni** et à la justice , mais aussi par les organisations du Parti dans **les assemblées populaires**, les gouvernements, **les comités de la Conférence consultative politique du peuple chinois** , les tribunaux et les parquets, ainsi que par les organisations du Parti dans les **établissements d' intérêt public** et les **groupements populaires**. (Xi Jinping, 2018)

例（27）

中文：坚持不懈纠正"**四风**"，保持惩治腐败高压态势。（习近平，2018）

法文：Poursuivre la rectification des «**quatre vices**» et maintenir une forte pression contre la corruption. (Xi Jinping, 2018)

本组中的两个例子都是中国政治体制特有的语言和表达，其中包括专有名词和数词缩略语，这类词汇往往体现着中国政治制度和发展模式的独特性，多体现了政治理论和治理模式的创新，那么就要把创新的语言引介给目标语读者。程镇球（2003）指出，在政治文献翻译中，要紧扣原文，不要任意增删，目的就是要忠实于原文，就是首先要在政治上忠实于原文。而且这样的词汇也多具有官方的译法，译者和学生在学习过程中注意翻译的统一性。

3.深层文化翻译

习近平在各种重要论述中经常引用古人圣贤和革命先辈的警世名言来

寓意当今国内国外形势和党国建设方针,其中不乏古诗词、名家名言甚至俗语,为习近平的话语平添了几分文学色彩,是一项极具难度的翻译任务。

例(28)

中文:要让每一个干部牢记"**手莫伸,伸手必被捉**"的道理。

法译:Chaque cadre doit bien avoir en tête qu'une «**main qui vole finit toujours par se faire attraper**».

例(29)

"**见善如不及,见不善如探汤**"。领导干部要心存敬畏,不心存侥幸。(习近平,2018)

法译:qu'il faut«**faire le bien en s'y précipitant et fuir le mal comme on craint l'eau bouillante**». Les cadres doivent rester vigilants et ne pas se fier au hasard. (Xi Jinping,2018)

例(28)(29)中的两个格言警句,一个出自白话文,一个出自文言文,体现了此类话语的通用性和暗示性。译者在翻译时很好地保留了源语言中的意象,"伸手"指的就是"voler"(偷),"探汤"就是指代"craindre de tremper les mains dans l'eau bouillante"(害怕将手伸入沸水中),译者在这里省略了"tremper les mains"(将手伸入)这个动作,首先这样的处理并没有使原文的意义产生折损。同时这样处理,更好地体现了格言警句简练对仗的特点,使法语译文"et"前后的句子基本保持结构对等,"faire le mal"(见善)对应"fuir le mal"(见不善),"en s'y précipitant"(迅速,匆忙去)对应"craint l'eau bouillante"(如探汤),更好地保持了形式上的一致,体现了格言警句的一贯风格。反观"手莫伸,伸手必被捉",译者省略了"手莫伸"这个命令句,一方面是考虑到形式上的整齐,另一方面也为了构句方面与前文衔接成为一个关系从句,同时也避免了"伸""手"两个词的重复,"伸手必被抓"的"必"字译者并没有机械地翻译为"forcément",Gómez-Jordana Ferary(2016)指出:"(在成语中)主语与谓语必然关系经常通过 toujours 或者 tous 来得到加强"，如"La caque sent toujours le hareng"（积习难改/鲱鱼罐头总会有鲱鱼味）。可见，译者在翻译活动中，既充分尊重了原文的文化内涵，也在语言层面充分考虑了法语的表达习惯。

（四）小组提交

课堂讲解过程着重从差异出发，发挥译者在翻译过程中的主体作用，处理翻译中遇到的障碍和困难。课后请同学自行查找资料，寻找在成语、俗语等方面是否存在文化对等可直接进行替换翻译的情况，请每组提交10个案例并进行分析。

第四节　结语

习近平在十八届中央政治局第十二次集体学习时讲道："提高国家文化软实力，要努力提高国际话语权。要加强国际传播能力建设，精心构建对外话语体系，发挥好新兴媒体作用，增强对外话语的创造力、感召力、公信力，讲好中国故事，传播好中国声音，阐释好中国特色。"这也是外语学习者和翻译者新的历史使命，作为一线教师，我们更应踊跃承担重担，培养符合新时代要求的合格外语翻译人才。

以《习近平谈治国理政》"三进"为契机，结合多年翻译教学心得，以文化转向为理论依据，探讨如何从实践层面将时政文献翻译引入本科高年级翻译课程。在教学中秉承"授人以鱼不如授人以渔"的理念，以语料库和平行文本作为方法论，以用法国人的方式讲中国的事情为原则，希望走出传统翻译教学偏理论、偏死板、缺乏创造性和探索性的教学关系，在翻译教学中强调提出问题、解决问题和总结经验，注重培养学生的思辨精神，让学生在学中译、在译中学，通过积极主动和饶有兴致的学习，获得语言和文化方面的双提升。在教学过程中，力图消除学生对政治文献文本的陌生感，和对此类翻译的枯燥感和畏难情绪，从简单明了的问题和角度切入翻译主题，使大多数同学有信心进行汉译法的时政文献翻译，保证我们具有思政意义的课堂能深入每一位同学的内心。

　　笔者的翻译教学实践和探索仅从个人的经验和体会出发,还存在很大的局限性和不足之处,极力呈现了教学的全过程,研究的实例还不够全面、覆盖面还不够,笔者希望在今后的教学中不断探索、完善和设计更多的内容,为政治文献翻译的教学探索贡献自己的绵薄之力。

　　　　　　　　　　　　　　　　　　　（本章撰写:房萱）

中国政治文献法译词语对照索引

A

爱国统一战线	le front uni patriotique
安不可以忘危,治不可以忘乱	En temps de paix, on ne peut oublier l'existence de dangers, et en temps de bon ordre, on ne peut négliger la possibilité de troubles

B

标本兼治	s'attaquer aux manifestations comme aux racines des problèmes
"秉纲而目自张,执本而末自从"	«Les mailles d'un filet s'ouvrent quand on tire la corde principale, et les membres obéissent eux-même au corps»
把稳思想之舵	tenir le «gouvernail» idéologique
百年未有之大变局	le monde connaît des changements majeurs inédits
百花齐放、百家争鸣	«Que cent fleurs s'épanouissement, que cent écoles rivalisent»
搬起石头砸自己的脚	finir par voir ses pieds écrasés par la pierre qu'elle avait soulevée elle-même
秉持真实亲诚理念和正确义利观	attachée à une juste conception de l'équilibre entre l'équité et l'intérêt propre ainsi qu'au principe de «sincérité, pragmatisme, amitié et franchise»
补足精神之"钙"	combler leur manque de «calcium» spirituel
不断把"蛋糕"做大,不断把做大的"蛋糕"分好	agrandir sans cesse le «gâteau», diviser judicie-usement ce «gâteau» qui grossit de manière continue
不断发展坚如磐石的军政军民关系	ne cesser de développer les relations monolithiques entre l'armée, le gouvernement et le peuple

"不积跬步,无以至千里"	«Un long voyage n'est possible qu'avec de petits pas»
"不患寡而患不均,不患贫而患不安"	«Ce qui est à craindre, ce n'est pas la rareté, mais l'inégalité ; ce n'est pas la pauvreté, mais l'instabilité»
不忘初心,牢记使命	rester fidèles à l'engagement initial, garder constamment à l'esprit leur mission
不能一叶障目、不见泰山,攻其一点、不及其余	Il ne faut jamais laisser l'essentiel être dissimulé par un détail insignifiant, ni prendre une partie pour l'ensemble
不能想象突然就搬来一座政治制度上的"飞来峰"	Il ne faut pas se faire d'illusion sur un «pic volant»
不信邪,不怕鬼,不怕压,知难而进,迎难而上	«Ne craignant ni Dieu ni diable», nous devons continuer à aller de l'avant malgré les pressions et les difficultés
把权力关进制度的笼子里	enfermer le pouvoir dans la cage institutionnelle

C

唱"独角戏"	jouer en solo
长江经济带建设	la construction de la ceinture économique du Changjiang
拆壁垒,破坚冰,去门槛	abolir les obstacles, rompre la glace et faciliter l'accès
参与全球治理的能力	notre capacité de participer à la gouvernance mondiale
承上启下的关键环节	être à la charnière entre le haut et le bas
冲锋号已吹响	l'heure de la trompette querrière a déjà sonné
产能合作、三网一化	la coopération sur les capacités de production, l'élaboration des trois réseaux des lignes ferroviaires à grande vitesse, des autoroutes et des lignes aériennes régionales, ainsi que l'industrialisation
城乡融合发展	le développement intégré des villes et des campagnes
赤子之心	le coeur pur

传统文化创造性转化、创新性发展	la transformation créative et le développement innovant de la culture traditionnelle
创新高地	un pôle d'innovation des plus influents
创造人类文明新形态	créer une nouvelle forme de civilisation humaine

D

大爱	l'attachement indéfectible
"大道之行也,天下为公"	«quand la Voie céleste prévaut, l'esprit public règne sur Terre»
大国工匠	de grands maîtres-artisans
"打铁还需自身硬"	«Pour bien forger, il faut être un bon forgeron»
打造外宣旗舰媒体	créer des médias porte-drapeau dans la communication avec le monde extérieur
第三个历史决议	la troisième résolution historique
底线思维	penser à toutes les éventualités en envisageant le pire
"定海神针"	un stabilisant
"单则易折,众则难摧"	«Seul, on est vulnérable; ensemble, on est indestructible»
党内监督	le contrôle interne du Parti
党要管党、从严治党	contrôler étroitement les comportements de ses membres et de faire régner une stricte discipline dans ses rangs
"德不孤,必有邻"	«l'homme moral n'est jamais seul»
顶层设计	une conception globalisée
钉钉子精神	l'application des mesures de réforme avec ténacité
道义制高点	le point culminant moral
道路自信、理论自信、制度自信、文化自信	la confiance dans la voie, la théorie, le système et la culture du socialisme à la chinoise
"得众则得国,失众则失国"	Qui gagne le coeur du peuple gagne l'Etat, qui perd le coeur du peuple perd l'Etat
多党合作	le système de coopération multipartite

多边贸易体制	le système commercial multilatéral
对话而不对抗、结伴而不结盟	développer le dialogue et le partenariat plutôt que la confrontation et l'alignement
锻造召之即来、来之能战、战之必胜的精兵劲旅	forger des unités d'armée capables de répondre au premier appel, de se battre et de gagner la bataille à cent pour cent

F

"房子是用来住的、不是用来炒的"	« le logement, c'est pour habiter, pas pour spéculer»
"法者,治之端也"	«La loi est le socle de la gouvernance»
法律红线	la ligne rouge de la loi
法律底线	les limites de tolérance de la loi
发时代之先声、开社会之先风、启智慧之先河	faire entendre leur voix au nom de leur époque, guider les moeurs sociales, faire progresser la sagesse, et diriger l'évolution de l'époque et les changements sociaux
发扬钉钉子精神	faire rayonner l'esprit de ténacité
发展全过程人民民主,保障人民当家作主	développer la démocratie populaire intégrale et préserver la souveraineté populaire
反对保护主义,反对"筑墙设垒"、"脱钩断链",反对单边制裁,极限施压	s'opposer au protectionnisme, à la «construction de murs et de barrières», au «découpage» et à la «rupture des chaînes industrielles et d'approvisionnement», ainsi qu'aux sanctions unilatérales et à l'exercice des pressions extrêmes
非公有制经济人士	les personnalités travaillant dans le secteur économique non public
封闭僵化的老路	l'ancienne voie du repli sur soi et de l'immobilisme
风险应急处置机制	les mécanismes de réponse d'urgence aux risques
防范化解重大风险	la prévention et la réduction des grands risques

G

改革和法治如鸟之两翼、车之两轮。	La réforme et la légalité sont pareilles aux deux ailes d'un oiseau ou aux deux roues d'une charrette
搞软抵制	boycotter agilement
改旗易帜的邪路	une voie erronée nous menant à l'abandon de notre drapeau
敢破敢立	oser détruire et construire
敢闯敢试	faire oeuvre d'un esprit pionnier
敢于斗争、善于斗争	avoir le courage de lutter tout en excellant à le faire
敢于突进深水区	oser«entrer dans une zone d'eaux profondes»
敢于涉险滩	oser«traverser les bas-fonds dangereux»
"甘瓜抱苦蒂,美枣生荆棘"	«Les melons miel ont des tiges amères, les jujubiers pourvus d'épine donnent des fruits savoureux»
工业反哺农业	le principe recommandant à l'industrie d'aider en retour l'agriculture
功以才成,业由才广	les exploits sont accomplis grâce aux talents, et la cause prospère grâce aux compétences
共同构建互信、包容、合作、共赢的亚太伙伴关系	mettre en place un partenariat Asie-Pacifique basé sur la confiance réciproque, la tolérance , la coopération et l'esprit gagnant-gagnant
国格	le prestige national
国家的生命线	la ligne vitale de l'État
国之利器、党之利器	l'arme tranchante de notre État et de notre parti
构建中国特色哲学社会科学	l'édification de la philosophie et des sciences sociales à la chinoise
构建全国统一大市场	créer un marché national unifié
"关键少数"	la«minorité déterminante»
规模速度型粗放增长	le mode de développement économique reposant sur la quantité et la vitesse
供给侧结构性改革	la réforme structurelle du côté de l'offre

共同富裕	la prospérité commune
共赢	l'esprit gagant-gagant
共产党人如果没有信仰、没有理想，或信仰、理想不坚定，精神上就会"缺钙"，就会得"软骨病"	Si un communiste manque de croyance et d'idéal ou que ceux-ci ne sont pas solides, il souffrirait d'une《carence en calcium》sur le plan moral, puis de rachitisme
全过程人民民主	la démocratie populaire intégrale
全面从严治党	l'application intégrale d'une discipline rigoureuse dans les rangs du Parti
全面依法治国	la promotion intégrale de la gouvernance de l'Etat en vertu de la loi
全面建成小康社会	l'édification intégrale de la société de moyenne aisance
全面推进乡村振兴	promouvoir sur tous les plans le redressement rural
全球治理体系	le système de gouvernance mondiale
全心全意为人民服务	entièrement dévoué au service du peuple servir le peuple de tout coeur servir corps et âme le peuple
全国一盘棋	le pays entier est un seul échiquier
全周期保障人民健康	offrir des services de santé tous azimuts et couvrant toute la vie

H

互联网金融管控	le contrôle de la cyberfinance
核心竞争力	une compétitivité clé
化解系统性金融风险	la neutralisation des risques financiers systématiques
"回头看"	procéder à une deuxième tournée d'inspection
"灰犀牛"	les《rhinocéros gris》
"黑天鹅"	les《cygnes noirs》

环境就是民生,青山就是美丽,蓝天也是幸福,绿水青山就是金山银山	l'environnement représentait le bien-être du peuple, que les montagnes vertes la beauté, que le ciel le bonheur, et que les eaux claires et les monts verts la richesse
黄金经济带	une «ceinture d'or»
红色基因	le gène révolutionnaire
弘扬伟大建党精神	faire rayonner le noble esprit fondateur du Parti
涵养"富贵不能淫,贫贱不能移,威武不能屈"的浩然正气	se nourrir de l'idéal de justice que préconise la maxime «ne se laisser corrompre ni par la richesse ni par les honneurs ; ne pas changer de couduite dans la pauvreté et l'abaissement ; ne se laisser ébranler ni par la menace ni par la violence»
"海纳百川,有容乃大"	«L'océan accueille tous les cours d'eau grâce à son immensité»
号令意识	la conscience de l'ordre

J

精神脊梁	être moralement l'épine dorsale inflexible
精准脱贫	l'élimination ciblée de la pauvreté l'éradiction précise de la pauvreté
精准扶贫	l'assistance ciblée aux démunis
经济和金融良性循环	le cercle vertueux de l'économie et de la finance
京津冀协同发展	le développement coordonné de la zone de Beijing-Tianjin-Hebei
"敬佑生命,救死扶伤,甘于奉献,大爱无疆"	«défendre la vie, sauver les mourants, soigner les blessés, être prêt à se dévouer et exprimer la solidarité à tous»
"浇风易渐,淳化难归"	«Les tendances malsaines se répandent facilement, alors que les moeurs simples sont difficiles à rétablir»
江山就是人民,人民就是江山。	L'État, c'est le peuple ; et le peuple, c'est l'État
基层群众自治制度	le système d'autogestion des masses à l'échelon de base

积极发展基层民主	promouvoir énergiquement la démocratie aux échelons de base
积极稳妥推进碳达峰碳中和	poursuivre activement et prudemment nos actions en matière d'atteinte du pic des émissions de CO_2 et de neutralité carbone
集中力量办大事	réunir toutes les forces pour réaliser de grandioses causes
加快构建新发展格局，着力推动高质量发展	accélérer la mise en place d'un nouveau modèle de développement et promouvoir un développement de qualité
加快构建以国内大循环为主体、国内国际双循环相互促进的新发展格局	accélérer la mise en place d'un nouveau modèle de développement reposant sur le rôle primordial du circuit économique national et l'interaction dynamique entre les circuits économiques national et international
加快构建中国特色哲学社会科学学科体系、学术体系、话语体系	accélérer l'établissement des systèmes de disciplines, de recherches et de terminologies propres à la Chine dans les domaines de la philosophie et des sciences sociales
加快建设世界一流大学和一流学科	accélérer la création d'université et de disciplines de premier ordre au niveau mondial
加快实施创新驱动发展战略	accélérer l'application de la stratégie de développement par l'innovation
加快推动绿色、循环、低碳发展	accélérer la promotion d'un développemnt vert, circulaire et bas carbone
加强话语体系建设	renforcer l'édification du système terminologique
加强煤炭清洁高效利用	promouvoir une utilisation propre, efficace et sobre en carbone dans le domaine énergétique
加强国内外智库交流	renforcer la communication entre les laboratoires d'idées chinois et étrangers
见微知著	anticiper les conséquences possibles dès les premiers indices

坚持道不变、志不改,既不走封闭僵化的老路,也不走改旗易帜的邪路	Restant fermes dans notre voie et faisant preuve d'une volonté de fer, nous refusons de reprendre l'ancienne voie du repli sur soi et de l'immobilisme, comme nous rejetons la voie erronée qui couduirait à l'abandon de notre drapeau
坚持发扬斗争精神	faire rayonner un esprit de lutte
坚持亲诚惠容和与邻为善、以邻为伴周边外交方针	sur la base de l'amitié, la sincérité, la réciprocité et l'inclusion et du principe diplomatique de bon voisinage et de partenariat avec ses voisins
坚持"引进来"和"走出去"相结合	Il faut combiner les deux volets de la stratégie, à savoir《introduire de l'étranger》et《sortir du pays》
坚持社会主义先进文化前进方向	maintenir l'orientation de la culture avancée socialiste
坚持深入打好蓝天、碧水、净土保卫战	nous devons poursuivre en profondeur la campagne《ciel bleu, eaux limpides, terre propre》
坚持先立后破	suivre le principe selon lequel《on ne doit détruire l'ancien que lorsque le nouveau est prêt à le remplacer》
坚持外防输入、内防反弹,坚持动态清零不动摇	prévenir à la fois l'importation de cas et le rebond de l'épidémie à l'intérieur du pays, maintenu la politique dynamique《zéro COVID》
坚持以人民为中心的创作导向	s'en tenir à la création artistique et littéraire centrée sur le peuple
健康中国建设	l'édification d'une《Chine saine》
健全共建共治共享的社会治理制度	il nous faut optimiser le système de gouvernance sociale dit《concertation, synergie et partage》
健全新型举国体制	parfaire le nouveau mécanisme permettant de mobiliser toutes les ressources nécessaires à la recherche
建设宜居宜业和美乡村	créer un milieu rural beau et harmonieux où il fait bon vivre et travailler
建设资源节约型、环境友好型社会,推进美丽中国建设	promouvoir la construction d'une belle Chine caractérisée par l'économie des ressources et un environnement agréable

建设现代职业教育体系	bâtir un système d'éducation professionnelle moderne
建立全要素、多领域、高效益的军民深度融合发展格局	former une structure de développment caractérisé par une profonde fusion des industries militaires et civiles, qui implique tous les facteurs, couvre de multiples domaines et s'avère performante
建设全民终身学习的学习型社会、学习型大国	bâtir une société et un pays dans lesquels l'éducation est favorisée et l'apprendissage tout au long de la vie est une chance accordée à tous
讲好中国故事、传播好中国声音、阐发中国精神、展现中国风貌	savoir raconter la Chine, bien faire entendre la voix de la Chine, interpréter l'esprit chinois et montrer les traits marquants de la Chine
金融服务普惠性增强	l'inclusivité des services financiers est promue
经济社会发展驶入快车道	le développement économique et social s'est engagé dans une voie rapide
"橘生淮南则为橘,生于淮北则为枳"	«La mandarine est un délice quand elle pousse sur sa terre d'origine, au sud de fleuve Huaihe ; elle prend un goût acide et amer quand elle pousse au nord du même fleuve»
军民鱼水情深	l'union étroite entre l'armée et le peuple
军民融合	l'intégration civilo-militaire
"九二共识"	Le Consensus de 1992
决胜全面建成小康社会	remporter la victoire décisive de l'édification intégrale de la société moyenne aisance

K

开放型经济新体制	un nouveau système d'économie ouverte
开放、动态、透明、便民的阳光司法机制	un système judiciaire ouvert, dynamique, transparent et de proximité
看齐意识	conscience de l'alignement
空谈误国,实干兴邦	le verbiage porte atteinte à l'Etat, l'action amène prospérité à la nation

科技自立自强，人才引领驱动	favoriser l'autonomie et le progrès des sciences et technologies et à encourager les compétences à bien jouer leur rôle moteur et pionnier
科技水平由跟跑并跑向并跑领跑转变	le niveau de nos sciences et techniques passe d'une position de suiveur à celle de prétendant avant de parvenir à la position de chef de file
科学防范，早识别，早预警，早发现，早处置	les prévenir d'une manière scientifique, les identifier, lancer l'alerte, les découvrir et les traiter au plus tôt
砍头不要紧，只要主义真	Vivre ou mourir, peu importe, pourvu que nos convictions se perpétuent
啃骨头的攻坚期	la phase de s'attaquer aux problèmes épineux

L

"两个一百年"	«deux centenaires»
"两个翻番"	les deux«doublements»
"两个结合"	une«double association»
"两不愁，三保障"	avoir de quoi manger et s'habiller, et bénéficier de l'enseignement obligatoire, de soins médicaux de base et de logements décents
"两学一做"	«deux études et une ligne d'action»
老百姓是天，老百姓是地	le peuple est le ciel qui nous abrite et la terre qui nous supporte
"老吾老以及人之老，幼吾幼以及人之幼"	«il convient de traiter avec gentillesse les personnes âgées et les enfants des autres comme ceux de sa propre famille»
"立善法于天下，则天下治；立善法于一国，则一国治"	une bonne législation conduit à la paix sous les cieux et donc à la paix d'un pays
"立天下之正位，行天下之大道"	«rester droit et suivre la voie de la justice dans le monde»
令之不行，政之不立	le non-respect des ordres nuit à la gestion des affaires
冷战思维	la mentalité de la guerre froide
零和博弈	les jeux à somme nulle

零容忍的态度	l'attitude de tolérance zéro
零就业家庭动态"清零"	aider constamment les ménages sans emploi à trouver du travail
撸起袖子加油干,风雨无阻向前行	retrousser leurs manches pour aller de l'avant contre vents et marées
"落其实者思其树,饮其流者怀其源"	«En mangeant le fruit, on pense à l'arbre; en buvant de l'eau, on songe à la source»
落实"三个区分开来"	il importe de distinguer, d'un côté, les imprudences et les transgressions involontaires commises par les cadres, de l'autre, la recherche illégale d'intérêts personnels et les infractions commises de manière délibérée au mépris des règles du Parti par ceux-ci
绿色发展的铺路石	servir de dalle sur la voie du développement vert
绿色循环低碳发展	le développement vert, circulaire et bas carbone
绿水青山就是金山银山	«la nature vaut son pesant d'or»

M

马克思主义中国化时代化新境界	de nouveaux horizons pour la sinisation et l'actualisation du marxisme
民主集中制	le centralisme démocratique
民主党派	les partis démocratiques
民主生活会	les réunions de la vie démocratique
民主评议党员	les délibérations démocratiques sur les membres du Parti
"民之所好好之,民之所恶恶之"	«aimer ce que le peuple aime, et haïr ce que le peuple hait»
民族区域自治制度	le système d'autonomie régionale ethnique
眉毛胡子一把抓	mélanger les torchons et les serviettes
美丽中国建设	la construction d'une belle Chine
明镜所以照形,古事所以知今	du miroir, nous découvrons la figure, du passé, nous connaissons le futur
"木桶效应"	la Loi du minimum

N

内生动力	des forces（motrices）endogènes
内外联动问题	l'interaction entre l'intérieur et l'extérieur
农民工	les travailleurs migrants

P

贫困线	le seuil de pauvreté
瓶颈制约	les goulots d'étranglement
破除利益固化藩篱	détruire la barrière des«privilèges intouchables»
"破窗效应"	«l'effet de vitre brisée»
配置资源	distribuer des ressources

Q

群众路线	la ligne de masse
去产能、去库存、去杠杆、降成本、补短板	la réduction des capacités de production excédentaires, du déstockage, de la diminution du ratio de levier, de la baisse des coûts, de production et du renforcement des maillons faibles
确保中国人的饭碗牢牢端在自己手中	de sorte que la Chine puisse assurer au peuple son «bol de riz quotidien»
全程育人，全方位育人	la formation de talents tout au long du processus et sur tous les plans
全过程人民民主是社会主义民主政治的本质属性，是最广泛、最真实、最管用的民主	La démocratie populaire intégrale est la nature propre de la démocratie socialiste; c'est la démocratie la plus large, la plus réelle et la plus efficace
全面构建亲清政商关系	promouvoir et généraliser les rapports sincères et désintéressés entre les pouvoirs publics et les acteurs économiques
全面推进党的自我净化、自我完善、自我革新、自我提高	développer sur tous les plans l'aptitude du Parti à se purifier, se perfectionner, se rénover et s'améliorer
权由法定，权依法使	la légalité des pouvoirs et l'exercice du pouvoir en vertu de la loi

亲商、安商、富商	faire preuve de fraternité envers les acteurs de l'économie non publique, protéger leurs droits et intérêts légitimes, et favoriser leur exploitation légale
"亲""清"	la «proximité» et l'«intégrité»
亲诚惠容的周边外交理念	les concepts diplomatiques dits «amitié, sincérité, réciprocité et tolérance»
切实防止出现人民形式上有权、实际上无权的现象	assurer à la population l'exercice légal et direct de ses droits démocratiques en évitant que ces droits restent lettre morte
切实防止出现相互掣肘、内耗严重的现象	tout en évitant les perturbations et les frictions internes
强国之路	la voie conduisant à la prospérité
强烈的忧民、爱民、为民、惠民之心	de vifs sentiments de sollicitudes, d'amour, d'attachement et de bienveillance envers le peuple
"穷则变,变则通,通则久"	«La pauvreté pousse au changement, le changement à la faisabilité, et la faisabilité à une pratique durable»
"穷理以致其知,反躬以践其实"	«La recherche de la vérité mènera à la maîtrise du savoir et l'auto-examen permettra la mise en pratique de la théorie»
牵住司法责任制这个"牛鼻子"	faire jouer le rôle clé du système de responsabilité

R

如临深渊,如履薄冰	quelqu'un qui se trouverait au bord d'un précipice ou sur une fine couche de glace
人不以规矩则废,党不以规矩则乱	sans règles, une personne n'aboutira à rien, et un parti politique sombrera dans le chaos
人民对美好生活的向往	l'aspiration du peuple à une vie meilleure
人民城市人民建,人民城市为人民	la ville du peuple, par le peuple et pour le peuple
人民有信仰,民族有希望,国家有力量	la foi du peuple assure l'espoir de la nation et la puissance de l'Etat
人民平等参与,平等发展权利	les droits à la participation et au développement sur un pied d'égalité

人民是文艺创作的源头活水	Le peuple est la source de l'eau vive de la création artistique et littéraire
人类命运共同体	une communauté de destin de l'humanité
人类利益共同体	une communauté d'intérêts de l'humanité
人心是最大的政治	obtenir l'adhésion du peuple revêt une importance politique fondamentale
让权力在阳光下运行	le peuple surveille le pouvoir et que ce dernier fonctionne en pleine lumière
让制度、纪律成为带电的"高压线"	pour que le système et la discipline deviennent des «lignes à haute tension».

S

实施扩大内需战略	l'application de la stratégie d'accroissement de la demande intérieure
世界格局正处在加快演变的历史进程之中	l'échiquier mondial connaît une évolution accélérée
试金石	la pierre de touche
上情下达，下情上传	mener à bien la communication des informations entre les échelons supérieurs et inférieurs
生态文明	la civilisation écologique
生态安全屏障	le système de barrières protectrices de la sécurité écologique
生态功能保障基线、环境质量安全底线、自然资源利用上线三大红线	trois lignes devront être créées de façon accélérée, à savoir : la ligne de base pour garantir les fonctions écologiques, le seuil de la qualité et de la sécurité de l'environnement, et le plafond de l'utilisation des ressources naturelles
社会保障体系是人民生活的安全网和社会运行的稳定器	le système de protection sociale constitue un filet de sécurité dans la vie quodidienne de la population et un stabilisateur de la société
社会主义和谐社会	une société harmonieuse
社会主义核心价值观	les valeurs essentielles socialistes
社会主义初级阶段	le stade primaire du socialisme
社会主义法治国家	l'Etat de droit socialiste à la chinoise

211

社会主义民主政治	une démocratie socialiste
社会主义市场经济	l'économie de marché socialiste
社会主义协商民主	la démocratie consultative socialiste
社会主义先进文化	la culture socialiste avancée
涉深水区,啃硬骨头	s'attaquer aux problèmes de fond difficiles à résoudre
深化供给侧结构性改革	l'approfondissement de la réforme structurelle du côté de l'offre
"三农"	«l'agriculture, le monde rural et les agriculteurs»
"三严三实"	les «trois consignes de rigueur et trois règles d'honnêteté»
"三重一大"	«trois décisions majeures et un empli capital»
"三会一课"	les «trois séances et un cours»
"三期叠加"	la «coincidence de trois défis»
"四个全面"	«quatre intégralités»
"四个意识"	«les quatre consciences»
"四风"	«les quatre vices»
"四大考验"	«les quatre épreuves»
"四种危险"	«les quatre dangers»
时代是思想之母,实践是理论之源	L'évolution du temps fait naître les pensées, et la pratique fournit la source à la théorie
善作善成	bien commencer pour bien finir
善于算大账、总账、长远账,不能只算地方账、部门账、眼前账	s'appuyer sur une approche globale et à long terme, au lieu de se limiter aux intérêts régionaux, départementaux ou à court terme
深化简政放权、放管结合、优化服务改革	approfondir la réforme visant à promouvoir la décentralisation et la simplification administrative, tout en conciliant supervision et laissez-faire et en améliorant la prestation de services
深入群众、深入生活,诚心诚意做人民的小学生	il faut s'immerger en son sein, dans sa vie et devenir son disciple
生态文明制度的"四梁八柱"	la «charpente» institutionnelle régissant la civilisation écologique

收入分配调节	la régulation de la distribution des revenus
守住不发生系统性金融风险底线	maîtriser les risques financiers systématiques et ne pas dépasser les seuils critiques
守住底线	défendre le seuil
守正创新	savoir innover tout en maintenant les principes fondamentaux
水能载舟,亦能覆舟	l'eau peut porter un bateau, mais elle peut également retourner un bateau
数字产业集群	des groupes industriels numériques
数字中国	une《Chine numérique》
"双刃剑"	une《épée à double tranchant》

T

踏石留印、抓铁有痕的精神	un esprit à laisser ses empreintes sur la pierre et le métal
天下为公、兼容并蓄、求同存异	le pouvoir pour le peuple, l'inclusivité, la recherche de l'entente par-delà les divergences
"天下之本在家"	《Le monde se base sur la famille》
"天下兼相爱则治,交相恶则乱"	《L'amour universel apportera la paix et l'ordre dans le monde tandis que la haine mutuelle ne peut que plonger le monde dans le chaos》
听党话,跟党走	obéir au Parti et à le suivre de près
突出"高精尖缺"导向	donner la priorité aux personnes munies de hautes technologies, d'un savoir-faire de haute qualité, de technique de pointe ou manquante
"图之于未萌,虑之于未有"	《Prévenir le mal avant qu'il ne surgisse; prévenir le désordre avant qu'il n'éclate.》
脱贫	la sortie de la pauvreté
脱贫攻坚战	la lutte (bataille) (décisive) contre la pauvreté
推动中医药振兴发展	promouvoir le redressement et le développemnt de la médecine et de la pharmacologie traditionnelles chinoises
推进健康医疗大数据应用	promouvoir l'application des mégadonnées en matière de soins médicaux

213

推进高水平对外开放	poursuivre une ouverture de haut niveau
推进文化自信自强，铸就社会主义文化新辉煌	renforcer la confiance dans notre culture, promouvoir le développement culturel et assurer le nouveau rayonnement de la culture socialiste
同广大人民群众同呼吸、共命运、心连心	unir notre parti et les masses populaires dans un même sort et un même idéal
"天下之事，不难于立法，而难于法之必行"	«le plus difficile sur le plan légal n'est pas la législation mais l'application stricte de la loi»
提升生态系统碳汇能力	améliorer la capacité à séquestrer le carbone des écosystèmes

W

问题导向	se focaliser sur les problèmes
顽瘴痼疾	les maux persistants
"万企帮万村"	«l'aide de dix mille entreprises à dix mille villages»
"万物各得其和以生，各得其养以成"	«Tous les êtres dans la nature doivent leur naissance à l'harmonie engendrée par le Yin et le Yang, et leur épanouissement, aux éléments nourissants offerts par la pluie et le vent»
"万物并育而不相害，道并行而不相悖"	«Les choses du monde se développent sans rivalité, et les quatre saisons alternent sans contradiction»
"五位一体"	le «plan global en cinq axes»
"五大支柱"	les «cinq grands piliers»
"无禁区、全覆盖、零容忍"	«couverture totale, tolérance zéro et aucune zone interdite»
无源之水、无本之木	une rivière sans source ou un arbre sans racines
无效和低端供给	l'offre ineffective et bas de gamme
勿以善小而不为，勿以恶小而为之	faites toujours de bonnes actions même si elles sont petites; ne faites pas de mal, si insignifiant soit-il
物联网	l'Internet des objets

我国国际人道主义和负责任大国形象	une image internationale humanitaire de grand pays responsable
为党育人、为国育才	former des personnes compétentes pour notre parti et notre pays
"为威不强还自亡，立法不明还自伤"	«Un prestige en déclin mènera à l'autodestruction et une législation confuse causera préjudice à soi-même»
伟大长征精神	le grand esprit de la Longue Marche
"为政以德"	la «gouvernance par la vertu»

X

小康社会	la société de moyenne aisance
下好先手棋	jouer le premier coup
新常态	la nouvelle normalité
新常态不是一个筐子，不要什么都往里面装	la nouvelle normalité n'est pas une boîte fourre-tout
新发展理念	le nouveau concept de développement
新业态	de nouvelles activités économiques
新型国际关系	un nouveau type de relations internationales
新型农村合作医疗	le nouveau système médical mutualisé rural
新型政商关系	les rapports de type nouveau entre les pouvoirs publics et les acteurs économiques
新领域新阶层组织建设	l'organisation dans de nouveaux secteurs et des couches sociales nouvelles
"新松恨不高千尺，恶竹应须斩万竿"	«Pour les jeunes pins, j'espère qu'ils grandissement aussi haut qu'ils le peuvent, alors que pour les mauvais bambous, aussi nombreux soient-ils, je les éradique sans merci»
心往一处想，劲往一处使	unir les volontés et conjuguer les efforts
心中有信仰，脚下有力量	la foi donne des forces
现代农业产业体系	un système industriel de l'agriculture moderne
宪法法律至上	la primauté de la Constitution et des lois
雄安新区	la nouvelle zone de Xiong'an

215

| "需求外溢" | un «débordement massif de la demande» |
| 学习强军思想,建功强军事业 | étudions la pensée sur le renforcement de l'armée et accomplissons des exploits pour cette cause |

Y

"羊群效应"	l'«effet suiviste»
引进来、走出去	l'introduction de l'étranger et la sortie des frontières
严把从农田到餐桌的每一道防线	exercer un contrôle strict des aliments des champs jusqu'à la table
"雁行理论"	«la théorie du vol des oies sauvages»
以德修身、以德立威、以德服众	cultiver leur personnalité, établir leur prestige et convaincre par la vertu
以文塑旅、以旅彰文	il convient de développer le tourisme à l'aide de la culture et de faire rayonner la culture par l'essor du tourisme
"以至公无私之心,行正大光明之事"	«assurer l'impartialité et l'intégrité en actes pour l'intérêt public»
以铸牢中华民族共同体意识为主线	mettre l'accent principal sur le renforcement du sentiment d'appartenance à la nation chinoise
"一带一路"	«la Ceinture et la Route»
一切刻舟求剑、照猫画虎、生搬硬套、依样画葫芦的做法都是无济于事的	toute tentative d'imiter, de copier, de tranposer et de transcrire ne peut aboutir
"义利相兼,以义为先"	«concilier la justice et les bénéfices tout en privilégiant la première»
用好红色资源	profiter des «ressources rouges»
与人民同呼吸共命运	nous devons respirer au même rythme et partager le même sort avec le peuple
与邻为善、以邻为伴	de bonnes relations de voisinage et de partenariat
"欲事立,须是立心"	«La réussite dépend de la détermination»
"欲知平直,则必准绳;欲知方圆,则必规矩"	«Une règle est indispensable pour tracer une ligne droite, et un compas pour dessiner un cercle»

因事而化、因时而进、因势而新	il faut s'adapter aux circonstances, évoluer avec le temps et innover selon la situation
严以修身、严以用权、严以律己	faire preuve de rigueur dans l'autoperfectionnement, l'exercice du pouvoir et l'autodiscipline
优化民营企业发展环境	améliorer l'environnement de développemnt des entreprises privées
有法不依、执法不严	un certain laxisme dans l'observation et l'application des lois
有效和中高端供给	l'offre effective et moyen et haut de gamme
有序推进人民币国际化	l'internationalisation du yuan sera poursuivie méthodiquement
"源头活水"	la source vivifiante
粤港澳大湾区建设	la construction de la région de la Grande Baie Guang-Hong Kong-Macao

Z

中华民族伟大复兴中国梦	le rêve chinois de grand renouveau de la nation
中华民族文化基因	le gène culturel de la nation chinoise
中国特色社会主义	le socialisme à la chinoise
中国特色大国外交	diplomatie de grand pays à la chinoise
中国化、时代化、大众化	la sinisation, l'actualisation et la démocratisation
中国方案	une solution chinoise
中国人民不信邪也不怕邪	le peuple chinois ne croit pas aux forces du mal, ni ne les craint
中国共产党领导人民打江山、守江山，守的是人民的心	si le PCC, en s'appuyant sur le peuple, a pris le pouvoir et continue de gouverner, c'est parce qu'il a eu et conserve toujours son soutien
终身问责，倒查责任	appliquer un système de recours en responsabilité à vie et un mécanisme de poursuite permettant de remonter la chaîne des responsabilités
总施工图	un plan d'exécution
总台账	un registre de compte
总体国家安全观	un concept de sécurité nationale globale

总量和强度"双控"制度	un système de «double contrôle» (intensité+volume global) des émissions de carbone
振兴实体经济	la remise en valeur de l'économie réelle
战略决策	des décisions stratégiques
战略布局	les dispositions stratégiques
战略性产业	les industries stratégiques
增强全党全国各族人民的 志气、骨气、底气	nous devons encourager l'ensemble de notre parti et de notre peuple multiethnique à manifester une force de volonté, un courage et une fermeté inégalés
政风	le style de travail du gouvernement
正确义利观	un juste concept de justice et de bénéfice
政治协商制度	le système de consultation politique
政治生态	le paysage politique
政治意识、大局意识、 核心意识、看齐意识	la conscience politique, celle de l'intérêt général, celle du noyau dirigeant et celle de l'alignement
"政之所兴在顺民心， 政之所废在逆民心"	«Un pouvoir qui répond aux aspirations du peuple devient puissant, tandis qu'un pouvoir qui est contre les aspirations du peuple devient faible»
抓手	point clé
抓住了牵动经济社会发展全局的 "牛鼻子"	tenir les rênes du développemnt économique et social dans son ensemble
着力提高全要素生产率	déployer des efforts pour améliorer la productivité globale des facteurs
织密扎牢托底的民生保障网	consolider le filet de garantie des conditions de vie de la population
知民情、解民忧、纾民怨、暖民心	mieux connaître leurs conditions, remédier à leurs soucis, apaiser leur mécontentements, réchauffer leurs coeurs
知其事而不度其时则败	si l'on sait comment agir qu'on ignore comment saisir le bon moment, on court à l'échec
知行合一，贵在行动	il faut joindre l'action à la pensée, en donnant la priorité à la première

"治国有常,而利民为本"	«L'administration du pays a ses règles courantes, mais servir les intérêts du peuple en est l'essence»
"治天下也,必先公,公则天下平矣"	«L'impartialité est prioritaire pour la gouvernance de l'État et permet la paix dans le monde»
质量效率型集约增长	un mode de développement économique comptant sur la qualité et la rentabilité
在党爱党、在党言党、在党为党	s'attacher au Parti, émettre des positions et points de vue adéquats, et lui apporter leur contribution
自信人生二百年,会当水击三千里	la confiance de «vivre deux cents ans» et le courage de «nager trois mille lieues»
自我革命	l'autorévolution
自我净化、自我完善、自我革新、自我提高能力	la capacité d'assainissement, de perfectionnement, de rénovation et d'amélioration
自我批评	l'autocritique
"自强不息,止于至善"	«faire des efforts constants pour se perfectionner» et «viser à atteindre la perfection»
自由贸易区	les zones de libre-échange
阻断贫困代际传递	stopper la transmission de la pauvreté de génération en génération
做到"导"之有方、"导"之有力、"导"之有效	prendre des mesures adéquates, puissantes et efficaces en faveur de l'orientation
做到崇尚创新、注重协调、倡导绿色,厚植开放、推进共享	assurer l'attachement à l'innovation, l'accent mis sur la coordination, la mise à l'honneur de l'écologie
做好普惠性、基础性、兜底性民生建设	centrer nos efforts sur l'édification du bien-être de base, qui profite à tous et qui garantit les moyens d'existence
"走出去"	«sortir des frontières»
治理能力现代化	la modernisation de la capacité de gouvernance de l'État
"知之愈明,则行之愈笃"	«On se rassure dans la pratique en approfondissement la compréhension»

知史爱党、知史爱国	inciter le peuple à éprouver un plus grand attachement au Parti et à la patrie grâce à une meilleure connaissance de leur histoire
众志成城	unir comme une forteresse indestructible
主动出击、贴身紧逼、精准发力	s'attaquer activement aux problèmes, mais aussi prendre des mesures ciblées et suivre de près leur application

参考文献

[1]爱德华.泰勒.原始文化:神话哲学宗教语言艺术和习俗发展之研究[M].桂林:广西师范大学出版社,2005.

[2]曹灵美.论汉语概念隐喻英译之体验性理据[J].浙江外国语学院学报,2019(5).

[3]陈申.语言文化教学策略研究[M].北京:北京语言文化大学出版社,2001.

[4]程镇球.政治文章的翻译要讲政治[J].中国翻译,2003(3).

[5]方梦之.翻译中的阐释与注释[J].山东外语教学,1993(1).

[6]胡开宝.语料库翻译学概论[M].上海:上海交通大学出版社,2011.

[7]李常栓.非文学翻译[M].北京:外语教学与研究出版社,2009.

[8]李小龙.基于语料库对论语卫礼贤德译本的跨文化研究[M].北京:外语教学与研究出版社,2020.

[9]林娟娟.跨文化教学策略研究 [J].外语与外语教学 2006(4).

[10]刘蔼萍.现代汉语[M].重庆:重庆大学出版社,2016.

[11]陆刚.汉语连珠四字成语结构英译之管见[J].厦门理工学院学报,2008(3).

[12]秦琼芳.广西旅游法语应用翻译研究的语料库途径之可行性报告[J].教育研究,2019(5).

[13]邵炜.汉法口译教程——教你从容地表达[M].北京:外语教学与研究出版社,2013.

[14]田良斌,李雪.基于 MIP 对"习式演讲"的认知隐喻探析[J].上海对外经贸大学学报,2018(6).

[15]王秀丽.篇章分析——对汉语、法语话语范围导入词的对比研究[M].北京:北京语言大学出版社,2008.

[16]王秀丽.篇章分析——对汉语、法语指称链条分布规律的实证研究及其标注[M].北京:北京语言大学出版社,2017.

[17]文旭,唐瑞梁.新时代外语教育思政案例教程[M].北京:中国人民大学出版社,2022.

[18]文旭,徐天虹.外语教育中的课程思政探索[M].西南师范大学出版社.2021.

[19]邢杰,杨慧.语料库翻译学视阈下的意识形态显化[J].山东外语教学,2020(4).

[20]徐萍.英汉思维差异对英文写作的影响[J].苏州大学学报,1999(3).

[21]许钧.关于翻译的新思考[M].浙江大学出版社,2021.

[22]习近平谈治国理政.第一卷[M].北京:外文出版社,2018.

[23]习近平谈治国理政.第二卷[M].北京:外文出版社,2017.

[24]袁卓喜.对外政治话语中隐喻的功能及其英译[J].上海理工大学学报,2020(2).

[25]张军平.从文化发展轨迹看中西思维差异[J].河南社会科学,2010(2).

[26]赵晶.基于小型双语平行语料库对政治文献翻译显化的探讨——以近十年政府工作报告中"搞好"的翻译为例[J].鲁东大学学报,2010(4).

[27]赵生学.汉英翻译中的译者主体性与母语文化自觉性[J].南昌师范学院学报,2021(4).

[28]中央编译局文献翻译部.习近平关于党风廉政建设和反腐败斗争论述摘编:法文[M].北京:中央编译出版社,2017.

[29]中央编译局文献翻译部.习近平关于依法治国理政论述摘编:法文[M].北京:中央编译出版社,2017.

[30]周忠良.政治文献外译须兼顾准确性和接受度——外交部外语专家陈明明访谈录[J].中国翻译,2020(4).

[31] Jingyao Wu. Études formelles comparatives proverbes chinois er

français［D］. UCM-Sorbonne,Paris Ⅳ,2016.

［32］NEWMARK P. A Textbook of Translation［M］. Shanghai：Shanghai Foreign Language Education Press,2001.

［33］Xi Jinping La gouvernance de la Chine volume 1［M］.北京:外文出版社,2017.

［34］Xi Jinping La gouvernance de la Chine volume 2［M］.北京:外文出版社, 2018.

第四章　中国政治文献俄译本科教学

第一节　中国政治文献俄译教学现状与问题

一、中国政治文献俄译现状

多年来,中国共产党高度重视政治文献的外译工作,全面、深入、及时地向世界展示着真实、立体的中国形象,确保了政治文献外译的准确性、时效性、灵活性、客观性。如今,我们面对百年未有之大变局,推动构建人类命运共同体,为全球治理注入了中国力量。同时,在世界文化激烈碰撞、交锋的时代,形成中国对外话语体系、提升文化软实力已成为重要战略。

中国政治文献在俄罗斯的受众主要是在决策和战略层面,如政府官员以及学术界人士。除此之外,部分报刊编辑和俄罗斯百姓中也有此类文献的读者。首先,中国政治文献可以帮助俄罗斯政府官员更好地理解中国的政治情况,为他们的决策制定提供重要并且可靠的参考依据。对于学术界人士来说,通过中国政治文献研究中国政治问题,可以使其深入地了解中国的政治结构和发展趋势。报刊编辑则可以借助中国政治文献,丰富报刊文章,为读者提供多角度的关于中国社会的信息。最后,对于俄罗斯大众来说,中国政治文献可以帮助普通人更好地了解中国,从而认识一个真实的中国,并且对中俄未来的发展更有信心。

　　政治文献外译具有很强的理论性和综合性,涉及中国政府对国内外重大事务的政治立场,是国家对外宣传的重要途径。近年来,随着我国大国实力和文化自信的不断增强,政治文献外译也越来越强调"以译者为中心"的理念。翻译也是一个选择的过程,"其本质上是一个译者在原语认知语境和目的语认知语境之间寻求最佳关联性的过程"(刘雅峰,2010)。通过大量浏览各类政治文献俄译版本,笔者发现,译者更多采用的是异化的翻译策略,即更多保留原文语言文化的元素。这一策略在政治文献引用汉语成语、俗语的翻译中十分常见。此外,通过对习近平用语俄语语料的系统研究可以看到,习近平将文化转向作为中国外交政策的重要组成部分。俄语语料的译法反映出其特有的文化转向思想,主要体现在以下几个方面:一是强调整体,重视内容上的正确性和意义,看重将含义准确传达;二是表达的前后动态一致,保持周转引入,不落入狭义与限定;三是注重文化差异和融合,力求实现语言交流的最大化;四是加强文化背景补充,促进中国文化国际化。

　　例如,习近平在二十国集团领导人第八次峰会第一阶段会议上的发言中提道:"我们认识到,为了从根本上解决经济的长远发展问题,必须坚定推动结构改革,宁可将增长速度降下来一些。任何一项事业,都需要远近兼顾、深谋远虑,杀鸡取卵、竭泽而渔式的发展是不会长久的。"其中,"杀鸡取卵、竭泽而渔"意为"只顾眼前利益,而不考虑长远未来"。在俄语中,其实也存在对等意义的成语,即"не видеть дальше своего носа"(直译为:看不到比自己鼻子更远的地方。)但在俄文译本中,我们通常会将这两个成语直接翻译出来:Чтобы развитие было устойчивым, нельзя убивать курицу, несущую яйца, и нельзя осушать пруд ради ловли рыбы. 再比如,《习近平谈治国理政》(2014)中有这样一句话:"无论批评还是自我批评,都要实事求是、出于公心、与人为善,不搞'鸵鸟政策',不马虎敷衍,不文过饰非,不发泄私愤。忠言逆耳,良药苦口。对批评意见,要本着有则改之、无则加勉的态度,绝不能用"批评"抵制批评,搞无原则的纷争。"文中成语"忠言逆耳,良药苦口"的含义在俄语中也有对应的表达"правда глаза колет"(直译为:"真相会刺痛眼睛")但俄译文本会将其直接译出为:Правдивые слова неприятны ушам, а хорошие лекарства горькие. 我们再看《习近平谈治国理政》(2014)中的另一个例子:"第三,着力推进合作,为促进共同发展提供有效途径。'一花独放不是春,百花齐放春满园。'世界各国联系紧密、利益交融,要互通有无、优势互补,在追求本国利益时兼顾他国合理关切,在谋求自身发展中促进各国共同发展,不断扩大共同利益汇合点。"我们来看这段话的完整译文:В-третьих, надо усиленно продвигать сотрудничество и открывать эффективные пути к общему развитию. "Один цветок не делает весны, пусть расцветают всеразнообразные цветы". Все страны мира, объединенные общими интересами, должны обмениваться и дополнять преимущества друг друга при реализации своих национальных интересов, учитывая законную забоченность других, свои м собственным развитием способствовать общему развитию и находить точки соприкосновения интересов. 可以看到,此句中引用的诗文"一花独放不是春,百花齐放春满园"也采用了直译的手段,将异化的特点保留在了译文当中。

从以上两个例子中我们不难看出,使用异化手段的译文中,汉语语境里的一些比喻可能会让俄语读者产生一些陌生感,但同时也保留了源语与目的语相异的要素,使译文更具源语文化特色。笔者通过对部分俄罗斯同事和朋友的测试,发现他们实则可以很好地理解这句话所传达的文化内涵。所以,增强文化自信,强调译者的主体性,有利于讲好中国故事,更好地将中国声音同中国文化一道传播出去。

二、传统中国政治文献俄译教学及问题

随着经济文化的不断发展繁荣,中国在一些重大国际事务中扮演着越来越重要的角色,国际社会也更加关注中国的崛起。中国要真正走向世界,与各国在政治、经济、文化等领域建立更好的合作与交流,就需要在国家经济形势不断进步的基础上强化"四个自信",逐步提升中国文化软实力。中国政治文献的外译是向世界传播我国基本方针政策和国家路线的重要窗口,也是进一步提升我国的国际话语权,推动构建人类命运共同体的关键途径。

如今国际形势风云变幻,各种意识形态和社会思潮激烈碰撞,作为外语教师,我们更要进一步将课程思政融入专业课程,用马克思主义的立场、观点和方法为学生构筑牢固的思想防线,以抵御国内外错误思潮及言论对学生的危害,同时引导学生逐渐树立正确的世界观、人生观和价值观,更好地参与政治生活,向世界讲好中国故事。

翻译的"文化转向"就是将视角从关注文本转向关注文本之外的文化环境,将一个完整的历史记录转换成更有意义的背景知识,很好地反映出文化对一个国家的发展所产生的影响。同时,从文化转向视角进行中国政治文献外译教学,能够开阔我们的研究视野,增强翻译的文化的传递作用,加深原著与读者的互动。因此,在教学活动中,我们要加强对学生的引导,使其在进行文本翻译时,有意识地去联系与材料相关的文化、社会和时代等背景,从而做出更加准确、精细的翻译,同时提升自己的思想素质和道德品质。

当然,在引导学生逐渐适应从文化转向视角来理解和翻译中国政治文献,有很多重要的因素需要考虑。首先,中国政治文献往往是复杂的,体现了国家机构、政治机制、行为规范以及不断变化的政治环境和文化背景。其次,在翻译此类文献时,需要十分注意语义和语法的差异,尤其是在中国政治术语的意义并不能完全与直译后的俄文术语意义对等的情况下,这一要素很可能直接影响翻译的准确性。此外,文献的结构也是一个重要的考虑因素。政治文献外译不仅要以贴切的语言来表达原文作者的意图,还要尽可能恰当地转译该文献的结构和形式。

目前,通过对本科的翻译教学实践,笔者发现在进行中国文献翻译过程中教学难点在于以下三个方面。

一是缺乏系统性。很多大学三年级学生的语法基础不牢靠、词汇量积累较少,致使遇到生词或不熟悉的固定搭配也不易找到合适的替换表达,从而造成译文文法不通或产生歧义。政治文献俄译是一门非常深入的课程,涉及传统政治文献的词汇、文法、表达方式等多方面内容,但是由于上述问题,很多教师在授课时更加注重词汇训练,而弱化了其他方面的学习,这便可能导致学生在学习政治文献翻译时缺乏系统性。

二是缺少对中国政治文献原文相关知识背景的了解。这样便不易从文化转向角度使用恰当的翻译策略,译文可能脱离语境,且上下文衔接生硬。

三是缺乏俄语思维。口语训练时间不够,中国政治文献翻译教学中实践机会较少,缺乏掌握文献俄译所需要的细节,加之对文献文化背景了解不够透彻,长难句翻译表意问题频出,并且翻译效率比较低。

目前,本科阶段的学生接触各类中国政治文献的机会主要是在"毛泽东思想和中国特色社会主义理论体系概论"及"中国近现代史纲要"为主的思政课堂。但当下高校思政课时相对较少,同时专业课课时多、压力大,使得很多学生对于各类时政新闻、重要报告及讲话的核心要义和基本原理的理解可能浮于表面,或者只学到碎片化的知识而无法形成体系。据笔者了解,国内各高校本科阶段俄语专业的课程中很少将政治文献作为教学素材。这一问题也应当在今后的教材改革中引起重视,不断开发更加适应新时代要求的教学资料。

此外,由于缺乏语言实践领域的背景知识,"理解"和"阐释"之间便会存在不对称。任何事物从一个概念领域转移到另一个概念领域本质上都是对背景知识进行翻译。背景知识在特定的议论空间中形成,是描述(口头/非语言)人类活动的基本准则。在尝试对背景知识进行翻译活动的过程中,两个论证空间就会发生部分或完全的融合(部分融合时,其中一个文化背景下的概念就会作出部分让步)或发生激烈碰撞。因此,可译性问题与背景知识在特定论证空间中的冲突或产生的紧张关系有关,在这种情况下,对翻译活动的理解应该比对语言本身的剖析更加重要。这也是我们要不断强化用文化转向视角引导学生深刻理解中国政治文献的意义之一。

笔者认为造成当前问题的主要原因有以下三点:一是教材改编困难。政治文献俄译教学需要大量的原始文献,但是由于此类文献的特殊性,教师们很难对教材进行改编,使之更适合本科三、四年级的学生学习。市面现有俄语翻译类教材鲜有涉及此类文本的教学内容和适宜的配套练习,使思政教学进入翻译课堂缺乏充足的理论依据和有力抓手。二是学生的接受程度不够。本科生受到政治类词汇量积累较少、知识面较窄、跨文化交际能力有限等因素制约,直接阅读外译版本的政治文献存在一定难度。三是教师的引导不够,并且缺乏科学的评价机制。政治文献俄译的教学需要教师拥有足够的俄语语言能力以及较高的政治文献俄译水平,这样才能更好地进行素材选取、译法指导,同时在实战训练中也能对学生作出更简洁有效的引导。此外,文献翻译的教学模式通常较为传统,教师往往缺乏创新的教学方法来激发学生的学习兴趣。当然,学生可能也缺乏足够的自主学习能力,参与教学过程积极性不高。同时,政治文献俄译教学中缺乏科学的评价机制,学生们不能得到及时的反馈,也会影响他们学习的效果。

综上所述,俄语专业现阶段课程思政的革新仍有很大空间。所以,如何在保证课堂有效性的同时不断创新,以文化渗透为切入点,深化课程目标、内容、结构、模式等方面的改革,将课程思政融入每一节课是亟待解决的问题。

在"中国政治文献俄译教学的典型案例"一节中,笔者总结了自己多语学习以及工作中获得的实践经验,将外语专业学生几大主要就业方向(如公考、教师考试、孔子学院志愿者等)招考过程中面试结构化、半结构化问题作答思路与俄语专业翻译课思政教学目标相结合,意在引导学生从文化转向视角以及自身发展的角度深入了解我国政治文献,理解我国对内及对外的大政方针。同时,部分教学设计参考翻转课堂的思路,提出了一些教材编写、课程建设、具体教学环节设计和课程评价方法等方面的新的尝试,在此与各位读者交流学习。

三、传统中国政治文献俄译教学问题的解决途径

随着我国不断发展中国特色社会主义文化,坚定不移走中国特色社会主义文化发展道路,发展面向现代化、面向世界、面向未来的民族的科学的大众的社会主义文化,推动社会主义精神文明和物质文明协调发展,对于本科生的政治文献翻译及传播能力的提升必然成为今后课堂及教材改革的重点。当然,一套教材从编写到使用,是一个需要长期不断试验和修正的过程。在这一过程中,本科外语教师必须充分调动学生的积极性和主观能动性,让学生接受大量实践,教师也要多去积累和总结学生在进行翻译实践时常出现的问题,及时带领学生复盘,从而持续完善翻译技巧,并将丰富经验

反馈到教材编写组,充分实现教学相长。

想要从文化转向视角进行政治文献翻译教学,必然要增强学生的跨文化交际能力,引导学生从"学外语就是学习西方文化"的固有思维中走出来,鼓励学生在广泛了解俄罗斯政治文化的同时,积极了解本国大政方针,接触中华优秀传统文化,并将其自信地展示给世界人民。落后就要挨打,贫穷就要挨饿,失语就要挨骂。习近平指出:"经过几代人不懈奋斗,前两个问题基本得到解决,但'挨骂'问题还没有得到根本解决。"我们可以看到,当今国际舆论格局依然是西强我弱,但这并不是不可改变的。因此,培养学生跨文化交际能力的意义十分重大。不管是在人与人,还是国与国的交际过程中,文化的融合与渗透都是无处不在的。要拥有并能够运用跨文化交际能力,首先就是要学好外语,这当然是交流的基础。但现阶段本科一、二年级的俄语教学仍以发音、词汇、语法为主,涉及两国文化的内容比例依然较低。所以,当学生来到本科三、四年级,需要开始接触政治文献相关内容的时候就会面临背景知识严重缺乏的问题。根据当前高校本科俄语教学主流教材的特点,学生对于俄罗斯传统文化的了解相对较多,但对两国政治体制、大政方针、时事新闻以及对我国文化的接触面较小。例如,学生在阅读关于中俄高层交流、俄对外关系等新闻报道时,时常卡在俄罗斯地名、各国权力机关名称等常识性内容上,对于新闻语言常用的词汇和结构也会比较陌生,短时间内找不到汉语中语义对等的表达方式。

我们来看四个高年级翻译课上使用过的例子。

例(1)

中文:"对党内的**不正之风和腐败现象**,必须坚决处理,**坚持'老虎''苍蝇'一起打**。"中共十八大以来,严肃查处了一些党员干部包括高级干部严重违纪问题,这表明,中国共产党反腐败的决心是坚定不移的,不论什么人,不论其职务多高,只要触犯了党纪国法,都要**受到严肃追究和严厉惩处**。中共将继续保持反腐败高压态势,坚持以零容忍态度惩治腐败。

俄译:" Мы настроены на решительные меры в отношении **неправильного поведения и коррупционных явлений** в рядах партии, бьем сразу и тигров, и мух." За время, прошедшее после XVIII съезда КПК, были серьезным образом расследованы несколько дел в отношении партийных работников, включая случаи грубого игнорирования законов и нарушения дисциплины руководителями высшего уровня. Это демонстрирует непоколебимую решимость КПК бороться с коррупцией, невзирая наличность и высоту положения – если кто-то нарушил партийную дисциплину или законы страны, то **неизбежно последует серьезное расследование и суровое наказание.** КПК будет и впредь сохранять высокую антикоррупционную бдительность, жестко преследовать коррупционеров, относясь к ним с нулевой терпимостью. Обнаружив коррупционера, нужно решительно проводить в отношении него расследование.

本段曾作为本科四年级翻译课素材使用,在学生翻译过程中,出现了以下几点问题。首先,同学们基本都直接译出了"бить сразу и тигров, и мух"。这里使用了当代英国翻译教育家和理论家纽马克 1981 年提出的语义翻译策略,虽然俄语中没有将"'老虎''苍蝇'一起打"用于反腐话题的表达方式,但根据上下文并联系在俄罗斯同样被国家和人民关注的贪腐问题,俄语母语者便能理解这一比喻。当然,此时也可以引导学生用自己的话,简略但准确地向俄罗斯人解释:"Бить тигров"和"бить мух" – это образная метафора в сфере борьбы с коррупцией в Китае. "Тиграми" называют руководящие кадры особенно высшего уровня, игнорирующих закон и нарушающих дисциплину, "мухи" – это образное название для местных низовых членов партии и кадровых работников. ("打老虎"和"拍苍蝇"是中国反腐领域的形象比喻。"老虎"比喻违法乱纪的领导干部特别是高级干部,"苍蝇"比喻违法乱纪的地方基层党员干部。)

例(2)

中文:无产阶级政党是在学习马克思主义的基础上建立和发展起来的。因此,**学习是中国共产党不可或缺的基本特征**。中国共产党是善于学习的马克思主义政党。而**学习型政党**正是先进无产阶级政党的标志,是中国共产党区**别**于其他任何政党的显著特征。中国共产党**肩负着**中华民族伟大复兴的梦想,将会带着**海纳百川的开放思想**立于世界之林。

俄译:Пролетарская партия была о снована и развивалась через изучение марксизма, и поэтому **обучение является неотъемлемой и существенной характеристикой КПК.** КПК – марксистская партия, которая хорошо учится, а **обучающаяся партия** – это отличительный признак передовой пролетарской партии, отличительный уникальный знак, который отличает КПК от любой другой политической партии, и КПК, **обремененная** великой мечтой о национальном возрождении, будет стоять в мире **с открытым взглядом.**

在本段汉译俄的翻译练习中,"无产阶级政党"属于应掌握的固定词组,但部分学生并没有立刻反应过来。除此之外,更大的难点是"不可或缺的基本特征""学习型政党"以及"海纳百川的开放思想"这三处的翻译。首先,"不可或缺"我们可以译为"неотъемлемый",而很多同学将"基本特征"翻译为"основная особенность"并无原则问题,但如果能想到"существенная характеристика"则更加贴合原文。因为"существенный"来自名词"сущность",具有"实质""本质"的含义,同时,"характеристика"在语义上较"особенность"也更为全面、高级,在政治术语中也更加常用。"学习型政党"一词经常被同学们翻译为"партия изучения"或"изучающая партия",也有同学翻译为"Партия, которая всегда/непрерывно учится"。实际上,如果做好课前预习,对"学习型政党"这一概念有较为全面的了解就会知道,习近平在党的二十大报告中曾强调,"建设马克思主义学习型政党""建设全民终身学习的学习型社会、学习型大国"这些重要论述对我们党增强学习本领,在全党营造善于学习、勇于实践的浓厚氛围,建设马克思主义学习型政党,并以此来引领和推动学习型社会、学习型大国建设具有十分重要的意义。所以,直接使用"изучение"会使俄语母语者产生类似"研究"的理解,并不是非常契合原意。近义词"обучение"在此处则更为恰当,因为 обучение 具有"学习某一学说/理论的过程"的含义(обучение – это процесс познания учения),恰好十分符合原文所表达的思想内涵。所以,我们将这一表达处理为"обучающаяся партия"(学习中的政党)既做到了对等翻译,又使译文简洁利落。"海纳百川的开放思想"是学生翻译本语段中遇到的最后一个难点。看到成语,很多同学会先想到去逐字翻译,或者试图去俄语中找到一个意义相近的成语。实际上,汉语中的很多表达是俄语中不存在的,尤其是政治文献当中的描述性语言。如果此处译为"… как океан вмещает сотню рек",俄语读者根据上下文也可以读懂大致含义,但这样的比喻对于缺少相应文化背景的外国人来说是比较陌生的,不能使其产生直观的理解。所以,我们可以转换思路,使用更符合俄语语言表达习惯的方式来翻译这句话,如"с открытым разумом/взглядом"(用更开阔的理念/视野)。

综合来说,通过总结学生们在翻译课堂上对以上语段译法的讨论可以看出,本科阶段学生的中俄文文献阅读量整体是比较少的,对于我国近期大政方针的了解较为浅显,难以支持其进行独立的文献翻译。

例(3)

俄文:После начала проведения политики реформ и открытости компартия Китая неуклонно придерживалась принципа верховенства в государственном управлении, непрерывно продвигала социалистическое правовое строительство. Однако, все еще остро стоялии такие проблемы, как полное и игнорирование либо нестрогое исполнение закона, несправедливость правосудия, безнаказанность правонарушений, нередко возникали проблемы коррупции в судебной системе. Некоторые работники правоприменитель в судебных органах извращали закон в корыстных целях и даже стали "защитными зонами" для преступников, что нанесло огромный удар по незыблемости принципа верховенства закона и оказало серьезное негативное влияние на социальное равенство и справедливость.

中译:改革开放以后。党坚持依法治国,不断推进社会主义法治建设。同时,有法不依、执法不严、司法不公、违法不究等问题严重存在,司法腐败时有发生。一些执法司法人员徇私枉法,甚至充当犯罪分子的保护伞,严重损害法治权威,严重影响社会公平正义。

不难看出,在这一语段中,排比的四字词成为学生在中俄双语词汇和语义对应上的一大难点。"排比"这一概念由汉语翻译为俄语的过程中,他们将面临诸如用词、句构、语体等很多难题。汉语喜欢用排比句式,意思容易发生重复,为了避免啰嗦,遇到此类结构时,俄译文本可能需要将重复部分或一些形容词省略不译,使得译文简练,意思清晰。当然,俄语里也有类似的结构,我们称为"平行结构"。Например: "Сети интернета связывают мир, просветляют наше будущее, дают нам возможность узнать о мире больше". (例如,网络将世界联结起来,照亮我们的未来,让我们有机会更好地了解世界。)

试比较:

旗帜鲜明**讲政治**,坚定不移**讲政治**,一以贯之**讲政治**。

Если говорить о политике, то говорить надо совершенно четко, неукоснительно и последовательно.

第二节　中国政治文献俄译教学的典型案例

一、将中国政治文献俄译文本作为翻译课前阅读素材的教学思路

外语类专业一般会在本科三、四年开展翻译教学,而在此之前,学生大多很少主动阅读外语新闻文本,对于时政的了解也较浅,接触我国政治文献的机会也不多。所以,在探讨政治文献翻译这一话题之前,建议教师先引导学生明确"政治文献"的概念。

(1)什么是"政治文献"?

_____

(2)请从老师给出的材料中选出你认为属于政治文献的材料。

_____

(3)政治文献有哪些基本的文体特点?

_____

政治文献属于新闻政论语体,一般具有措辞正式得体、分句间逻辑严密、暗喻及排比等修辞手法丰富、政治性强等特点,若直接在课上讲解一篇新的汉译俄文本,会给学生造成较大的压力,教师也不便掌控课程节奏。所以,我们可以尝试结合翻转课堂的教学方式,在每节翻译课前选取一篇与本课所用素材相关的俄文版材料作为平行阅读文本留作业,给出重点提示,让学生充分发挥主观能动性,独立或以小组为单位自行查阅资料预习。课上老师可利用一定时间对学生的自学成果作出评价,总结优点和不足,并带领学生对平行文本中与本课素材相关性强的内容作出针对性训练。而后给

出本节课的任务,让学生在拥有一定基础的前提下进行试译,再由教师给出官方译文,引导学生共同交流学习。这一环节也可以和外籍教师合作,具体方式会在下面的章节展开讨论,此处暂不赘述。

以下是对于思政内容与翻译课程结合下创新教学模式的一些具体思考。

(一)课程安排(三维目标及重难点设置)

将思政融入翻译课堂是新的尝试,所以每节课的设计和课堂效果都是十分宝贵的经验。想要充分利用好课上每一分钟,就要将一堂课的教学目标和重难点确定下来。此处,笔者尝试参考义务教育新课程标准规定的三维目标(即知识与技能目标、过程与方法目标及情感态度价值观目标)来设置课程。

首先,每节翻译课可以采用"50%知识技能+10%过程方法+40%价值观"的知识比重进行具体内容的安排。

其中,"知识与技能目标"既包括基础的词汇语法,也涵盖了阅读和翻译技巧,即学生课上就能够基本掌握的内容。具体实施方式如下:教师在翻译课前下发俄文平行阅读文本,请学生自行预习(如处在线上教学时期,则建议使用钉钉、学习通或微信小程序等方式下发文字及相关音视频资料,这样素材不易丢失,更便于学生课后随时回顾),选材需要尽量鲜明地体现此类语体文本在词汇和表达方式等方面的特点,并对高频词汇、长难句进行标注,同时补充一定的历史或文化背景知识,以便于引导学生在预习时积极思考,鼓励其自主查阅更多资料,尝试总结固定句式和特色词语翻译模式,逐步训练学生利用归纳法分析翻译素材的能力。

课上,老师可以利用前20分钟左右的时间先与学生交流学生自己总结的重点词汇以及翻译方法,针对重要词汇及表达进行强化训练,并引导学生提炼文本主题。至此便可帮助学生扫除会影响后续深层理解从而造成误译的障碍。在这一环节中,教师要尽量营造轻松的课堂氛围,利用一些活动形式充分调动学生的积极性,以便缓解学生对文献翻译的畏难情绪,也能加深他们对重要知识点的理解和记忆。(本小节提供了两个简单易行的教学活

动范例供各位同仁参考)

过程与方法目标:在知识与能力目标基础上对教学目标的进一步开发。(小组学习、翻转课堂等)课中环节,老师先讲解平行文本中与本课所选汉语翻译材料相关的知识点,并通过丰富的练习形式带领学生巩固练习,加深印象,强化重点内容。在此基础上,让学生趁热打铁,利用刚刚积累的知识将当天下发的汉语片段译成俄语。随后,教师给出该段的官方译文,与学生一起对照阅读并分析、讲解相关的翻译技巧,以达成本课的翻译方法目标。

最后,通过小组活动、主题研讨等多种方式进行译后综合练习来复习旧知,巩固新知,提升翻译能力、思辨能力及口头表达能力,为日后从事翻译工作打下基础。

情感态度价值观目标:从文化转向视角进行翻译实践,在教学中要帮助学生树立信仰,加深学生对我国政治、文化等方面的了解,增强学生的国家认同感,使他们逐渐形成自己的价值观,从而更好地理解文献中蕴含的价值观。实践是掌握知识的重要方式,因此,可以在课程中尽可能多地引入翻译实践,以加强学生对中国政治文献及其价值观的理解。

(二) 部分课堂活动思路(线下和线上)

教师要注意把控文献翻译课堂的严肃性,切忌课堂氛围过于活跃,否则不利于学生深入思考并解决翻译过程中遇到的问题。

1. "ЧЕГО НЕТ?" ("少了什么?")

【此活动可用于对生词或词组进行机械练习。】

将学生分为几个小组,每小组 5~10 人,拼桌围坐。教师提前将平行文本中的高频词以及与本课翻译素材中重合的重点词汇制作成卡片,每组下发一份,让学生先把所有卡片平铺在桌上,一起努力记住所有卡面上的内容,接着选出一位主持人,发出"闭上眼睛"的指令,随后从桌上拿走一张卡片握在手里,再令大家睁开眼睛,提问"Чего нет?"(少了什么?)小组成员需根据记忆迅速并准确地说出缺少的词汇或短语,最后一位发言或没有说出来的同学则淘汰出局,最终胜出者则成为下一轮的主持人。

2. "КРОКОДИЛ"("根据描述猜词")

【此活动形式可塑性强,可根据班级人数和学生水平举一反三,自由调节。用于复习专有名词或固定表达,考查学生对该词条的理解程度。小组竞赛的形式能够激发学生的学习热情,教师也较容易了解学生对重点词条的掌握是否准确和深入。】

将学生分为两大组,每组 10 人左右。

先请两个组的同学分别为对方挑选 15 个诸如"'双减'政策""形象工程""四个自信""九二共识""三股势力"等可以展开解释的词条制作纸条,写好后交换,并派出一位裁判到对方小组计时计数。每组请一位同学将词条举过头顶,其他组员需要通过举例或展开描述该词条进行提示,让猜词的同学在规定时间内尽可能多地用俄语准确说出答案或选择跳过。注意,提示语中不可出现该词条包含的词。规定时间结束后,由裁判公布得分,教师可另设置奖惩。最后,将被"跳过"的词条收集起来,由教师引导全班一起试译,并对几种翻译方式进行修改和讲解,以达到查缺补漏的目的。(可以用俄语书写词条来降低难度)

例(4)"'双减'政策"("Политика двойного сокращения")

描述:Она защищает право учащихся на отдых, повышает качество преподавания в школах. В соответствии с ней внешкольное обучение не может проходить по праздникам, выходным и в каникулярное время. Сейчас Пекин, Шанхай, Шэньян, Гуанчжоу, и другие пять городов определены в качестве пилотных городов для осуществления новой программы. (它保护了学生休息的权益,提高了学校教育的质量。依据它,校外教学不可以在节假日进行。现在,已确定北京、上海、深圳、广州以及其他五个城市为该项目的全国试点。)

例(5)"中国特色大国外交"("дипломатия большой страны с китайской спецификой")

描述:О ней упомянул Си Цзиньпин в ноябре 2014 года на

Центральном рабочем совещании по вопросам внешней политики. Она призывает народы всех стран общими усилиями строить сообщество единой судьбы человечества, создавать чистый и прекрасный мир, где будет царить прочный мир, всеобщая безопасность, совместное процветание, открытость и толерантность. Согласно ее идее, Китай будет неизменно проводить независимую, самостоятельную, мирную внешнюю политику, выступать против вмешательства во внутренние дела других стран, против притеснения слабых сильными. (2014 年, 习近平在中央外事工作会议上提到了它。党的十九大报告中强调, 它将推动构建新型国际关系、推动构建人类命运共同体作为目标。它呼吁世界各国人民同心协力构建人类命运共同体, 建设持久和平、普遍安全、共同繁荣、开放包容、清洁美丽的世界; 坚持独立自主的和平外交政策, 反对干涉别国内政, 反对以强凌弱。)

例(6)"九二共识"("Консенсус 1992 года")

描述: Он четко определяет характер отношений между двумя берегами, выступает основной для поддерживания мира, стабильности и позитивного взаимодействия между двумя берегами пролива. (它明确界定了两岸关系的根本性质, 是两岸关系保持和平稳定和良性互动的基础, 是确保两岸关系和平发展的关键。)

3. 部分课堂活动组织及课件制作网站推荐

https://www.stooa.com/

借助此网站可在线进行"鱼缸"形式的话题研讨活动, 参与研讨的人数较多时适用。教师将全体学生分成 2~4 组, 每组 4~6 人。通过教师指定或小组自荐, 推选一位主持人, 然后请某一小组坐在教室中间, 并留出一两个空位。其他成员则围坐在这一小组周围。讨论开始后, 中间位置的小组可以在规定时间内自由展示或讨论对本课话题的感想, 其他小组只能认真倾听, 就像在鱼缸外观看缸里的小鱼。待"鱼缸"内的小组展示结束, "鱼缸"

图4-1 "鱼缸形式的话题研讨活动"

外的成员需要给予他们一定的反馈,并进入"鱼缸"发表自己的观点。在讨论过程中,主持人也要轮换并控场。这一活动形式可以培养学生的表达和倾听能力,自己的观点也会得到他人的反馈,这也将提升学生的思辨和口语能力。

https://learningapps.org/

此网站提供了多种线上互动练习形式的模板,教师可根据需要制作适合学生的预习、复习及课上练习。

图 4-2 词图配对活动形式 1

图 4-3 词图配对活动形式 2

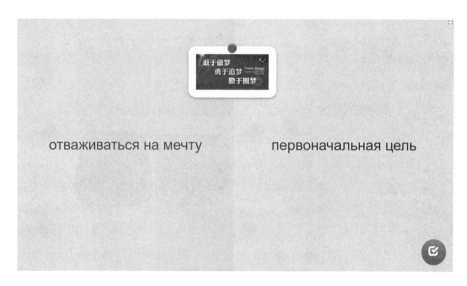

图4-4　词图配对活动形式3

图4-5　词图配对活动形式4

https://edupad.ch/

此网站类似于在线白板,可以让学生们同时在线输入文本信息。师生均可选择不同的颜色作为头像及文字底纹颜色,易于分辨。教师可让学生们对某个句子的翻译方式各抒己见,随后及时做出点评。

提示:课堂活动一定要注意时间限制,必要时及时调整各环节的时长,避免将翻译课上成阅读或词汇课。

242

图 4-6　线上听写/头脑风暴活动

完成了以上对文本知识型内容的讲练,下一步就可以进入对比讲解、分析纠错,总结翻译技巧的步骤。

(三) 将中国政治文献部分文本作为研讨主题的实施思路

在学生完成了词汇、语法和文化背景的学习,对本节课的材料进行了翻译和修改后,教师可以引导学生尝试将刚刚积累下来的知识运用到译后的话题研讨中,将学翻译和悟思想贯通起来,使学生能在以后的翻译实践中更好地阐释和解读文字背后的文化内涵,产出更好的译文。

德国语言学家 Heide Schatz 在《口语能力》一书中写道:"交际能力是指可以通过书面或口语的方式表达自己的想法,并能够合理回应他人口语或书面的表达。"(Schatz,2006)我们在翻译课程中引导学生从文化转向视角提升翻译能力的目的就是使学生具备向世界传播中国声音的能力,那么从这一角度来说,口语和书面的表达能力都十分重要,需要教师注意平衡两种能力的训练。

此处笔者尝试结合公务员面试结构化问题的答题思路,帮助学生在灵活运用中国政治文献外译理论知识的同时,在翻译课最后环节以交际为导向,充分调动学生的自主思考能力,逐步提高言语表达能力、综合分析能力、组织计划能力和应变能力。这些能力的培养能够提升学生的思维高度和综合素质,使他们更加客观、全面地看待问题,更加深刻地理解国家各项方针政策和思想要义,更好地参与政治生活,也可以为他们今后参加公务员和事业单位招考的笔试面试打下有利基础。

整体思路为:教师首先通过主题研讨的形式,引导学生在小组内各抒己见,畅所欲言,对案例发表自己的看法。接着,带领全班同学一起总结、梳理各小组优秀发言,纠正一些翻译中词汇搭配和句法的错误,探讨更多、更好的译本。最后,就该话题进行深入讨论并适当延伸,补充相关素材。

同时,对于类似"反腐""就业""爱国主义教育"等中俄两国共同的热点话题,建议邀请外籍教师加入研讨,对比两国国情及政策异同,启发学生用多元视角看待我国和世界的发展。引入外籍教师合作教学是提高学生中国政治文献外译能力的重要手段,将会有助于提升学生的学习效果,提高教学质量。

本课文本翻译阶段

在《习近平新时代中国特色社会主义思想学习问答》一书的第 17 章里,我们学习到:不忘初心、牢记使命,是中国共产党肩负起实现民族复兴历史使命的根本要求。下面请同学们根据在课前平行文本中积累下来的词汇知识翻译以下文本。

例(7)

中文:2016 年 2 月初,习近平在调研考察时强调,"行程万里、不忘初心";2016 年 7 月 1 日,他在中国共产党成立 95 周年庆祝大会上号召全党:"面向未来,面对挑战,全党同志一定要不忘初心、继续前进。"此后,"不忘初心"迅速成为社会各界高度关注的热词。简单来说,"初心"就是中国共产党人自建党之初就树立的奋斗精神和对人民的赤子之心。"不忘初心",就是不能忘记党的理想、信念、宗旨。

学生俄译:В начале февраля 2016 года в ходе поездок по стране Си Цзиньпин отметил:" Даже после поездки тысячи ли не забывать свою цель в начале"①. 1 июля 2016 года на торжественном собрании, которое отмечало[2] 95-летию создания КПК он озвучил призыв: "Идти вперед в будущее навстречу вызовам и ни в коем случае незабывать свою цель в начале". Выражение" незабывать об исходных целях" вызвало повышенный интерес широких круговобщественности и быстро стало популярным. Здесь" цель " значит доброе сердце, которое поставили перед собой китайские коммунисты во время создании партии для народа .[3]" Не забывать свою цель в начале" – это значит не забывать об идеалах, убеждениях и целях партии.

教师评价及修改：

①对于"行程万里、不忘初心"这句话,学生显然是能够理解的,但在翻译时没有注意书面语中政论文体的简洁性要求。首先,我们使用副动词做状语,让译文更加精炼,文体更恰当的同时,还能起到强调动作主次的作用："Даже пройдя путь в тысячули ,…";其次,"初心"直译为"цель в начале"明显是由汉语直译而来,俄语中基本不会这样表达,这也是上文提及阅读量缺乏所导致的问题。其实"初心"可以翻译为"первоначальная цель"抑或是" исходная цель ",在乌沙科夫词典中," исходный "的释义为"начальный, отправной",基本上传达出了和汉语原文中这一词语对等的含义。例如, Исходная цель верхних уровней иерархии(官阶) состоит в том, чтобы помогать нижним уровням достигать своих целей.（上层阶级最初的目的是帮助底层实现其目标。）

下面给出一个例句,请学生快速翻译为汉语：

Как часто бывает в науке, люди, объединившиеся для решения большой и очень важной задачи, постепенно занялись скрупулезными зучением частных вопросов, сделались маститыми специалистами в той или иной узкой области, но перестали видеть исходные цели .（在科研中,一些人为了解决一个庞大且极为关键的任务而凑到一起,之后他们便逐渐对于部分细节进行精密研究,并在某一个很小的领域成为德高望重的专家,但却再也看不到自己的初心。）

另外,此句中学生使用的是"забыть кого-что"的结构,这样翻译没有原则性问题。实际上,从俄语母语者的角度来看,使用"забывать/забыть о ком-чем"在语言色彩上有更加具体的意义,而前者显得比较泛泛。例如:"забыть обо мне"(忘记我),"забыть название книги"(忘记书名),"Там можно просто расслабиться и забыть о проблемах и городской суете."(那里可以完全放松下来,忘掉麻烦事儿和城里的奔忙。)"забыть прошлое"(忘记过去),"А пока нужно постараться забыть все, что сегодня здесь произошло."(该尽力忘掉今天在这儿发生的一切了。)根据莱比锡大学俄语语料库的词汇数据统计显示,"забыть о ком-чем"的结构使用频率更高。

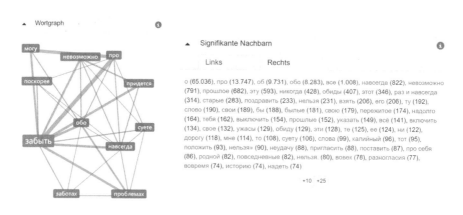

图4-7　莱比锡大学俄语语料库的词汇数据统计

②此处仍是文体风格的掌握问题。书面语中,较少使用带 который 的定语从句,而应尽量使用形动词去替换。所以,这一句改为"… на торжественном собрании, **посвященном** 95-летию создания КПК"更好。

③此句出现的问题明显反映出学生对汉语中一些典故理解不足的情况,同时也说明了文化转向在中国政治文献外译教学中的重要性。

"赤子之心"出自《孟子·离娄下》:"大人者,不失其赤子之心者也。"如果单从这个成语本身来看,学生将其译为"善良的心"好像没有错误。但结合上下文来看,俄语国家的读者则会理解为"'初心'就是中国共产党人对于人民的善良心意",这显然不符合习近平在讲话中所的表达的意思。

在这段话里,结合典故原意,"赤子之心"在这里是用于形容全体党员干部全心全意为人民服务的赤诚和纯善之心。所以,该词此处译为"преданность"或"глубокая любовь"更为合适,即"Здесь имеются в виду те исходные цели, которые поставили перед собой китайские коммунисты при создании партии, движимые мужественным духом борьбы и **глубокой любовью к народу**."

话题研讨阶段

主题:

一阵风吹过来,可以卷起一大张白纸,但是却吹不走一只翩翩飞舞的蝴蝶。结合刚刚学习的内容,谈谈这句话给你的启示。

参考思路:尽管我们的力量有限,但也可以拥有坚定的内心,不受外部因素的影响。通过谨慎地思考、学习和行动,把握自己的命运,而不是被动地应对外在环境。换句话说,我们应当坚守内心,不忘初心,不随波逐流。上升到更高的层面,我们可以想到,我国国力日益强盛,人民生活越来越富足,但我们仍倡导的和平共处、互利共赢、共建人类命运共同体的理念,充分调动全世界人民的合作精神,推动世界和平发展、维护共同的安全和繁荣。

在这一阶段,教师可以引导学生运用本节课所学知识,并回忆之前学过的中国政治文献翻译相关内容,用全俄语进行小组讨论,结合"不忘初心"这一话题畅所欲言,并以小组为单位作简单汇报。教师在听取汇报时,需要对学生在词汇、语法和文化背景方面的问题进行总结,在课程最后加以强调。

话题研讨阶段

材料分析:

例(8)

2018年5月2日,习近平在北京大学师生座谈会上的讲话中提到:"爱国,是人世间最深层、最持久的情感,是一个人立德之源、立功之本。孙中山先生说,做人最大的事情,"就是要知道怎么样爱国"。我们常讲,做人要有气节、要有人格。气节也好,人格也好,爱国是第一位的。我们是中华儿女,要了解中华民族历史,秉承中华文化基因,有民族自豪感和文化自信心。要时时想到国家,处处想到人民,做到"利于国者爱之,害于国者恶之"。

结合总书记这段话,谈谈你如何看待今日网络上出现的一些侮辱英烈的新闻。

【参考要点】

(1)遇到对看法提问的情况,先简要概括现象并给出肯定或否定的评价

例(9)

Явление использования Интернета для злонамеренной клеветы и нападок на героев становится все более серьезным. Как молодое поколение в новую эпоху, мы должны нести больше ответственности и обязательств, чтобы взять на себя священную ответственность за поддержание исторической репутации героев и руководящих ценностей.

(利用网络对英烈恶意诽谤和攻击现象日趋严重,作为新时代青年,有更多的责任和义务担起维护英雄的历史声誉和引导价值观的神圣职责。)

(2)结合实际,分析材料中问题产生的原因

①Воспитание патриотизма формализовано;

②Эпоха Интернета бросила большие вызовы традиционным ценностям;платформе не хватает контроля и чувства ответственности;

③Наказание за поведение, оскорбляющее героев, достаточно легкое.

④Имеется спор о том, как определить характер Интернет-преступления.

(爱国主义教育流于形式化;网络时代给传统价值观带来很大挑战;平台缺少责任感,监管不力;对侮辱英烈的恶劣行为处罚力度不够;网络犯罪定性仍存在一定争议……)

（3）分析事件已造成或可能产生的影响

例（10）

Интернет не может быть вне закона. Некоторые считают, что Интернет-территория вне закона и любые попытки установить правила игры внутри сети воспринимаются как посягательство на права и свободу слова. Это в корне не так. Каждому гарантируется свобода мысли и слова, но нельзя делать все, что вздумается, и даже нарушать закон под предлогом свободы слова.

Си Цзиньпин процитировал китайского философа Гун Цзычжэня в своей речи на одном важном собрании:" Для того, чтобы уничтожить страну и ее народ, достаточно уничтожить его историю". У народа без истории не может быть будущего. Л. Н. Толстой сказал:" Страна, забывшая свою культуру, историю, традиции и национальных героев – обречена на вымирание". Поэтому, если мы не будем усиливать контроль над Интернетом и бороться с поведением оскорбления героев и сарказмом об истории страны в Интернете, то молодое поколение неизбежно забудет историю, забудет о том, что наши герои погибли напрасно. В такой атмосфере будет расти сила исторического нигилизма.

（网络不是法外之地。一些人认为，网络不受法律监管，任何在互联网建立规则的举措都是对言论自由的侵犯。而这完全是错误的观点。公民享有言论自由，但这不是为所欲为甚至违法犯罪的借口。

2013 年，习近平在一次重要讲话中引用了清代思想家龚自珍《定庵续集》中的一句话："灭人之国，必先去其史。"意思是：要让一个国家或一个民族灭亡，首要的方法是必定要让他们彻底忘掉过去的历史，以毁灭他们的精神和意志。一个民族遗忘了历史就不会有未来。列夫·托尔斯泰也曾说过："一个遗忘了自身文化、历史、传统和民族英雄的国家必定走向灭亡。"所以，如果我们不对网上肆意侮辱英烈、戏谑国家历史的行为加以监管和抵制，必定会让下一代遗忘历史，让无数革命英雄白白牺牲，甚至使历史虚无主义泛起沉渣。)

(4)提出相应的解决对策

应当逐步建立更多爱国主义教育基地,深入推进爱国主义教育;加强网络舆论引导,倡导网民积极弘扬社会正能量;加强平台监管;加快推进网络违法犯罪量刑工作。

本课文本翻译片段

例(11)

中文:中共中央总书记、国家主席、中央军委主席习近平在中南海同团中央新一届领导班子成员集体谈话并发表重要讲话。习近平号召广大青年**敢于有梦、勇于追梦、勤于圆梦**。他强调:"**青年一代有理想、有本领、有担当,国家就有前途、民族就有希望。**"

在对这两句话的翻译中,很多学生会将"敢于有梦"译为"сметь мечтать",这种译法在语义上没有问题,俄罗斯一家庭教育中心就被命名为"Смеем мечтать!"但学生常会忽略,在翻译公文事务语体和报刊政论语体时,更多使用的是"动词+名词/动名词"的形式,而非单独的动词或者"动词+动词"结构。例如,оказать помощь, вести переговоры 等。另外,此类语体的文章用词应更为高雅、庄严,避免口语化表达。所以,本段翻译中使用词组"отваживаться на мечту"更加适合。在最后一句话的翻译中,学生也会出现类似的问题,如会将"有理想"译成"есть／иметь мечту","有本领"译成"есть талант"等。另外,汉语的排比句在进行俄译时也要注意按俄语语言习惯处理,不必译出"есть"。

俄译:Генеральный секретарь ЦК Компартии Китая, Председатель Китайской Народной Республики и Центрального военного совета КНР Си Цзиньпин в государственной резиденции " Чжуннаньхай " в Пекине встретился с руководством ЦК Коммунистического союза молодежи

Китая нового созыва. В ходе встречи Си Цзиньпин выступил с важной речью, в которой призвал молодых китайцев **отваживаться на мечту, храбро и усердно работать** для **реализации своих мечтаний**. Он подчеркнул:"Когда молодое поколе обладает идеалами, способностями и **ответственностью**, **у страны** есть перспективы, у народа есть надежда. "

话题研讨阶段

材料分析：

习近平在党的十九大报告中勉励青年一代:青年一代有理想、有本领、有担当,国家就有前途,民族就有希望。作为一名青年人,你有什么感悟?

【参考要点】

①不管是在书面作答还是口语交际中遇到读名言警句谈感想的问题,我们首先要将对原句的正确理解讲出来。因为文本翻译阶段老师已经引导同学们对这句话做了比较详细的分析,此处可让学生自行总结表述。

②从文化转向的视角进行翻译活动可以为不同的文化之间架起一座桥梁,这也需要翻译者具有良好的文字分析能力和表达能力。同学们先要思考:习近平总书记为什么要勉励青年一代? 因为青年人肩负国家发展的重要责任,是伟大祖国的接班人,是新时代的中流砥柱。可以引导学生细致分析三个关键词:本领、理想、担当。"本领"指的是有作为,推动社会发展建设;"有理想"则是有目标和方向;"有担当"便是对学习、工作、家庭和国家富有责任感,努力学习,认真工作,为家庭美好、国家富强和民族复兴而奋斗。

此点参考表述以下例句。

例(12)

Молодежь, безсомнения, является одним из локомотивов, обеспечивающих не только развитие общества, но и его благосостояние. Молодежь – это всегда свежие идеи, новые мысли, смелые взгляды. Путь, по которому пойдет государство, во многом зависит от того, насколько продуктивно и творчески активно молодое поколение. Покорение новых вершин в науке, технике и творчестве невозможно без молодежи, без ее энергии, стремления ко всему новому и неизведанному, без способности рисковать и сомневаться в избитых истинах, отдавать свои силы на благо родной страны.

(青年一代无疑是确保社会发展繁荣的领航者。国家的未来在很大程度上取决于年轻一代的生产力和创造力。年轻人总有新鲜的想法和大胆的观点。如果没有年轻人,没有他们的力量去追寻新鲜未知的事物,对腐朽的观念质疑,为祖国的利益付出力量,就不可能征服科学、技术和创造的新高度。)

在分析名言警句、谈论正面的社会现象时,我们也可以列举一些反面事例来论证(如"啃老""拜金""躺平"等)。

(5)最后总结整个表述。

例(13)

Как молодой человек новой эры, я глубоко чувствую, что у нас появляется больше возможностей, и мы должны уделять больше внимания нашему собственному развитию. Мы должны проявлять инициативу, чтобы исследовать наш собственный потенциал, развивать наши собственные способности, чтобы мы могли приобрести больше знаний и навыков и повысить нашу будущую конкурентоспособность; в то же время необходимо продолжать развивать нашу собственную инициативу, иметь мужество брать на себя ответственность, смело двигаться вперед и делать наш собственный вклад в развитие страны. Только у молодого поколения есть идеалы, обязанности и способности для того, чтобы стимулировать национальную мощь и реализовать возрождение и благосостояние страны.

（在新时代背景下，我深深感受到，作为一名青年人，我们拥有更多机遇，更应重视自身发展。我们应该主动探索自身潜力，学习更多知识和技能，增强未来的竞争力；同时，还要不断培养自己的进取心，勇于担当，勇敢向前，为国家发展、民族复兴做出自己的贡献。只有青年一代有理想、有担当、有本领，才能激发民族力量，实现国家的振兴和繁荣。）

作业/思考题

文本翻译片段

"空谈误国，实干兴邦。"上任中共中央总书记仅 15 天，习近平就在参观"复兴之路"展览时表达了以实干托举中国梦的决心。

参考译文：

" Работа по-деловому приведет страну к процветанию, а болтовня нанесет ей ущерб". Только 15 дней спустя после вступления на пост Генерального секретаря ЦК КПК, Си Цзиньпин во время посещения выставки "Путь к возрождению" уже выразил его решимость осуществить китайскую мечту своей продуктивной работой.

话题研讨阶段

图 4-8　"空谈误国，实干兴邦"

观察漫画，结合社会现象用俄语进行阐述分析。

笔者认为，一个合格的研讨环节或一堂成功的研讨课，应达到以下几个标准。

①全班学生均有机会参与到研讨当中，并且不同层次的学生能够得到适合自己的任务。

②学生能够踊跃发言，并且在交

流或汇报时努力避免借助母语。

③如需邀请外教参与,则中外教应准备充分,配合默契。

此外,由于中国政治文献文化转向视角下的外译教学仍处于探索阶段,笔者认为,有条件的情况下教师应及时收集学生课后反馈,以便动态调整教学计划和部分活动。比如,我们可以利用线上匿名问卷的形式了解学生对于本堂课的真实感受。

二、中国政治文献俄译文本教学过程的中外教合作的优势及思路

国内的传统翻译课堂通常只安排一位中国教师参与教学活动,笔者认为,想要更好地帮助学生从文化转向视角认识政治文献外译工作,外教的配合具有重要意义。

首先,中外教师合作可以加强学生的语言实践能力。中外教师之间合作,中国教师可以教授中国政治文献的文化背景,而外籍教师可以介绍外语语言的语法特点以及外译中的思维方式和表达技巧,形成优势互补,系统教学。这样,在与中俄教师的交流中,学生会获取来自不同文化的语言学习经验,更好地理解文献内容,并且能够有效地将掌握的知识运用到实践中,其语言理解能力以及翻译实践能力都会得以提升。

其次,中外教师合作可以提高学生对文化差异的认识。中外教师之间的合作可以构建一个交流的平台,使学生更加清晰地认识中外文化和文化差异,逐步引导学生进行与两国文化相关内容的思考和表达,从而提高学生对文化差异的认识,更加深入地理解中国政治文献背后的文化内涵,从而不断提升文化转向视角下的政治文献外译能力。

总之,中外教师合作可以通过分享经验,给学生提供更全面的翻译技巧,使学生在实践中能够更准确、更灵活地使用翻译技巧,从而提高翻译质量,在中国政治文献外译教学中具有重要意义。

以上一小节"爱国主义教育"话题为例,如果我们邀请外教在课中翻译实践环节进入课堂,则可以请其与中国教老师同时对小组合作翻译进行实

时点评。这样一来,不但大幅提升课堂效率,还可以鼓励学生勇于开口与外教进行更加专业的交流。在这一环节完成后,两位老师可以一起对学生在翻译过程中出现或主动提出的问题进行总结,准确分析问题类型(通过一定量的中外教合作实践笔者发现,主要问题集中在汉语原文理解不准确、俄语新闻语体和政治术语生疏、对两国政治及经济方面的大政方针了解较少三大方面。这些问题有时候会交叉反映在某些细小的错误当中,仅靠中国教师或外教一人通过学生主动反馈的问题去总结较为困难。)

在课堂最后的研讨环节,我们可以邀请俄语外教加入小组,或接受学生采访,讲一讲他对于这一话题的理解。例如,某年 5 月 9 日胜利日当天,有俄罗斯青年当众侮辱参加"不朽军团"游行活动的二战老兵,这一行为激怒了很多在场群众。对于生于苏联,成长于俄罗斯的人来说,看到这则新闻时内心一定很不平静。我们可以请外教具体讲讲自己的感受,与学生共同探讨如何更好地对"00 后""10 后"的新一代青年进行爱国主义教育。同时,课下可以为学生布置作业:请他们用俄语介绍自己成长过程中受到的爱国主义教育,也可以按家乡分小组介绍当地红色革命故事。

最后,我们还可以充分利用课下时间,尤其是早晚自习或周五晚上,定期组织线上或线下的外语口语角或跨专业茶话会。此类活动可邀请来自不同国家的多位外教,并且不限制参与的年级和专业,主要目的是调动学生自主思考和自主学习的积极性,充分发挥外语类院校或学院的多语优势,为学生创造更多的跨文化交流机会,使其能够拥有开放包容的心态和广阔的视野,同时也能为更多学生创造更好地翻译学习和实践环境。线上组织此活动可以借助 https://www.stooa.com/(Stooa)以"鱼缸"形式进行。

第三节　中国政治文献俄译教学训练与效果

根据本科阶段高年级翻译课堂实际情况,笔者总结了政治文献俄译教学训练的部分经验。具体包括以下几个方面。

一、笔译练习

课前选择一些具有代表性的政治文献文本(如领导人讲话、近期重要会议报道等)作为预习内容,课上再给出平行文本作为当堂练习,结合本文第二节提及的一些课堂活动,以讲练结合的形式完成本课翻译技能的学习,以达到提高翻译的准确性、增强翻译技巧的目的。

二、口译练习

节选不同场合的领导人讲话稿,结合学情进行分层口译训练,以提高学生的口语能力和听力能力。学生在集中精力进行听辨的过程中,可以加深对中国政治文化的理解和掌握。这一练习方式来自外语教学法中的"听说法"(the audiolingual approach)。听说法起源于第二次世界大战期间培训军队外语人才的行之有效的"军队法"(the army method),是 20 世纪中叶产生的新改革法派教学法。其主要目的是用目的语进行交际。由于该教学法的倡导者认为,体现口语的听、说能力的培养应优先于使用书面语的读、写能力,因此,听说法有时也称"听说领先法"。根据行为主义的基本观点,听说法认为外语学习是通过"刺激反应"形成习惯的过程。课堂上除了教师尽量用外语上课,还大量使用录音、录像和电影等电化教具作为刺激手段,强化学生的反应,巩固所学内容。听说法提倡用外语上课,但不完全排除母语。(王铭玉、赵亮,2012)

三、译文互评

让学生们对随机选出的某几位同学的课前预习或当堂翻译文本的练习成果进行匿名点评。通过译文互评练习,可以提高学生的思辨和表达能力,这一过程也可以让教师更好地了解学生对素材文本的理解和对翻译技巧的掌握程度。

四、实战演练

课堂模拟翻译现场。教师选取近期学习的部分政治文献俄汉对照文本,课上随机指定两位同学分别作为中方发言人及俄语译员,其他同学则作为现场记者,共同模拟会议现场。在讲话及"交传"结束后,记者们可以就此发言进行提问,发言人要即兴回应问题,同时译员也要对其回答做出即时翻译。此种练习模式运用了外语教学法中的"交际法",其教学目的是全面培养学生的交际能力,并把语言的意义、功能放在首位。交际法强调以学生为主体,强调教学环节中学生的充分参与。教学过程中使用地道和真实的原文,注重具体场景的交际,并正确处理交际活动与语法教学的关系。交际法的授课语言以目的语为主,练习方法以对话、讨论和连贯表达为主。(王铭玉、赵亮,2012)这一练习的主要目的有两个:其一,翻译属于本科高年级难度较高的课程,即便课上听懂了,课下也复习了,在没有进行实际运用的情况下,学生们对于一些翻译技巧和理论的掌握也并不十分牢靠,大多做不到活学活用。所以,通过模拟真实的翻译场景,可以推动学生在带有轻微压力的环境下将所学知识充分利用起来,完成一次翻译实践。同时,因为模拟现场使用的均是学生们较为熟悉的政治文献材料,所以基本不会出现各角色由于过于紧张而无法完成训练的情况。其二,政治文献翻译课堂教学需要重视对学生学习兴趣的激发。设置模拟翻译场景可以让学生更加了解所学翻译技巧的实用性,学生处理实际翻译工作中遇到的各种情况和问题的过程,也是对旧知识的复习以及对近期学习的复盘,对学生提高翻译能力和临场反应能力有较大的帮助。此外,"答记者问"的环节可以训练学生的思辨能力,使其对于政治文献有更深的理解和思考。

第四节　结语

如今,随着全球化的趋势持续发展,文化转向视角下的中国政治文献外译研究变得尤为重要。文化转向视角下的中国政治文献外译研究,可以提高外译文献的质量,从文化转向视角出发,文献外译应当尊重原文的文化信息,在保持原文意义的前提下,实现文化的传达。再者,文化转向视角下的中国政治文献外译研究可以帮助我们更好地理解文献原文及其外译文本。与传统的外译理论相比,文化转向视角可以更好地呈现外译文献背后的文化信息,使读者深刻体会中国政治思想的内涵。此外,文化转向视角可以帮助挖掘中国政治思想中隐藏的文化特色,使其能够更容易地被外国读者理解。因此,文化转向视角下的中国政治文献外译研究有助于推动中国与世界其他地区之间的文化交流,促进更具包容性和可持续性的发展。

想要中国声音传播到世界各个角落,就要努力培养一代又一代热爱祖国,了解本国文化、政治,并且外语水平优秀的大学生。所以,研究文化转向视角下中国政治文献外译教学具有深远的意义。中国政治文献的外译教学在当今全球化背景下已经获得了更多的关注和重视。通过了解和学习政治文献外译,学生可以更好地理解中国政治文献背后的文化内涵,更好地发掘政治问题的多样性,以及中国政治的文化转向。

首先,正确的文化转向教学方法可以帮助学生建立跨文化的理解能力。文献外译实践可以帮助学生更深入地理解中国政治文献中出现的文化符号以及它们所蕴含的信息。同时,将这些技巧应用于日常生活中也可以增强学生的文化意识,开阔其视野,拓展中俄文化之间的联系,从而达到很好的跨文化交流和理解。外语教学可以使学生更全面地理解文献中的文化元素,更深入地理解政治文献的出处,深层次挖掘中国政治文化的历史性意义以及其对当今中国社会产生的重要影响。其次,外译教学可以引导学生发掘政治问题的多样性。学生能够深入认识到政治问题有着多样的表达方式,不同的文化背景、话语体系也会使一个政治问题呈现出不同的形式。此外,外译教学也可以引导学生发掘政治文献的多样性,并从新的视角看待全球政治思想。最后,外译教学可以帮助学生更好地理解中国政治的文化转向,更加清晰地了解中国政治文化如何随着时代的发展而变化,以及随着变化而形成新的政治思想。

笔者在书稿写作过程中走访以及线上联系了国内多所高校俄语专业的同仁及学生,但收集到的中国政治文献外译教学案例十分有限。由此可见,政治文献外译教学仍处于任重道远的阶段。

综上所述,文化转向视角下中国政治文献外译研究具有重要的意义,不仅可以提高外译文献的质量,还可以帮助我们更好地理解我国的政治制度和大政方针,进而促进中国与世界其他地区之间的文化交流。因此,有必要继续加强对中国政治文献外译文化转向教学的研究,不断探索更加科学、实用的教学方式与技巧。

(本章撰写:周文娟)

中国政治文献俄译词语对照索引

A

爱国统一战线	латриотический единый фронт китайского народа
安理会常任理事国	лостоянный член Совета Безопасности ООН
澳门特别行政区	Особый административный район Аомынь
澳门特别行政区政府	Правительство специальной административной области Аомэня.

C

从严治党	строгое внутрипартийное управление
长三角	дельта реки Янцзы
长征	Великий поход Красной Армии Китая

F

反腐倡廉	противостояние коррупции и поощрение бескорыстия

G

归属感	чувство принадлежности /ощущение принадлежности
总体国家安全观	всеобъемлющая концепция национальной безопасности Китая
国家开发银行	Государственный банк развития Китая (ГБРК)

H

行业垄断	отраслевая монополия
宏伟蓝图	великий китайский замысел

J

极端主义	экстремизм

军备竞赛	гонка вооружений

L

离婚冷静期	период ожидания для развода/время на обдумывание развода
两岸关系	отношения между двумя берегами Тайваньского пролива
"两个一百年"奋斗目标	цели, намеченные к "двум приближающимся столетним юбилеям"

M

莫斯科地铁大环线	большая кольцевая линия метрополитена в Москве

Q

潜规则	неписанные правила (негласные правила)
全面深化改革	всестороннее углубление реформ
全面依法治国	всестороннее управление стороной на основе закона

R

人类文明	человеческая цивилизация
人与自然和谐共生	гармоничное сосуществование человека и природы
人民民主专政	демократическая диктатура народа

S

社会主义核心价值体系	система основных ценностей социализма
食品安全	безопасность пищевых продуктов
双边关系	двусторонние отношения
司法腐败	судебная коррупция
司法公正	справедливый суд
丝路基金	Фонд Шелкового пути

T

台湾同胞	соотечественники на Тайване
特区政府	лравительство специального административного района
脱贫攻坚	интенсивная ликвидация бедности

W

微观经济	микроэкономика
稳中求进	достижение прогресса в стабильности
无党派人士	беспартийное лицо

X

习近平新时代中国特色社会主义思想	Идеи Си Цзиньпина о социализме с китайской спецификой новой эпохи
习近平外交思想	внешнеполитические идеи Си Цзиньпина
宪法修正案	поправки к Конституции
乡村振兴战略	стратегия подъема села
香港特别行政区	Особый административный район Сянган (СОАР)
雄安新区	новый район Сюнъань
协调发展	согласованное развитие
协商民主	консультативная демократия
协调推进"四个全面"战略布局	согласованно реализовывать четырехаспектную секторную стратегию
新冠疫情	пандемия COVID-19/ пандемия коронавируса
新冠疫苗	вакцина от COVID-19/ вакцина от коронавируса
新型国际关系	международные отношения нового типа
新形势下军事战略方针	военно-стратегический курс с ориентацией на новые условия
新能源	новые источники энергии
新媒体	новые медиа (Вэйбо, Тик Ток и т. д.)
新兴产业	новые отрасли промышленности

新兴学科	новые направления науки
信息安全	информационная безопасность
学习型社会	обучающееся общество
学习型政党	обучающаяся партия

Y

亚太经合组织	АТЭС(Организация азиатско－тихоокеанского экономического сотрудничества)
养老体系	пенсионная система
"一带一路"	"Один пояс, один путь"
"一国两制"	"одна страна, две системы"
医疗保险	медицинское страхование
依法治国	наравление государством на основе закона

Z

再生能源	возобновляемые источники энергии
中俄关系	китайско－российские отношения
中国梦	Китайская мечта
中国特色社会主义伟大旗帜	Великое знамя социализма с китайской спецификой
总体国家安全观	всеобъемлющая концепция государственной безопасности

参考文献

[1]姜雅明,李梦雅."中译外"政治语篇中的语言个性问题——以政府工作报告俄译本为例[J].中译外研究,2014(2).

[2]李长栓,王苏阳.北外高翻笔译课[M].北京:中译出版社,2020.

[3]刘淼.基于语料库的中国《政府工作报告》俄译本语言特征研究[R].北京第二外国语学院,北京大学.2017.

[4]王铭玉,赵亮.从语言学看外语教学法的源与流[J].中国俄语教学,2012,31(2).

[5]王铭玉,《新编外语教学论》[M].上海:上海外语教育出版社,2008.

[6]王晔.中共中央重要政治文献术语翻译研究——以2009—2013年政府工作报告俄译本为分析个案[R].天津外国语大学滨海外事学院.2012.

[7]习近平谈治国理政第一卷[M].北京:外文出版社,2014.

[8]习近平谈治国理政第二卷[M].北京:外文出版社,2018.

[9]习近平总书记教育重要论述讲义[M].北京:高等教育出版社,2020.

[10]曾文雄.对翻译研究"文化转向"的反思[A].广州:广东商学院外语学院.2006.

[11]赵稀方.翻译的文化转向——从西方到中国[A].2017.

[12]中国关键词[M].北京:新世界出版社,2019.

[13]莱比锡大学俄语语料库[2023-04-09]. https://corpora.uni-leipzig.de/de? corpusId=rus_mixed_2013.

[14]中国特色话语对外翻译标准化术语库[2023-04-09]. http://210.72.20.108/index/index.jsp.

[15]ChatGPT[2023-04-09].openai.com.

［16］Edupad［2023-04-09］. https://edupad. ch/

［17］中国网俄文版［2023-04-09］. http://russian. china. org. cn/

［18］Stooa［2023-04-09］. https://www. stooa. com/

［19］Learningapps［2023-04-09］. https://learningapps. org/

［20］Национальный корпус русского языка［2023-04-09］. https://ruscorpora. ru/

［21］СИНЬХУА Новости［2023-04-09］. https://russian. news. cn/

［22］中国关键词［2023-03-31］. http://keywords. china. org. cn/

第五章　中国政治文献日译本科教学

第一节　中国政治文献日译教学面临的问题

传统的基础日语教学是以词汇、语法为载体,以教师母语讲解为中心展开的。在传播中国声音、中国文化走出去的新时代要求下,传统日译教学法下,学生套用一个个语法公式去生硬地进行对译翻译,存在几个问题:知识传授碎片化;能力培养完全语言化;教材选择和课程设置的科学性不足;新教学方法的探索不足;教师的应对准备不充分。教学的课堂改革,应从以下几方面入手:转变教学理念,兼顾文化对照;进行各学科教学改革,全面提升学生跨文化交际能力;充分开展课外文化实践;加强对当代中国的理解和学习。从文化转向的角度切入中国政治文献的日译教学,其实是构建文献外译政治文化的前端战场。在教学过程中有计划地逐渐引导学生从文化的角度理解外译过程,学生才有可能在每次翻译实践中实现意识形态方向正确的外译,才能真正实现文献外译的政治文化构建。

结合目前翻译的语法讲解、翻译法、交际法,笔者认为政治文献翻译课的教学可以从以下几方面进行思考。

一是在文献翻译教学过程中引导学生在历史语境中探究重要概念的产生和生成逻辑,深刻把握并领悟新思想的脉络、源流与走向,提升学生的历史意识,增强其政治认同感。

二是认真分析学生因为文化因素出现的语言错误。

　　三是在日本国概况、日本文化等课程中,寻找出跟政治文献相关的背景知识,在翻译课中以复习的方式带着学生一起找到日本文化的影子,回顾并补充两国文化中需要的知识点,加深学生对两国文化异同点的认知。

　　四是积极开展一些实证研究工作,收集大量有用的教学内容,设计文化教学的效果评价数据并进行科学对比。

　　五是加大语用文化的比重。一般说来,语用文化主要包括背景文化、语言文化、风俗文化等。在日语教学中,我们可以通过政治、历史、文学、经济等中日两国背景文化的介绍,导入日语学习内容,丰富日语词汇量,让语用文化贯穿课堂的各个环节。

第二节　文化转向下翻译策略的介入

　　政治文献外译既是一种语言转换活动,更是一种政治传播和文化输入活动。而语言与文化密不可分,光做生硬的语言翻译不考虑文化传播的外译受众是很难真正令人接受的,带来的只有不同文化间的猛烈碰撞,根本达不到外宣翻译的目的。除了注重各种相关背景知识的传授,还可以传授一定的文化翻译策略。文化翻译策略不同于语言学派提出的翻译策略,是以挖掘原文文化内涵为前提、考虑原语美学取向和语言逻辑的策略。

一、直译法

　　所谓直译法,就是在不违背译文语言规范以及不引起错误联想的前提下,在译文中保留习语的比喻、形象和民族地方色彩的方法。用直译法翻译习语,可以把习语移植到日语中来,丰富译文语言,拓展译入语读者的文化知识。专有名词很多采用直译的翻译方法,比如"社会主义现代化国家"(社会主義現代化国家)、"中国共产党"(中国共産党)等。句子直译的也不少,比如《关于〈中共中央关于党的百年奋斗重大成就和历史经验的决议〉的说明》中的这句话:

例(1)

中文:进入改革开放新时期,邓小平同志说:"历史上成功的经验是宝贵财富,错误的经验、失败的经验也是宝贵财富。这样来制定方针政策,就能统一全党思想,达到新的团结。这样的基础是最可靠的。"(习近平,2021)

日译:改革開放の新時期に入って、鄧小平同志は「歴史上、成功した経験は貴重な財産であるが、誤った経験、失敗した経験もまた貴重な財産である。このように方針・政策を策定すれば、全党の思想を統一し、新たな団結をつくり上げることができる。このような基礎こそ最も信頼できるものである」と指摘した。(習近平,2021)

这种翻译策略既是翻译,也是文化再现,完全保留了原文的风格,做到最大限度地忠实和忠诚,是严肃的文献外译工作中常见的翻译策略。

二、意译法

意译区别于直译逐字逐句的翻译,是指根据原文的大意来翻译。通常在翻译句子、词组或更大的意群时使用较多,主要用于原语与译语体现巨大文化差异时。比如,党的二十大报告出现了6个"不能",翻译的结果却各不相同。

例(2)

中文:我们坚持以马克思主义为指导,是要运用其科学的世界观和方法论解决中国的问题,而不是要背诵和重复其具体结论和词句,更**不能**把马克思主义当成一成不变的教条。(习近平,2022)

日译:われわれがあくまでもマルクス主義を導きとするのは、その科学的な世界観と方法論を用いて中国の問題を解決するためであり、その結論自体や文言を暗誦し、引用するためではなく、ましてマルクス主義を

永久不変のドグマにしてはいけない。(習近平,2022)

例(3)

中文:我们要坚持对马克思主义的坚定信仰、对中国特色社会主义的坚定信念,坚定道路自信、理论自信、制度自信、文化自信,以更加积极的历史担当和创造精神为发展马克思主义作出新的贡献,**既不能**刻舟求剑、封闭僵化,**也不能**照抄照搬、食洋不化。(习近平,2022)

日译:われわれはマルクス主義への確固たる信奉、中国の特色ある社会主義への強い信念を堅持し、道・理論・制度・文化への自信をうち固め、より積極的に歴史的責任感と創造の精神をもってマルクス主義の発展のために新たな貢献をしなければならず、状況の変化を考えず頑なに先例にこだわり、閉鎖的な考え方に固執したり、他人のものや外国のものを鵜呑みにしたりしてはいけない。(習近平,2022)

例(4)

中文:全党必须牢记,全面从严治党永远在路上,党的自我革命永远在路上,决**不能**有松劲歇脚、疲劳厌战的情绪,必须持之以恒推进全面从严治党,深入推进新时代党的建设新的伟大工程,以党的自我革命引领社会革命。(习近平,2022)

日译:全党がしっかりと銘記しなければならないのは、全面的な厳しい党内統治の道に終わりはなく、党の自己革命の道にも終わりはなく、一休みしようとか、諦めようとかいう気持ちは決して許されず、全面的な厳しい党内統治を粘り強く推し進め、新時代の党建設の新たな偉大なプロジェクトをいっそう推し進め、党の自己革命によって社会革命を導かなければならないということである。(習近平,2022)

例(5)

中文:坚持党性党风党纪一起抓,从思想上固本培元,提高党性觉悟,增强拒腐防变能力,涵养富贵**不能**淫、贫贱**不能**移、威武**不能**屈的浩然正气。

(习近平,2022:20)

日译:党性・党風・党規律に同時に取り組むことを堅持し、思想面で基盤を固め、党性面の自覚を強く持ち、腐敗を拒んで変質を防ぐ能力を強め、「富貴も淫する能はず、貧賎も移す能はず、威武も屈する能はず」という浩然の気を養う。(習近平,2022)

例(6)

中文:只要存在腐败问题产生的土壤和条件,反腐败斗争就一刻**不能停**,必须永远吹冲锋号。(习近平,2022)

日译:腐敗の温床が存在する限り、反腐敗闘争は一刻たりとも止めてはならず、永遠に総攻撃の勢いで取り組まなければならない。(習近平,2022)

例(7)

中文:坚持不敢腐、**不能腐**、不想腐一体推进,同时发力、同向发力、综合发力。(习近平,2022)

日译:汚職する勇気をくじくこと、汚職を**不可能**にすること、汚職する意欲をそぐことの一体的推進を堅持し、同時に、同方向に、総合的に力を入れる。(習近平,2022)

虽然中文都是"不能",译成日语时要根据上下文和句意,译成不同的结果。可见,有些表达方式并不能简单粗暴地直译,要适当采用意译,这也是文化翻译中的一个重要策略。

三、直译加注法

有时,一些句子单纯的直译和意译都不是理想的翻译手段。在这种情况下,最常用、最安全、最省事的办法就是先直译再加注解。这样一来,无论多复杂的语言现象,都能够讲清楚其中的奥妙。例(8)(9)是党的二十大报告中的例子,例(10)是《关于〈中共中央关于党的百年奋斗重大成就和历史经验的决议〉的说明》中的一部分：

例(8)

中文：牢牢守住十八亿亩耕地红线(习近平,2022)

日译：一八億畝(一億二〇〇〇万ヘクタール)の耕地レッドラインを厳守する(習近平,2022)

例(9)

中文：京津冀协同发展(习近平,2022)

日译：京津冀(北京市・天津市・河北省)協同発展(習近平,2022)

例(10)

中文：9月6日,根据中央政治局会议决定,决议征求意见稿下发党内一定范围征求意见……(习近平,2021)

日译：九月六日、中央政治局会議の決定により、決議意見募集稿は党内の一定範囲(すでに引退した元指導者を含む)に配布して意見を求めた…(習近平,2021)

例(8)中出现的"亩"在日本的面积单位中是没有的,中国的1亩=1/15公顷,官方日译版选择直译后加"( )"换算成公顷。例(9)中的"京津冀"是北京、天津、河北三个行政区划的简称,单纯直译日本人会不知所云,日译版均直接在后面加了注释,解释了分别包括哪些地区。例(10)的"一定范围"更是正文中没有解释的,日译版中在"( )"里具体写出了包括已经退休的前领导人。可见,针对中国有而日本没有的概念及需要在外宣时解释清楚的内容,直译加注的翻译策略是一个非常简单有效的翻译方法。

此外,针对中国固有的一些文化内容、典故类内容,在初次外译时也可以用直译加注的方法。这样既不破坏原文的韵味内涵,又能让受众了解其深刻含义。如下所示,党的二十大报告中的这部分,用的就是这个翻译技巧。

例(11)

中文:……天下为公、民为邦本、为政以德、革故鼎新、任人唯贤、天人合一、自强不息、厚德载物、讲信修睦、亲仁善邻……(习近平,2022)

日译:…「天下為公(天下を公と為す)」「民為邦本(民は惟れ邦の本)」「為政以德(政を為すに德を以ってす)」「革故鼎新(故きを革め新しきを鼎る)」「任人唯賢(官に任ずるは唯だ賢才をせよ)」「天人合一」「自強不息(自ら彊めて息まず)」「厚德載物(厚德もて物を載す)」「講信修睦(信を講じ睦を修む)」「親仁善隣(仁に親しみ隣に善くする)」…(習近平,2022)

这10个写入党的二十大报告的中国古语,蕴含丰富的治国理政思想智慧,同科学社会主义价值观主张具有高度契合性。其中只有"天人合一"是日语的固有词,其他词都是直译了原词并直接添加了注解,这种翻译方法在翻译文化背景丰富的内容时是有效的。

四、套译法

套译法是借助固有的成语或词语来翻译。由于文化背景不同,原文的形象有时不符合日本文化的习惯,如直译出来就会颇为费解,或影响到原文意思的准确传达,这时便可以采用套译的翻译方法。找到日本文化典故中在内容上和形式上都符合的说法,能让受众对某具体问题或表达形式有不谋而合的默契。不仅可以忠实于原义,还能最大限度还原原文的形象及风格,让受众心领神会。套译法实际上也属于归化译法。比如党的二十大报告中的以下几处翻译。

例(12)

中文:选拔忠诚干净担当的高素质专业化干部。(习近平,2022)

日译:党に忠誠を尽くし清廉潔白を貫き責任を果敢に担うことができる、資質の高い専門化した幹部を選抜する。(習近平,2022)

例(13)

中文:全党要……始终同人民**同呼吸**、**共命运**、**心连心**,不断巩固全国各族人民大团结,加强海内外**中华儿女**大团结,形成同心共圆中国梦的强大合力。(习近平,2022)

日译:全党は、…終始人民と**一心同体**であるようにし、不断に全国各民族人民の大団結を固め、国内外の**中華民族の人々**の大団結を強化し、心を一つにして中国の夢をともに実現する大きな一丸の力を形成していかなければならない。(習近平,2022)

例(12)的"干净"是指"清正廉洁",简单直译成「きれい(干净)」就错了,翻成日语固有的「清廉潔白(廉洁)」特别恰当。因此,深刻理解原文的含义,套用日语的固有词语来翻译才是真正意义上忠实于原文的处理方式。例(13)的党同人民"同呼吸、共命运、心连心",也是强调全党和全国人民上下一心的说法,日本是多党执政没有这种文化,而刚好日语有"一心同体(彼此一条心)"这个词,比直译出三个短句更能让日本人看得明白。

例(13)中的"中华儿女"是中国文化里固有的,还有"华夏儿女""中华民族",这几种称呼经常可以通用,指的都是中国人民。但这种文化内涵日本是没有的,只能抛弃具有文化性的"儿女",翻译成真正的含义"中華民族の人々(中华民族的人民)"。这属于文化调停策略,具体看下文。

五、文化调停策略

文化调停策略是指将一部分文化因素省略不翻译,甚至将全部文化因素省略不翻译,直接翻译其中的深层含义。请看党的二十大报告中出现的这个几个例子。

例(14)

中文:**传承红色基因**,**赓续红色血脉**。(习近平,2022)

日译:**革命の遺伝子を受け継ぎ**、**革命の血脈を伝える**。(習近平,2022)

例(15)

中文:**江山**就是人民,人民就是**江山**。中国共产党领导人民打**江山**、守**江山**,守的是人民的心。(习近平,2022)

日译:**国**は人民であり、人民は**国**である。中国共産党は人民を指導して**国**を築いて**国**を守り、守っているのは人民の心である。(習近平,2022)

例(16)

中文:全面加强人民军队党的建设,确保**枪杆子**永远听党指挥。(习近平,2022)

日译:人民**軍隊**の党建設を全面的に強化し、**軍隊**が永遠に党の指揮に従うことを確保する。(習近平,2022)

例(17)

中文:增强对"**一把手**"和领导班子监督实效。(习近平,2022)

日译:**最高責任者**と指導グループへの監督の実効性を強化する。(習近平,2022)

例(18)

中文:走好新的**赶考**之路。(习近平,2022)

日译:新たな「**試験**」の道をしっかりと歩む。(習近平,2022)

例(19)

中文:确保党永远不变质、**不变色**、**不变味**。(习近平,2022)

日译:党は決して変質・**変節**・**堕落**しないことが確保された。(習近平,2022)

例(20)

中文:中国共产党……在应对国内外各种风险和考验的历史进程中始终成为全国人民的**主心骨**。(习近平,2022)

日译:中国共産党は…国内外のさまざまなリスクや課題への対応の歴史的過程において常に全国人民の**大黒柱**であり続ける。(習近平,2022)

例(21)

中文:使党始终成为风雨来袭时全体人民最可靠的**主心骨**。(习近平,2022)

日译:いざというとき党が終始全人民の最も頼れる**大黒柱**となるようにする。(習近平,2022)

例(22)

中文:**不信邪**、**不怕鬼**。(习近平,2022)

日译:自信を高め、**邪**なものに惑わされず、**悪**を恐れず。(習近平,2022)

例(23)

中文:努力培养造就……**大国工匠**……(习近平,2022)

日译:…**名匠**…の輩出に力を注ぐ(習近平,2022)

例(14)的"红色"不是指普通的颜色,在中国文化里还有党和革命的意思,而日语的"赤色"没有这么多深刻的含义,为了让日本人明白,翻译成"革命"就恰当了。同样的例子,党的二十大报告中还出现了"用好红色资源",官方也是翻译成了"革命资源を活用する"。例(15)这句话,习近平在庆祝中国共产党成立 100 周年大会上提出过,深刻揭示了中国共产党的根基在人民、血脉在人民、力量在人民,我们党立党兴党强,党的根本出发点和落脚点,就是为人民而生,因人民而兴,始终同人民在一起,为人民利益而奋斗。"江山"可以理解为江河和山岭,江指江河,山指山岭。经过时间的不断发展、人类实践的不断进步,江山也被打上了阶级烙印、国家烙印,因此江山更多被理解为国家的疆土或政权,这里的"江山"便是这个意思,官方翻译直接处理成了"国"。例(16)的"枪杆子"本来是武器、火器的意思。1927年8月7日,中共中央在汉口召开紧急会议。八七会议坚决纠正了以陈独秀为代表的右倾投降主义错误,确定实行土地革命和武装反抗国民党反动派的总方针,毛泽东在会上第一次明确提出了"枪杆子里面出政权"的著名论断,成为党创建和掌握自己的军队进行斗争的行动口号。因此,在中国"枪杆子"的文化内涵是"军队",翻译成"軍隊"是正确的。例(17)中出现的"一把手"是指各种组织、单位内部的最高领导人,是拥有实际上的人事权、经营管理权、财务管理权和职务、薪资调动权的人。日语中不用数字表示,直接翻译出此人的地位即可,译成"最高責任者"就很合适。例(18)的"新的赶考之路"是全面建成社会主义现代化强国的奋进之路实现第二个百年奋斗目标。所谓"赶考",旧时指科举时代前去参加考试,现在泛指前往参加各种考试。这里所谓的"赶考",即如何应对和解决好各种困难风险和挑战,逢山开道遇水架桥,勇于战胜一切风险挑战。日本没有科举时代,是没有这个文化背景的,所以译为"試験(考试)"同时加了引号既译出了"赶考"的真正含义,又提醒了受众这个"考试"不是一般的考试,非常高明。例(19)中三个"不变"在党的正式文件中最早出现是在党的十九届六中全会通过的《中共中央关于党的百年奋斗重大成就和历史经验的决议》中,决议指出:"只要我们不断清除一切损害党的先进性和纯洁性的因素,不断清除一切侵蚀党的健康肌体的病毒,就一定能够确保党不变质、不变色、不变味……"这是保持党的先进性和纯洁性的具体要求。"变质"是说性质不变,日语中也有"変質"一词,完全可以直译。而"变色"是说要保持党的"红色"本质,即我们不会改变社会主义的基本路线,也不会改变党的基本路线。而日语中有"変節"(叛变)一词,正好可以直接用上。而说到"变味",那么党又是什么味道呢?其实就是我党初心不变、使命在肩的承诺和坚守,就是党信仰牢固、信念坚定的节操和忠贞,就是党一以贯之的形象和作风,也就是我党区别于其他政党的特质和标志,是我党在长期奋斗中形成的独特的光荣传统和优良作风。这些传统、作风、品格、精神就是共产党"味道"的主要来源。因此,"变味"其实是本质可能没变,但传统、作风、品格已经不像最初那样纯粹了,日语中的"堕落"一词刚好能对上。例(20)

和例(21)都提到了"主心骨",是指可依靠的核心力量。正因为我们党坚持一切为了人民,一切依靠人民,把人民对美好生活的向往作为党的奋斗目标,才能成为人民最可靠的主心骨。日语里"主心骨"这个词直译是没有的,但"大黒柱(顶梁柱)"一词刚好可以用。中华民族伟大复兴奋进的征途并不是一帆风顺的,在一个个关键的历史时刻,我们党与人民风雨同舟、生死与共,并肩迎来一个个的胜利。因此,例(21)的比喻"风雨来袭时"日语翻译成"いざというとき"(关键时刻)比简单译成"風と雨が来た時"更能突出这种栉风沐雨、披荆斩棘的感觉。例(22)中的"不信邪、不怕鬼"是中国共产党人斗争精神的集中体现。中国哲学发展史中自先秦时期即开始围绕天命鬼神展开思想斗争,成为中华优秀传统文化的重要组成内容。20世纪50年代末60年代初,毛泽东系统提出了"不怕鬼"的思想。彼时毛泽东所说的"鬼"具有政治上的特殊含义,以鬼讽喻,指的是帝国主义反动派,在新时代,"鬼"指一切恶势力。考虑到日本并没有这个文化,官方便日译成了"悪",非常恰当。例(23)中的"大国工匠"也是个有文化内涵的词,指的就是一些成功的不平凡的劳动者,他们没有进过名牌大学,没有高学历的文凭,他们在平凡的岗位上默默坚守,孜孜不倦地追求,追求职业技能的完美和极致。加了"大国",也把本来普通的"工匠"一词提升到了"国宝级"技术工的高度,强调他们是一个领域不可多得的高级别人才。在日本,全国闻名的高级工匠才叫"名匠",其含义和地位完全一致,刚刚好。为了避免新时代中国文化对外传播的强势和压迫感,翻译时没必要再刻意加上"大国""中国"了。

六、文化对应策略

所谓文化对应策略,是指采用目的语文化中知名的事件、人物等,对源语文化中的内容进行解析与诠释。例(25)、例(26)、例(28)出自党的二十大报告,例(27)出自《关于〈中共中央关于党的百年奋斗重大成就和历史经验的决议〉的说明》,来看下这几个有文化背景的词都是怎么翻译的。

例(24)

中文：刻舟求剑(习近平,2022)

日译：貢献をしなければならず、状況の変化を考えず頑なに先例にこだわる(習近平,2022)

例(25)

中文：好高骛远(习近平,2022)

日译：高望みせず(習近平,2022)

例(26)

中文：波澜壮阔(习近平,2021)

日译：勇壮雄大(習近平,2021)

例(27)

中文：中小微企业(习近平,2022)

日译：中小・零細企業(習近平,2022)

例(24)(25)(26)都是成语,蕴含着深刻的中华民族文化,在『小学馆中日辞典』中分别翻译为"剣を落として舟を刻む。情況の変化を考えず、かたくなに古いしきたりにこだわること"(落剑刻舟。不考虑情况的变化,固执地拘泥于陈规)"(現実的でない)高遠な目標を追求すること。高望みをすること"[追求(不现实的)远大目标。奢望]"押し寄せる大波のように勢いがすさまじいさま"(像涌来的大浪一样气势汹汹)可以看到官方日译基本上几乎全用了直译,虽然日本没有完全对应的固定说法,但这些译文日本人肯定一看就能明白。例(27)的"中小・零細企业"是日语固有的,"微"是微型企业的意思,日语"零細"就是"零星、零碎"的意思,"零細企业"在『小学馆日中辞典』中解释为"零星企业、小规模工商业、小本营业"。因此,这种找到目的语文化中已有的词或表达方式来对应源文化内容的翻译方式能让受众最有文化亲近感,也是翻译效果极好的处理方式,

要求译者对两国文化有深入的了解。教师应该鼓励学生平时多关注两国的各类文化,做好积累,在翻译时也要多方查阅文化类资料。

七、壮词淡化的策略

汉语中有时为了激励全国人民同心同德、共同奋斗,会使用豪迈雄壮、充满激励语气和英雄气概的措辞。但日本是一个重视发展经济的国家,肯定是没有这种文化氛围的。该如何处理这些措辞呢?我们来看《中国共产党第十九届中央委员会第六次全体会议公报》中的这句话:

例(28)

中文:**我们坚信**,在过去一百年赢得了伟大胜利和荣光的中国共产党和中国人民,**必将**在新时代新征程上**赢得**更加伟大的胜利和荣光!(中央政治局,2021)

日译:過去一〇〇年に偉大な勝利と栄光をかち取った中国共産党と中国人民は、必ずや新時代の新たな征途においてさらに偉大な勝利と栄光をかち取ることができると、**われわれは確信している**。(中央政治局,2021)

原文中的"我们坚信……必将……赢得……",最后还加了感叹号,就是典型的这种用法。而日语在正式书面语中根本没有感叹号,也没有如此激进的语气。只能用普通的句号,译为"…と、われわれは確信している",为忠实原文,加了个"必ず"而已。整句话的语气降了很多,非常符合日本人的习惯了。

八、文化补偿的策略

针对原语有、译语无的文化现象,一般采取文化补偿的翻译策略。比如党的二十大报告中的这句话。

例(29)

中文:只要存在腐败问题产生的土壤和条件,反腐败斗争就一刻不能停,必须永远吹**冲锋号**。(习近平,2022)

日译:腐敗の温床が存在する限り、反腐敗闘争は一刻たりとも止めてはならず、永遠に**総攻撃の勢いで取り組**まなければならない。(習近平,2022)

冲锋号是指挥冲锋的一种军号,一般用于提高士气,以及指挥使用。在战争年代,冲锋号的吹起能最快地凝聚战斗力,激发士气,"冲锋号"一旦响起,意味着军人必须往前冲锋,不是胜利便是牺牲,不能回头。"吹起冲锋号"只是比喻全党和全国人民对待反腐败要时刻准备斗争到底的决心。这可以说是中国军人战争年代的特有文化背景,如果直译为"突撃ラッパを吹く",日本人一定会迷惑,现在又不是战争年代,这句话要说的只是反对腐败而已,为什么还要吹号呢?所以官方日译就取消了比喻义,还原为直译"総攻撃の勢いで取り組む"(以总攻的气势展开)来表达基本含义。同样,刚好日语中有"温床"这个词,此句中的"土壤和条件"也没必要直译成"土と条件"了。

第三节　中国政治文献日译教学中文化传授的
教学前沿

一、对外译学生的中国文化素养的培养

翻译不仅是语言的,更是文化的。因为翻译是随着文化之间的交流而产生和发展的,其任务就是把一种民族的文化传播到另一种民族文化中去。从跨文化的角度来看,翻译应该关注的是文化因素的翻译,强调文化的内涵属性,即突破源语表达形式的束缚,准确有效地传达源语的文化精神。季羡林先生曾说:"翻译要的是中外文语言功底,更是经验、学养、见识、悟性和人品。"中国政治文献的翻译尤为如此。中国政治文献博大精深、内容丰富、思想深刻,要做好政治文献外译这项工作,译者在不断探索语言规律、积累常用词汇和熟悉翻译套路的同时,更要注重提高自身的政治理论素养和综合素质,与时俱进,扩大知识面,对原文有彻底的了解,从整体上把握译文,提高翻译质量。针对这项工作的特殊性,笔者认为要从以下几个方面对学生进行培养。

首先,翻译观起决定作用。译者的翻译观指的是译者从事翻译活动中的主观倾向,它直接影响着翻译目的的确立、方法的取舍、译文质量等。在文化翻译中,译者首先需要确定的立场是翻译时是追求字面上的等值,还是追求文化精神的内涵,无论是直译,还是意译甚至套译,各种翻译倾向并无对错之分,具体采用哪种方法,最终取决于译者的翻译观。文秋芳(2022)认为"双轮驱动"策略之一即构建一支国内对外传播队伍,就是要培养具有家国情怀、国际视野和专业本领,同时精通一门外语的中国大学生。因此,帮学生树立正确的翻译观,是教师在授课中的重中之重。

其次,政治素养过硬是刚需。中国政治文献无论是领袖著作还是领导人讲话和重要会议文件,无不渗透着马克思主义的立场、观点、方法,译者必

须具备一定的政治理论水平才能把握译文的准确性和稳妥性。例如,翻译《习近平谈治国理政》(第一卷)中"马克思主义中国化"时,遇到的问题首先是"马克思主义"怎么译? 是特指还是泛指? 是"马克思主义"和"中国化"两个主体,还是一个主体? 马克思主义中国化就是将马克思主义基本原理同中国具体实际相结合,不断形成具有中国特色的马克思主义理论成果的过程。具体来说,就是把马克思主义基本原理同中国革命、建设和改革的实践结合起来,同中国的优秀历史传统和优秀文化结合起来,既坚持马克思主义,又发展马克思主义。可见,马克思主义的中国化过程,是一个名词,因此《习近平谈治国理政》(第一卷)的日译版中译为"マルクス主義の中国化"是非常恰当的。所以,政府文件是国家大政方针的集中体现,正确理解和把握国家政策是产出优秀译文的重要前提条件。作为学生,平时要加强政治理论学习,既能深刻理解马克思主义,又要与时俱进、把握政策主线的导向、领会政策的内在关系。教师有责任带动学生加强政治理论学习,不断扩大知识面,才能为今后政治文献的外译,提供有力支撑。

最后,全方位提高中国文化的融入。中国文化也是需要深刻理解和学习的。在党的二十大报告第二部分"开辟马克思主义中国化时代化新境界"中,习近平指出,要不断提高战略思维、历史思维、辩证思维、系统思维、创新思维、法治思维、底线思维能力(习近平,2022)。这几种思维能力,用于文化翻译也非常合适。首先,要更新授课内容,扩大中国文化占比。长久以来,本科翻译教材一直比较重视日语语法和翻译策略等语言内容,就算有文化介绍,也局限于内容中涉及的零散民俗风情、个别历史典故,坚持"以我为主,融通中外"的原则才是文献翻译对辩证思维的切实体现。因此,教师要有意识地不断自行扩大中国文化在授课内容中的占比,平衡中日文化比例,让学生在了解本国文化的基础上,开阔全球视野,为学生未来的文化输出提供条件,让学生在跨文化交流中能够怀着浓厚的民族自豪感与民族认同感,进行文化的兼容并蓄、弘扬传播。大学生已经处在人格健全、自我价值观塑形的关键阶段。教学过程中,教师在教授学生日语知识、翻译技能的同时,还应当培养学生的历史思维、战略思维、系统思维和底线思维,整体提升我国的国际传播效能,将教学视野从语言的教学、交流中解放出去,结合课程思政的要求,关注对学生人文素质,特别是民族精神、家国情怀的培养与深化。此外,教师可通过加强课外阅读等多种方式,培养学生的民族认同感,让学生能够深入了解本民族的习俗风情,丰富学生的知识储备。在两种不同的文化信息的交换、对比之下,提升学生的人文素养,让学生在学习日译的过程中有更多的收获。

二、政治文献日译的诸方面教学

(一) 组织学生做问卷调查

笔者分别于 2022 年 12 月和 2023 年 4 月 24 日,在日语专业大三学生的翻译课上做了问卷调查。学生情况如下:第一次,一班 30 人、二班 33 人、三班 24 人、四班 24 人,共 111 人;第二次学生应该是原班人马,但由于出国和实习原因,人数稍有变化,一班 23 人,二班 24 人,三班 29 人,四班 30 人,共 106 人。用问卷星分发问卷,两次分别分发 120 份,两次均回收有效问卷 105 份。答题时间均设定为 30 分钟以内,第一次问卷结束后,笔者边运用新型教学模式,边讲解了问卷中出现的问题,让学生真正体验如何翻译出一篇合格的文献日译。第一次问卷结束后,教师按照新型教学模式组织教学,下个学期又进行了第二次追加问卷,主要为了验证新型教学模式的教学效果。第一次问卷题型包括:词的翻译、词语搭配的翻译、句子翻译、学生个人情况四大部分,由于学生是原班人马,第二次问卷取消了学生个人情况。题型既包括单选、多选等客观选择题,又包括中译日的主观题。选项内容是教师按照平时学生在课堂上经常出现的错误设定的。第二次问卷单独设了一题,问学生"觉得新型教学模式对学习文献外译是否有帮助",除 2 人未作答、7 人回答"不好说",96 人均回答"有帮助",证明新型教学模式已经被学生广泛接受。

然后,用 KH Coder 软件对学生的作答进行统计学分析。图 5-1 是词频统计结果,从中能看出出现频率最高的前 34 个词,即学生译文中出现频率最多的 34 个词。可见,学生基本上还是能把握到文献日译的重点词汇的。

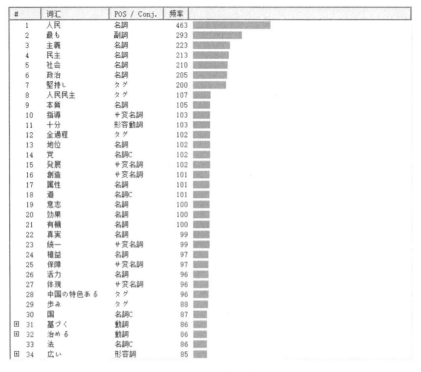

#	词汇	POS / Conj.	频率	
1	人民	名詞	463	
2	最も	副詞	293	
3	主義	名詞	223	
4	民主	名詞	213	
5	社会	名詞	210	
6	政治	名詞	205	
7	堅持し	タグ	200	
8	人民民主	タグ	107	
9	本質	名詞	105	
10	指導	サ変名詞	103	
11	十分	形容動詞	103	
12	全過程	タグ	102	
13	地位	名詞	102	
14	党	名詞C	102	
15	発展	サ変名詞	102	
16	創造	サ変名詞	101	
17	属性	名詞C	101	
18	道	名詞C	101	
19	意志	名詞C	100	
20	効果	名詞	100	
21	有機	名詞	100	
22	真実	名詞	99	
23	統一	サ変名詞	99	
24	権益	サ変名詞	97	
25	保障	サ変名詞	97	
26	活力	名詞	96	
27	体現	サ変名詞	96	
28	中国の特色ある	タグ	96	
29	歩み	タグ	88	
30	国	名詞C	87	
⊞ 31	基づく	動詞	86	
⊞ 32	治める	動詞	86	
33	法	名詞C	86	
⊞ 34	広い	形容詞	85	

图 5-1　词频统计结果

(二)各环节的日译教学模式实战案例

这部分笔者将从词汇、词语搭配、句子、语篇四个方面,深入探究中国政治文献日译教学区别于普通翻译教学的不同之处。同时,结合第一次问卷调查结果,针对学生在文献日译过程中暴露出的弱点和困难,后续课堂现场手把手教学生如何提升文献外译质量。最后,用日语研究常用的分析和可视共现网络的应用程序 KH Coder 软件进行数据结果分析,并将分析结果结合各阶段教学模式呈现出来。

1.词汇的新型日译教学模式

目前,基础日语的词汇教学主要在课堂上教授词汇、词义、单词的发音和单词的用法等。从文化教学的角度来看,这种学习时死记硬背,使用时通过查字典来调出的孤立主义词汇教学法就显得不够立体。中国政治文献中出现的政治词汇比普通单词内涵更加深刻丰富,结合篇章及词汇背景教授的联系主义词汇教学法才更符合文献类文本的文化教学目标。王佳（2020）提出基于语言的本质特征和外语教学的特点,在外语词汇教学中,人们应该遵循这样几个基本原则:①系统原则;②认知原则;③文化原则;④交际原则;⑤情感原则。其中,文化原则指文化是语言的基础,词汇结构、词义结构以及词语搭配都与语言文化相关。同形词、类义词表面上相似,在两国文化意义上可能根本不同。教学方法上,需要将单纯讲解词义结构的直接词汇和间接词汇教学相结合。间接词汇教学可以借助现代化技术和互联网,通过音视频的阅读、听力训练等,帮学生建立语感,间接扩展词汇量。

第一次问卷调查收集到的学生在词汇方面的翻译困难有:"专有的政治性名词的翻译不会翻""单词词汇量少、能自由运用的语法少""同样的意思可以选择多个词语进行描述,要选出哪个词语是最合适的,比较困难""中日单词的差异不知道""容易把太多中文汉字照搬过去,找不到适合的和语词"等。问题主要集中在时政性名词、汉字词汇与和语词的差异方面。针对这些问题,笔者设计了以下教学模式。

(1)教学目的

引导学生用背景和相关文化深刻理解时政词汇,并掌握词汇背景知识,做好译前准备。

(2)教学过程设计

要求学生思考一个具体的时政词汇究竟该如何翻译成日文。手把手带领学生查资料(百度、人民网、沪江日语等网站,《人民日报》等纸媒,领导人讲话视频等),查询本词汇最初提出、翻译各阶段的发展及变化、基本意义及内涵。作为引导,可以给出几个翻译备选项,为学生的资料查阅提供方向。

比如,近几年出现频率颇高的"生态文明建设"一词,是译成全汉字词的"a. 生态文明建设",外来语的"b. エコ文明建设",还是在"生态文明"和"建设"之间加"の"译成"c. 生态文明の建设"? 或是彻底把"生态文明"断开,不当作专有名词,而是把"文明"和后面的"建设"连到一起,译成"d. 生态の文明の建设"? 笔者按此思路在第一次问卷中设了这几个备选答案,从多个角度预判了学生在翻译"生态文明建设"这一时政词汇时可能出现的几种思维模式。从第一次问卷结果统计可以看出,通过查阅词典和资料,没有人选 d,可见学生已经基本具备判断哪些是时政专有名词的能力,学习效果令人满意。那么针对 a. b. c. 的三种译法,如何判断哪种更好呢? 笔者安排了 10 分钟,让各组学生在课上尽可能查阅了所有能找到的资料。然后,各小组就这个词的含义做 5 分钟的短时发表,再由组长介绍查询过程、总结思路,并把内容上传到平台供全班共享。学生说他们查询了日文雅虎网站,"生態文明建設"和"生態文明"出现的所有例句全是中国各个政治网站的日文版新闻,日本网站上并没有出现。而日语的"生态、环保"等含义用的是外来语"エコ",不用汉字词"生態",相关词汇也以"エコ都市(生态城市)、エコキュート(环保装置)、エコ活動(环保活动)"等切实涉及环保具体意义的词居多。而"文明建設"一词,用日语的"文明建設"搜索,大约出现 318 万个例句,大部分是大阪市生野区的一个叫"文明建設株式会社"的情况,或是词汇"建設業"的相关例句。"生態文明建設"一词的检索结果也与之类似,全都集中在中国对外网站的日文版中,日本网站并未找到。由此可见,"生态、环保"一词在日本已经是落实到生活各方面的具体词汇,不再停留在国家要推行的理念阶段。还有一个有趣的现象,2012 年 11 月在党的十八大报告中第一次提出"生態文明建設"一词后,日本各大网站几年内也是一直用了本身已有的"エコ"+"文明"+"建設",翻译成"エコ文明建設",但近几年对这个中国专有名词的翻译几乎全改为汉字词的"生態文明建設"了。可见,经过中日词典、文化背景的各种查阅、核实,现在作为中国时政词汇的翻译,还是译成"a. 生態文明建設"更具有对外传播性,日本一直密切关注中国的变迁和崛起,从文化上也能接受汉字词汇的直接传入了。但如果是介绍日本当地的某项具体环保项目,最好还是译成"エコ…",这样受众更容易接受。在整个词汇的查阅和学习、讨论过程当中,教师要帮学生把握其基本查询方法是否得当、查询范围是否足够全面、对内涵的理解是否足够准确及深入。学生们通过亲身体验,明白了中日、日中词典究竟该如何活用,查阅资料时该如何发散、引申,如何借助各方面资料从文化、社会等角度来验证自己的翻译设想是否正确。

（3）第一次问卷调查的结果

针对第一次问卷中"查询过程中用什么途径更多?"这一问题,回收的109份有效问卷中,96人(占总数的88.07%)选择了网上词典,只有13人(占总数的11.93%)选择了纸质词典,原因基本都是纸质词典不方便携带。针对"如果用到纸质词典,请问在日中词典或者中日辞典中更多用到的是哪个?"这一问题,52人(占总数的47.71%)选择日中词典,57人(占总数的52.29%)选择中日辞典,基本差不多,中日词典稍多。可见,在翻译过程中查词这个环节,大部分学生还是能做到中日、日中双方向查阅的,笔者前面带领学生体验词汇翻译教学的方法能有效避免学生走捷径、不深思熟虑光查一种中日词典就草草翻译交差。其中104人(占总数的95.41%)觉得相比词典或网络检索,时政文献等各种学习资料对自己的日译更有帮助。第一次问卷中所有译文都出自党的二十大报告,当问到学生在翻译过程中查阅了哪些资料时,大部分学生回答查了各种词典,有的学生回答查了人民网、《人民日报》日文版、《人民政协报》、政府工作报告、《朝日新闻》、人民中国网站等时政网站,还有的学生查了中国共产党党史、各领导人讲话。可以看出学生们在资料方面已经不只依赖词典了,具备查询政治资料的意识,但查询范围有点摸不着头脑,大海捞针。

（4）KH Coder统计分析结果

此外,下面的图5-2显示了对应于不同等级成绩与出现的词频之间的关系,即,"国家统治""引き出す"等词出现得越多,跟官方日译的选词越接近,该学生的成绩就越高;"である"等书面语出现,学生的成绩也越高;"中国の特色ある""人民民主""主人公""全過程"等词是大多数学生选用的词,没有明显的错误;而一旦"ます"等词出现,证明用了口语体,"当主"等有明显错误的词一旦出现,肯定成绩最低。整体学生用词出现频率来看,圆越大(比如"人民""最も")学生选用的越多。利用这一分析结果反向思考,教师如果在布置文献外译时,提前把这些重要的专有词汇和相关关键词讲一下,定能明显提高学生的翻译质量,节省翻译时间,同时解决学生以上提出的各种翻译问题,这也是本次新型教学模式的一个新发现。在后续授课中,教师给学生布置中国政治文献外译时,便有意识地介绍了文献的时间和出处,第二次测试前也给学生介绍了一些相关专有名词,这部分翻译的正确率就有了明显提升。可见,新型教学模式能够最大限度找到学生学好文献日译的有效方法,切实解决了很多学生提出的不知道该如何进行词汇学习的困惑。

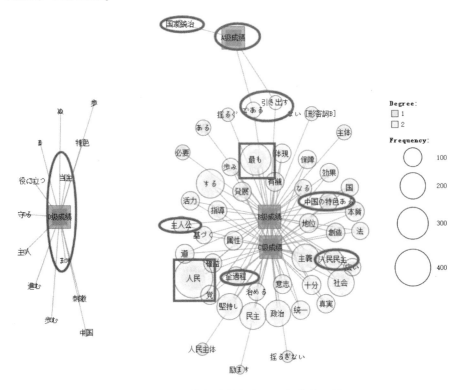

图 5-2　不同等级成绩与出现词频的关系图

2. 词语搭配的新型日译教学模式

笔者在第一次问卷调查中问到"你感觉在日译过程中最困难的是什么?"学生们回答:"中式思维,单词使用不准确。""用不出那么地道的词。""同样的意思可以选择多个词语进行描述,要选出哪个词是最合适的比较困难。""词不达意,偏中国化。""无法准确地使用日语单词,一个中文单词对应多个日语单词,使用的语境不太清楚。""中文对日语翻译的影响无处不在。""不能很好地匹配已有的日文词和中文词。"可见,仅能做到基本的查字典,对于查到的词具体在怎样的语境中使用,学生是摸不着头脑的。这点直接影响学生在外译时的译词选择。其实,在文化教学领域要解决这个问题并不难。

联系主义教学法除了上文提到的将单词放在实际语境中进行教学,还包括单词从结构上的扩展过程,即引导学生关注如何将单词组成词组,再将词组连接成句子的过程。词汇的文化导入,除了词语本身的文化背景,还包括话语文化,即某一个单词的话语文化跟它的词语搭配有很大关系,这也是文化对语言的词语意义结构的影响与制约。除了单个的文化负载词以外,引导学生从固定的词语搭配中找出文化因素,能有效帮助学生扩大词汇量。中国政治文献的时政词汇很多是相对固定的用法,日译后是不是也固定呢?这就需要教师带领学生在实践中去摸索,实现有效输入,才能在日译中达到理想的输出目的。针对以上问题,笔者设计了以下教学模式。

(1)教学目的

让学生实践反查法、横向查找等信息检索方法,记住时政词汇的固定搭配,体验并学会运用现代互联网技术,丰富翻译手段。

(2)教学过程设计

笔者以"**作出重大战略部署**"「重要な戦略の配置を行う」为例,设计了以下教学模式。

第一阶段:学生尝试字典反查词义法。让学生先翻译指定的词汇搭配,重点关注"作出"用的是哪个动词。然后用汉日词典反查自己用的"作出",看词典会出现几个备选动词。最后,用原文词典查找每个动词的日文解释或例句。

第二阶段:教学生横向信息查找法。在网上查找刚才涉及的所有动词的例句,对例句进行分类、对比。搞清究竟有多少种"作出"的动词翻译。

第三阶段:教学生核实查询法。用前两个阶段的方法核实查官搭词"行う"的实际使用场景。

第四阶段:教学生使用集思广益法。小组头脑风暴,讨论官搭词和自译词的不同,做思维和知识的扩展训练,结束后做好发表PPT。

第五阶段:课中,每组派一个代表就各组的查询结果及讨论过程进行阐述,互相取长补短。

教学过程中,教师参考以下几个方面给出课堂表现成绩。①学生自译词的语用范围、恰当程度。②反查法选取的例句是否是基本义(因为只有把握了基本义才能做到正确地引申)。③横向查找法的查找范围是否够全面、选取的例句是否恰当、例句语境是否涵盖了该词所有的使用场合(因为例句太少、太简单了不能真正深入理解该词,以后也不能在广泛的语境中对号入座选出该词)。④小组讨论过程是否够深入、每位同学是否都是经过深度思考后参加的。⑤PPT 中的内容总结是否恰当(因为太多没重点记不住、太少会不全面)。

(3)课堂实操过程

首先碰到"作出"这个词,学生参考中文"作"想译为"作る",还有同学用"作り出す",两种思路其实是一样的,都是"直译"。查中日词典后,并没有"作出",只出现了"做出",有"できあがる"的义项。用"広辞苑"分别查出这三个动词的含义是:

作る(他):

①别の新しいものを生む出す(产生出其他新的东西)。

②ないものをあるようにする(努力使东西从无到有)。

作り出す(他):

①こしらえだす(制造出)。製作する(生产出)。

②新しい事を考え出す(想出新事物)。創作する(创作)。

③生産して売り出す(生产并卖出)。産出する(出产)。

④作り始める(开始做)基本差不多,都是"从无到有的过程"。

できあがる(自):

①すっかりできる(彻底完成)。完成する(完工)。成就する(实现了)。

②俗に、すっかり酔っ払う。(俗语的喝醉了)偏于"完成了、实现了"。

单从词义就可以发现,跟中文的"作出部署"并不吻合,很明显简单的中日词典对译法,并不能满足时政词汇的翻译。其实中文的"作出"和"做出"并不相同,《说文解字》中说:"作,起也。秦风无衣传曰:作,起也。释言、谷谷梁传曰:作,为也。鲁颂駉传曰:作,始也。周颂天作传曰:作,生

也。”即“做”表示具体动作,而“作”表示抽象动作,意为“兴起、造就、进行、举行”等。所以中文虽然都是一个词“作出”,“**作出符合中国实际和时代要求的正确回答**”(実践の提起した重要な問題に正しい答えを出す)“**为全球减贫事业作出了重大贡献**”(グローバルな貧困削減事業に大きく**貢献**した)“**作出决定和决议**”(決定・**決議**を行う)①在日语里却要按照不同的搭配各自翻译,没有一个能完全对应套译的词。

再来看看官搭动词“行う”的意项及应用场景,『新明解国語辞典』中“行う”的解释及例句如下:

①あるルールに従って、何かをする。例:卒業式を行う(按照某种规则做事。例:举行毕业典礼)。

②有意的に、何かをする。例:意志表示を行う(有意义地做某事。例:进行意志表示)。

此外,笔者还在日本雅虎网站上查出一些日语实际应用的例句:

①高校生を対象に消費生活の啓発活動を行います(启发高中生进行消费)。

②インターネット公売を行います(进行网上拍卖)。

③景観計画の改定を行います(进行景观规划的修改)。

④来庁者の検温を行います(对来厅人员进行测温)。

⑤政府は社会保障を行う責任がある(政府有责任提供社会保障)。

可见基本上“行う”都能翻译成“进行”,其中⑤的“社会保障”是指“社会保障は、個人的リスクである生活上の諸問題(病気・けが・障害、出産、老化、死亡、失業など)について、国家・地方自治体が各分野ごとに徴収した保険料による支え合いを基本とし、不足分を税金・借金(国債費)などを充当・所得移転させることによって、上記の諸問題から国民を保障し、医療や介護などの社会的サービスを給付すること”,即社会保障是针对个人风险即生活上的各种问题(疾病、受伤、残疾、生育、老化、死亡、失业等),由国家和地方自治团体在各领域征收保险费作为基本支撑,不足部

---

① 例示均出自党的二十大报告。

分用税金和债务(国债费)等通过充当或转移收入,保障国民免受上述问题的影响,并支付医疗、护理等社会服务(フリー百科事典『ウィキペディア(Wikipedia)』),是一种"服务",因此,⑤的"行う"也可以翻译为"提供"。

在课堂讨论中,学生逐渐明白了他们自译的几个"作出"哪里不恰当,并发现另一个有趣的问题,即做中译日时不仅要考虑到这些相关动词的实际含义,还要顾及其跟中心词的搭配是否合理。这里,笔者介绍一个用语料库查询词语搭配是否正确的方法。

首先,登录日文语料库"中纳言"(https://chunagon.ninjal.ac.jp/),以"配置を行う"为例,按下图 5-3 设置好需要查询的项目。由于中国政治文献属于典型的书面用语,选择"现代日本語書き言葉コーパスBCCWJ",在"キー"(关键词)处输入"配置","後方共起 1"处选"1""語",填"を","後方共起 2"处填"2""語",填"行う"。

图 5-3　中纳言数据库查询项目

查询结果如图 5-4 所示,出现了 7 个例子,其中有 2 个例子出自《国会会议记录》(国会会議録),1 个例子出自《残疾人白皮书》(障碍者白書),1 个例子出自《青少年白皮书》(青少年白書),都是政府类的文章,证明"配置を行う"确实在日本的政治文书当中使用,是正确的日语表达方式。由于中纳言语料库是随机显示语料,为了保险起见,可以多查几次,并阅读例句,顺便提升语感。

笔者还用同样的方法查询了"配置をする",出现 4 个结果,均为《国

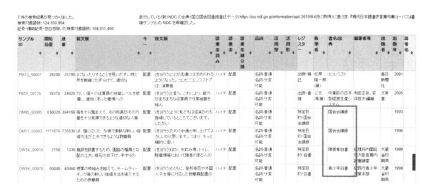

图5-4　中纳言数据库例句查询结果

会会議録》。但查询"配置を作る"出现结果为0,证明学生的译词"作る"是不正确的。可见,利用语料库查询可以有效判断自己的译词是否正确,解决了学生不了解词汇使用语境的问题,希望读者们也可以借鉴使用。

(4)KH Coder 统计分析结果

最小生成树如图5-5所示,在此采用的共现关系计算方式是Jarcard[①],不同的颜色气泡代表的是不同的子群,气泡越大代表词出现越频繁。它可以帮我们更容易发现相关的子群。比如"人民""人民民主""全過程"这几个词就经常一起出现,而"党""社会""主義""民主"这几个词经常一起出现。其中"国"和"治める"估计是以"国を治める"形式出现在"依法治国"这个短语翻译中。后期笔者计划把"依法治国"作为一个分词结果再进行分析,看学生是否能直接翻译出这个固定短语。因此,笔者认为应该在带领学生学会如何反查提高词语搭配的翻译正确率之后,把一些固定的词语搭配直接教授给学生,并让他们当作固定词汇使用,这在外译教学中肯定是有效果的。

---

①　Jarcard(杰卡德)关联系数强调的是两个关键词共同出现,而忽略出现的次数,即第一个关键词只要出现,那么另一个关键词就会出现,所以说这两个关键词的关联度是非常高的,而忽略这种情况出现的频次。通过生成树可以看到一个网络的图谱,反映的是关键词之间的关系。

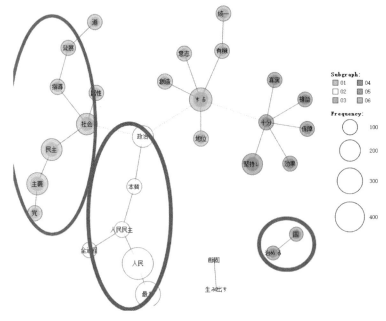

图 5-5　最小生成树

3.句子的日译教学法

由于汉语"意合"的特点,有些汉语句子的内部成分常常只是罗列,分句之间并无主从之分,呈现并排式结构,各层之间也没有明显的逻辑标记。有人形象地把这种句子称为"板块"式结构,也有人称其为"竹节"式结构(盛辉,2019)。心理支配语言的思维方式,影响整体的、基本的表现模式及至行文风格。中国人的文化心理是重人的心性主体,话语中谁是主体,不必明确说出,听者也自然能够了解。因此汉语句子的主语是否出现并不用太过拘泥,语言心理逻辑上认为主语是自然就存在的,常常可以隐含。因此中文中有很多无主句,文献文本中也很常见。而第一次问卷调查中收集到学生关于句子的翻译困难主要有:"不会拆分长句。""长难句翻译不好。""很多时候知道每个单词的意思,但是连在一起的时候就不太能翻译得很清楚。"可见,问题主要集中在对句子的整体把握上。针对学生的这些实际翻译困难,笔者设计了以下教学模式。

(1)教学目的

让学生了解文献中常见的"板块"式构句、无主句等典型的中日文构句方式,并教会学生该如何相应翻译。

（2）教学设计

首先,给学生讲解文献中的"板块"式构句、无主句等典型句子的日译版翻译原理和思路。

然后,课上让学生当场翻译这些句子,并鼓励译文多种多样,百花齐放。再和学生一起讨论其所使用的不同译法的对错及优劣。因为翻译是主观的,没有最好只有更好。

在此过程中,教师主要依据以下方面判断课堂表现成绩。

①学生是否深刻理解了时政文献中这些典型中文表达的真正含义。

②学生对官方日译的处理方法是否真正理解了。

③学生是否在自行翻译时能妥善处理这些中文典型的表达方式。

（3）课堂实操过程

这一部分笔者选用的是二十大报告中出现的下面这个句子。

例（30）

中文:全过程人民民主是社会主义民主政治的本质属性,是最广泛、最真实、最管用的民主。**必须坚定不移**走中国特色社会主义政治发展道路,**坚持**党的领导、人民当家作主、依法治国有机统一,**坚持人民主体地位**,充分体现人民意志、保障人民权益、激发人民创造活力。（习近平,2022）

其中"必须"引领三个"坚持"的分句,构成排比结构,但没有明显的逻辑关系,整句的主语默认是"我们国家",也没有必要明确说出来。既是"板块"式结构,又是无主句,非常典型。

日译:全過程の人民民主は社会主義民主政治の本質的属性であり、最も広範な、最も真実な、最も効果的な民主である。揺るぐことなく中国の特色ある社会主義政治の発展の道を**歩み**、党の指導、人民主体、法に基づく国家統治の有機的統一を**堅持**し、人民の主体的地位を**堅持**し、十分に人民の意志を**反映**し、人民の権利・利益を**保障**し、人民の創造の活力を**引き出さ**なければならない。（習近平,2022）

"～なければならない"(必须)在句子的末尾,是主句第一层,引领全句。尊重日语中没有排比结构的特点,并没有机械直译出三个"坚持",只出现了两个,这样"必须"就引领了"歩み"(走……道路)"坚持""坚持""反映""保障""引き出す"(引出)6个动词,也没有刻意给这6个动词间加上什么逻辑关系,在翻译处理上完全尊重了原文的"板块式"结构。可见,官方译文最大限度地保留了文献原汁原味的语言风格和需要传达的内容,既达到了外宣目的又忠实了原文,翻译的恰到好处,非常精彩。那么学生们翻译的怎么样呢?学生译文中,在句子方面发现以下几个问题。

(4)第一次问卷调查结果

①结句文体不恰当

第一次问卷调查显示,第一句"全过程人民民主是社会主义民主政治的本质属性,是最广泛、最真实、最管用的民主。"45个(占总数的42.9%)学生译文有"…民主です。…",1个学生译文中用"…民主であります。…"结句的,文献属于正式书面文体,不应该用"です・ます"敬体,要用"である"或简体,所以这些学生翻译时犯了待遇表现上的错误。3个学生用"…民主。…"名词直接结句,也是不对的。其中1个学生用了"全過程人民民主は…の本質であり、…民主でもある",原文"全过程人民民主是社会主义民主政治的本质属性,是最广泛、最真实、最管用的民主。"的两个分句"社会主义民主政治的本质属性"和"最广泛、最真实、最管用的民主"不是并列关系,"最广泛、最真实、最管用"是对"本质属性"的进一步解释,所以用"～である、～でもある"依旧不太恰当。可见,还是官方译文"全過程の人民民主は社会主義民主政治の本質的属性であり、最も広範な、最も真実な、最も効果的な民主である。"最恰当。

同样的问题,在 KH Coder 统计分析中也得到了验证。在第一次问卷调查的评分阶段,笔者设计了"官方""非官方""口语化""基本语法不正确"几个评分依据。图5-6是各评分依据下学生答案中出现的词频及相关性数值,即各栏目下面列表中的词出现越多,证明这个词跟上面的栏目主题关系越大。"口语化"这个栏目下,敬体"です"的相关性达到0.781,远远高于其他词,第一次问卷调查统计结果也显示将近42.9%的人译文中都出现了口语化的敬体"です"。

口语化		基本语法不正确		非官方	
です	.781	である	.684	国家统治	.294
揺るぎない	.558	最も	.625	法に基づく	.200
人民主体	.479	社会	.623	確固	.200
励ます	.417	主義	.623	動揺	.200
主人公	.325	人民	.623	である	.149
堅持し	.300	人民民主	.623	引き出す	.121
真実	.300	政治	.623	人民主体	.109
基づく	.300	本質	.623	なければなら	.107
治める	.300	民主	.623	主体	.106
効果	.297	有機	.621	必要	.106

图5-6　各评分依据下学生答案中出现的词频及相关性数值

这个分析结果指导教师,在课上讲解翻译题时一定要把这个结果告诉学生,并向学生展示图5-7,所有第一次问卷成绩高的学生译文中都没有出现"です",而是书面文体"である"。这样一来犯了这个文体错误的学生当下就会感觉表面上看起来不起眼的语法点跟翻译结果和自己成绩的相关性竟然这么大,一定会引起足够的注意,当下肯定对自己的错误印象深刻,达到很好的教学效果。这个问题在第二次问卷中已经解决,证明已达到教学效果。

	A	B	C	D	E	F	G	H	I	J	K
1											
2	A级成绩		B级成绩				C级成绩			D级成绩	
3	国家统治	.191	である		.514		有機	.420		守る	.400
4	引き出す	.172	引き出す		.493		揺るぎない	.418		当主	.222
5	である	.159	必要		.466		統一	.410		リーダーシッ	.200
6	確固		少す				社会	.400		机	.200
7	主体	.152	体現		.454		主義	.400		結びつける	.200
8	揺るぐ	.146	権益		.449		人民	.400		広範囲	.200
9	必要	.136	創造		.446		人民民主	.400		実行	.200
10	体現	.135	属性		.446		政治	.400		必ず	.200
11	保障	.134	主人公		.442		本質	.400		保持	.200
12	意志	.130	最も		.441		民主	.400		特色	.167

图5-7　不同成绩对应学生答案中出现的词频及相关性数值

②整体句子结构容易混乱

同样是例(30)中,"必须坚定不移走中国特色社会主义政治发展道路,坚持党的领导、人民当家作主、依法治国有机统一,坚持人民主体地位,充分体现人民意志、保障人民权益、激发人民创造活力。"这部分在诸多学生译文中出现了以下一些打乱句子结构的错误。

"党的领导、人民当家作主、依法治国有机统一"是"坚持"的宾语,其实应该翻译成三个带修饰成分的名词,其中"……领导"和"……统一"学生们都能理解,直接翻译成名词"~指導""~統一",但"作主"日文里没有直接对应的名词,40%的学生就翻译成了"人民が主人公となり",还有1个学生译成"人民は主人公で"。上文说过,这个句子本身是个无主句,隐含的全句大主语是"我们中国","人民は主人公で"的译法用提示助词"は"提了"人民"做大主语,肯定是不对的。而"人民が主人公となり"单看这一小主谓结构是对的,但没有综合考虑全句的结构,跟后面的"依法治国有机统一"更是完全没关系。本来全句只有一个大主语"我们中国……必须……",中间并不需要小主语的出现,所以学生译文打乱了句子的层次关系,肯定不对。

也有一个学生翻译成"中国の特色ある社会主義政治の発展の道を動揺することなく歩み、党の指導すること、人民が主人公となること、法に基づいて国を治めること有機的統一を堅持し、人民の主体性を堅持し、人民の意志を十分に体現し、人民の利益を保障し、人民の活力を引き出す必要がある。"能看出他知道"党的领导、人民当家作主、依法治国有机统一"要译成"坚持"的宾语,但为了迁就"人民当家作主",直接在其他两个短语后面加了形式体言"こと"。"人民当家作主"要翻译成名词的基本翻译思路是对的,但简洁又内涵丰富是政治文献的一大文本特点。2017年10月18日,习近平同志在党的十九大报告中指出,中国共产党的领导是中国特色社会主义最本质的特征,强调的是中国特色社会主义的最根本属性。党的领导主要是指政治、思想和组织三个方面的领导。"党的领导"是人民当家作主和依法治国的根本保证,"人民当家作主"是社会主义民主政治的本质特征,"依法治国"是党领导人民治理国家的基本方式,三者统一于我国社会主义民主政治伟大实践。这三个宾语本身是文化负载词,可以说是专有名词,越简短表现力才越强,翻译的过于平实直白,就失去了其背后深厚的文化内涵。因此,用添加形式体言的方式按普通名词来翻译明显也不太合适。

有些学生为了降低长句的翻译难度,自行随意断句,破坏了日语的整个句子结构。比如有学生这样翻译:中国の特色ある社会主義政治発展の道を揺るぐことなく歩まなければならない。党の指導に従って、人民の当主を守る、法に基づく国家統治の有機的統一、人民の主体的地位を保持して、人民の意志を十分に体現させて、人民の利益を保障して、人民の創造活力を引き出す。单纯从句子结构来看,他把"なければならない"放在了第一句,并且结句,全句结尾处却只是草草用了个动词"引き出す"就直接结束句子了。这完全是中文谓语在前的语言习惯,不符合日语谓语在最后的语法习惯,属于误译。而且中间对动词的处理"…に従って、…を守る、…有機的統一、…を保持して、…体現させて、…を保障して、…を引き出す。"有的是て形中顿,有的就是动词原形直接切断,应该只是在硬翻译每个中文分句,完全没有能力再考虑到各个分句之间的关系及其与主句的层次关系结构。再如,有的学生把本来应该结句的第一句"…民主である。"这样翻译:"…本質的属性であり、最も広く、最も真実で、最も効果がある民主であり、…"和"…本質的性格で、最も広く、最も真実で、最も効果的な民主で、…",把第一句和后面的句子合成了一整句。句尾虽然也用了"なければならない",但第一句全过程人民民主是怎样的民主这个判断句却彻底消失了,同样也不符合"忠实"的翻译原则。可见,在翻译授课中,教师应该先多用几个长句的例子,把日语大主题小主语的分层句法模式讲透,再引导学生看懂中文各分句之间的关系。然后,思考如何转化成日语的句法模式,最后做日译才更容易翻译正确。也就是说,长句翻译的前提是先看懂句子结构,而不是拿过来硬译。政治文献翻译是严肃的外宣政治任务,不能因为自己对中日文句子结构把握的能力有限,怕翻译长句,就私自改变原句的句子结构。

③并列的级别处理

例(30)中其实有两处并列,一处是"坚持"的三个宾语"党的领导、人民当家作主、依法治国有机统一",另一处是"保障人民权益"的"权益"一词。官方翻译的处理方式是第一处用"、"第二处用"·",译为"党の指導、人民主体、法に基づく国家統治の有機的統一を堅持し""人民の権利・利益を保障し"。分隔符"·"是处理比"、"更高层次的并列时使用的。汉语中的"权益"是指应该享受的不容侵犯的权利。"人民权益"带有政治约束性和对人民的保护性,而日语中的"権益"只指"権利と利益。特に、ある国が他国内に持つ権利とそれに伴う利益"(权利和利益。特别是,一个国家在其他国家拥有的权利及其带来的利益),倾向于国家之间,而不是本国内部,但含义和语体色彩大体对等。加入分隔符,翻译成"権利·利益"突出了"人民的权利和利益",这是人民内部范围的因素,是需要国家给予保障的,而直接用日语的"権益"日本人看起来则更容易联想到国家之间的权益。可见,加入分隔符比普通的顿号又增加了一层并列关系,同时自然划定了词汇的影响范围,政治文献的翻译都是官方经过深思熟虑的结果。而学生们没想到这一点,100人(占总数的95.2%)直接查了词典后对译成"権益"。有1个学生稍有些并列层次的概念,加了助词"と"翻译成"人民の権利と利益を保護し",变成了"権利"与"利益"两个词的简单并列了,并列级别比"、"还低,处理反了。3人翻译成"人民の利益を保障し"、4人翻译成"人民の権利を保障し"、1人翻译成"人民の権利を保って",本来应该是既有"权利"又有"利益",明显丢掉了一个。因此,教师应该提醒学生,首先要多方查阅资料读懂文献内容,然后运用多种翻译方法用日语的习惯表达出来,切记不要漏译误译。第二次问卷调查中的句式跟第一次问卷调查中的不同,还是很多同学把握不好,看来句子的翻译能力还有提升空间。

4.语篇的日译教学法

汉语词语间的组合以达意为标准,对词的形式、顺序没有过多严格的要求。而日语虽然对词的顺序没有严格要求,各句子成分也比较自由,但通过特殊的助词来表示词与词的相互关系,且很重视各句子之间的关系。其实,中文语篇句子之间也都蕴含着逻辑关系,环环相扣。通常把思想发散出去后还要收回来,让它落在原来的起点上,并且开头一般是较为笼统、概括的陈述性内容。中间句子往往是多方面地对一个问题加以展开,讲究"起、承、转、合"。第一次问卷调查中有学生提出"对汉语语言的逻辑性不是很理解""文献都是很长的句子,很多的定语,分不清都是在修饰谁""语序翻译不知道该怎么做""一些中文特有的句子结构不知道该如何翻译""整体句子的结构不好判断"。原因是时政文献的内容大都有丰富内涵,可能一个段落讲述的是一个深刻的文化内涵,语篇的构成往往每句都直切主题。教师必须先教学生看懂原文各句之间的关系,再结合日语的句群构成特点,才能真正帮学生提升语篇翻译能力。我们先来看党的二十大报告中的这段话,讲讲如何帮学生提高语篇翻译能力。

例(31)

中文:①马克思主义是我们立党立国、兴党兴国的根本指导思想。②实践告诉我们,中国共产党为什么能,中国特色社会主义为什么好,归根到底是马克思主义行,是中国化时代化的马克思主义行。③拥有马克思主义科学理论指导是我们党坚定信仰信念、把握历史主动的根本所在。

④推进马克思主义中国化时代化是一个追求真理、揭示真理、笃行真理的过程。⑤十八大以来,国内外形势新变化和实践新要求,迫切需要我们从理论和实践的结合上深入回答关系党和国家事业发展、党治国理政的一系列重大时代课题。⑥我们党勇于进行理论探索和创新,以全新的视野深化对共产党执政规律、社会主义建设规律、人类社会发展规律的认识,取得重大理论创新成果,集中体现为新时代中国特色社会主义思想。⑦十九大、十九届六中全会提出的"十个明确""十四个坚持""十三个方面成就"概括了这一思想的主要内容,必须长期坚持并不断丰富发展。

⑧中国共产党人深刻认识到,只有把马克思主义基本原理同中国具体实际相结合、同中华优秀传统文化相结合,坚持运用辩证唯物主义和历史唯物主义,才能正确回答时代和实践提出的重大问题,才能始终保持马克思主义的蓬勃生机和旺盛活力。(习近平,2022)

日译:①マルクス主義はわれわれの立党立国、興党興国の根本的な指導思想である。②実践がわれわれに教えてくれているように、中国共産党が有能で、中国の特色ある社会主義が優秀なのは、つまるところマルクス主義が有用であり、中国化・時代化したマルクス主義が有用だからである。③マルクス主義の科学的理論による**指導**は、わが党が信奉・信念を固め、歴史的主導権を握る上での根本的なよりどころである。

④マルクス主義の中国化・時代化の**推進**は真理を求めて明らかにし、そして実践する**過程である**。⑤**第十八回党大会以降**、国内外の情勢の新たな変化と実践による新たな要請を受け、党・国家事業の発展や党の国政運営にかかわる一連の重要な時代的課題に対し、われわれは、理論と実践を結びつけながらしっかりと答えを出す必要に迫られている。⑥**わが党は果敢に理論の模索と革新を行い**、新たな視点から共産党の執政の法則、社会主義建設の法則、人類社会発展の法則に対する認識を深め、理論革新において**重要な成果をあげた**。これらの成果は新時代の中国の特色ある社会主義思想に集中的に**体現されている**。⑦この思想の主な内容は、第十九回党大会と十九期六中全会で「一〇の明確化」、「一四の堅持」、「一三の成果」としてまとめられ、必ず長期にわたって**堅持しかつ不断に発展させなけれならない**。

⑧**中国共産党員は**、マルクス主義の基本原理を中国の実情と、中華の優れた伝統文化とを結び付け、弁証法的唯物論と史的唯物論の運用**を堅持してこそ**、時代・実践の提起した重要な問題に正しい答えを出し、常にマルクス主義のはつらつとして**旺盛な活力を保つ**ことができると**深く認識している**。（習近平,2022）

句①明确指出马克思主义的地位,引起话题,属于"起"。句②是说马克思主义有此地位的原因,句③说明马克思主义科学理论的指导我们党必须拥有,句④告诉我们马克思主义的推进是一个过程,句⑤和⑥更是进一步指出党的十八大以来,直到十九届六中全会,我们党在新形势、新变化下都取得了哪些重要成果,而这些成果体现在了哪里。句⑦说这些思想的主要内容必须坚持并加以发展,句⑧是结论,中国共产党人深刻认识到只有坚持才能始终保持马克思主义的蓬勃生机和旺盛活力,是"合"。带学生理清这段中文各句的逻辑性之后,再来看官方日译版,加粗部分完全体现出了同样的逻辑顺序,可以说运用日语的句子衔接魅力把本来深藏在原文中的各句关系交代得清清楚楚。

看懂了句子之间的关联,我们再来看如何翻译。句②"实践告诉我们"

原句说的是"实践告诉我们"什么内容,官方日译为"実践がわれわれに教えてくれているように"(如实践告诉我们的那样),而"……为什么能,……为什么好,归根到底是……行,是……行"的句子结构,日译为"…が有能で、…が優秀なのは、…が有用であり、…が有用だからである"(……有才干,……优秀,是因为……有用,……有用),一个"什么"也没有直译出来。再看句③"拥有……理论指导是……的根本所在"。日译中也并没有一字一译地出现"拥有",而是译成"…による指導は、…根本的なよりどころである"(来源于……的指导,是……的基础),而句⑤更是把原文的主动句"新变化和实践新要求,迫切需要我们……深入回答……课题。"译为了被动"…新たな要請を受け、重要な時代的課題に対し、われわれは、…答えを出す必要に迫られている"(受……新要求影响,面对……重要的时代课题,我们被迫做出……的回答)。最后⑦原句"……提出的'十个明确'、'十四个坚持'、'十三个方面成就'"是主语,"概括了……内容,必须长期坚持并……发展",译成日语主语变成了"この思想の主な内容は"(这个思想的主要内容),后面译为被动"'一〇の明確化''一四の堅持''一三の成果'としてまとめられ"(被概况为"十个明确""十四个坚持""十三个方面成就"),"必ず長期にわたって堅持しかつ…発展させなけれならない"(必须长期坚持并……发展)。可见,中文习惯主语明确,前后句之间的衔接不明显,而日语习惯无主句、多用被动语态、强调句与句之间的关系。文献文本内涵丰富,语篇是能最大限度体现其文本特色的,翻译时一定要灵活运用两国语言的构句习惯,才能最大限度展现出不同语言的魅力。

解决了语篇的构句翻译问题,我们再来教学生如何用篇章介绍一个文化内涵主题。笔者以上面句子中的文化负载词"全过程人民民主"为主题设计了以下教学过程。

(1)教学目的

让学生用一定篇幅介绍清楚一个主题,自主安排各句之间、各段落之间的关系,查阅资料,小组独立完成一个广泛内涵的说明。

(2)教学实践

让学生解释一个有广泛内涵的主题,运用ビブリオバトルでプレゼン

練習(Biblio Battle)图书发表会的练习方式。注意各部分和主题的关系、展开方式及表达。

(3)教学设计

首先,以例(30)出现的专有名词"全过程人民民主"「全過程の人民民主」为例,让每组学生在课前自行查找一个有广泛内涵的主题,查出概念的提出时间、场合、中文基本内涵、和以往提的"民主"的区别、"全过程"究竟指哪些过程。同时提醒学生查日语「民主」概念的内涵,并跟中文"民主"加以对比。课前小组内讨论每位同学的翻译和官译,并形成对"全过程人民民主"这个主题的含义介绍及小组译文。结合自身实际讨论该主题,并制作发表PPT。

然后,课上每组派一名代表结合PPT,用日文讲清楚该主题,并结合自己的实际学习、生活,谈一下这个主题跟自身的关系,及自己对该主题的理解。此处也可以结合课程思政。

在整个教学过程中,教师从以下几方面对学生完成作业的质量做出判断。

①学生对该主题各个领域的细节理解有无错误、遗漏。②小组的翻译有无语法错误。③学生对该主题的理解和感受是否符合思政教育目标和社会主义核心价值观,如有偏颇加以导正。

实践结果,经过了语篇翻译和图书发表会的练习,学生不仅在翻译时能灵活处理好句与句之间的关系,在介绍文化内涵丰富的主题时也能够做到条理清晰、布局合理。第二次问卷调查中的主观题翻译能力也有所好转,但由于第二次问卷中句子之间的关系与前一次不同,犯错的同学还是不少,可见,语篇的外译教学水平提高尚需继续完善。

第四节　结语

中国政治文献的文本极具严谨性和政治性,外译首先要求忠实原文,同时要达到对外传达中国政治、思想、文化的作用。针对这一目标,政治文献的外译教学显得格外重要。随着"理解当代中国"系列教材的投入使用,文献外译特有的教学过程开始在全国高校全面展开。无论是教材编写、教学内容的选择、教学目标和教学过程设计,还是翻译策略的选择、具有文化传播意义的日译例句的选择及讲解都在逐渐完善。文化转向更是外译教学中意识形态传达的一个重要方向,也是政治文献外译中政治文化构建的重要一环。引导学生在党政文献背景下综合运用多学科知识,培养学生观察分析解决问题的能力。通过两次问卷调查,笔者了解到以上教学实验的真实效果。按照统计学分析的结果,在词汇讲解阶段先行讲解一些重点词汇、词语搭配及语法,再让学生进行翻译,正确率明显有大幅度提高。实证研究表明,政治文献外译教学效果的提高完全是能够实现的。但也要看到,句子和语篇的教学效果提高得并不明显,打算作为今后的研究课题继续深入探讨。

(本章撰写:王妍)

中国政治文献日译词语对照索引

A

爱岗敬业	仕事を愛して職務に勤勉に励み
安理会常任理事国	国連安全保障理事会の常任理事国
安全观	安全保障観
安全监管	安全監視
安全意识	安全保障意識
"澳人治澳"	「澳門人による澳門の統治」

B

巴勒斯坦(国)	パレスチナ
巴厘岛	バリ島
包容性	包容性；許容性
本质属性	本質的な属性
边疆	辺境
标志	バロメーター
波斯湾	ペルシア湾
不发达国家	発展の遅れた国
不信邪,不怕鬼,不怕压	邪なものに惑わされず、悪を恐れず、圧力に屈せず

C

财产权利	財産権
产权制度	財産権制度
产业布局	産業分布
产业结构	産業構造
产业链	産業チェーン
产业群	産業群

苍白无力	空理空論
倡导者	提唱者
"沉舟侧畔千帆过，病树前头万木春"	「沈みたる舟の側ら千帆過ぎ 病樹の前頭は万木の春なり」
诚实守信	信義・誠実
诚信为本	信義を重んじることが基本である
城镇化	都市化
程序化	手順化
储备库	準備基金
创新精神	革新の精神
创新能力	イノベーション能力
从严治党	党を厳しく治める
长江后浪推前浪	長江は後の波が前の波を押して流れる；長 江は後の波が前の波を押し進める
冲锋号	総攻撃の勢い

D

"打虎""拍蝇""猎狐"	「トラ退治」「ハエ叩き」「キツネ狩り」
打江山，守江山	国を築いて国を守る
达累斯萨拉姆	ダルエスサラーム
打铁必须自身硬	鉄を打つには自身も硬い必要がある
贷款额度	貸付枠
担当尽责	責任を担い、全うする
党的光荣传统	党の栄えある伝統
党的纪律	党の規律
党纪国法	党の規律と国の法律
党群干群关系	幹部と大衆の関係
党性修养	党員としての素養；党員としての修養
党性原则	党性の原則
党员干部	党員幹部
党政机关	党と国の行政機関；党・政府機関

党政军	党・政府・軍隊
导航系统	衛星測位システム
道德素质	モラルの資質
道德修养	モラルの修養;道徳の修養
钉钉子精神	釘打ちの精神
动态平衡	動的平衡状態
栋梁之材	重要な人材
"得罪千百人，不负十四亿"	「何万人もの腐敗分子の恨みをかっても一四億人の期待に応える」

F

反腐倡廉	腐敗撲滅・廉潔提唱
凡事预则立，不预则废	凡そ事豫めすれば則ち立ち豫めせざれば則ち廃す
防范措施	予防措置
防患于未然	未然に防ぐ
封闭僵化	閉鎖的な考え方に固執したり
风高浪急甚至惊涛骇浪的重大考验	時化のような、ときには疾風怒濤のような大きな試練
封建迷信	封建的迷信
风雨无阻向前行	風雨にも負けずに前へと進み
扶贫开发	貧困脱却扶助・開発
腐化堕落	腐敗堕落

G

干部培养	幹部の養成
干群关系	幹部と大衆との関係
敢于啃硬骨头，敢于涉险滩	硬い骨のような難題を果敢に解決し、危険な早瀬のような試練を果敢に乗り越え
感召力	感化力
港澳同胞	香港・澳門の同胞

高等学府（高等院校）	高等教育機関
根本利益	根本的利益
植根…沃土	肥沃な大地に根ざして
公平、开放、全面、创新	公平、開放的、全面的、イノベーション
贡献青春、建立功勋	青春を捧げ、重要な勲功を立てる
构建中美新型大国关系	中米新型大国関係の構築
关键技术	キーテクノロジー
关联性	関連性
归属感	帰属意識
规章制度	規則や制度
国际会议中心	国際コンベンションセンター
国际货币基金组织	国際通貨基金（IMF）
国际形势	国際情勢
国际原子能机构	国際原子力機関（IAEA）
国际争端	国際紛争
国家机器	政府機関
国家开发银行	新開発銀行（NDB）

H

海纳百川的宽阔胸襟	あらゆる川を受け入れる海のような度量
合法权益	合法的権益
和羹之美，在于合异	和羹の美　異なるを合わせるに於いて在り
合作共赢伙伴	協力・ウインウインのパートナー
和平、发展、合作、共赢成为时代潮流	平和、発展、協力、ウインウインが時代の潮流
核事故	原子力事故
核心技术	コア技術
黑客攻击	ハッカー攻撃
洪范八政，食为政首	洪範八政　食を政の首と為す
红色	革命
宏伟蓝图	壮大な青写真

互惠互利	互恵・ウインウイン
互联互通	相互アクセス
华章	一ページ
欢迎仪式	歓迎式典
伙伴关系	パートナーシップ
货币政策	通貨政策
货物贸易	貨物貿易

J

极端主义	過激主義
纪检监察	規律検査
假丑恶(假恶丑)	偽悪醜
坚持为党育人	党のための人材育成を堅持する
监督机制	監督制度；監督の仕組み
建言献策	建言・献策；助言・献策
鉴赏能力	鑑賞能力
讲信修睦	信義重視・修好
教书育人	知識を教えつつ人間をも育てる；知識を伝え人格を育む
教育工作者	教育関係者
教育为本	教育にあり
结构调整	構造調整
解放思想	思想を解放する；思想の解放；思想解放
精气神	気力
精神财富	精神的財産；精神的な富
精神风貌	精神性
精神家园	精神の家；精神的ふるさと
精神力量	精神の力；精神力；精神的な力
居安思危、未雨绸缪	平穏な時でも油断せずに危険を未然に防ぎ
居民收入	住民の所得分配
军备竞赛	軍備競争

军事力量	軍事力

K

开放包容、互利共赢	開放・包摂、互恵・ウインウイン
克雷洛夫	クルイロフ
刻舟求剑	状況の変化を考えず頑なに先例にこだわり
恐怖分子	テロリスト
恐怖活动	テロ活動
框架结构	枠組みの構成
扩大内需	内需の拡大

L

莱布尼茨	ライプニッツ
蓝天、碧水、净土保卫战	青い空、澄んだ水、きれいな土を守る戦い
牢固的桥梁纽带	堅固な懸け橋、紐帯
老有所养	養老
利剑	鋭い剣
理想和现实、主义和问题、利己和利他、小我和大我、民族和世界	理想と現実、主義と問題、利己と利他、個人と全体、民族と世界
理想信念	理想と信念
历史车轮滚滚向前	歴史の車輪は着々と前へ進んでおり
历史使命感	歴史的使命感
历史渊源	歴史的根源
利益冲突	利益の衝突
联合行动	合同行動
廉洁自律	廉潔自律
廉政	廉潔政治
廉政勤政	清廉を旨として仕事に励み
廉政文化	廉潔政治文化
粮食安全	食糧安全
两岸关系	両岸関係

"两个一百年"奋斗目标	「二つの百周年」の奮闘目標
灵活性	柔軟性
领导核心	指導的中核
领导核心作用	指導の核心的役割
领导集体	指導グループ
垄断行业	独占業種
路线图	ロードマップ
《论持久战》	『持久戦論』
旅游胜地	観光地
绿水青山	緑水青山

M

没有生命力的	砂上の楼閣
民族特色	民族的特色
民族自尊心	民族的自尊心
敏锐的眼光	鋭い視線
明者因时而变,知者随世而制	明者は時に因りて変わり　知者は世に随いて制す
"莫道桑榆晚,为霞尚满天"	「桑楡晩しと道うこと莫れ　霞と為りて尚天を満たさん」
模范人物	模範的青年
模范行动	模範的な行動

N

南南合作	南南協力
内部监督	内部における監督
能源安全	エネルギー安全保障
能源供应	エネルギー供給体系
凝心铸魂	心を結束させ魂を磨く
农民工	出稼ぎ農民;出稼ぎ労働者
农业产业化	農業の産業化

P

披甲出征	鎧を身に着けて出征する
贫富差距	貧富の格差

Q

前无古人	前人未踏
谦虚谨慎	謙虚で慎しみ深くあり;謙虚で慎重な態度
潜规则	暗黙のルール
强国之路	強国の道
强权政治	強権政治
亲仁善邻	親仁善隣（隣人と親しくし、友好的に付き合うこと）
勤俭节约	勤勉節約
清正廉洁	清廉公正
求真务实	実務に励む執務態度
区域合作	地域協力
权力观	権力観
全面深化改革	改革の全面的深化
群贤毕至	多くの賢人がことごとく集まり
群英荟萃	有能な皆さまにご参集いただいた
群众监督	大衆の監督
群众团体	大衆団体

R

人才库	人材バンク
人财物	人的・資金・物的資源
人格魅力	人格的魅力
人间正道是沧桑	滄桑の変ぞ人の世の理なる
人均收入	一人当たりの所得
人民公仆	人民の公僕
人民军队	人民の軍隊

人无德不立	人は徳なくして立たない
润物细无声	物を潤して細かく音もなく降る春雨のように
弱势群体	弱者層

S

撒马尔罕	サマルカンド
萨拉姆	アッサラーム
塞伦盖蒂	セレンゲティ
商业模式	商業モデル
少先队	少年先鋒隊
社会公德	社会のマナー;社会の公衆道徳
审判机关	裁判機関
审判权	裁判権
时代特征	時代の特徴
示范效应	模範としての効果
世界潮流	世界の潮流
世界反法西斯战争	世界反ファシズム戦争
世界卫生组织	世界保健機関(WHO)
市场规律	市場法則
市场监管	市場の監督・管理
市场准入	市場参入
事实胜于雄辩	事実は雄弁に勝る
适用技术	適正技術
守正创新、踔厉奋发	正しい道を守りながら革新と発憤興起
受害国	被害国
授人以渔	漁のやり方を教えた
双边关系	二国間関係
双边贸易	双方の貿易
双引擎	ツイン・エンジン
水污染	水質汚染

司法工作者	司法関係者
"四风"	「四つの悪風」
丝路基金	シルクロード基金
思想品德	思想や品格

T

坦桑尼亚	タンザニア
特别提款权	特別引き出し権(SDR)
特大事故	特別重大事故
特区政府	特別行政区政府
体育竞赛	スポーツ競技
体制改革	体制改革
天地之大,黎元为先	天地の大　黎元を先と為す
天下大同	和して同ぜず
天下为公	天下を公と為す
投资者	投資家
投资总额	投資額
屠格涅夫	ツルゲーネフ
土壤和条件	温床
托尔斯泰	トルストイ
脱贫攻坚	貧困脱却の難関攻略

W

外商投资	海外企業の投資
万隆会议	バンドン
网络安全	サイバーセキュリティ
网络科技	インターネット科学技術
网络空间	サイバースペース
微观经济	ミクロ経済
伟大斗争、伟大工程、伟大事业、伟大梦想	偉大な闘争、偉大なプロジェクト、偉大な事業、偉大な夢

卫国战争	祖国防衛戦争
巍巍巨轮乘风破浪、行稳致远	巍々たる巨船が風に乗って波を破りどこまでも安定した航海
为之不厌,诲人不倦	之を為して厭わず　人を誨えて倦まず
文化背景	文化的背景
文化素质	文化面の素養
文明执法	文明的な法執行
稳中求进	安定を保ちつつ前進を求める
无源之水	源の無い水
务实精神	実際を重んじる精神
物质享受	物質的享楽

X

西汉	前漢
稀缺资源	希少資源
习近平新时代中国特色社会主义思想	習近平新時代の中国の特色ある社会主義思想
现代农业	現代的農業
乡村振兴战略	農村振興戦略
肖洛霍夫	ショーロホフ
协调发展	協調して発展する
心理素质	心理的資質
新干涉主义	新たな干渉主義
新生事物	新たなもの
新闻媒体	ニュースメディア
新兴学科	新たな学問分野
信息安全	情報セキュリティ
信息沟通	情報を交換する
信息流	情報の流れ
行百里者半九十	百里を行く者は、九十を半ばとす
行为准则	行動準則

修订案	改正案
悬梁刺股	懸梁刺股
血脉相连	血のつながった
血浓于水的一家人	「血は水よりも濃い」家族
学习型社会	学習型社会
学者	研究者

Y

亚欧大陆	ユーラシア大陸
亚太经合组织	APEC
咬定青山不放松	青山に咬定して放松せず
"一带一路"	「一带一路」
"一国两制"	「一国二制度」
"一花独放不是春,百花齐放满园春"	「一花独放是れ春ならず　百花斉放春園に満ちる」
依法办事	法に基づいて事を進める
依法行政	法による行政
依法治国	法による国家統治；法によって国を治める
以德治国	道徳によって国を治める
义利观	義利観
以史为鉴,可以知兴替	歴史を以て鏡と為せば　以て興替を知るべし
艺术节	芸術祭
引为鉴戒	戒めとしなければならない
"蝇贪"	「腐敗を働くハエ」
影视作品	テレビ・映画作品
硬道理	絶対の原理
庸俗化	俗流化
勇于自我革命	果敢に自身の改革に取り組む
忧患意识	憂患意識
友好使者	友好交流の使者

有法必依	法があれば必ずそれに基づき
有法可依	従うべき法がある
远亲不如近邻	遠くの親戚より近くの隣人
云计算	クラウドコンピューティング

Z

再生能源	再生可能エネルギー
造纸术	製紙術
增长速度	成長の速度
战略部署	戦略的布石;戦略配置
照抄照搬、食洋不化	他人のものや外国のものを鵜呑みにしたり
召之即来	呼べばすぐ来る
照镜子	鏡を見る;鏡に映す
真理之树根深叶茂	真理の木が茂る
整体性	全体性
政法机关	公安・検察・司法機関
政绩观	業績観
政令畅通	政令の滞りない貫徹
政企分开	政府と企業の分離
政治素质	政治面の資質
"政之所兴在顺民心, 政之所废在逆民心"	「政の興る所は民の心に順うに在り 政の廃する所は民の心に逆らうに在り」
政治稳定	政治が安定する
知识结构	知識構成;知識構造
知行合一	知行合一
执法为民	人民のための法執行
治乱兴衰历史周期率	治乱興亡のサイクル
执政为民	人民のために執政する;民のための執政
中国梦	中国の夢
中国特色社会主义伟大旗帜	中国の特色ある社会主義の偉大な旗印
种养业	栽培・飼育・養殖業

种族隔离	人種隔離政策
主心骨	大黒柱
抓大放小	大をとらえ小を解き放し
专业知识	専門的知識
咨询服务	コンサルタントサービス
资金流	資金の移動
资源共享	資源共有
资源化	リサイクル
资源配置	資源配分
资源优势	資源優位
自立自强	自立・進歩する
自然资源	天然資源
自我完善	自己改善
自信自强、富于思辨精神	自信に満ち、自彊に努め、思弁精神に富む
总揽全局	全局を統轄し;全局を統括し;全局的に掌握し
总体布局	全体配置
总体方案	トータルプラン;全体プラン
总体国家安全观	包括的国家安全保障観

参考文献

[1]白井恭弘.如何科学学外语:语言习得的真相与方法[M].甘菁菁,译.北京:人民邮电出版社,2021.

[2]陈双双.中央文献对外翻译的特点研究[J].中州大学学报,2019,36(3).

[3]程梅,吴义周."习式语言"风格对高校思想政治教育话语路径的启示[J].佳木斯大学社会科学学报,2021,39(5).

[4]程维.《理解当代中国·汉英翻译教程》的"二次开发":原则与实践[J].外语教育研究前沿,2023,6(3).

[5]方梦之.应用翻译研究:原理、策略与技巧(修订版)[M].上海:上海外语教育出版社,2019.

[6]高宁.日汉翻译教程[M].上海:上海外语教育出版社,2022.

[7]郭磊.跨文化交际理论建构及其教学应用探索[M].吉林:吉林大学出版社,2020.

[8]郝卓.基于产出导向日语专业基础阶段:混合式培养模式的建构与实践研究[M].北京:中国书籍出版社,2021.

[9]贾毓玲.对中央文献翻译的几点思考[J].中国翻译.2011(1).

[10]蒋好书.对外文化翻译、传播与交流的五个层次[M]//摆渡者:中外文化翻译与传播.北京:中央编译出版社.2016.

[11]蒋骁华.中国重要政治文献翻译策略的变化:以《毛泽东选集》《习近平谈治国理政》英译和葡译为例[J].亚太跨学科翻译研究,2021(1).

[12]教育部高等学校外国语言文学类专业教学指导委员会.俄语专业教学指导分委员会.法语专业教学指导分委员会.阿拉伯语专业教学指导分委员会.日语专业教学指导分委员会.非通用语种类专业教学指导分委员会编著.普通高等学校本科外国语言文学类专业教学指南[M].北京外语教学与研究出版社,2020.

［13］靳义亭.论毛泽东、邓小平和江泽民的语言艺术特色与马克思主义大众化.［J］.河南工业大学学报（社会科学版）,2012,8(3).

［14］李星.日语文化教学研究［M］.北京:北京工业大学出版.2021.

［15］李运博,卿学民.叙事学视域下的政治文献翻译研究:以习近平总书记"七一"重要讲话日译本为例［J］.北京:日语学习与研究,2021.

［16］明明.翻译与文化相互关系研究［M］.北京:中国社会科学出版社,2019.

［17］卿学民.作为一项系统工程的党政文献对外翻译:以党的十九大文件外译工作为例［J］.北京:中国翻译,2020.

［18］盛辉.语言翻译与跨文化交际人才培养策略研究［M］.长春:东北师范大学出版社,2019.

［19］孙黎明,阮军.翻译理论的多视角研究［M］.北京:中国水利水电出版社,2016.

［20］王丽丽.中央文献翻译的立场、路径与策略:以党的十九大报告英文翻译为例［J］.天津外国语大学学报,2018,25(2).

［21］王凌,王述坤.中日文化的互动与差异［M］.南京:南京大学出版社,2014.

［22］王佳.新思维下外语教学方法与策略研究分析［M］.吉林:吉林大学出版社,2020.

［23］王世申.对外文化传播中有关翻译的几个问题刍议［M］//摆渡者:中外文化翻译与传播.北京:中央编译出版社,2016.

［24］王小萍.汉语中政治常用语的特点及其英译［J］.河西学院学报,2008,24(4).

［25］文化部对外文化联络局、中国翻译协会、北京语言大学主编.摆渡者:中外文化翻译与传播.北京:中央编译出版社,2016.

［26］文秋芳.国际传播能力、国家话语能力和国家语言能力——兼述国际传播人才培养"双轮驱动"策略［J］.河北大学学报（哲学社会科学版）,2022,47(3).

［27］修刚,田海龙.中央文献外译研究:理论与实践［M］.北京:北京航

空航天大学出版社,2018.

[28]修刚,朱鹏霄主编.国际化视野中的专业日语教学:改革与发展研究[M].天津:天津科学技术出版社,2014.

[29]许烽,蒋珊珊."课程思政"背景下习近平语言风格对专业课教学话语的启示[J].高教论坛,2020,8(8).

[30]许相全.东西方文化视野下翻译功能的反思:兼及中国文化"走出去"翻译策略的思考[M]//摆渡者:中外文化翻译与传播.北京:中央编译出版社,2016.

[31]孙有中,廖鸿婧,郑萱,等.跨文化外语教学研究[M].北京:外语教学与研究出版社,2021.

[32]张益君.中国文化融入大学英语课程思政教学模式实践探索[J].宁波教育学院学报,2022,24(4).

[33]「年次経済財政報告(経済財政政策担当大臣報告)令和4年7月内閣府経済財政分析担当−人への投資を原動力とする成長と分配の好循環実現へ−」[2023年3月22日]https://www5.cao.go.jp/keizai3/2022/0729wp-keizai/setsumei1.pdf.

第六章　中国政治文献多语种外译硕士教学

　　我们在第二章至第五章,就中国政治文献多语种外译英、法、俄、日的本科教学进行了探讨。本章试图从硕士研究生教学切入,阐述一下浅见。我国的外语教育事业,经改革开放特别是党的十八大以来的不断摸索和国际交往,有了长足的发展和崭新的成绩。由于历史原因,英语处于外语教学"领军者"的地位。从对全国代表性外语院校的培养方案、课程设置的调查来看,外语教学整体上延续传统的语言文学体系并受其影响,虽然通过国际交流、留学进修、学成报效祖国,以博士、硕士为主体形成的"海归"、具有高级职称的教师群体活跃在全国高校,为我们带来了"新知识""新理念""新操作",丰富和推动了高校教学与科研的发展,但是,对"书本知识""课程设置"进行了更新换代的居多,在"理论与实际""学以致用"方面尚需提高。据悉,截至 2002 年秋季,全国外语院校的翻译专业的硕士培养依然以语言学、文学、经济、社会文化等育人方向为主流,即使 MTI 的培养,设立"政治方向""中国政治文献口笔译"方向的培养,成为体系具有成熟经验的尚不多见。这里主要是"师资"要有专业的语言基础,且经历过"实践的考验"(即教师翻译了多少作品、什么样的作品,进行了多少场、什么层次的口笔译工作)。"实践第一",再通过理性思考不断摸索成为"受欢迎的教师"。纵观国内一些优秀的翻译家、专家教授也较少从事"中国政治文献外译"的实践活动,究其原因有社会背景、社会需求、擅长领域、术业有专攻、专业实践局限与国家需求等。实事求是地讲,我们的专家也是在实践中"干出来的"。他们勇于实践、勤于思考、"干中学、学中干",不断探索规律,才成为专业人才,代表人物有黄有义、王学东、柴方国、侯贵信、刘亮、范大祺、卿学民、霍娜等,专家们主要来自外文局、中央编译局等"国家级团队"。同时也有因服从国家战略、对外翻译宣传中国的需要,部分高校受合作方的委托,参与大量的中国政治文献的外译工作。据悉,天津外国语大学英语方面的汪纯波教授、李晶教授、周薇副教授、俄语方面的李梦雅老师等从事了中国政治文献外译实践。但遗憾的是,截至2020年8月在全国外语类高校的课程实践中,"中国政治文献外译"有计划、成体系的教学活动专业训练并不多见。有时为了丰富学生知识、活跃课堂思维,在教师的指导下也做一些相关练习,然后教师点评一下大致情况。一般现行的实践就是教师作为受托方接到中国政治文献外译的工作,对教授的硕士生们提出相关的要求,让其进行初次外译,责任教师进行确认与修改。这样既锻炼了学生,给了他们教学实践的机会,又减轻了受托教师的压力,"一举多得"。2022年9月开始,全国外语类高校"理解当代中国面向硕士"研究生多语教材的投入使用有效解决了无专业教材的问题,为日常的学习训练打下了良好的基础。根据中国知网统计发表的中国政治文献外译方向的研究论文、国家社科项目申报的调查,现在有关中国政治文献外译的研究还是为数不多。这样,给我们预留了大有可为和可以操作的空间。下面就设定语种的教学设想与大家分享一下。

第一节　硕士阶段汉英翻译教学实例

一、翻译专业硕士翻译课程的结构与内容

随着全球化进程的不断推进和我国产业的蓬勃发展,专业性口笔译人才的需求量呈逐年增长态势。同时,翻译研究的"文化转向",使意识形态、权力、文化等与翻译的关系成了翻译研究的热门话题。为了满足这一需求,我国的翻译硕士专业的培养量也在日益增长。与传统的学术型翻译学硕士的培养不同,翻译硕士专业学位是为适应我国改革开放和社会主义现代化

建设事业发展的需要,促进中外交流,培养高层次、应用型高级翻译专门人才而设置的翻译硕士专业学位。翻译学硕士旨在培养具有专注学术精神及优良学术潜质,具有高级口笔译翻译实践能力,并具备翻译学研究基本能力的硕士研究生。学生毕业后,可以胜任高等学校翻译专业教学工作,也可以胜任口笔译翻译工作,还可以继续深造,攻读翻译学博士学位,是一种集翻译理论研究、翻译教学和翻译实践能力于一身的高级复合型翻译人才(穆雷,2008)。"专业型"翻译研究生应具备良好的双语运用及转换能力,了解基本翻译理论,了解相关专业知识,熟练使用翻译工具,熟悉翻译流程与职业规则,具备较高的职业道德与职业素养(穆雷、王巍巍,2011)。

在硕士阶段,翻译教学需要让学生能够从宏观的层面来把握翻译的内涵。从"文化转向"角度来说,翻译研究需要吸纳更多的文化研究理论,因为翻译不仅是一种文化之间的互动,更是一种权力参与下的对话和建构。特别是政治类文本,存在于权力关系网之中,受到各种因素的制约。为了体现翻译专业硕士的特点,课程结构设置方面需要突出以实践为导向,将自主学习与课堂教学有机结合起来。自主学习以拓展性的课外阅读为主,涵盖中外翻译理论、实用文体英文写作、文学评论等主题。课堂教学以翻译任务为核心,体现翻译任务的真实性与实践性,包含翻译任务的全流程。

(一)翻译任务分析

学生收到翻译任务之后,需要先自行阅读文本的内容,之后在小组内进行文本类别的分析、字数的计算、查找是否有已经存在的译后文稿、讨论翻译的必要性。

(二)制订翻译工作计划

在确定需要翻译后,学生需要按照翻译要求做好组任务分工,包括调查、翻译、审校、后期制作等工作,并确定好任务的完成时间。

(三)核对翻译要求

学生和组员需要根据翻译任务所涉及的专业进行分析,找出相关的中英文专业词汇并进行汇总,专业术语需要按照行业公认的用法进行翻译。

(四)开始翻译

在翻译期间,学生定期写翻译日志,将翻译过程中遇到的问题、解决思路和组内讨论记录下来。

(五)审校

形成翻译初稿后,学生需要对译文进行审校,需要对译文的准确性负责,并且需要使译文通顺,符合外文表述习惯,消除笔误或拼写等错误。

(六)后期制作

学生需要按照翻译任务的要求进行后期制作,包括排版、打印、装订等一系列工作。

(七)提交

此项为翻译任务的最后步骤,后期制作完成之后,学生需要按照翻译任务要求的方式按时提交。

在学生完成一项翻译任务之后,教师在进行课堂教学活动时可围绕此项任务来展开。首先,每一组派一名代表来向全班同学展示译文,并且分享翻译过程中遇到的重点、难点以及问题的解决过程。然后,其他组进行讨论,学生表达自己的观点。最后,教师根据学生译文进行点评与讲解。学生需要在学期末将本学期完成的翻译任务整理成册,并且根据本学期完成翻译任务的心得体会撰写成学期论文。

二、政治文献融入翻译专业硕士课程的必要性

在全国高校思想政治工作会议上,习近平强调:"要坚持把立德树人作为中心环节,把思想政治工作贯穿教育教学全过程,实现全程育人、全方位育人,努力开创我国高等教育事业发展新局面。"习近平的讲话为全国高校

的课程思政建设指出了总的工作方向。同时,教育部发布的《高等学校课程思政建设指导纲要》进一步明确了课程思政建设的要旨:"寓价值观引导于知识传授和能力培养之中,帮助学生塑造正确的世界观、人生观、价值观。"因此,课程思政对于我国当代高校建设具有重要的意义,适应新时代育人要求的教学理念,为教学内容增加社会主义核心价值观的内涵,并将专业课与思想政治理论课并行发展,发挥立德树人的核心功效。政治文献翻译教学有助于塑造学生的国家意识,在翻译过程中牢牢把握住意识形态。基于民族与国家这一宏观层面,"国家翻译"的概念适时登场,进一步拓宽了翻译研究的视角,提高了翻译实践的站位,丰富了翻译学科构建的内涵。

　　这里选取了《习近平谈治国理政》中的语篇材料,将材料运用到翻译专业硕士课程中,对其翻译原则、翻译策略进行详细讲解,把课程思政内容与翻译专业知识相融合,有效突出了翻译专业硕士以实践为导向的特色,同时也体现了我国教育立德树人的宗旨。此外,翻译课程可供利用的课程思政元素丰富,主要体现在以下两个方面。其一,翻译从根本上讲是一种跨文化的活动,译者受所在文化的影响,将文化内涵转化为读者所接受的语言,这就是一种潜移默化的文化传播过程,为民族、国家价值观念的传播发挥了重要的作用。这也是教师在翻译教学中进行课程思政的重要出发点和立足点。其二,翻译教学所采用的教学材料具有重要的价值属性,既包含与翻译技法相关的知识,比如翻译方法、翻译策略、计算机辅助翻译技术等,又涉及与翻译原则相关的知识,比如原语与译入语之间的文化差异考量,翻译在塑造文化身份、构建话语体系、主导中西方关系方面发挥的建构性作用等。作为教师,应该从宏观角度出发,全面把握全球化背景下对于应用型翻译人才培养的战略需求,有意识地从众多译本中挑选出能够体现国家级翻译水平和翻译能力、在教育和发展社会主义核心价值观方面发挥积极作用的语篇翻译材料及阅读材料作为教学重点,同时重点关注翻译技能性知识转向翻译技能背后的文化价值的主张与价值传播,有助于实现课程思政元素与翻译专业知识的有效融合,培养出社会主义现代化建设所需的才思并重的翻译人才。

三、政治文献汉英翻译教学的典型案例

(一)政治文献翻译策略与原则

在政治文献的外译中,"要学会用世界的语言讲中国的故事,也要学会用中国的语言讲世界的故事;要把讲故事和讲道理结合起来,而不是靠话语的强势生硬推销。"(孟威,2014)同时更要注重学会将中国特色文化传播向世界。为此,译者必须充分理解原文意义与作者想表达的重点内容,树立好正确的政治方向,灵活地做好中文与英文之间的转换。政治文献翻译策略的选用,不仅是关于翻译技法的讨论,更是与大国传播息息相关。一方面,在使用何种策略翻译政治文献时,要突出政治文献的忠实性,所以政治文献的翻译必须以政治忠实性为总的原则,任何翻译策略的选用都应遵循此原则。虽然可以根据具体情境选择归化策略或异化策略,但是不应该仅为了追求译文的流畅和通顺一味地选择归化,也不能过于贴近原文而机械表述进行异化处理。另一方面,在文本内容不涉及政治立场和不违背政治忠实的总原则下,可以按英语的语言习惯选择归化策略。当目的语读者无法深入彻底理解一些富有中国特色的概念时,要以对国家文化传播的捍卫和对中华文化的丰富内涵作为翻译的根据。

(二)中国政治文献翻译实例分析

例(1)

中文:历史是人民书写的,一切成就归功于人民。只要我们深深扎根人民、紧紧依靠人民,就可以获得无穷的力量,风雨无阻,奋勇向前。(习近平,2020)

英译:The people are the creators of history. It is to them that we owe all our achievements. As long as we keep close ties with the people and rely on them,we can and will have boundless strength to forge ahead whatever the circumstances. (Xi Jinping,2020)

分析讲解:在目的语读者无法深入理解源语意义时,或者如果直译会造成读者无法理解或误解原文内容时,要以忠实为原则取向。可以通过简化翻译方法来有效避免翻译腔,如果源语中使用排比或用典,可以保留源语中反复出现的词语,令目的语读者能感受到原文作者的写作风格,烘托出排比增强语气或气势的效果。

原文中出现了"深深扎根人民"和"紧紧依靠人民",这种形式相似的表述方式强调了人民的重要性,所表达的内涵近似,因此,译文将其合并翻译成"keep close ties with the people and rely on them",体现了译文准确与凝练,再现了原文的意义。此外,原文中还出现了"风雨无阻"一词,用来强调遇到困难也不会成为前进的阻力,与后面的"奋勇向前"形成呼应,译文将其翻译为"forge ahead whatever the circumstances",将其内涵准确地表述出来,并没有受到原文形式上的束缚。

例(2)

中文:我们不需要更多的溢美之词,我们一贯欢迎客观的介绍和有益的建议,正所谓"不要人夸颜色好,只留清气满乾坤"。(习近平,2020)

英译:译文:We do not need lavish praise from others. But we do welcome objective reporting and constructive suggestions, for this is our motto, "Not bent on praise for its bright colors, but on leaving its fragrance to all". (Xi Jinping, 2020)

分析讲解:原文中出现"不要人夸颜色好,只留清气满乾坤"这一句诗文,体现了习近平总书记的讲话风格,总书记经常引经据典,恰到好处、生动形象地表达了他的政治思想,体现了深厚的文化功底。这一句诗文引自王冕的《墨梅》,此诗开头两句直接描写墨梅,最后两句盛赞墨梅的高风亮节,赞美墨梅不求人夸,只愿给人间留下清香的美德,实际上是借梅自喻,表达自己对人生的态度以及不向世俗献媚的高尚情操。习近平同中外记者见面时以诗言志,吟咏的是墨梅不慕虚名、绽放清芬的品格,彰显的是大国大党的自信,表达的是从容清醒的定力,传递的是埋头苦干的意志。在政治类文献中出现的诗词典故,不仅饱含文化背景,更是大有深意。"文化转向"让译者认识到翻译不仅要在语言层面进行转换,还要在文化层面进行转换,把原语所蕴含的文化内涵表达出来。为此,译者在诗文的词序、风格和内容上做了最大限度地保留。同时为了完整展现诗文信息,译者进行了相应的注释:Wang Mian :"Ink Plum"(Mo Mei). Wang Mian(1310—1359)was a painter and poet of the Yuan Dynasty. The allusion in the poem is to appreciate things for their qualities rather than their looks, and President Xi was indicating that while China seeks no flattery, it expects honest and balanced reporting.(Xi Jinping,2020)英文注释不仅简要介绍了诗文作者王冕,还表明了中文诗句的具体出处。谚语、古诗及散文名篇是中华传统文化的精华,反映了中华文化的深厚底蕴,在政治文献中引用诗文,充分体现了"四个自信"中的文化自信。这些谚语和古诗词的引用,强化了所表述的内容,增补了文化内涵。英文译文在内容和形式上都贴近原文,处理得恰到好处。

例(3)

中文:中共十九大到下一次的二十大这 5 年,正处在实现"两个一百年"奋斗目标的历史交汇期,第一个百年奋斗目标要实现,第二个百年奋斗目标要开篇。(习近平,2020)

英译:The coming five years between the 19th and the 20th CPC national congresses are a period in which the timeframes of the Two Centenary Goals will converge. We must deliver the First Centenary Goal; we must also embark on the journey towards the Second Centenary Goal. (Xi Jinping,2020)

分析讲解:原文中"中共"一词被简化翻译成"CPC",因为在前文开始的时候提到了中国共产党的全称"the Communist Party of China",缩写成"CPC"既符合目的语精简的表述习惯,也贴合了原文"中共"的简化表述方式。"两个一百年"是中国共产党在新时代领导我们中华民族的奋斗目标,第一个一百年,是到中国共产党成立一百年时全面建成小康社会;第二个一百年,是到新中国成立一百年时建成富强民主文明和谐美丽的社会主义现代化强国。这是富有中国特色的政治术语。中国政治术语是中国政治领域所使用的表达专业概念的约定性符号,既可以是词,也可以是词组。(冯雪红,2014)对于这个词的翻译,没有将其蕴含的意义释义出来,采用了"Two Centenary Goals"的直译方法,因为在前文已经对其内涵进行了阐释,所以这里将其字面意义表述出来能够让读者联想到前文的内容,同时也确保了政治文献的忠实性,也让读者可以理解。

例(4)

中文:党中央反复强调,脱贫攻坚期内,扶贫标准就是稳定实现贫困人口"两不愁三保障"、贫困地区基本公共服务领域主要指标接近全国平均水平。(习近平,2020)

英译:The CPC Central Committee has reiterated on many occasions that in the final stage of the fight against poverty, the standards are set to deliver the Two Assurances and Three Guarantees, and bring key indicators of the basic public services in poor areas close to the national average. (Xi Jinping,2020)

分析讲解:在提及含义丰富的简略语或含有中国文化历史的句子时,可以采用直译加注法。原文"两不愁三保障"的中文释义是:"两不愁"就是稳定实现农村贫困人口不愁吃、不愁穿;"三保障"就是保障其义务教育、基本医疗和住房安全,是农村贫困人口脱贫的基本要求和核心指标。译文首先将其按照原文的字面意思翻译为"Two Assurances and Three Guarantees",并通过大写其英文首字母凸显出来这是一个专业政治术语,这么做既忠实于原词语的内容,又贴合了原文的表达形式。为让读者理解其内涵,译者对其进行了相应的注释:This refers to assurances of adequate food and clothing, and guarantees of access to compulsory education, basic medical services and safe housing for impoverished rural residents. (Xi Jinping,2020)

例(5)

中文：盘古开天、女娲补天、伏羲画卦、神农尝草、夸父追日、精卫填海、愚公移山等我国古代神话深刻反映了中国人民勇于追求和实现梦想的执着精神。(习近平,2020)

英译:Ancient Chinese mythologies,such as Pangu creating the world,Nüwa patching up the sky,Fuxi drawing the eight diagrams,Shennong testing herbs, Kuafu chasing the sun,Jingwei filling up the sea and Yugong removing mountains,reflect our determination in dauntlessly pursing and realizing dreams. (Xi Jinping,2020)

分析讲解:首先,此句体现了习近平重要讲话常引用典故的特色,这些典故是大部分中国民众耳熟能详的,能够让中文读者理解引用这些神话典故的用意,也体现了总书记重要讲话的亲民性特点。这些典故对于英文读者来说是比较陌生的,理解起来比较困难。如果作者是为了讲述某一个典故来表达某一特定观点的话,译者需要对该典故进行释义加注,让目的语读者理解其内涵。但是作者在此引用的是一系列典故,是为了聚合并突出其内在的本质联系,即"中国人民勇于追求和实现梦想的执着精神",因此译者在处理这句话时采取了直译的方式,将提到的几个典故并列起来,如"Pangu creating the world"。这么做能够让目的语读者简洁地理解所提到的这一系列都是中国的神话故事,即译文里的"Ancient Chinese mythologies"。同时译者也避免了逐一对这些典故进行释义加注而造成文章篇幅冗长的问题。

例(6)

中文:有的热衷于搞"小圈子""拜码头""搭天线"……有的地方人才队伍发展不平衡不充分、创新创造活力不强,有的引才不切实际,贪大、贪高、贪洋……(习近平,2020)

英译:Some have a penchant for forming cliques and factions, cultivating connections or currying favors with higher-ups for personal benefit…Some places have seen unbalanced and inadequate development of their talent, failing to un-leash their potential for creativity. Some places neglect reality in bringing in high-caliber personnel, paying too much attention to their number, academic titles and nationality…(Xi Jinping,2020)

分析讲解:中西方文化差异导致的中文读者和英文读者对文章信息的理解可能不完全一致。英语比较注重形合,句法有着严格的要求,主句与从句之间要使用连接词;但是汉语重意合,句子依靠意义来贯穿,不用或少用连接词,主语有时候也可有可无。(孟庆升,2003)此外,中文常用四字词语或修辞手法,讲究文字的锤炼,而英文讲究逻辑和语言简洁凝练。该句采用了意译的方式,将"小圈子""拜码头"和"搭天线"的内涵阐释出来,译为"forming cliques and factions""cultivating connections""currying favors with higher-ups for personal benefit",同时对"贪大、贪高、贪洋"做语义上的合并,译为"paying too much attention to their number, academic titles and nation-ality",让读者能够理解其内涵。将"创新创造"这个四字词语简化为"crea-tivity",是因为"creativity"一词的释义为"Having the ability or power to cre-ate",能够体现创新创造的意义,因此在这里简化了。同时,原文中"有的"指的是"有的人",为了译文在形式上也尽可能向源语靠拢,形成排比效果,译文也用"some"作为主语开头,不仅在内容上与原文保持一致,也在形式上贴近了原文。

例(7)

中文:要以永远在路上的执着和韧劲,坚持严字当头、全面从严、一严到底,深入推进我军党风廉政建设和反腐败斗争。(习近平,2020)

英译:We must never falter in our efforts to improve Party conduct and com-bat corruption in the military, with the strictest discipline in all aspects and at all times. (Xi Jinping,2020)

分析讲解:由于中文和英文之间的行文差异,当遇到句式结构差异大的情况下,译者有必要将原文信息进行重组,调整语序或词序,使其信息表达清晰且符合逻辑,所以译者首先要充分理解原文表述的意义。本句分别将"党风"和"反腐败"直译为"party conduct"和"combat corruption",同时根据中文无主句的情况,为译文增补了主语"we",使译文符合英文的句法结构。此外,句中同时出现了三个"严"字,强调了我党"严"的决心与态度,为了充分地表述其效果,译文使用了最高级"strictest"来表达,同时也符合英文的精简特点,把"坚持严字当头、全面从严、一严到底"作为介词引导的伴随状语,使用"in all aspects and at all times"来强调"严"的无处不在、无时不在和执行到底,这种用法使英文读者对我军党风建设的决心有了深刻的理解。

例(8)

中文:坚持反腐败无禁区、全覆盖、零容忍,坚定不移"打虎""拍蝇""猎狐",不敢腐的目标初步实现……(习近平,2020)

英译:No place has been out of bounds, no ground left unturned, and no tolerance shown in the fight against corruption. We have taken firm action to "take out tigers", "swat flies", and "hunt down foxes"(Xi Jinping, 2020)

分析讲解:这段摘录摘自党的十九大报告。自从党的十八大以来,党的反腐败斗争取得了一系列重大成果,而且反腐的力度在进一步加大,这句话当中说明了三种类型的反腐败措施,每一项都针对不同的反腐目标。其中"打虎"旨在解决中共各级领导人和高级别官员的腐败问题;"拍蝇"主要打击的是处于基层的腐败官员;"猎狐"是针对逃往境外腐败人员的专用表达,来自2014年公安部门的"猎狐"行动和经济犯罪嫌疑人、腐败党员、国家官员以及相关逃犯腐败案件。此句中使用了不同的动物代表了不同的腐败群体,"打虎、拍蝇、猎狐"所传递的信息反映了中国对于反腐败斗争的决心与气魄,体现了对反腐的零容忍、无国界。在处理这句话时,译者采用的是直译法。这句话采用了直译的方法,最大限度地保留源语栩栩如生的形象,让英文读者能够充分理解老虎、苍蝇和狐狸在我国政治环境中所代表的人物形象和蕴含意义(聂雯,2020)。

例(9)

中文：……越是要有如履薄冰的谨慎，越是要有居安思危的忧患……(习近平,2020)

英译：…he more prudent and prepared we should be, as though walking on thin ice…(Xi Jinping,2020)

分析讲解："如履薄冰"是一则来源于历史故事的成语,成语有关典故最早出自《诗·小雅·小旻》,原意是好像走在薄冰上,比喻随时都会发生危险,做事极为小心谨慎。该词在句子中可充当谓语、定语、状语。该词语具有很强的形象性,凭字面意思即可理解其含义。译文使用了"prudent"一词,体现了谨慎的意义,解决读者的理解困难。整句采用了直译的方法,最大限度保留了原文的文化意蕴,在形式上贴近原文。

例(10)

中文：……包括大道之行、天下为公的大同理想……(习近平,2020)

英译：…the ideal of great harmony believing that "when the Great Way rules, the land under Heaven belongs to the people"…(Xi Jinping,2020)

分析讲解："大道之行,天下为公"是汉语成语,出自西汉戴圣《礼记·礼运篇》,意思是天下是人们所共有的,把品德高尚的人、有才能的人选出来,(人人)讲求诚信,形成和睦气氛,表达的是一种大同的理想社会。"大道",指放诸四海而皆准的道理或真理,可以有各种各样的解释;"大同",指儒家的理想社会或人类社会的最高阶段,也可以有种种解释。这一类字眼是不能翻译也是译不好的。有些词语在一定语境中往往具有特殊含义,在此句后半句已经给出了提示,指的是"大同理想"。译者将"大道之行,天下为公"直译为"when the Great Way rules, the land under Heaven belongs to the people",并且将"Great Way"和"Heaven"进行了首字母大写,凸显其强调意义,英文读者也能够通过"the ideal of great harmony"来推断出"Great Way"

和"Heaven"所表达的意义。

(三)课后练习

1. 中文:仁善邻、协和万邦的外交之道。(习近平,2020)

   英译:＿＿＿＿＿＿＿＿＿＿＿＿＿＿＿＿＿＿＿＿＿

2. 中文:周虽旧邦,其命维新的改革精神。(习近平,2020)

   英译:＿＿＿＿＿＿＿＿＿＿＿＿＿＿＿＿＿＿＿＿＿

3. 中文:如果以邻为壑、孤立封闭,国际贸易就会气滞血瘀。(习近平,
   2020)

   英译:＿＿＿＿＿＿＿＿＿＿＿＿＿＿＿＿＿＿＿＿＿

4. 中文:坚持百花齐放、百家争鸣,坚持创造性转化。(习近平,2020)

   英译:＿＿＿＿＿＿＿＿＿＿＿＿＿＿＿＿＿＿＿＿＿

5. 中文:全党同志一定要登高望远、居安思危、勇于变革。(习近平,
   2020)

   英译:＿＿＿＿＿＿＿＿＿＿＿＿＿＿＿＿＿＿＿＿＿

6. 中文:功成名就时做到居安思危、保持创业初期那种励精图治的精神
   状态不容易。(习近平,2020)

   英译:＿＿＿＿＿＿＿＿＿＿＿＿＿＿＿＿＿＿＿＿＿

7. 中文:又要增强忧患意识,未雨绸缪,精准研判、妥善应对经济领域可
   能出现的重大风险。(习近平,2020)

   英译:＿＿＿＿＿＿＿＿＿＿＿＿＿＿＿＿＿＿＿＿＿

8. 中文:科学预见形势发展走势和隐藏其中的风险挑战,做到未雨绸

缪。(习近平,2020)

英译:＿＿＿＿＿＿＿＿＿＿＿＿＿＿＿＿＿＿＿＿＿＿＿＿

9.中文:勇于直面问题,敢于刮骨疗毒,消除一切损害党的先进性和纯
洁性的因素。(习近平,2020)

英译:＿＿＿＿＿＿＿＿＿＿＿＿＿＿＿＿＿＿＿＿＿＿＿＿

10.中文:巩固压倒性态势、夺取压倒性胜利的决心必须坚如磐石。
(习近平,2020)

英译:＿＿＿＿＿＿＿＿＿＿＿＿＿＿＿＿＿＿＿＿＿＿＿＿

(四)课后练习官方译文

1.英译:…the principle of good neighborliness and harmony in relations with all other countries.(Xi Jinping,2020)

2.英译:…the reformist spirit as exemplified by such adages as:"Although Zhou is an ancient state, its destiny hinges on reform."(Xi Jinping,2020)

3.英译:…while engaging in beggar-thy-neighbor practices, isolation and seclusion will only result in trade stagnation and an unhealthy world economy.(Xi Jinping,2020)

4.英译:…We should follow the principle of letting a hundred flowers bloom and a hundred schools of thought contend, and encourage creative transformation and development…(Xi Jinping,2020)

5.英译:All comrades must aim high and look far, be alert to dangers even in times of calm, have the courage to pursue reform.(Xi Jinping,2020)

6.英译:In times of success, it is not easy to guard against potential dangers and maintain the hard-working and motivated spirit our Party had in the early days of the PRC.(Xi Jinping,2020)

7.英译:…while remaining alert and ready to identify and address potential major economic risks with appropriate measures.(Xi Jinping,2020)

8. 英译：…remain sensitive to development trends, and plan ahead against potential risks. (Xi Jinping,2020)

9. 英译：…We must have the courage to face problems squarely, be braced for the pain, act to remove whatever undermines the Party′s integrity and advanced nature. (Xi Jinping,2020)

10. 英译：…we must remain firm in our resolve to build on our overwhelming momentum and secure a sweeping victory in this fight. (Xi Jinping,2020)

四、小结

在新的历史时期,翻译课程的理论与实践都需要赋予新的内涵来做到与时俱进。在教学中引入"文化转向"理论,让学生认识到意识形态对于翻译行为的影响,而政治文献翻译的核心在于将"国家"作为翻译主体,因此翻译要体现国家意志。在新时代背景下,"文化转向"理论可以在政治类文献翻译实践中继续发挥影响力,为"国家翻译实践"提供有效的理论框架与支撑。

《习近平谈治国理政》对于翻译专业硕士而言具有很高的学习价值,其中包含着丰富的中国特色政治词汇、四字词语、典故等,也有大量需要译者根据具体语境灵活进行归化或异化处理的案例展示,因为政治文献的翻译旨在让目的语读者"能明确无误地理解和把握译文所传递的信息要旨"(袁晓宁,2005)。也就是以实现原文信息的忠实传达为基本原则,为此可能会适当减少部分典故背后的文化内涵。所以译者在翻译政治类文献时,一定要充分理解其意义,灵活使用翻译方法。多年来,我国在政治类文献的翻译方面取得了越来越广泛的成果,从《习近平谈治国理政》外译版来看,已出版21个语种,24个版本,共发行642万册,发行到世界160多个国家和地区,海外发行突破50万册,成为改革开放以来在海外最受关注、最具影响力的中国领导人著作。过去那种翻译时过于严格忠实于原文却不考虑目标读者接受的不当做法有了显著的改进。以目的语读者取向的翻译策略及灵活变通的译法,必定有利于该书在国外的传播和接受,因此英文版自发行以来在海内外反响愈加强烈、广受好评。中国重要政治文献翻译由 20 世纪 80 年代前的源语取向逐步转变成当下忠于原文精神的目标语取向（蒋骁华、任东升，2019）。

同时，《习近平谈治国理政》中蕴含着丰富的思政元素，是翻译课程思政中不可多得的学习材料，充分体现了新时代背景下我国对外宣传的顶层设计与核心话语体系建设。此外，讲解分析的重点不应仅停留在翻译策略或翻译方法层面，应更多让学生主动去关注翻译原则问题与翻译策略之间的关系，并以此为出发点，将翻译知识与课程思政元素结合起来。所以教师要重点凸显以国家意识为主的价值导向，并注意其与政治语汇翻译技巧之间的关联，让学生对政治类翻译中的忠实性原则有更深的领悟，使学生在理解、传播信息的过程中具备大局意识，培养出国家发展建设所需的专业技能与政治品格皆备的新时代翻译人才。

（本部分撰写：姜春林）

第二节　硕士阶段汉法翻译教学研究

一、硕士阶段法语文献翻译现状

目前研究生阶段翻译方向多定位于培养高层次、应用型、职业化翻译人才，对于专硕 MTI 法语笔译多开设翻译概论、基础翻译、基础口译、法语写作等基础课程，还有经贸翻译、报刊翻译、法律翻译、社科翻译、文学作品翻译等主题明确的翻译课程。在翻译方向学硕的培养中，有部分学校涉及了政治文献翻译，如在天津外国语大学研究生一年级课程中，除了高级汉译法、高级法译汉、翻译批评、翻译理论，还涉及新闻翻译和外宣翻译。总体来说，在法语翻译人才的培养中出现重文学翻译、轻非文学类翻译，在应用型翻译人才培养中重经贸翻译、轻非经贸类翻译的特点，长期以来政治文献题材被边缘化。从教学过程来看,语言素材比较陈旧,不能做到与时俱进,多局限于词汇选择、句型结构等语言系统内研究,忽视了对文化因素展开讨论,对意识形态更有避而不谈的倾向。对硕士阶段法语文献翻译教学的改良应更注重提高外语人才的文化输出能力,提高文化思辨能力。

二、硕士阶段法语文献翻译教学方法与探索

《高等学校课程思政建设指导纲要》指出:"文学、历史学、哲学类专业课程,要在课程教学中帮助学生掌握马克思主义世界观和方法论,从历史与现实、理论与实践等维度深刻理解习近平新时代中国特色社会主义思想。"由于硕士阶段学生已经具备相对高水平的语言基础,教学目标应从语言层面转向价值塑造、知识传授和能力培养的融合,将习近平新时代中国特色社会主义思想内化于心、外化于言,进一步增强政治认同、思想认同、理论认同和情感认同。

(一)课程设计

本课程设计以党的二十大报告为依托,结合习近平相关论述,主要针对法语 MTI(翻译硕士专业学位)翻译专业硕士研究生一年级法语外宣翻译课开设,力图通过对中西方意识形态领域一些核心概念的分析、对比和翻译,使学生最大限度地提高外语学习效能,提高跨文化思辨能力。

该阶段学生已具备较高的阅读水平和研究能力,故在课前通过布置相关主题任务,深度探讨民主、富裕、人类命运、生态环境等命题,开展小组专题研讨,目的在于使学生在优势和差异中获取认同感。同时为进一步输出翻译打下坚实的理论基础,在多层次充分认识理论衍生蜕变的基础上完成翻译任务,能在处理微观语言问题的过程中高瞻远瞩,从意识、文化、政治、价值角度出发进行抉择、取舍和创新。

学生以小组为单位,面对不同的主题独立完成翻译任务。每小组以抽签形式分配不同主题,以 PPT 形式对翻译成果进行展示,其他组成员和老师进行评价,并结合官方翻译探讨如何在政治文献的翻译中体现外宣翻译

特点,讲好中国故事,建立中国话语体系。

课程主题延伸阶段,要求学生能够通过演讲、思政报告、时政写作甚至建言献策的方式,做好传播新时代中国特色社会主义核心价值观的使者,向世界介绍中国解决方案,提出中国概念,在思辨中发现问题、解决问题。

(二)中西方政治语境下不同主题词反思

1. 全过程人民民主与西方民主

党的十八大提出,倡导富强、民主、文明、和谐,倡导自由、平等、公正、法治,倡导爱国、敬业、诚信、友善的社会主义核心价值观,其中在国家层面提出了民主的价值目标。2021 年 10 月 13 日,习近平在人大工作会议上发表重要讲话,强调:"我国全过程人民民主实现了过程民主和成果民主、程序民主和实质民主、直接民主和间接民主、人民民主和国家意志相统一,是全链条、全方位、全覆盖的民主,是最广泛、最真实、最管用的社会主义民主。"如何排除杂音,将这一中国特色社会主义制度,将这一党和人民的伟大制度创新介绍给世界,发出中国声音,成为新一代外语人的重要使命。

采用小组合作学习的方式,引导学生学习《习近平谈治国理政》第二卷《坚定对中国特色社会主义政治制度的自信》(习近平,2017),"Xi Jingping: La Gouvernance de la Chine Ⅱ""Raffermissons notre confiance dans le régime politique du socialisme à la chinoise"(法语版)(Xi Jinping,2018),中央党校教授封丽霞的文章《全过程人民民主有何特点和制度优势?》(文章链接:http://www.xinhuanet.com/sikepro/20211208/dc58e4a11b454a2f95b5ed42eea99797/c.html)。

对比中国全过程人民民主与西式民主的不同,思考什么是具有实在意义真正的民主,学生在此基础上交流学习经验,以小组为单位制作多媒体课件,进行小组报告。

2. 实现全体人民共同富裕与西方福利社会

2015 年 8 月 21 日,习近平在党外人士座谈会上的讲话中指出:"广大人民群众共享改革发展成果,是社会主义的本质要求,是我们党坚持全心全意为人民服务根本宗旨的重要体现。我们追求的发展是造福人民的发展,我们追求的富裕是全体人民共同富裕。"这一论述深刻阐明我国的共同富裕与西方福利社会产生的土壤和目的的根本差异,只有认识到这一点,才能更好地理解共同富裕的真谛。

采用小组调研和小组口头汇报的方式,要求学生搜集关于西方福利社会发展的资料,并与我国全面建成小康社会、实现共同富裕目标进行对比。辅助学习《习近平谈治国理政》第二卷《下大力气破解制约如期全面建成小康社会的重点难点问题》(中文版)(习近平,2017),"Xi Jingping: La Gouvernance de la Chine Ⅱ""Fournir de grands efforts pour assurer le parachèvement à la date prévue de l'édification de la société de moyenne aisance"(法语版)(Xi Jinping, 2018),以及中国新闻网刊载解码"共富"系列稿件:《沈斐:中国"共同富裕"与西方"福利社会"有何不同?》(文章链接: http://www.chinanews.com.cn/gn/2021/11-26/9616650.shtml)。

3. 推动构建人类命运共同体,构建新型大国关系

2022 年夏季,习近平在与马耳他圣玛格丽特中学"中国角"师生的通信中指出:"天下大同、协和万邦是中华民族自古以来对人类社会的美好憧憬,也是构建人类命运共同体理念蕴含的文化渊源。"可见,人类命运共同体作为我国新时代大国外交的重要思想,缘于中华优秀传统文化,体现了来自中国的独特视角,在当今世界大变局的种种混沌中可谓一股清流。

引导学生学习《习近平谈治国理政》第二卷《共同构建人类命运共同体》(中文版)(习近平,2018),"Xi Jingping: La Gouvernance de la Chine Ⅱ""Construire ensemble une communauté de destin pour l'humanité"(法语版)(Xi Jinping,2018),以及人民网 2021 年 11 月 26 日刊载文章《杨洁篪:推动构建人类命运共同体》(文章链接:http://cpc.people.com.cn/n1/2021/1126/c441515-32292719.html),以小组讨论、自由提问发言的形式,探讨构建人类命运共同体的划时代意义,以及新时代中国青年应如何应对时代赋予的伟大使命。

(三)翻译任务实践

该部分翻译任务为:习近平:《高举中国特色社会主义伟大旗帜 为全面

建设社会主义现代化国家而团结奋斗——在中国共产党第二十次全国代表大会上的报告》,第六部分"发展全过程人民民主,保障人民当家作主";第九部分"增进民生福祉,提高人民生活品质";第十四部分"促进世界和平与发展,推动构建人类命运共同体"(文章链接:http://www. gov. cn/xinwen/2022-10/25/content_5721685. htm)。

学生展示翻译成果,教师举例讲评,引导学生从宏观语境和语言外信息出发,准确、灵活地进行政治文献翻译。

例(1)

中文:发展**全过程人民民主**,保障人民当家作主。(习近平,2022)

法译: dévelpper **la démocratie populaire intégrale** et préserver la souveraineté populaire. (Xi Jinping,2022)

教师讲评:对"全过程人民民主"的翻译,需要特别关注中国特色时政词汇在外宣翻译中的忠实和准确度,体现中国式民主,不同于西方的民主,是全方位、环环相扣、无死角的民主运行机制,在翻译过程中不得偷工减料,突出"全过程"这个核心概念。现存对该概念的翻译有:①démocratie de tout le processus(当代中国特色话语外译传播平台—中法对照:"全过程人民民主":运作形态与实现机制)②la démocratie populaire intégrale(中国翻译协会、中国外文局翻译院联合发布 2022 年度新词热词英文、法文译法参考)③la démocratie populaire à processus complet(中国翻译协会、中国外文局翻译院联合发布 2022 年度新词热词英文、法文译法参考)④la démocratie sur l'ensemble du processus(新华网:Xi jinping met l'accent sur des progrès stables dans l'amélioration de la démocratie populaire sur l'ensemble du processus)。经过对比,①句并非该名词的全貌,省略了"人民",官方文献非一般性的学术论述型体裁文章,不可进行主观删减;④句稍加观察可发现,多见于新闻媒体报道,外媒也多引用此提法;②③句属于比较严谨正式的翻译,鉴于该名词在处于标题处,选择②句的译法更简洁。

例(2)

中文:深化工会、共青团、妇联等群团组织改革和建设,有效发挥**桥梁纽带**作用。(习近平,2022)

法译:Il convient d'approfondir la réforme et l'édification des organisations et groupements de masse tels que les syndicats, la Ligue de la jeunesse communiste et la Fédération des femmes pour qu'ils jouent de manière leur rôle de **courroie de transmission**. (Xi Jinping,2022)

教师讲评:本例中译者为了更形象地表现出工会、共青团、妇联等群体组织在全过程人民民主建设中上下连通的角色,没有简单地将"桥梁纽带作用"译为"le rôle(作用) de pont(桥梁) et de lien(纽带)",而是用"courroie de transmission"(传送带)来比喻在社会事务中起传动协调作用的群体组织。"courroie de transmission"在法语中经常以这样的引申义出现,例如,le Monde(《世界报》)于 2022 年 9 月 11 日刊登的一篇题为 Les élus de proximité restent la meilleure courroie de transmission entre le citoyen et la République(《附近的当选者是公民和共和国之间最好的传送带》)的文章。选词是一门学问,即使同一含义也会有不同的表达,译者通过甄选更贴近作者意图的表达,体现了译者的主观能动性和把握宏观语境的能力。

例(3)

中文:人心是最大的政治,统一战线是凝聚人心、汇聚力量的强大法宝。(习近平,2022)

法译:Obtenir l'adhésion du peuple revêt une importance politique fondamentale. Le front uni est un atout majeur permettant de faire converger les volontés du peuple et les forces des divers milieux. (Xin Jinping,2022)

教师讲评:正确透彻理解"人心"所指是翻译这句话的关键,我们显然不能草率地把"人心"译为"le coeur(心) du peuple"(人民),不了解中国文化的法国读者很难将人体器官心脏与人民联系起来。那么这里的"人心"

应该如何转义呢？毛泽东曾指出，所谓政治，就是把我们的人搞得多多的，把敌人搞得少少的，并将统一战线称为战胜敌人的三大法宝之一。习近平总书记还强调，人心向背、力量对比是决定党和人民事业成败的关键，是最大的政治(舒启明，2022)。可见，这里是指获得人心，具体来说是获得更多人的支持，让更多人加入统一战线的队伍，获得更大的力量。而"ahésion"在 Nouveau Robert 中的释义恰好为："action d'adhérer, de s'inscrire à une association, un parti."(注册或参加某组织或党派的行为)。通过加词，译者将一个看似普通词语的深层次含义揭示出来，完整地向读者展示了作者的思想。

例(4)

中文：发挥我国社会主义新型政党制度优势，坚持长期共存、互相监督、**肝胆相照、荣辱与共**。(习近平，2022)

法译：Il nous faut mettre en valeur les avantages de notre système socialiste de partis politiques en restant fidèles aux principes suivants："coexistence à long terme, surveillance mutuelle, **collaboration à coeur ouvert et communauté de destin pour le meilleur et le pire**". (Xi Jinping, 2022)

教师讲评："肝胆相照"这一成语蕴含着中国传统医学的智慧，古人认为肝胆天生像一对夫妻，它们互为表里，相互依存，彼此之间就是"荣辱与共"的一对器官。如果用"le foie"(肝脏)"la vésicule biliaire"(胆)来比喻党与民主党派相互扶持的关系，对于没有医学知识的外国人，会"丈二和尚摸不着头脑"。法译本用固定搭配"à coeur ouvert"(坦率真诚)来表现"肝胆相照"的蕴含意，即彼此真心诚意，真心相见，真诚相处；再用习惯用语"pour le meilleur et le pire"(同甘共苦；祸福同享)，该表达常用来形容友谊与爱情。通过补充核心名词"collaboration"和"communauté de destin"，不仅做到了与前文句式的统一，而且进一步明确了在党的领导下民主党派与中国共产党既"合作"又是"命运共同体"的新型政党关系。

例(5)

中文:全面构建**亲清政商关系**,促进非公有制经济健康发展和非公有制经济人士健康成长。(习近平,2022)

法译:Il faut promouvoir et généraliser **les rapports sincères et désintéressés entre les pouvoirs publics et les acteurs économiques**, et assurer un développement sain de l'économie non publique et de tous ses acteurs.(Xi Jinping,2022)

教师讲评:习近平用"亲""清"两字来定位新型政商关系,揭示了新型政商关系的本质。"亲"就是亲近,强调双方的真诚交流;"清"就是清白,要求光明磊落,双方在内心都要有清正单纯的动机(沈玮玮,2016)。法译本选择用"sincère"(真诚真挚)和"désintéressé"(大公无私、无私心的)来诠释"亲""清"是准确的,所以在翻译政治文献时务必应先查阅相关资料,针对较新的表述要落实其具体含义,避免出现将"清"译作"limpide"(清澈)、"clair"(清晰)、"transparent"(透明)等,表面似乎对等,实则谬误的译法。

例(6)

中文:江山就是人民,人民就是江山。中国共产党领导人民**打江山、守江山,守的是人民的心**。(习近平,2022)

法译:**L'État**,c'est le peuple;et le peuple,c'est l'État. Si le PCC,en s'appuyant sur le peuple, a **pris le pouvoir** et continue de **gouverner**, c'est parce qu'il a eu et **conserve toujours son soutien**.(Xi Jinping,2022)

教师讲评:这段论述通过隐喻的方式,体现了党的执政思路,强调了"江山"的人民属性。如何翻译"江山"这一概念,不难看出"守江山""打江山"的"江山"有"le pouvoir"(政权)的含义。中央党史和文献研究院专家刘亮在接受中国新闻网采访时表示:"'打江山''夺取政权'是20世纪上半叶的语境,中国共产党已建党一百年,作为执政党守江山也已70多年,如果把'江山'单独理解为'政权'就有些片面,理解为'国家'更全面准确。"(李京泽,2021)"守江山"相对于"打江山"是指获得政权后的执政阶段,所以用

"gouverner"（统治、管理）来诠释更为合适。最后一个"守"的对象是"人民的心"，是指在赢得人民的支持后继续留住人民的心，用"conserver"（保持、维持、保留）来翻译更为合理。原文中多次重复"江山""人民"和"守"，通过隐喻道出党执政为民的初心，需要译者根据历史语境和具体语境，灵活处理译文。

例（7）

中文：优化人口发展战略，建立生育支持政策体系，降低生育、**养育**、教育成本。（习近平，2022）

法译：Établir un système de politiques de soutien en matière de natalité et de réduire les coûts liés à la maternité, à l'éducation et **aux soins prodigués** par la famille. (Xi Jinping, 2022)

教师讲评："养育"在中国文化中具有较强的感情色彩，父母对儿女的养育之情历来具有无私和不求回报的属性，如直接解释为"家庭给予照顾"则显得平淡，无法体现"养育"二字的分量和浓情。而"prodiguer"在 Nouveau Robert 中的释义为："accorder, distribuer généreusement, employer sans parcimonie."（慷慨而毫不吝啬地给予），在动词的选择上译者没有使用简单的"fournir"（提供）或"donner"（给予），而使用了"prodiguer"做过去分词来表现"养育"一词的情感内涵，使行文更贴近人心，更容易打动读者。

例（8）

中文：坚持**亲诚惠容**和与邻为善、以邻为伴周边外交方针，深化同周边国家友好互信和利益融合。（习近平，2022）

法译：Sur la base de l'amitié, la sincérité, la réciprocité et l'inclusion et du principe diplomatique de bon voisinage et de partenariat avec ses voisins, la Chine cherchera à approfondir la confiance mutuelle et les relations amicales avec les pays voisins, de même qu'à faire mieux converger ses intérêts avec les leurs. (Xi Jinping, 2022)

教师讲评:周边外交是我国外交政策的重要组成部分,其中"亲诚惠容"的四字箴言更是我国周边外交方针的精髓。2013 年 10 月,习近平在周边外交工作座谈会上对这四字方针作了具体解释。法译本用"l'amitié"(友谊)来突出"亲"睦邻友好、守望相助的含义,用"la sincérité"(诚挚)来附和"诚"要诚心诚意的含义,用"la réciprocité"(相互)来强调"惠"要互惠互利的原则,用"l'inclusion"(包括)来表现"容"容得下的气度和包容的思想。既遵循了简洁有力的语言风格,又能一语中的,切中要害。

例(9)

中文:**双重标准**。(习近平,2022)

法译:le" deux poids, deux mesures". (Xi Jinping,2022)

教师讲评:"avoir deux poids(et)deux mesures"是法语中固有的习惯表达,Larousse 词典中对这个短语的释义为:"juger différemment d'une même chose, selon la diversité des intérêts, des cirocnstances."(在不同的环境和关切下,对同一事物做出不相同的判断)这里的"poids"表示天平中的砝码,"mesures"表示尺度,都可以引申理解为度量称重的"标准"。"deux"表示数字 2,也与"双"完全吻合。该表达从内涵和形式都与中文原文非常吻合,采用目的语文化中固有的习语,可以让目的语读者如拨云见雾般迅速捕捉原文含义,有宾至如归的感觉,增加了文本的可读性和读者对文本的接受度。

例(10)

中文:**万物共育而不相害,道并行而不相悖**。(习近平,2022)

法译:"Les choses du monde se développement sans rivalité, et les quatre saisons alternent sans contradiction. "(Xi Jinping,2022)

教师讲评:中国外文局与中国翻译研究院发布的中国关键词权威解读

表示:"万物共育而不相害,道并行而不相悖"出自《中庸》,这一理念阐明了中国人理解世界的基本方式,即一切事物都在竞争中共存,彼此不相互伤害;太阳月亮的运动以及季节的变化都有自己的规律,它们之间不会发生冲突。通过世间万物的运行规律,反映中国求大同存小异的处事方式,兼容并蓄的和谐发展观。译者在译文的处理中,将"相害"做了词义的降级"rivalité"(竞争对立),这样处理使译文更符合全球竞争与发展并存、矛盾与融合并存的大语境。

三、翻译成果评估和思辨能力提升

作为教学后阶段,课后环节分为两部分,首先请同学以小组为单位对自己的翻译成果与官方的翻译版本进行对比,自主评估翻译成果。小组成员对译文进行评析、修订,并做出客观评价,生成自我评价报告。评价的过程也是学生自我反省翻译过程、翻译策略、提高认知的过程,提升了学生多维度的翻译能力,为学生将来在职业翻译道路中充当各种角色,成为复合型翻译人才打下基础。

接着,请学生根据本学期翻译任务涉及的三个主题:全过程人民民主、共同富裕、构建人类命运共同体,以个人为单位用法语进行演讲或者书面写作,演讲以视频形式提交时长不少于5分钟,书面写作不少于800字。本环节作为课后提交作业,设计目的不仅在于让学生在应用中评估和巩固翻译成果,完成知识的二次内化,更在于增强学生对国家政策方针的外语综合表述能力,培养家国情怀和国际化视野,增强文化交流的使命感和责任感,提高人文素养和跨文化沟通能力(曹进、陈霞,2019)。可在此过程中充分激发学生的思,增强学生的理论与实践结合能力,同步提升翻译与思辨能力。根据《国标》界定,思辨能力既包括分析、推理、评价、自我调控等高阶认知技能,也包括探寻事实、坚持理性、公正评判等思辨特质(孙有中,2019)。在演讲与写作的训练中,教师不给出具体题目,让学生在相关主题框架内或就概念本身或对当下的时事,利用已获取的语言文化知识,充分发表意见,提出有建设性和政治高度的观点,使学生的分析、判断、推理、评价等高阶思辨能力得到锻炼,形成探究式的文献翻译学习模式,全面提升学生的政治素养。

四、小结

硕士阶段法语文献翻译课程,基于自身的文本性质与特点,体现了翻译语言教学与思政课程的紧密融合。由于翻译的文化转向,在翻译时政文献,具体到党的二十大报告时,更多关注大语境和语言外因素对翻译过程的影响,考验译者的立场和思辨能力,同时要能帮助外语翻译者从跨语言和跨文化的角度理解贯彻习近平重要讲话的精神内核。

翻译硕士培养的是高水平翻译人员,将会成为未来中国故事的主讲人,这些学子将来若在各个领域代表中国向世界发声,就必须做到知己知彼和立场鲜明、禁得住考验。笔者在课前准备环节增加了中西方不同体制对比的论述性文章,开展师生互动讨论甚至辩论活动,对有争论的问题不采取回避态度,引导学生透过现象从本质源头上理解社会主义核心价值观。通过本课程的学习,学生们普遍提高了政治素养,提高了中国政治文献信息的解码能力,能够更准确、忠实、大胆地在外宣翻译中传递中国声音,向世界阐述中国方案和中国文化的独到之处。

在把好政治关的前提下,学生可充分发挥语言的媒介作用,根据不同情况,结合各种翻译策略和翻译技巧,自如灵活地运用语言工具,用法国人的方式说好中国的事情。最后,通过演讲和写作的创造性输出方式,将本课程的三大核心主题内化为自主表达的能力,同时将翻译过程中所涉猎的语言内外信息整合为自身的知识储备,为将来口笔译的翻译工作和外事工作打下坚实的基础。

(本部分撰写:房萱)

第三节　硕士阶段汉俄翻译教学研究

一、硕士阶段俄语文献翻译教学概况

(一)硕士阶段俄语文献翻译教学现状及问题

目前,国内各大高校十分注重俄语专业复合型人才的培养,注重学生的全面发展,使其能够适应国家政治、经济、社科、文化等多领域发展的需要,并具有良好的品学修养和扎实的专业技能,成为高层次、应用型、复合型、专业型翻译人才。各高校翻译专业主要设有俄语翻译概论、俄语基础口笔译、俄语基础笔译、俄语商务口译、俄罗斯文化、中国文化以及部分文学作品翻译等课程。据笔者了解,党的十九大召开以前各高校在硕士阶段的翻译课程所使用的翻译素材多为文学及新闻相关内容,其次是经贸及社科类文章,较少涉及政治文献。近年来,政治文献已经逐渐走进硕士阶段的俄语翻译课程,但由于政治文献题材特殊、语言严谨度要求高等原因,目前使用范围仍然较小,很难大量用于教学及实践。以天津外国语大学专硕 MTI 俄语翻译专业为例,课程涵盖高级俄语实践、俄罗斯诗歌、现代俄语理论、笔译基础、口译基础、俄语语义学、跨文化交际学导论等课程,主要学习翻译策略、技巧及方法。通过以上课程的引导,学生将具备深入理解和评析学术文献的能力、俄汉互译翻译实践能力以及运用翻译理论分析翻译问题的能力。学生接触到的政治文献以《习近平谈治国理政》第三卷为主,对其中中国特色政治概念的俄译方法及习近平用典的文化价值等进行重点学习。此外,MTI 翻译硕士学生需要完成约 300 小时的翻译实践及俄译汉译文字数不少于 1 万字、汉译俄译文不少于 5000 词的翻译报告一篇(可作为毕业论文)。

此外,硕士阶段俄语翻译教学仍存在重理论教学、轻翻译实践的问题。高校的翻译课程大多重视理论学习,平时书面翻译训练任务量较大,加之近几年受到疫情影响,学生们很少有真正的翻译实践练习,把理论知识融入实践训练的机会不多,这就导致很多学生在毕业后的实际翻译工作上存在一定的知识空白。

(二)硕士阶段俄语文献翻译教学完善途径

针对这一问题,高校俄语硕士的培养仍需在以下几个方面不断努力。

1.完善翻译课程内容。建立完善的翻译课程体系,重视学生俄语语言、文化素养及翻译技巧的均衡发展,使其熟悉翻译基本理论,掌握基本翻译技能,以便更好地应对实际的翻译任务。

2.重视技能实践。在硕士阶段应充分重视学生的技能实践,尽可能多地为学生提供实践训练的机会,使翻译理论知识和实践技能实现有机结合。

3.深化国际合作办学。高校俄语专业应着力开发国际合作办学新模式,探索更多特色人才培养途径。以天津外国语大学为例,自1964年俄语系成立后,经过30余年的发展和沉淀,于1998年开始创办多种中外合作办学模式,时至今日,天津外国语大学与乌克兰、俄罗斯、白俄罗斯多所院校的合作项目仍在为中俄学术文化交流贡献力量,同时也培养了一批又一批拥有过硬专业技能及优秀文化素养的俄语人才。

4.搭建翻译实践平台。大力推动高校俄语专业与政府部门及国际组织的合作,并不断尝试新的合作方式,为学生提供更多新兴产业的翻译实训基地,让学生有机会在就业前充分体验真实的翻译场景,使其提前适应未来工作中所要面临的压力,同时也能够在实践中提升翻译水平,待其走出校园后必然能够快速融入社会,顺利完成角色转变,更好地适应工作需求。例如,2011年11月,"中共中央编译局天津外国语大学中央文献翻译研究基地"正式成立,天津市委、市政府高度重视。翻译研究基地是中央编译局与国内高校搭建的首个该领域专业平台,其主要任务是开展党和国家重要文献的翻译研究及高层次外宣翻译人才的培养,开展"中央文献翻译人才培养项目"和"党和国家重要文献对外翻译研究项目"的研究。这是高校社科研究基地实现与党政部门合作,更好地服务国家、社会的一种新形式,是高校创新哲学社会科学研究基地建设的新模式(姜雅明、李迎迎,2015)。

二、政治文献俄译课程中文化教学的重要性及具体设想

(一)政治文献俄译课程中文化教学的重要性

政治文献外译是我们党理论宣传工作的重要组成部分,相关翻译和研究都具有明确的政治性质。要做到在翻译和传播过程中准确地表达原文内涵、生动展示并有效传播中国经验、中国故事、中国智慧和中国方案,从而进一步构建对外话语体系、提升国家文化软实力,就要格外重视翻译人才培养过程中的文化教育和道德教育,坚定不移地建设高素质、专业化、有信念的政治文献外译人才队伍。苏霍姆林斯基认为:"个人道德信念是道德教育的最终结果,是说明一个人的精神面貌及其品性中思想和行为一致。言论和行动一致的主要标志。""只有当对真理的认识和概念的认识能深深地反映在一个人的精神世界里,成为他个人的观点,能激发出深沉的情感,从他的意志融合起来,并能在他的活动行为方式行动举止以及待人对己的态度中表现出来。才能谈得上道德信念。"(蔡汀等,2001)由此可见,将先进的思想意识内化为学生的道德信念,对学生自身的成长和未来国家对外宣传的不断发展都是至关重要的。

(二)政治文献俄译课程中文化教学的建议及设想

在俄语 MTI 翻译硕士的教育方面,总体应把握好增强"四个意识",坚定"四个自信",做到"两个维护",在此基础上,还要发掘更加适应时代要求的教材和教法。2018 年 1 月,教育部发布的《普通高等学校本科专业类教学质量国家标准》,将本科培养目标细化为素质教育、知识要求以及能力要求。笔者认为,硕士阶段的培养方案也可参考这一标准(见图 6-1)。

此外,2017 年课标突出了立德树人理念,将外语课程目标具化为四种核心素养,即语言能力、文化意识、思维品质和学习能力(见图 6-2)。其中,外语语言能力是构成外语学科核心素养的基础要素。外语语言能力的提高蕴含文化意识、思维品质和学习能力的提升;文化意识体现外语学科核心素

养的价值取向;思维品质体现外语学科核心素养的心智特征;学习能力构成外语学科核心素养的发展条件(文秋芳、杨佳,2021)。

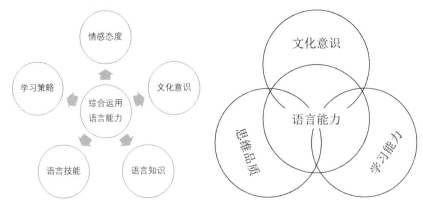

图 6-1 课程目标结构(2003、2011 年版) 图 6-2 外语学科核心素养

作为翻译人才的摇篮,外语院校首先应注重翻译硕士专业技能——俄语语言文化及翻译技巧的学习提升,这样才能使学生准确理解中文的含义,尤其对政治文献背后的文化内涵更要做到了然于胸。除此之外,也要重视培养学生的国际传播能力,增强跨文化意识,加强知识储备,增强中国传统文化知识储备。同时也要多了解语言对象国的文化历史和语言习惯,尽量做到充分理解外国受众的认知和感受,进而使其更准确理解我国的大政方针,了解我国的历史、文学、艺术,从而认识一个真实的中国。

笔者尝试提出几点具体课程设计要点,还望日后与各位读者和优秀同行深入探讨。

首先,课程应着重介绍中国政治制度和文化背景。通过学习以上内容,学生可以更好地理解中国政治文献中的术语和语言表达方式。

其次,课程要重视探讨中国政治文化的特点。在分析中国政治文献的思想、价值观和社会观念等要素过程中,学生可以更加深刻地理解中国政治文献的内涵。

再次,课程还应引导学生收集、整理并尝试用多种方式将中国政治文献中的汉语习惯用语翻译为俄语。这类习惯用语是文献中非常重要的组成部分,但它们也是翻译的难点之一,并不容易在目的语中找到对等含义的表达,从而造成了很多空缺现象。通过总结汉语习惯用语的外译方式和技巧,学生可以更好地理解中国政治文献语句中深刻的语言文化内涵,有效提升文献翻译练习和实践的准确性。

最后,还可以在校内或联合几所高校共同举办中国文化活动,同时邀请外教参与,并安排部分学生作为翻译人员进行实践。通过设置丰富多样的中国历史文化主题研讨、讲座、互动活动等环节,如聆听欣赏中国戏曲、古典音乐、品鉴中国美食、参观文化遗产等,让学生更加深入地了解中国的文化,增强文化自信和民族认同感,加深对中国政治文献的理解和翻译能力。

三、文化转向对翻译教学的深度文化介入

(一) 俄译教学中文化转向实例分析

政治文献俄译教学中,目的语言、目的文化和其他文化均可以体现在具体的教学过程中。

一是政治文献外译教学应紧密结合目的语言,即充分理解俄语政治文献,有效把握俄语政治文献的结构特点和表达方式,以便在进行文献俄译时能够灵活运用俄语书面文章中相对固定的表达。这就要求教师深入了解俄语政治文献,拥有丰富的政治文献阅读量。

二是要认识到俄语政治文献的文化特点并在译文当中加以体现。也就是应当尊重中俄文化的差异,在俄译中要充分考虑译语的准确性,并使俄语政治文献译文和源语文献一致,避免出现文化差异所带来的误解。

以习近平用语为例,其各类讲话、寄语、贺词等内容的俄译文本经常体现出文化转向理论指导下的政治文献外译特征。一则习近平重要讲话突出中国特色并能准确把握汉语文化符号,时常通过用典融入古代思想,内涵丰富,向世界展示了中国文化之美;二则习近平用语简明凝练,深入浅出,让人备感亲切。

以下分类列举部分习近平重要讲话中俄文互译中体现出的文化转向理论。

1. 鼓舞人心

例(1)

中文:我们靠实干创造了**辉煌的过去**,还要靠实干开创更美好的未来。
(习近平在2023年春节团拜会上的讲话)

俄译:Мы сотворили **великое прошлое** благодаря упорству и труду. И благодаря им мы создаем прекрасное будущее.

在这一语段中,学生看到"辉煌的过去"这一汉语中常见的搭配很容易联想到 блестящий、богатый、прекрасный 等形容词。实际上,如果具备一定的阅读量,或借助莱比锡大学俄语语料库的词汇搭配频率可以看到,修饰"过去"(прошлое)一词的形容词中,更常用、更贴切的是 великое。同时,它也更深刻地表达出了原文中的"辉煌"含义。这句话出自习近平在2023年春节团拜会上发表的重要讲话,总结了过去一年来之不易的扎实成绩,展望新时代新征程的宏伟目标,凝聚起亿万人民团结奋斗、实干兴邦的磅礴力量。所以,根据语境我们能够了解到,原文此时并非着重于描绘过去的耀眼

图 6-3　莱比锡大学俄语语料库词汇搭配统计

成就,而是强调了在以习近平同志为核心的党中央坚强领导下,全党全军全国各族人民迎难而上、团结奋斗取得了来之不易的成绩。所以,此处将俄语文本翻译为"伟大的过去"更为合适。

例(2)

中文:新的一年,是全面贯彻落实党的二十大精神的开局之年。希望大家坚定信心、**抖擞精神**,**齐心协力加油干**,在新的一年里有更大作为、更大收获!(2023 年 1 月 18 日习近平春节前夕在视频连线看望慰问基层干部群众时的讲话)

俄译:Новый год – это начало полной реализации духа XX съезда Коммунистической партии Китая. Я надеюсь, что все укрепят в себе уверенность, воспрянут духом и будут работать вместе, чтобы внести больший вклад и добиться больших успехов в новом году!

例(3)

中文:**幸福都是奋斗出来的**,奋斗**本身**就是一种幸福。(2018 年 5 月 2 日,习近平在北京大学师生座谈会上的讲话)

俄译:Счастье может быть достигнуто только **благодаря усердию** . А усердие – **само по себе** является счастьем.

2. 引经据典

习近平总书记的讲话时常用典,具有浓厚的中华文化底蕴。想要将这类文字翻译得贴切并不破坏原文的语义,则首先需要具备一定的中国文化知识背景,从而很好地理解原文,以文化转向的视角进行文本翻译。

例(4)

中文:路虽远,行则将至;事虽难,做则必成。(习近平 2023 年新年贺词)

俄译:

А: Хотя дорога далека, ее можно осилить, пока вы идете; хотя задачи трудны, их можно выполнить, пока вы хотите.

Б: Даже если расстояние очень короткое, вы не сможете преодолеть его, если не сделаете шаг вперед; даже если задачи мелкие, вы не сможете их выполнить, если не начнете.

习近平在2023年的新年贺词中引用了《荀子·修身》中的典故,意思是:路途虽然很远,但是只要走就一定能到达;事情虽然很难,但是只要去做就一定能完成。此处原文并不难理解,而且译文基本可以使用较为简单的词汇完成。不过,此处为提供了两个参考译文,请学生先说说自己的方案,看是否与其中一个类似。(此类文本可以直接翻译,更加简洁平实,也可以使用"не + 助动词 + не + 动词"的形式,通过双重否定加强语气,表达肯定的意义。)

例(5)

中文:艰难困苦,玉汝于成。(2018年12月18日,习近平在庆祝改革开放40周年大会上的讲话)

俄译:Трудности шлифуют характер, как яшму. (Т. е. трудности закаляют человека.)

这句话出自北宋哲学家张载的《正蒙·乾称篇》,意思是:贫穷卑贱和令人忧伤的客观条件,其实可以磨炼人的意志,用来帮助你达到成功。原句中关于雕琢玉器的说法在俄语母语者的认知里可能并不直观,但这是独属于我们中国人的文化意象,所以我们在翻译这句话的时候,可以从文化转向视角思考,即采用"直译+释义"的手段将它原汁原味地呈现给目的语受众,然后加以解释,以确保其理解不会产生太大偏差。(困难可以将人雕琢为精美的玉器,即困难可以让人得到磨砺。)

例(6)

中文:"德不孤,必有邻。"(2015 年 5 月 23 日习近平在中日友好交流大会上的讲话)

俄译:"Добродетельный не одинок;он обязательно встретит подобного. "

这句话的翻译难点在于"邻"这个词。很多同学对于原文的理解有一定误差,望文生义地将本句译为:"品德高尚的人,一定有很好的人缘。"但事实上这句话出自《论语·里仁》,意思是:"有道德的人是不会孤单的,一定有**志同道合**的人来与他相伴。"可见文化转向视角下的俄译教学是必不可少的。

3. 提出倡议

例(7)

中文:习近平主席倡议双方着力打造中柬"**钻石六边**"合作架构,表达了中方同柬方**共享机遇**、**共谋合作**、**共促发展**的真诚意愿。(2023 年 2 月 10 日,习近平在与柬埔寨首相洪森的会见中提出的倡议)

俄译:Председатель Си выступил за то, чтобы обе стороны усердно работали над созданием "**алмазных шестисторонних**" рамок сотрудничества между Китаем и Камбоджей, выразив искреннюю готовность Китая и Камбоджи **делиться возможностями, стремиться к общему сотрудничеству и совместно содействовать развитию**.

例(8)

中文:**房子是用来住的,不是用来炒的**。

俄译:Иметь недвижимость – это для того, чтобы жить, а не **спекулировать**.

(**Спекулировать**: скупать товары и ценные бумаги с тем, чтобы наживаться при их перепродаже)

例(9)

中文:增强政治意识、大局意识、核心意识、看齐意识,即**"四个意识"**。

俄译:Укрепить " **четыре сознания** " – имеется в виду политическое сознание,сознание интересов целого, сознание ядра и сознание равнения.

(二)教学中本土文化的导入

1.跨文化视角下俄语教学中本土文化导入的必要性

外语学习是一项具有多重挑战的任务。当学习者将自己置于一种新语言中时,需要充分掌握这门语言的语音、语法和语言习惯等,同时还要了解语言对象国的文化传统。正是这种生动而丰富的文化内容,使得在教学过程中导入本土文化变得尤为重要。

在学习文化转向视角下中国政治文献俄译的过程中,将本土文化引入其中,可以让学生更好地理解政治文献的内容。以文化作为媒介,可以使中俄两国的政治、社会等方方面面更加真实地呈现在学生们面前,因此,学生们便可以更快、更容易地掌握新的俄语表达及翻译技巧。

此外,本土文化的引入还可以帮助学习者更深入地了解本国人民的生活方式和价值观念,有助于树立正确的意识形态,增强文化、政治认同感。只有这样,才能成为具有文化自信的跨文化交际人才,跨越文化壁垒,开阔自己的视野。

2.各语种设计具体的教学实施方法

中国政治文献俄译教学"中国模式"本土文化,指的是将中国文献特有的思想和政治语言特点翻译成俄语,把中国文献的本土性、文化特色传达出去,让俄语读者更好地理解中国。在教学过程中,先介绍中国政治文献的本土特点,然后系统分析文献的语言特点,包括文献的语言结构、词汇特点、句法特点等,最后,将这些特点转化为俄语,让读者更好地理解中国文献。

跨文化视角下俄语教学中本土文化导入的必要性在于:①可以扩大学生的知识面。传统语言类课程以学习俄罗斯联邦及其他独联体国家的历史文化背景知识为主,而本土文化的导入将增加他们对于中国文化的了解。

②教师将引导学生将中文概念与源文化相关结构映射到俄语翻译实践中，以便丰富学生的俄语表达能力，使其表达更有深度。

总之，实施中国政治文献俄译"中国模式"本土文化的教学模式，应从以下几个方面进行。

例如，把握政治文本的思想内涵，将中国政治文献俄译教学中国模式下"本土化"和"标准化"的特征有机融合；掌握政治文献文本文体，培养学生对中国政治文献语言特点的敏锐感知能力；加强语言交际，重视俄语交际教学，加强学生汉俄口头表达及写作能力，使听说读写译能力相辅相成，同步提升。

中国政治文献俄译教学中，教师会经常使用递进式方法。首先，这种教学法可以提高学生的学习效率，帮助学生回顾学过的知识和技能（有的甚至是本科阶段获得的），让学生将新的知识融入熟悉的背景中，并以此为基础再学习新的内容，从而提高学习效率，做到习得新知的同时巩固旧知。

其次，递进式教学法从易到难的原则，可以使学生在学习过程中不会有过多的疑惑，可以把注意力集中到一个个有序的小步骤，而不会感到被新知淹没或者课上信息量过大，以至于无法完整跟上一节翻译课。

例如，我们在学习关于"一国两制"的话题时，虽然会先让学生们课前做好背景知识的储备，但课堂前20分钟一般不会直接加入过多新的表达和素材，而是让学生们先就自己所了解的信息进行交流互补。例如，让学生们运用"行政长官和特别行政区政府""发展经济、改善民生、推进民主、促进和谐""澳人治澳""高度自治的方针"等一系列本科阶段已经学习过的词汇简单介绍两个特别行政区的历史和发展。以此作为导入环节，能够让学生在较有深度的硕士阶段课堂上实现"软着陆"，巩固旧知的同时做好学习新知的准备。

最后，教师应建立科学的知识框架。递进式教学法可以帮助学生在学习的过程中把所学的内容归纳到一个总的框架中，有助于学生更好地理解和记忆所学的内容。

四、小结

这里探讨了文化转向视角下俄语政治文献翻译教学在硕士阶段的教学概况,政治文献俄译课程中文化教学的重要性及具体设想,文化转向理论对翻译教学的深度文化介入下的一些教学实例,教学中本土文化导入的必要性与实施方法。

文化转向视角是研究文献翻译的重要途径,是一种文字向另一种文字的转化,成为从一种文化到另一种文化之间的过渡,可以帮助人们理解不同文化之间的异同。过去,政治文献在俄语本硕阶段的翻译教学中一直处于边缘化的状态,即使偶尔出现,翻译方法也比较模式化,鲜少探究文献背后的文化内涵。所以,引导学生了解文化转向视角下的翻译策略,在翻译理念上进行突破与创新刻不容缓。文化转向视角可以促使学生建立更加系统化的文化知识背景,深刻理解文本内涵并捕捉有关文化特征的翻译表达,提高文献翻译的准确性。同时,文化转向视角还可以促进学习者的文化交流能力,讲好中国故事。

未来,中国政治文献俄译教学将越来越重视引导学生以文化转向视角进行翻译学习实践,与时俱进,培养一代又一代的优秀翻译工作者和文化传播使者。

(本部分撰写:周文娟)

第四节　硕士阶段汉日翻译教学研究

一、硕士翻译课程与文化教学

"国家翻译实践"概念提出了"国家"作为翻译行为主体的核心观点,使翻译上升为一种体现国家意志的国家行为。我国的外语教育事业,自党的十八大以来已有了长足发展,日语在非通用语种中排序第一。为给"国家翻译实践"储备足够的翻译人才,高校硕士阶段的翻译教学需要体系性全面提高。例如,广东外语外贸大学已经提出 MTI 人才培养应该从初中、高中开始,直到硕博,构建完整的培养体系。全国多家高校设立翻译人才培训基地,探索协同培养中译外人才机制。据悉,截至 2002 年秋季,全国外语院校日语翻译专业的硕士培养依然以语言学、文学、经济、社会文化等育人方向为主流,天津外国语大学等个别高校设立了"政治方向""中国党政文献口笔译"方向的培养,教学过程尚在摸索之中。师资以从事过翻译实践的优秀翻译家、教授为主。[①] 目前硕士翻译课程大都引入日本的研讨式教学方式,即教师提前布置主题,组织学生逐项进行翻译,并当场点评学生的翻译。最好的实践即教师作为受托方接到文献外译的工作,对教授的硕士生们提出相关的要求,让其进行初次外译,责任教师进行确认与修改。中宣部、教育部统一领导编写的"理解当代中国"系列教材经过工作组和编委会的二次审稿后隆重登场,既体现了国家意志,也遵循了外语专业教学规律。其中《高级汉日翻译教程》一书被指定为日语研究生阶段的首选参考教材,填补了日语研究生阶段权威教材的空白,具有里程碑意义。

随着从"翻译世界"到"翻译中国"的变化,2022 年 12 月在上海外国语大学,由教育部、外文局、一流高校等单位共同制定 DTI(翻译专业博士)培养方案,正式拉开高水平人才培养序幕。"文化转向"理论刚好可以继续发挥其阐释力与指导性,为"国家翻译实践"提供有效的理论框架支撑。如前所述,新时期的"国家翻译实践"需要正确意识形态的强大操控,高校要尽最大努力培养出意识形态过硬的人才。

进入 21 世纪,外语教学中"文化教学"比重日益加大。在"中国走向世

---

① 优秀的翻译师资代表有:日本方面的口语中日方向有同传交传专家塚本庆一,口语日英方向有同传交传专家桥本美惠、长井鞠子等;中国方面的日语口译专家有林丽韫、周斌、王效贤、林国本等,笔译方面有文洁若、刘德有、林少华等。中国政治文献主要语种外译,代表人物有黄有义、刘亮、范大祺、卿学民等,主要来自外文局编译局"国家级团队"。同时服务国家战略,对外翻译宣传中国的需要,高校受合作方的委托,参与大量的对外翻译工作,如天津外国语大学的汪淳波教授、李晶教授等均从事了多年的中国政治文献外译实践。

界,世界走向中国"的大背景下,外语教学的新目标是要培养具备思辨能力的"中外文化人",即一个外译工作者要了解多种文化知识,具有一种或多种文化身份。这就要求学习者必须具备超越本族语和目的语及其相应具体文化的束缚,在与多种不同文化群体交流的过程中,最大限度地有效传达中国思维,满足翻译工作的需要。

因此,硕士阶段的翻译教学可以利用国才考试的构念设计训练任务。国才考试构念注重从融合视角设计考试任务,强调在具体情境下使用语言的能力,这刚好是文献外译教学中所需的。教师可以引导学生运用本科阶段已学的语言知识,运用思辨模式,对外传达中国的现代文化知识,讲好中国故事。

二、中日两国的文化认知体系

要真正做好具有中国立场和世界价值的,包括政治话语在内的文化话语的研究与传播,一定离不开对整个中外文化交流的语境、内涵和本质规律的研究和探索。下面我们借助文献日译的实例来看看中日两国的意识形态及文化内涵在语言表达中是如何体现的。

(一)中国的文化认知体系

1. 中国的核心区文化特点及社会主义核心价值观传达

核心区的文化特点主要是依靠本民族自身的资源,在近乎封闭状态下建立起庞大而精深的文化体系,形成了稳固的文化结构,内化到民族心理上就形成了强大的文化主体性和东方本位主义意识,具有强烈的排他性。在现今国际社会文化交流空前高涨的环境下,中国文化已经逐渐形成了一种科学而具有自主创新精神的新文化,中华文化的核心信仰是建成一个自然、自律、和平、友善的"大同社会",相信人和自然可以和谐发展,希望"天人合一",不走极端,倡导不使用暴力。同时,我们非常关注日常生活中的"人道主义",每个中国人都有责任保护并发展这种文化。我国的政治文献恰好就是这种文化的对外传播途径,因此,笔者认为,政治文献的日译教学在硕士阶段需要深入研究中国的信仰、社会主义核心价值观等方面的翻译及相关表达方式。

　　作为文化翻译工作者,必须加倍关注任何一个在跨文化翻译中出现巨大认知歧义的词汇和表达方式,反复琢磨,解开这个文化对话的死结。比如说"唯物主义"一词,在日语中是"唯物主義",是指"観念や精神、心などの根底的なものは物質であると考え、それを重視する考え方。物質主義とも言う"(认为观念、精神、心灵等最根本的东西是物质,并重视物质的思维方式,也称为物质主义——笔者译)(Wikipedia)。中国的唯物主义承认世界是可知的,但否认有全知者的存在。可见,日语中的"唯物主义"只是唯物主义的一元论,即只承认物质一个本原,也称为机械的唯物主义。而我们中国的是唯物主义二元论,承认物质和运动两个本原,也称为辩证的唯物主义。在硕士阶段,很有必要从文化深度重新剖析中日很多同形词,引领学生从文化转向的角度重新理解文献外译的重要性。

　　2. 中国人的螺旋形整体思维

　　中国传统哲学如太极一般,追求浑然一体,注重整体之下各因素之间的关联,善于发现事物的对立,并从对立中把握统一,以求得整体的动态平衡,逐渐养成了对任何事物不下极端结论的圆融辩证思维方式,语言上体现为习惯于抽象的表达方式。中国人的思维模式呈现出曲线的形状或圆形,且循环上升,体现为一种螺旋形模式。这种思维模式表现在语言上,汉字便很容易勾起人们对现实世界里事物形象的想象或联想。中国人在进行语言表达时,也喜欢重复使用某些词语或句式,"排比"修辞手法体现的就是这一特点。比如党的二十大报告中的这句话:

例(1)

中文:必须贯彻新时代党的强军思想,贯彻新时代军事战略方针,**坚持**党对人民军队的绝对领导,**坚持**政治建军、改革强军、科技强军、人才强军、依法治军,**坚持**边斗争、边备战、边建设,**坚持**机械化信息化智能化融合发展,加快军事理论现代化、军队组织形态现代化、军事人员现代化、武器装备现代化,提高捍卫国家主权、安全、发展利益战略能力,有效履行新时代人民

军队使命任务。(习近平,2022)

　　日译:新時代の党の強軍思想を貫徹し、新時代の軍事戦略方針を貫徹し、人民軍隊に対する党の絶対的指導を**堅持**し、政治主導の軍隊建設、改革による軍隊強化、科学技術による軍隊強化、人材による軍隊強化、法に基づく軍隊統治を**堅持**し、闘争・戦備・建設の同時進行を**堅持**し、機械化・情報化・インテリジェント化の融合発展を**堅持**し、軍事理論・軍隊の組織形態・軍事要員・武器装備の現代化を加速し、国家の主権・安全・発展の利益の堅守のための戦略能力を高め、新時代の人民軍隊の使命・任務を効果的に履行しなければならない。(習近平,2022)

　　本句中出现了四个"坚持",是排比结构,日译版中同样出现了四个"坚持する"。虽然日语中没有排比结构,也不太适应同样词汇的重复,但由于中文原文是政治文献,"必须坚持……"有文献类文本需要传达的较为强烈的语气,所以日译版完全保持了原文的风格。可见文献外译跟普通的外译还是有区别的,原汁原味地传达是严肃且重要的。同时,这四个"坚持"的四项内容也是从笼统、概括到具体展开,体现了"起、承、转、合"的科学逻辑关系。由于时政文献外宣传工作的严肃性,文献内容在外译时必须最大限度保留原文的风格,这也体现了文化自身的强制性,不能随意更改。

　　3. 中国人的内倾型思维

　　中国文化发源于黄河流域,是典型的农耕文化,比较容易自给自足,属于内倾型文化。道家有"天人合一""万物与我为一"的哲学思想,更强调以人为本,有较强的主体参与意识,认为只有人才能做出有意识的动作。这种思维表现在句式上,就是汉语句子的主语往往是人或者是有生命的词语,动作往往以人或者有生命的词语为中心展开。并且用人称作主语时,习惯于使用主动语态。而日本文化是自然为主,日语的主语多是事物,相应后面使用自动词居多。党的二十大报告中"我们"做主语出现了很多次,让国人读起来充满"中国母亲"的亲切感。比如这句"我们经过接续奋斗,实现了小康这个中华民族的千年梦想,我国发展站在了更高历史起点上(日译版:「われわれは奮闘を続け、小康という中華民族の数千年の夢が実現し、わ

が国の発展がいっそう高い歴史的起点に立った」）。"其中的小主语用拟人的写法说成"我们中国……"也是让国人亲切感倍增。而日本的政策类文献就很少用人做主语。比如 2022 年 7 月的"年次経済財政報告－人への投資を原動力とする成長と分配の好循環実現へ－"（年度经济和财政报告——实现以人为驱动的增长和分配的良性循环）中的这几句话"企業の投資活動は全体として慎重に推移してきたが、官民連携で計画的な投資を進め、脱炭素化やデジタル化に向けた投資を喚起していく必要。これにより、エネルギー対外依存の低減などの社会課題の解決を付加価値創出に結びつける必要"（企业的投资活动整体上保持谨慎，但有必要推进公私合作的计划性投资，唤起脱碳化和数字化方面的投资。因此，有必要把减少能源对外依赖等社会问题的解决与创造附加价值联系起来。——笔者译）。全篇财政报告中就没有一个"我（们）"或是人做主语的。可见，中日思维方式很不一样。那日本的文化思维又是怎样的呢？

（二）日本的文化思维

1. 内外意识

日本人的集团模式中，存在"内·外"（ウチ·ソト）的概念，组织内和组织外有着明显的分界线。而所谓的"内外"特征，并不是一成不变的，会根据状况而发生变化，就像中国人通过"找关系"，可以把外部人转化成内部人，中国人所说的"关系"日语叫"コネ"。重视人际关系是中日两国文化共同的基本点，"内""外"相对立的概念正是我们理解日语和日本社会文化的关键。而日本人认为的"内"有时可能只是他们认为的有政治色彩的"内"，并非国际认可的真正属于日本。为了表明"内外"关系，日语去掉了人称代名词，并衍生出称呼用语、授受动词、敬语等内外分明的表达方式，而这些日语特有的语法在政治文献的日译版文本中好像并不多见。看来我们的文献日译文本在文化性上还有提升的空间。请看 2022 年政府工作报告中的这句话，就完美运用了授受动词。

例(2)

中文:推动金融机构降低实际贷款利率、减少收费,让广大市场主体切身感受到融资便利度提升、综合融资成本实实在在下降。(李克强,2022)

日译:金融機関が実質金利と手数料を引き下げるよう推し進め、広範な市場主体に資金調達の利便性向上と総合資金調達コストの確かな低減を実感してもらう。(李克强,2022)

这里的"让"并没有省略主语"政府",强行使"广大市场主体感受到……"的意思,而是希望"广大市场主体能够感受到……",所以日译版并没有用使役态直译,而是用了授受助动词"てもらう",准确传达了政府工作报告的真正意思,翻译得非常准确。可见,虽然表面上政治文献中并没有日常用语中人际关系的"内·外",但在思考是否选用使役态时,准确深刻理解了政府工作报告要传达的意思,就能用授受动词进行成功转换。政治文献的外译必须在深刻理解原文的基础上,要求译者政治立场坚定,能时刻和党站在一起,灵活运用本科时学到的一切日语语法知识,加上正确把握外宣翻译的角度和地道日语的措辞技巧,才能真正做好外宣翻译工作。这也是教师在硕士阶段一定要带领学生达到的学习目标。

2. 日本的"间"文化

"間"(间)是日本文化的重要组成部分,日语中把"人"(有人格、思想的动物),称为"人間",将"人际关系"称为"間柄",将"亲密的伙伴"称为"仲間"。人际关系对于集团意识极强的日本人来说,是在社会上立足的根本。然而,即便是对最亲密的"仲間",日本人还是会保持一个距离,叫作"間"。

日语中用"間"字构成的连语也不少。比如,"間をうかがう"(伺机)、"間を置く"(留出间隔),这些"間"其实都是"应有的空档或过渡"的意思。汉语的"间",表示的是时间、空间的一个限定的、独立的范围;而日本语里的"間",除了表示时空的范围限定以外的空当,特别强调这个空当是引出后续某事物的前奏或连接前后两事物的过渡,这其实蕴含着日本人独特的美学观和价值观。"间文化"体现了日本文化中对"余裕"（余地）的注重，有"余"才能有"裕"。这里的"余裕"内涵丰富，不仅包括时间上的和空间上的"余地"，还包括物质上的和精神上的"余地"。它的存在给日本人带来安心感、安全感和从容感，即所谓的"裕"。现代中国人不喜欢拐弯抹角，说话做事直截了当、一针见血；而日本人喜欢留出个"间"，让双方都能进退有度。日语的这种语言习惯经常被评价为模棱两可。政治文献是典型的态度鲜明的文本，其中经常出现"禁止""严禁""不许"等类似直接下命令的表达方式和强烈的语气，目的是树立社会规范或规章制度。日语在向对方提要求时常用的却是"遠慮"（客气、在意）这样的词。日本人习惯用这类带有婉转劝告型语气的表达方式来弱化"直接强硬"的语气，制造一种语气上的缓冲，给双方留出"余地"，并不是中国人一直认为的日语态度模棱两可，或立场不鲜明。尤其在政治立场鲜明的文献日译处理中，教师要引导学生多对比原文和公开日译版以及日本本国政策的措辞用法，争取让学生深刻理解之后，把政治文献翻译成符合"间"文化背景下日本读者接受习惯的译文。比如党的二十大报告中提出"**必须坚持自信自立**"，日译版就翻译成"自信・自立を堅持する**必要がある**"。这里的"必须"是党和国家要求全国上下一定要做到，但日译版并没直译为"なければならない"这种强烈要求的语法，而是用了"必要がある"（有必要……），既表达出这是"必要条件"，又避免给日本读者造成压迫感太强、过于生硬的阅读感，在内容和日本读者之间完美地制造了一个"空间"。在讲述这部分语言文化时，对日本原创政治文本的分析和理解就显得很重要了。（本章第三部分已经初步做过实证研究的尝试）

三、日本原创政治文本的特征

语言是文化的投射，语言文化也是文化的重要组成部分。在从文化转向的角度深入挖掘文本及外译教学的同时，作者认为对日本原创相关文本的研究也可以是高校硕士培养阶段的一项内容。近年来很多学者以政治文献为对象进行翻译研究，其中，张泓婧（2019）、朱鹏霄（2020）都运用语料库探讨了各种政治文献外译及中日两国日语媒体对政治术语的报道及译释情况。朱鹏霄(2019)以习近平在纪念中国人民抗日战争暨世界反法西斯战争胜利75周年座谈会上的讲话的四个日文译本为对象,对比分析了中国媒体的译出文本和日本媒体的译入文本,发现日文译本多用汉字词汇,而日本原创政治文本并没有。和中国媒体译出文本相比,日本媒体译入文本在词汇密度、平均句长方面更低,在可读性方面更强,和日本同类政治文本很相似。朱鹏霄(2022)还用语料库分析了日本原创政治文本的动词敬语,找到原创文本的很多规律。这些都是非常好的文本研究尝试。借鉴以上科学统计运用于文科的研究方法。作者收集了2017、2019、2020年的日本财政报告,对正文部分进行词频统计,挑选出一些语法措辞进行上下文分析。找到以下文本特征,希望运用于硕士阶段的翻译文本教学中,引导学生在文化转向视域下对照受众群体的表达习惯,做出更地道的译文。

(一) 内容关注点

图6-4、图6-5、图6-6分别是笔者借助AntConc对日本的三年财政报告进行分词结果提取制作而成的词频在前20位的实词关键词。表6-1则是对这些关键词出现频率的大体分类,可见每年的财政主题有一些基本不变的成分,每年也会有根据当年的财政情况出现一些新的内容,关注点社会性方向明确,同时做到与时俱进,但对政策方针类内容关注并不明显。

	A	B	C
1	词汇	词性 ▼	TF
3	企業	名詞	1042
9	経済	名詞	424
18	人材	名詞	291
21	割合	名詞	246
24	人手	名詞	223
28	賃金	名詞	208
29	動向	名詞	207
30	海外	名詞	197
35	高齢	名詞	181
38	女性	名詞	172
39	傾向	名詞	166
43	所得	名詞	146
49	背景	名詞	140
51	制度	名詞	139
54	外国	名詞	133
57	産業	名詞	132
64	効果	名詞	119
65	世界	名詞	119
66	価格	名詞	110
68	取組	名詞	108

图 6-4　2017 年日本
财政报告公司结果
提取制作的词频

	A	B	C
1	词汇	词性 ▼	TF
3	企業	名詞	731
11	技術	名詞	302
13	経済	名詞	275
15	割合	名詞	252
25	イノベーション	名詞	182
26	動向	名詞	181
31	物価	名詞	155
33	産業	名詞	146
34	景気	名詞	142
36	価格	名詞	141
37	データ	名詞	140
45	業務	名詞	128
48	女性	名詞	126
49	金融	名詞	124
51	人材	名詞	123
53	需要	名詞	121
55	効果	名詞	115
56	課題	名詞	114
57	資本	名詞	112
58	高齢	名詞	111

图 6-5　2019 年日本
财政报告公司结果
提取制作的词频

	A	B	C
1	词汇	词性 ▼	TF
8	企業	名詞	304
14	経済	名詞	228
16	価格	名詞	227
17	我が国	名詞	219
21	正規	名詞	188
23	賃金	名詞	185
25	物価	名詞	150
27	世帯	名詞	143
28	割合	名詞	138
31	課題	名詞	127
35	所得	名詞	121
36	背景	名詞	121
41	傾向	名詞	109
42	社会	名詞	109
43	環境	名詞	108
44	効果	名詞	108
47	動向	名詞	103
48	年齢	名詞	103
52	女性	名詞	96
55	状況	名詞	91

图 6-6　2020 年日本
财政报告公司结果
提取制作的词频

表 6-1　词频关键词出现频率的分类表

连续三年出现	企業、経済、割合、高齢（年齢）、女性、傾向（動向）、効果、価格（物価）
两年出现	人材、所得、背景、産業、課題
只出现一年	人手、賃金、海外、制度、外国、世界、取組、技術、イノベーション、景気、データ、業務、金融、需要、資本、我が国、正規、世帯、社会、環境、情況

(二)构句习惯方面

此外,笔者还对 2017、2019、2020 年的日本财政报告做了字句方面的统计,结果如表 6-2。2017 年的字句总数为 2377,2019 年的字句总数为 2207,2020 年的字句总数为 2157,总数大体一致,稍有出入,括号里为每个已出现字句占总字句的百分比。下面我们从文体、句式习惯及语言文化三个方面,来逐项解析下统计结果,拟对政治文献日译的句式教学有所帮助。

371

表 6-2　2017、2019、2020 年日本财政报告出现的词句统计表

2017(字句 2377)		2019(字句 2207)		2020(字句 2157)	
です。	である。	です。	である。	です。	である。
34(1.43%)	142(5.97%)	25(1.13%)	157(7.11%)	3(0.14%)	102(4.73%)
必要がある。		必要がある。		必要がある。	
40(1.68%)		35(1.59%)		28(1.30%)	
と考えられる。	と考えられる	と考えられる。	と考えられる	と考えられる。	と考えられる
58(2.44%)	17(0.07%)	70(3.17%)	28(1.27%)	55(2.55%)	23(1.07%)
可能性がある。	可能性がある	可能性がある。	可能性がある	可能性がある。	可能性がある
17(0.07%)	27(1.13%)	17(0.77%)	22(0.99%)	17(0.79%)	27(1.25%)
要因		要因		要因	
85(3.58%)		96(4.35%)		138(6.40%)	

1. 文体

根据财政报告的统计结果,口语体"です"的出现次数分别为 2017 年 34 次、2019 年 25 次、2020 年 3 次,并不多。而文章体"である"结句的出现次数分别为 2017 年 142 次、2019 年 157 次、2020 年 102 次,明显多于"です",可见,日本政治文书习惯用文章体"である"这一事实应该在教学中让学生牢牢记住。

2. 句式习惯

上文提到党的二十大报告中习惯用的措辞"必须……",在日译版中有时翻译成"必要がある"。这次在日本三年的财政报告中,我们也看到了,而"なければならない"(必须)完全没出现。此外,更强调客观性的"と考えられる"(大家都这样认为)也多次出现,有时结句、有时不结句(2017 年共出现 75 次,2019 年共出现 98 次,2020 年共出现 78 次)。还有表示推测的"可能性がある"(有可能)结句和不结句加在一起,2017 年共出现 44 次,2019 年共出现 39 次,2020 年也出现了 44 次。可见,上文提到的日本"间"文化体现得淋漓尽致,在教学中教师也要引导学生多用这类增加空间感的语法。

3. 语言文化

中日两国的财政报告措辞大都是在报告财政数字事实,很少有其他内容。但在这次的日本财政报告中作者还发现了一个多次出现的内容点,就是"要因"(主要原因)。可以看出,日本重视经济发展,更重视寻找造成财政问题的原因,深入分析原因,争取解决问题的决心。这种语言体现文化背景的现象,教师应该在课堂上给学生明确的提点。让学生在理解了文化背景的前提下,思考自己的外译文本是否足够地道、能否被受众接受。这也是从文化转向角度研究外译教学的重要环节。

总之,了解了日本的政治语言文化之后,学生在翻译政治文献中的"禁止""严禁""必须"等表达方式时会有多种语法表达思路,作为受众的日本人也就不会误认为我们中国人一讲政策就生硬、死板、强势了。这样,翻译出来的文献日译文势必能做到润物细无声地传递中国思想、讲好中国故事,又并没有引起国际社会的误解和抵触,文化转向在日译教学中实在是至关重要。

四、小结

翻译硕士课程跟本科课程最大的区别或许正是文化转向的切入。本科阶段学生已经学习了日语的基本语法知识,具备搭建翻译模式的基本知识储备。硕士阶段想在翻译上有所提高,势必要开启文化理解,即文献的政治文化翻译。先从中日两国的文化认知体系角度,找到文化差异所在,深刻理解文化差异在语言上的各种体现。同时,用科学方法分析日本原创政治类文章的措辞习惯,帮助学生建立双语政治类文章的措辞体系,以便来回切换,最大限度运用语言知识完成好外宣翻译任务。这里选用三年的日本财政报告做了粗浅的实证性研究,此模式建立之后打算进一步对比相应的中国财政报告类文献,运用更多的统计工具,达到全方位把握中日政治文章文本特点的目的,引导学生真正理解政治文化的各种表现形式,扎扎实实地培养出能担当中国政治文献日译的高级合格人才。

(本部分撰写:王妍)

第五节 结语

综上所述,我们就中国政治文献多语外译的硕士教学部分进行了粗浅梳理和不成熟的思考。随着"理解当代中国"系列多语教材进入硕士课堂教学,任课教师要在翻译教学、翻译专题研究、翻译实践、翻译教学技术等方面进行综合能力的培养,将自己的教授心得、外译技巧融入课堂。辅以课外口笔译实践训练,在已具备的语言基础上,提高自身中国政治文献外译的技能,服务好国家需要。让我们高举习近平新时代中国特色社会主义思想伟大旗帜,以党的二十大报告为指引,通过中国政治文献多语种外译教学实践和专业技能的掌握,经过师生们的共同努力,教学相长,展示中国智慧,将真实、立体、全面的中国形象展示给世界。我们一定会为国家培养出通晓中国政治文献外译、具有家国情怀、全球视野、专业本领的祖国建设者,为中华民族伟大复兴、实现第二个百年奋斗目标,脚踏实地作出自己的贡献!

参考文献

[1]蔡汀等. 苏霍姆林斯基选集(第四卷) [M].北京:教育科学出版社,2001.

[2]曹进,陈霞. 翻译硕士培养过程中的思政教育实践研究:以西北师范大学"国策与省情"课程为例[J]. 中国翻译,2019(3).

[3]崔亚蕾. 功能主义翻译理论视域下的《邓小平文选》同形词日译研究[D]. 天津外国语大学,2019.

[4]冯雪红. 论中国政治术语英译再创建的三个维度[J]. 上海翻译,2014(1).

[5]黄友义. 从"翻译世界"到"翻译中国":对外传播与翻译实践文集[M]. 北京:外文出版社,2022.

[6]黄友义. 疫情之后看外语和翻译的多与少[J]. 中国外语,2020(6).

[7]蒋好书. 对外文化翻译、传播与交流的五个层次[M]//摆渡者——中外文化翻译与传播. 文化部对外文化联络局、中国翻译协会、北京语言大学主编. 北京:中央编译出版社,2016.

[8]蒋骁华,任东升. 从《习近平谈治国理政》英译看国家翻译实践之策略变化:兼与《毛泽东选集》英译比较[J]. 翻译界,2019(1).

[9]姜雅明,李迎迎. 以创新平台建设促特色专业发展:以天津外国语大学俄语专业建设为例[J]. 中国俄语教学,2015,34(3).

[10]姜雅明. 论中央文献翻译中的价值观:以中央文献俄译本研究为基础[J]. 天津外国语大学学报,2017,24(2).

[11]李迎迎. 跨文化交际的语言文化观念理论研究视角[J]. 天津外国语学院学报,2010,17(1).

[12]李钰婧. 跨文化交际视域下的习近平著作日译研究[D]. 天津外国语大学,2017.

[13]李仕德.以国才构念改善大学生思辨倾向的行动研究[J].高教学刊,2022(14).

[14]连淑能.英汉对比研究[M].北京:高等教育出版社,1993.

[15]刘奎娟.《习近平谈治国理政》第一至三卷英译探析[J].中国翻译,2021(1).

[16]穆雷.建设完整的翻译教学体系[J].中国翻译,2008(1).

[17]穆雷,王巍巍.翻译硕士专业学位教育的特色培养模式[J].中国翻译,2011(2).

[18]孟庆升.新编英汉翻译教程[M].沈阳:辽宁大学出版社,2003.

[19]孟威.构建全球视野下的中国话语体系[N].光明日报,2014-9-24(16).

[20]聂雯.文化交往视角下商业广告的翻译原则与策略分析[J].哈尔滨学院学报,2020(10).

[21]潘华凌,刘兵飞.翻译人才需求状况调查及其培养对策研究:基于江西省的情况[J].解放军外国语学院学报,2011(1).

[22]阮榕榕.中外文化翻译教学与实践研究[M].长春:吉林人民出版社,2019.

[23]沈玮玮.以"亲""清"定位新型政商关系[N].人民日报,2016-4-28(7).

[24]盛辉.语言翻译与跨文化交际人才培养策略研究[M].长春:东北师范大学出版社,2019.

[25]舒启明.统一战线是凝聚人心汇聚力量的强大法宝[N].光明日报,2022-11-4(6).

[26]孙黎明,阮军.翻译理论的多视角研究[M].北京:中国水利水电出版社,2016.

[27]孙有中.思辨英语教学原则[J].外语教学与研究,2019(6).

[28]滕梅,张馨元.翻译行业产业化和职业化背景下的翻译硕士(MTI)专业课程设置[J].山东外语教学,2013(4).

[29]童富智,修刚.基于语料库的中日对应词语义韵对比研究:以中央

文献日译「堅持する」为例[J].日语学习与研究,2020(2).

[30]王艺潼.翻译职业化背景下翻译专业硕士研究生培养体系探究:以中央文献翻译理论与实践硕士为例[J].学园,2017(4).

[31]文秋芳,杨佳.世界语言教育发展报告[M].北京:外语教学与研究出版社,2021.

[32]文旭,唐瑞梁.新时代外语教育思政案例教程[M].北京:中国人民大学出版社,2022.

[33]文旭,徐天虹.外语教育中的课程思政探索[M].重庆:西南师范大学出版社.2021.

[34]习近平谈治国理政.第一卷:第2版[M].北京:外文出版社,2018.

[35]习近平谈治国理政.第二卷[M].北京:外文出版社,2017.

[36]习近平谈治国理政.第三卷[M].北京:外文出版社,2020.

[37]习近平总书记教育重要论述讲义[M].北京:高等教育出版社,2020.

[38]修刚.高级汉日翻译教程[M].北京:外语教学与研究出版社,2002.

[39]修刚,米原千秋.中日政治文献"同形词"的翻译:以2015年《政府工作报告》日译为例[J].天津外国语大学学报,2016(4).

[40]许相全.东西方文化视野下翻译功能的反思:兼及中国文化"走出去"翻译策略的思考[M]//摆渡者:中外文化翻译与传播.文化部对外文化联络局、中国翻译协会、北京语言大学主编.北京:中央编译出版社,2016.

[41]叶栩邑,朱鹏霄.基于语料库的政治文献中日同形词日译研究:以《习近平谈治国理政》第一卷为例[J].天津外国语大学学报,2022(4).

[42]袁晓宁.外宣英译的策略及其理据[J].中国翻译,2005(1).

[43]张泓婧.中国政治文献中重要术语的日译研究:以党的《十九大报告》为中心[D].辽宁大学,2019.

[44]张健.国际传播视阈下的外宣翻译特点探析[J].西南政法大学学报,2016(6).

[45]张志洲.文化外交与中国文化"走出去"的动因、问题与对策[J].

当代世界与社会主义,2012(3):12-16.

[46]赵稀方.翻译的文化转向:从西方到中国[A].2017:141-145.

[47]中国关键词[M].北京:新世界出版社,2019.

[48]朱鹏霄."习近平抗战胜利70周年讲话"日文译本比较研究[J].天津外国语大学学报,2019(1).

[49]朱鹏霄,袁建华.日语原创政治文本与翻译政治文本中的动词敬语比较研究[J].国际日本研究,2022.

[50]朱鹏霄.中日两国日语媒体对政治术语"一带一路"的报道及译释的比较研究[J].天津外国语大学学报,2020(3).

[51]朱鹏霄,袁建华.基于语料库的中日两国日语媒体新冠肺炎疫情关联报道比较研究[J].天津外国语大学学报,2021,28(4).

[52]朱义华.外宣翻译研究体系建构探索:基于哲学视野的反思[D].上海外国语大学,2013.

[53]Xi Jinping La gouvernance de la Chine volume 2:4版[M].北京:外文出版社,2018.

[54]Xi Jinping The Governance of China(Ⅲ)[M].Beijing:Foreign Languages Press,2020.

[55]莱比锡大学俄语语料库[2023-4-9].https://corpora.uni-leipzig.de/de? corpusId=rus_mixed_2013.

[56]李京泽.走进中国共产党"翻译国家队":如何架起中西交流之桥?[EB/OL].中新社.(2021-07-26).https://www.chinanews.com/gn/shipin/cns/2021/07-26/news895896.shtml.

[57]教育部关于印发《高等学校课程思政建设指导纲要》的通知[EB/OL].(2020-05-28)[2021-11-28].http://www.moe.gov.cn/srcsite/A08/s7056/202006/t20200603_462437.html.

[58]习近平.把思想政治工作贯穿教育教学全过程[EB/OL].(2016-12-08)[2021-11-28].http://www.xinhua-net.com//politics/2016-12/08/c_1120082577.htm.

[59]习近平.高举中国特色社会主义伟大旗帜 为全面建设社会主义现

代化国家而团结奋斗：在中国共产党第二十次全国代表大会上的报告［R/OL］.新华社.（2022－10－25）. https：//www. gov. cn/xinwen/2022－10/25/content_5721685. htm.

［60］中国特色话语对外翻译标准化术语库［2023－04－09］http：//210. 72. 20. 108/index/index. jsp.

［61］中国网俄文版［2023－04－09］http：//russian. china. org. cn/.

［62］「年次経済財政報告(経済財政政策担当大臣報告)令和4年7月－人への投資を原動力とする成長と分配の好循環実現へ¬].

［63］Национальный корпус русского языка 2023－04－09https：//rus-corpora. ru/.

［64］ChatGPT 2023－04－09 openai. com.

［65］Xi Jinping Porter haut levé le grand drapeau du socialisme à la chinoise et lutter ensemble pour l'édification intégrale d'un pays socialiste moderne-Rapport au XXe Congrès du Parti communiste chinois［R］.中央党史和文献研究院.（2022－10－16）. https：//www. wells. org. cn/uploads/download/2857/2857_1. pdf.

第七章 实证研究在中国政治文献
多语外译教学中的应用

翻译的最终目的是用译语表达源语,得到准确的理解。在当前这个互联的、相互依存的世界,国家间、政府间、民族间、文化间的联系日益紧密。跨文化的传播必然要穿透文化差异的壁垒,通过翻译使听者完整、准确理解源语文本。在这一过程中,翻译起到了被创造、被理解、被使用的作用。在文化转向的视域下,翻译的文化属性愈加突出。决定翻译效果的因素是多元的、不确定的。对译文的理解和接受并不只由翻译的内在过程决定,相互的主体立场的差异、主体意识的差异,宣示了文化转向的客观存在。

于是我们提出了把翻译的过程作为因,把受众接受效果作为果,将翻译理论的检验作为研究的目标。这一过程采用的是定量研究方式。同时,为了更深刻地展现翻译的文化属性规律,我们以外媒的措辞、外媒的语言文化特征为借鉴,从统计的角度研究文本特征。

科学技术的发展使得实证研究范式在社会学研究中逐渐铺陈开来,占据了越来越重要的领地。自然科学的量化研究范式为实证研究者提供了客观的、定量的研究基础,量化的测量和分析促进了社会学的进步。"只有当社会世界能够用数学语言来表示时,它的各部分之间的确切关系才能得到证实。只有当资料可以通过可信的计量工具用数量来加以表示时,不同研究者的研究结果才能直接加以比较。没有量化,社会学就只能停留在印象主义的臆想和未经证实的见解这样一种水平上。因而也就无法进行重复研究,确立因果关系和提供证实的通则。"(哈拉兰博斯,1986)

在自然科学中,我们通过观测以发现物质、运动的本质规律。同样的,数学家和统计学家在大量的社会现象的统计资料中,谋求更接近于现实的尽可能准确的规律性,展示类似于自然科学的规律性。

定量研究和定性研究是方法论中的两种方法,体现了量和质的两个方面。定量研究通过对事物量的规定性的分析来把握事物质的规定性。定量分析依靠数学方法,确定和推断事物之间的相互联系和相互作用,通过数理分析描述社会现象深层原理,揭示各现象之间的联系和关系,以及局部和总体间的关系。通过对数据进行分析、比较、综合、抽象、概括,进而实现推理判断,将对客观事物、现象的认识从感性上升到理性。

定量研究将对翻译的评价变成由外而内的审视,通过外在因素强调既定的、可精确描述的、整体的因果关联,给出因素之间的相互影响和联系,并注重翻译行为本身和受众之间的整体趋势。由于受众的文化背景差异(年龄、性别、阶层、文化程度等身份特征)对翻译活动产生影响,因此我们在此更注重考察翻译作品最终的作用、功能和影响。

对文字的数据分析,核心是归纳。通过一整套的文本统计方法,揭示文字与篇章的内在联系,以文本为信息整体,把文章切割为“字、词、句、段落、章节”,形成结构化的信息集合,寻找篇章中的语义关键词,进行自动或者半自动的统计分析,将分散在文章中的彼此割裂、独立、散落的词汇符号化、信息化,形成共现的、聚类的、多维的分析网络。

本章是为读者引荐数据思维在教育教学中的应用,通过数学分析结合计算机技术的应用,在教学设计、教学实施、教学评估的全域过程中深度介入,在需要的时候为定性分析提供定量的理论支撑。限于篇幅,本章对于理论的介绍只能浅尝辄止,以实战为导向,讲解如何利用计算机技术对教学研究实施过程进行评价。

我们希望数理统计能给翻译教学带来更加灵活的评价手段,对于不同的语种都可以适用。以数理统计为手段,最终归结于“证据”,也就是统计学的分析结果。这样做是为了发现隐藏在数据中的结论。借助合适的工具,统计学给出了在判断和现实问题之间可能的正确决策。

为了让大家能够将各种数学中的抽象描述和所表达的现实意义更容易地联系起来,本章将用两节的篇幅向大家介绍统计学中所涉及的基本概念、原理、方法,但不做展开。对于计算机技术涉及的如 SPSS、KH Coder 等软件,限于篇幅,不在这里做系统讲解。

第一节　实证研究简介

实证研究(Empirical Research)是通过直接和间接的观察或经验获得知识的方式,以量化或质性分析的经验证据(记录的直接观察或经验),通过量化或有意义的质性形式,研究者可以回答实证问题。该问题应能明确界定和用收集到的证据(通常称为数据)来解答。实证研究有两种研究范式,即定量研究(Quantitative Research)和定性研究(Qualitative Research)。

定量研究是以数据为基础,用数字进行论证的过程,进而其哲学取向是实证主义。社会科学向自然科学借鉴,移植定量研究的方法和技术,形成了确立的研究范式。从语言学主流来看,真正的定量型研究不多,语言学中以数据为基础的研究采用的是语料,数字类数据用得少。

实证研究方法有狭义和广义之分。狭义的实证研究方法是指利用数量分析技术,分析和确定有关因素间相互作用方式和数量关系的研究方法。狭义实证研究方法研究的是复杂环境下事物间的相互联系方式,要求研究结论具有一定的广泛性。广义的实证研究方法以实践为研究起点,认为经验是科学的基础。广义实证研究方法泛指所有经验型研究方法,如调查研究法、实地研究法、统计分析法等。广义的实证研究方法重视研究中的第一手资料,但并不刻意去研究普遍意义上的结论,在研究方法上是具体问题具体分析,在研究结论上只作为经验的积累。鉴于这种划分,实证研究又区分为数理实证研究和案例实证研究。

第二节　利用统计学方法进行定量分析研究

统计学是有力而且广泛通用的工具,在各学术领域都有应用。但是不同学科的研究目的、思维方式、研究对象各有不同,同样的,统计方法也会有不同的应用方式。各位教师并不都是"数据科学家",本章的写作目的就是通过演示实际操作过程,对语言类教学的研究者产生一些的助益。

将统计学应用到工作和研究中有几个问题需要解决。第一,得出的结论是否有清晰的因果关系。第二,数据分析工具如何使我们找到解决方案和优化策略。第三,生动清晰的图形化展示可以事半功倍。第四,怎样通过预测洞察变化。第五,直方图和柱状图是对分布、差异、集中这类趋势性问题最小巧而实用的工具。本章在第二节将统计学领域所需的基本概念和常识凝集在一起,可使大家对概率统计科学有一个较为全面的了解,也可以在遇到实际问题时进行查阅。在第三节,我们将完成从数据收集、整理到量化、分析的完整过程,采用的工具是普及度较高的 SPSS 软件。在第四节,我们讨论如何将词频分析介入教学过程中,同时给出漂亮的图形化分析图像。

一、随机现象背后的统计规律

在自然世界中,我们随处都会遇到偶然事件。一旦面对偶然事件,我们便失去了掌控的自信。概率学便是协助我们远离无常变化的"神器"。是否有人对你说过,不要把鸡蛋都放在一个篮子里。然而根据概率法则,如果你想要赌注翻倍,最可靠的策略就是把全部的赌注都押上。当面对各占50%的可能时,任何保守的策略都会降低实现翻倍目标的成功率,也就是说其他任何做法都不会达到50%的胜率。

概率学就是让我们在大量的不确定性现象中揭示确定的规律。所谓确定性现象,指的是在确定的条件下重复这些事件时,它的结果总是确定的。于是根据它过去的状态,在一定条件下可以确认其将来的发展情况。例如,现实中的物理、化学现象既是如此,它严格遵循了自身的科学规律。对于研究确定性现象的规律,我们通常借助诸如几何、代数、微分方程等数学工具。非确定性现象则具有事先的不可预见性。虽然在相同条件下去重复,但是每次结果未必相同。就比如抛硬币,正面还是反面,无人可以做到准确预知,于是我们称这种不确定现象为随机现象。

为什么在随机现象中同样的前提下结果却有这样或那样的不同？这是因为除了基本条件，客观上还存在许多变化的偶然因素，它们中的每一个对结果的影响可能都非常小，但它们的综合影响一定会使结果产生差异。比如硬币的均匀度、桌面的弹性、空气的存在等。

但是对于随机现象当重复的次数足够多，其结果就会呈现出某种规律性，而且这种规律性是十分明显和稳定的。在科学实验中，能够称为随机试验的试验必定包含以下三个要素：第一，试验必须是在同等的条件基础上进行的；第二，实验结果是可以预期的；第三，在任何一个实验完成前，不能准确预知到底哪种可能会出现。此时，我们称在随机试验中可能或不可能发生的事情为随机事件。

在这里，我们需要学会用数学的语言来描述。我们定义抛硬币为随机试验 E，每抛一次称为试验 E 的基本事件，由所有事件所组成的集合称为随机试验 E 的样本空间，称样本空间中每一个元素 ω 为样本点。因此，我们一共有两个基本事件，即出现 A 面或 B 面，则样本空间 = |A 面，B 面|。

二、随机变量的数学特征

作为简单的理解，我们把随机变量的分布特性，可称为分布函数。对分布函数的完整性描述，即为随机变量的统计特性。对于现实中的很多问题，并不需要确定随机变量的分布函数，只要知道它的某些特性就足够了。例如，对于某个学生群体的学习成绩特征，其发生结果将是一个随机变量，但现实中我们只需要知道他们的平均分就可以了；而不同班级的学生平均成绩，还要考虑不同班不同学生群体的差异程度。

(一)平均值

在统计学中，平均值又被称为随机变量的数学期望。

定义：设 P(x) 是一个离散概率分布函数自变量的取值范围。那么其均值被定义为：

$$E(X) = \sum_{k=1}^{\infty} x_k p_k$$

例1　某一段时间内,班内40人的成绩分布结果如下:

成绩值	5	4	3	2	1
人次	9	11	13	7	0

计算班内成绩的算术平均为:

(5×9+4×11+3×13+2×7+1×0)÷(9+11+13+7+0)= 3.55 分

我们就说,这40人成绩的数学期望为3.55分,即均值等于3.55分。

数学期望,简称期望,是试验中每次可能结果的概率乘以其结果的总和,数学期望是概率论基本的数学特征之一,它的大小反映了随机变量的平均取值。

(二) 随机变量的方差

数学期望描述了随机变量取值的"平均数",但这并不能使其成为特征的全部。我们先来看下面的例子:

例2　甲、乙两个学生通过5次考试所得分数分别是随机变量 X 和 Y,其结果如下:

考试批次	1	2	3	4	5
X(甲成绩)	4	3	3	4	4
Y(乙成绩)	2	5	2	4	5

X 的平均分 = (4+3+3+4+4)÷5 = 3.6

Y 的平均分 = (2+5+2+4+5)÷5 = 3.6

可以看到,两个学生的平均分是一样的。但仅通过简单的观察就可以发现,学生甲的成绩集中分布在3分和4分范围内,而学生乙既出现了5分的满分,又出现了2分的极低分。由此可见,仅凭平均分不能准确描述甲、乙二人的特点。对于数据的这种不连续程度,在数学中使用离散这一概念予以描述。在现实世界中,离散现象普遍存在。

回到本例中,我们有必要了解其各取值的离散程度,即方差。在统计描述中,方差用来计算每一个变量(观察值)与总体均数之间的差异。

总体方差计算公式:

$$\delta^2 = \frac{\sum (X-\mu)^2}{N}$$

δ^2 为总体方差,X 为变量,μ 为总体均值,N 为总体例数。

如果用总体方差(简称总方差)来描述本例,其结果如下:

X:$\delta^2 = ((4-3.6)^2+(3-3.6)^2+(3-3.6)^2+(4-3.6)^2+(4-3.6)^2) \div 5 = 0.24$

Y:$\delta^2 = ((2-3.6)^2+(5-3.6)^2+(2-3.6)^2+(4-3.6)^2+(5-3.6)^2) \div 5 = 1.84$

方差的计算结果表明,Y 学生的成绩波动更剧烈,X 学生的稳定性更高。

定义:方差是实际值与期望值之差平方的平均值,而标准差是方差的算术平方根。

意义:方差描述了所有数据偏离于中心的程度,用来衡量一批数据的波动大小(即这批数据偏离平均数的大小),并把它叫作这组数据的方差。在样本容量相同的情况下,方差越大,说明数据的波动越大,越不稳定。

设随机变量 X 的数学期望存在,方差 D(X)>0,令

$$X^* = \frac{X-E(X)}{\sqrt{D(X)}}$$

则称 X^* 为随机变量 X 的标准化随机变量。

可以证明:$E(X^*)=0, D(X^*)=1$

具体数学过程在此不再细作讨论。其现实意义是:在相同条件下对某个测量过程进行 n 次独立测量,测量过程中若无系统测量误差,进行 n 次独

立测量后,将其测量结果取算术平均不会改变测量值的数学期望,但测量产生的偏差随测量次数的增多而减少。在工程中常采用这种方法提高测量精度。

(三)几种常见分布的数学期望和方差

1. 二项分布

在进行 n 个重复的且彼此独立的试验中,实验既可能成功也可能失败,我们假设每次试验的成功的概率为 p,则这 n 次实验中有 k 次成功的概率分布即为二项分布。二项分布形式如图 7-1。

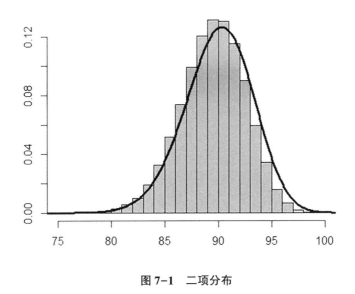

图 7-1　二项分布

2. 泊松分布

公式如下:

$$P(X = k) = \frac{X^k}{k!}e^{-\lambda}, k = 0,1,\cdots$$

泊松分布的参数 λ 是单位时间(或单位面积)内随机事件的平均发生次数。泊松分布适合于描述单位时间内随机事件发生的次数。见图 7-2。

387

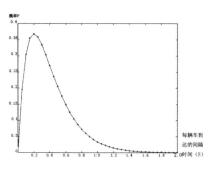

图 7-2　泊松分布

3. 均匀分布

均匀分布也叫矩形分布,它是对称概率分布,在相同长度间隔的分布概率是等可能的。均匀分布由两个参数 a 和 b 定义,它们是数轴上的最小值和最大值,通常缩写为 U(a,b)。见图 7-3。

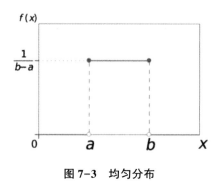

图 7-3　均匀分布

4. 指数分布

指数分布是描述泊松过程中的事件之间的时间的概率分布,即事件以恒定平均速率连续且独立地发生的过程。见图 7-4。

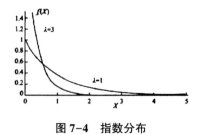

图 7-4　指数分布

5. 正态分布

正态分布(Normal distribution)是现实中非常重要的概率分布,不仅体现在数学领域,大量的工程和物理现象中也普遍出现。正态分布这个名词相信对于教师来说并不陌生,它经常出现在对测验的评价体系中。正态曲线呈现两头低中间高且左右对称的形态。见图7-5。

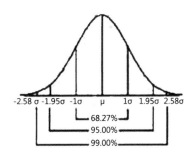

图7-5　正态分布

(四)协方差、相关系数和矩

协方差(Covariance)用于衡量两个变量 X、Y 之间的总体误差,这与只表示一个变量误差的方差不同。协方差比较的是变量各自对应的期望值的趋向。我们仍然以班级测验来做说明。相较于同一影响因素,如果两个班的结果变化是相似的,那么我们说这两组数据的协方差为正。反之,如果两个班的测验结果互相背离,那么我们说这两组数据的协方差为负。协方差描述了两个变量的相关程度。

定义:

$$\rho_{XY} = \frac{Cov(X,Y)}{\sqrt{D(X)}\ \sqrt{D(Y)}}$$

称为随机变量 X 和 Y 的(Pearson)相关系数。

若 $\rho_{XY} = 0$,称 X,Y 不线性相关。

若 $\rho_{XY} = 1$,称 X,Y 正相关。

若 $\rho_{XY} = -1$,称 X,Y 负相关。

(五) 大数定律和中心极限定理

在概率论的数学体系中,一组随机变量的算术平均值最终会趋向于随机变量之各数学期望的算术平均值。这个规律称为"大数定律"(law of large numbers)。它的现实场景我们可以用如下简单而通俗的语言来描述,即随着大量的随机事件不断重复出现,此事件将呈现出几乎必然的规律。在实验条件保持不变的前提下,随着重复次数的增加,此随机事件出现的频率会逐步趋向于一个必然的值,即概率。

大数定律规定,随着重复次数接近无穷大,数值的算术平均值几乎肯定地收敛于期望值。

人类对于大数定律所呈现的规律性现象的研究可以追溯到很久之前。在数学史上人们基本公认瑞士数学家雅各布·伯努利(Jakob Bernoulli, 1654—1705)最早(1731年)提出了大数定律。这是概率论历史上第一个有关大数定律的极限定理,它成了概率论和数理统计学的基本定律。它和中心极限定理一起构成了现代概率论、统计学、理论科学和社会科学的基石。

大数定律蕴含着偶然中包含着必然的道理。当不断重复试验时,最后的结论将无限接近于理论计算后的概率结果。简单而易见的例子就是抛硬币试验。初始的时候,正反面出现的次数可能有所不同,但当次数逐渐增大到一定数量,正反面出现的比例将越来越接近1:1。

中心极限定理,是指随机变量序列部分和分布渐近于正态分布的一类定理。这样的一组定理是数理统计学和误差分析的理论基础。它给出了大量随机变量近似服从正态分布的条件。在自然世界所发生的事件中,各种随机因素都会影响结果的发生,但其影响需要足够小。例如,之前抛硬币试验中,如果硬币的密度分布是不均匀的,再如掷骰子的时候,骰子的某一面灌有铅,那么硬币或骰子最终停留的状态必然被严重影响。所以前提是当随机因素所产生的影响足够微小,结果将服从于正态分布,即正态事件出现的次数渐近于正态分布。

三、数理统计的一些基本概念

(一) 总体、样本和统计量

总体,研究对象的全体称为总体。

统计总体,赋有一定概率分布的总体。

其概率分布称为总体分布。

样本是按一定的规定从总体中抽出的一部分个体,即为保证总体中每一个个体有同等的被抽出的机会而采取的一些措施。取得样本的过程,称为抽样。

随机样本是对总体进行统计分析并予推断的依据,统计量是在进行样本推断过程中涉及的一系列概念,常用的统计量包括样本均值、样本方差、样本标准差、样本矩等。

(二) 抽样分布

统计量是对总体分布规律推断的基础。统计量的分布称为抽样分布。

抽样分布是我们在进行数理统计应用的时候极为重要的概念,常用的三个重要分布包括 X^2 分布、τ 分布、F 分布。

(三) 参数估计

参数估计是指当总体分布类型已知时,借助总体样本对未知参数进行估计的过程。参数估计分为点估计和区间估计。

不同的参数估计方法所求出的估计量可能是不相同的,因此就需要鉴定各种估计量的优劣性,这就涉及评价标准,也即评价估计量的优良性准则。包括三个方面:无偏性、有效性、相合性。

无偏性。既然是估计值,那么可能比真值大也可能比真值小,一个好的估计值不应该总是偏大或偏小。通过实验次数的增加使所得估计量的平均值趋向与真值吻合。其中的偏差,在科学技术应用中被称为系统误差。

有效性。有效性是对于多个无偏估计中挑选最为理想的估计量的问题。

相合性。如前面所说,样本容量 n 越大,估计量越精确。所以我们希望一个好的估计量应随着 n 的增大而越来越接近于真值。

区间估计。参数的点估计能够较明确地求出参数估计值,其缺点是不能给出此估计值的可靠程度。为此,区间估计给出了一个区间范围,在设定的可信程度下保证这个范围包含未知参数。

1934 年,统计学家奈曼(Neyman)提出了一个新的方法来创建区间估计,这就是置信区间(confidence interval)理论,如今已成为最流行的估计理论,也是在数理统计领域比较流行的方法。通过图 7-6 我们可以初步了解置信区间。

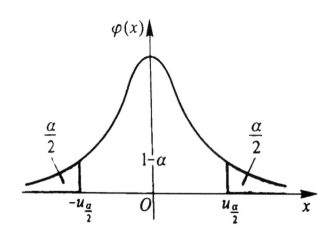

图 7-6　置信区间

图 7-6 中为正态曲线,我们可以理解为 x = 0 时,也即对应于纵坐标轴,是这个事件的期望值,越是靠近 x = 0 的时候,越接近期望值。由于偶然因素造成的离散存在,输出取值会在中值附近摆动。当摆动幅度过大的时候,我们可以理解为输出的估计值不符合要求。在此我们给定一个很小的数 α > 0,称为显著性水平。如 α = 0.05,则置信度就等于 0.95,或者以百分比表示为 95%(实际应用中,一般 α 取值为 0.05、0.01 的居多)。我们可以理解为,排除上图曲线两侧左侧的 $\frac{\alpha}{2}$ 区间和右侧 $\frac{\alpha}{2}$ 区间(二者之和等于 α)后,

在余下的 1-α 区间内,置信水平有效。

置信区间既可以做双边检验,也可以做单边检验。如图 7-7 所示。

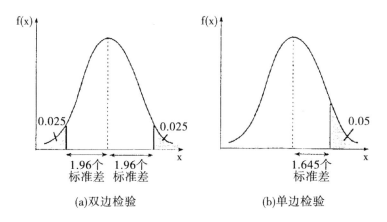

(a)双边检验　　　　　(b)单边检验

图 7-7　5%显著性水平下的双边检验与单边检验

(四)假设检验

假设检验(hypothesis testing)是统计推断的另一种重要形式,是用来判断样本与样本、样本与总体的差异是由抽样误差引起还是本质差别造成的统计推断方法。显著性检验是假设检验中常用的一种方法,也是基本的统计推断形式,其基本原理是先对总体的特征做出某种假设,然后通过抽样研究的统计推理,对此假设应该被拒绝还是接受做出推断。常用的假设检验方法有 Z 检验、t 检验、卡方检验、F 检验等。

(五)回归分析

回归分析(regression analysis)指的是确定两种或两种以上变量间相互依赖的定量关系的一种统计分析方法。回归分析按照涉及的变量的多少,分为一元回归和多元回归分析;按照因变量的多少,可分为简单回归分析和多重回归分析;按照自变量和因变量之间的关系类型,可分为线性回归分析和非线性回归分析。

事物之间的关系,从定量的角度看,就是变量和变量之间的关系。一般来说,变量之间的关系或是确定性关系,或是相关关系。确定性关系可以理解为函数关系,其本身比较容易理解。相关关系下,变量间存在某种联系,但是又没达到确切的决定性。例如,身高和体重之间,虽然越高的人体重越重的可能性更大,但是也可能因为肥胖因素搅扰在内。

在函数中自变量 X 和因变量 Y 存在相关关系,但为什么又不能严格计算 Y 呢? 因为其中决定函数的并不局限于 Y 因素,现实中众多的甚至是未知的因素,或是为了简化复杂度而忽略的因素比比皆是。因此,所谓的随机因素决定了因变量离散变化的存在,即我们所说的随机误差。

当变量 X 和 Y 存在线性相关关系时,我们可以依据实验数据建立回归模型。通常在构建模型之前,首先要检验二者的线性相关程度。现实中,我们是通过分析实验背景和实践操作来确定的。而在数学思维下,也可以通过统计方法来解决,即回归方程的显著性检验。

常用的检验方法包括 F 检验和相关系数检验。

这里对于数理统计公式不做进一步的探讨,实际研究中我们更多是借助成熟的统计软件来实现。其他的进阶理论不在我们讨论范围之内,有兴趣的读者请继续研究多元线性回归、非线性回归问题。

(六) 方差分析及试验设计

问题的提出:在实践与科学实验中,影响实验结果的因素既有非确定性因素,也包含一系列确定因素。而我们在设计试验的过程中,需要考虑各个因素对于试验结果所产生的影响,通过趋轻避重,以得到最理想的试验效果。例如,对于教学效果反馈的分析、教学手段评价来说,纯粹地依据考试成绩来判断教学过程的效果显然是不正确的。作为采样样本集合的学生来说,存在着生存背景、地域差异、文化层次、家庭背景等诸多因素的影响,每个因素的差异都可能影响教学效果的分析。而这诸多影响,其大小又可能不尽相同,因此我们要对各个因素进行分析,将其中影响明确的因素纳入分析变量,最终化繁为简。

方差分析方法(Analysis of Variance)是英国统计学家费希尔(R. A. Fisher)提出的,用于两个及两个以上样本均数差别的显著性检验。通过考察试验观测数据,分析各种明确因素对指标的影响情况,则可以用较少的试验有效地获得大量的信息。

还用之前我们对教学效果评价的例子来说,即便是我们通过试验初期筛选出测验成绩几乎近似的学生群体,经过一段时间的教学实践,我们仍然会发现,检验效果的测验依然可能表现出较为明显的分化结果。导致差异的原因可以归纳为两类,一类是诸如智商、主观因素、对学科知识的前期素养、性别影响等不同;另一类是存在着健康、情绪、生活环境、偶然因素等随机因素的影响。

(七)正交试验设计

这里,我们把正交试验设计单独介绍。

首先,先回答何为正交。正交(Orthogonality)是线性代数中的概念,大家应该都知道垂直这一概念,而正交是把垂直这一现实中的直观概念进行推广而形成的数学概念。

对于如何将一个纯数学概念通俗化解释,这里我们借助物理学中的"平面运动"来理解。大多数人还是可以理解平面运动这一简单事件的。对于在一特定平面中某个方向上的运动,如图7-8所示。

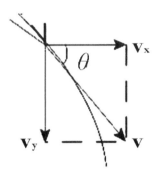

图7-8　平面运动的分解

V 方向上的运动可以分解为 v_x 和 v_y,只有在 x 和 y 这两个方向垂直的情况下,分解的运动才互不相关,代表着两个方向上的运动是独立的,也即可以用正交来描述。

如果把上面的问题作数学化描述,将被翻译为下面的语言:

若内积空间中两向量的内积(inner product)为零,则称它们是正交的。这种纯数学化的语言构建方式不在我们的讨论范围之内。

在实际问题中,试验往往需要同时考虑多个因素对试验指标的影响,从理论上我们确实可以推导出多个方差分析方法,以检验对应的因素及他们相互之间作用对考察指标的影响是否显著。但是这将使得计算变得极其复杂,并使试验次数大幅度增加。尽可能地减少试验次数,既可以减少试验成本,也可以缩减时间成本。同时现实中试验的增加还会不可避免地导致误差的增加,因此在保证试验效果的前提下,需要改善试验设计。

在此仅简单介绍应用广泛的正交试验设计。

主要工具:正交表。

表7-1就是一个典型的正交表。

表7-1 正交表

试验号1	列号			
	1	2	3	4
1	1	1	1	1
2	1	1	1	2
3	1	2	2	1
4	1	2	2	2

按照正交表安排的试验方案,各个因素的组合均匀,从而从全面试验中挑选出来一部分试验,能够达到兼顾各自、代表全面的目的。

(八)众数(Mode)

众数,即一组数据中出现次数最多的值。

第三节 实战:从传播学的视角看中国政治文献外译的实效

一、项目需求

我们以"政府工作报告日译版受众接受程度调查问卷"所获取的数据信息为分析基础,讨论不同组别数据受到文化、教育程度、职业等因素影响的相关性,并检验其显著性。

本次调查是以"政府工作报告"日译版为调查基础,以日本本土居住人为受众,基于词句的翻译,了解政府工作报告对日翻译中日本人的接受程度。

在前期的数据收集过程中,我们对 140 位居住在日本本土不同类型的受访人进行了问卷调查,主要方式为纸质问卷,部分方式为电子邮件问卷。对受访者主要从社会角色上进行划分,包括学生、教师、职员、家庭主妇,同时要求受访者回答年龄、性别、中文水平等其他信息。问卷共分三个部分,第一部分是在政府工作报告日译版中摘取了 9 段中日对照翻译,请受访者从不同翻译方式中选择自己认为更愿意接受的翻译样式。第二部分是受访者的汉语能力方面的相关信息。第三部分是受访者的个人信息。

为了方便大家更好地理解分析过程,我们给出了问卷的部分内容,并且对内容进行了双语标注,问卷的局部内容如图 7-9 和图 7-10 所示。

一、自然な的な訳文
（ABCDの訳文の中で、どちらが一番自然な日本語なのかお選びください。もしできれば、コメントもお書入れください。）
一、自然的译文
（请选择ABCD中您感觉日语最自然的。如果可以,请对译文提出宝贵意见）
1、原文：简政放权、放管结合、优化服务等改革推动政府职能发生深刻转变,市场活力和社会创造力明显增强。（　　）
訳文：
A 「行政簡素化と権限委譲」、「緩和と管理の結合」、「サービスの最適化」などの改革により、政府の機能が大きく転換し、市場の活力と社会の創造力が著しく高まった。
B 「行政簡素化と権限委譲」、「緩和と管理の結合」、「サービスの最適化」などの改革は、政府の機能を大きく転換させ、市場の活力と社会の創造力を著しく高めた。
C 「行政簡素化と権限委譲」、「緩和と管理の結合」、「サービスの最適化」などの改革のおかげで、政府の機能が大きく転換し、市場の活力と社会の創造力が著しく高まった。
D 「行政簡素化と権限委譲」、「緩和と管理の結合」、「サービスの最適化」などの改革の結果、政府の機能が大きく転換し、市場の活力と社会の創造力が著しく高まった。
コメント：

图 7-9　问卷第一项第一题

三 個人信息
ご意見をお伺いするのはこれで終わりですが、その結果を統計的に分析するために、あなたご自身について少しおたずねします。
调查内容部分在第二项已经结束,为统计分析得出结果,我们将问一些跟您自身相关的信息。
1、[性別]あなたの性別は何ですか？你的性别是？
　　A 男性　B 女性
2、[年齢]あなたの年齢はおいくつですか。你的年龄？
　　A 10代　B 20代　C 30代　D 40代　E 50代　F 60代　G 70歳以上
　　A 10--20岁　B 20--30岁　C 30--40岁　D 40--50岁　E 50--60岁　F 60--70岁　G 70岁以上
3、[学歴]あなたの学歴は何ですか。你的学历？
　　A 小卒　B 中卒　C 高卒　D 高専　E 大学生　F 大卒　G 修士前期　H 修士後期　I不明
　　A 小学毕业　B 初中毕业　C高中毕业　D 技校（高职）　E大学生　F 大学毕业　G 硕士　H 博士　I不明
4、[職業]あなたの職業は何ですか。你的职业？
　　A 学生　B 主婦　C 会社員　D 教員　E職員　EF 自営業
　　A 学生　B 主妇　C 公司职员　D 老师　E 教职员工（学校行政人员）　F自己经营者

图 7-10　问卷第三项个人信息

二、数据分析工作流程

数据分析工作流程如图 7-11 所示。

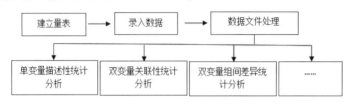

图 7-11　数据分析流程图

三、将问卷设计转化为数据量表

量表是一种测量工具,它试图确定主观的,有时是抽象的、概念的定量化测量的程序,对事物的特性变量可以用不同的规则分配数字,因此形成了不同测量水平的测量量表,又称为测量尺度。

量表的基本特征是描述性、比较性、程度和起点。其中,描述性是指用某一特定的词或标识来代表划分的等级;比较性指的是描述的相对规模;当比较了所有的不同点并且分级表示以后,量表还有一特征——程度。

接下来我们需要将所收集的问卷成果变成可以被计算的数据形式。这个过程需要我们将问卷数字化。优秀的调查问卷制作是依据“量表”来进行编制的,感兴趣的读者可以参考学习心理学与教育统计学方面的内容。

本节的调查问卷结构转化为数据量表后如表 7-2 所示。

表 7-2　由问卷转换的数据量表

编码表题项	变量名称	变量标签 (题项内容)	变量值	度量标准 (传统术语)
题项 01	Question1	自然的译文 1	1＝A,2＝B,3＝C,4＝D	名义(定类)
题项 02	Question2	自然的译文 2	1＝A,2＝B,3＝C	名义(定类)
题项 03	Question3	自然的译文 3	1＝A,2＝B,3＝C,4＝D	名义(定类)
题项 04	Question4	自然的译文 4	1＝A,2＝B,3＝C	名义(定类)

续表

编码表题项	变量名称	变量标签 （题项内容）	变量值	度量标准 （传统术语）
题项 05	Question5	自然的译文 5	1＝A,2＝B,3＝C,4＝D	名义（定类）
题项 06	Question6	自然的译文 6	1＝A,2＝B	名义（定类）
题项 07	Question7	自然的译文 7	1＝A,2＝B,3＝C	名义（定类）
题项 08	Question8	自然的译文 8	1＝A,2＝B,3＝C	名义（定类）
题项 09	Question9	自然的译文 9	1＝A,2＝B,3＝C	名义（定类）
题项 10	兴趣度	你对中国政府的文献感兴趣吗	1＝非常感兴趣,2＝有一点兴趣,3＝完全不感兴趣,4＝没什么兴趣,5＝不知道	序号（定序）
题项 11	是否看过文献	你看过中国政府的文献吗	1＝经常看,2＝只看过一次,3＝没看过,4＝想看,但找不到	序号（定序）
题项 12	获取渠道 1	可以从哪里看到中国政府的文献 1:互联网	0＝否,1＝是	名义（二分）
	获取渠道 2	可以从哪里看到中国政府的文献 2:报纸	0＝否,2＝是	名义（二分）
	获取渠道 3	可以从哪里看到中国政府的文献 3:书	0＝否,3＝是	名义（二分）
	获取渠道 4	可以从哪里看到中国政府的文献 4:电视	0＝否,4＝是	名义（二分）
	获取渠道 5	可以从哪里看到中国政府的文献 5:论文	0＝否,5＝是	名义（二分）

续表

编码表题项	变量名称	变量标签 （题项内容）	变量值	度量标准 （传统术语）
题项12	获取渠道6	可以从哪里看到中国政府的文献6：新闻	0=否,6=是	名义（二分）
	获取渠道7	可以从哪里看到中国政府的文献7：不知道	0=否,7=是	名义（二分）
	获取渠道8	可以从哪里看到中国政府的文献8：其他	0=否,8=是	名义（二分）
题项13	效果	1-9的日语译文的意思，你看得懂吗	1=完全看得懂,2=能看懂一半以上,3=能看懂不到一半,4=不太明白,5=完全看不懂	序号（定序）
题项14	性别	性别	0=男,1=女	名义（二分）
题项15	年龄	年龄	1=10-20岁,2=20-30岁,3=30-40岁,4=40-50岁,5=50-60岁,6=60-70岁,7=70岁以上	序号（定序）
题项16	学历	学历	1=小学毕业,2=初中毕业,3=高中毕业,4=技校（高职）,5=大学生,6=大学毕业,7=硕士,8=博士,9=不明	序号（定序）
题项17	职业	职业	1=学生,2=主妇,3=公司职员,4=老师,5=教职员工,（学校行政人员）,6=自己经营者	序号（定序）
题项18	中文水平	你的中文水平怎么样	1=能用中文写论文,2=能看懂中文报纸,3=可以日常对话,4=只能简单打招呼,5=完全不懂,6=其他	序号（定序）

续表

编码表题项	变量名称	变量标签 （题项内容）	变量值	度量标准 （传统术语）
题项 19	对中国的兴趣 1	你对中国的什么感兴趣1:美食	0=否,1=是	名义（二分）
	对中国的兴趣 2	你对中国的什么感兴趣2:旅行	0=否,2=是	名义（二分）
	对中国的兴趣 3	你对中国的什么感兴趣3:国民生活	0=否,3=是	名义（二分）
	对中国的兴趣 4	你对中国的什么感兴趣4:政府情况	0=否,4=是	名义（二分）
	对中国的兴趣 5	你对中国的什么感兴趣5:时尚	0=否,5=是	名义（二分）
	对中国的兴趣 6	你对中国的什么感兴趣6:完全不感兴趣	0=否,6=是	名义（二分）
	对中国的兴趣 7	你对中国的什么感兴趣7:其他	0=否,7=是	名义（二分）
题项 20	活跃范围	你的活跃范围	1=政府相关,2=教育相关,3=日企,4=经济相关,5=语言学研究相关,6=兼职打工者,7=专业主妇,8=其他	名义（定类）
题项 21	答卷编号 id	答卷编号	无	

四、将问卷数据转换为数据表

面对统计学中大量的数据计算,我们还要借助计算机软件,让复杂的数据分析变得简单。这里使用的计算机软件为 SPSS(Statistical Product Service Solutions)。结果如图 7-12 所示。

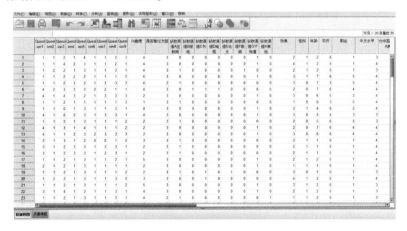

图 7-12 变量视图

数据视图如图 7-13 所示。

图 7-13 数据视图

SPSS 对于非专业人士来说,操作界面友好且符合 Windows 操作习惯。其操作界面使用类似于 EXCEL 表格的数据录入和管理模式,可以对接多种常用的数据文件格式。其统计功能丰富,适合非统计专业人士使用。

我们建议普通用户可以配合 Excel 录入数据。先由 SPSS 建立变量视图,之后导出 Excel 文件,这样对于批量处理数据的工作会变得轻松一些。

五、流行统计软件介绍

当前流行的统计软件种类比较多,各有特色,并分别应用于不同的领域。在此仅作简单介绍。

SAS 主要适合于专业的统计工作者和科研学者使用。

SPSS 是仅次于 SAS 的统计软件工具包,应用广泛,操作简便,输出漂亮,功能齐全。对于不具备编程的初学者非常友好。缺点是对于更大的数据量(亿以上级别),SAS 就会比 SPSS 在处理速度上凸显优势。

Excel 仅具备了一定的数据处理能力。

S-plus 是专业的统计软件,但是使用者需要具备强大的编程能力。

Minitab 同样功能强大,但是在国内使用较少。

R 语言是开源的,通过网络可以获得丰富的程序包。它和 S-plus 一样都是基于 S 语言开发的,但不同的是 S-plus 是商业软件。

其他软件包括 Eviews、Stata 等。

限于篇幅,SPSS 的具体操作在此略过。建议读者尽可能地在一开始设计数据库结构和变量视图的时候就要深思熟虑,除非数据量相对比较少,否则后期数据修改将造成很大的困扰。

六、数据预处理

建立好数据文件后,通常还要对待分析的数据进行必要的预加工处理。数据的预加工处理是服务于数据分析和建模的,需要解决的问题包括以下几种。

1.缺失值和异常数据的处理。

2.数据的转换处理。数据的转换处理是在原有数据的基础上,计算产生一些含有更丰富信息的新数据或对数据原有分布进行转换等。

3.数据抽样。从实际问题、算法或效率等方面考虑,并非收集到的所有数据(个案)在某项分析中都有用途,有必要按照一定的规则从大量数据中选取部分样本参与分析。

4.选取变量。并非所有数据项(变量)在某项分析中均有意义,选取部分变量参与分析是必要的。

在数据预处理中重要的一个步骤就是对数据进行排序。通常数据编辑窗口中个案的次序是由数据录入的顺序决定的,数据排序便于数据的浏览,有助于了解数据取值状况、缺失。同时通过数据排序能够快速找到最大值和最小值,进而可以计算出数据的全距,快速把握和比较数据的离散程度。同时通过数据排序还能够快速发现数据的异常值。

七、单变量描述性统计分析

在此仅将分析结果列示如下,具体操作请读者参照专门介绍 SPSS 软件的书籍。

自然的译文 1

		频率	百分比	有效百分比	累积百分比
有效	A	69	51.9	51.9	51.9
	B	21	15.8	15.8	67.7
	C	17	12.8	12.8	80.5
	D	26	19.5	19.5	100.0
	合计	133	100.0	100.0	

图 7-14　第一题项的分布情况

自然的译文 2

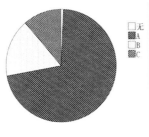

		频率	百分比	有效百分比	累积百分比
有效	无	1	0.8	0.8	0.8
	A	95	71.4	71.4	72.2
	B	22	16.5	16.5	88.7
	C	15	11.3	11.3	100.0
	合计	133	100.0	100.0	

图 7-15　第二题项的分布情况

自然的译文 3

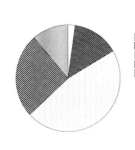

		频率	百分比	有效百分比	累积百分比
有效	无	3	2.3	2.3	2.3
	A	19	14.3	14.3	16.5
	B	62	46.6	46.6	63.2
	C	34	25.6	25.6	88.7
	D	15	11.3	11.3	100.0
	合计	133	100.0	100.0	

图 7-16　第三题项的分布情况

自然的译文 4

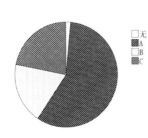

		频率	百分比	有效百分比	累积百分比
有效	无	2	1.5	1.5	1.5
	A	77	57.9	57.9	59.4
	B	25	18.8	18.8	78.2
	C	29	21.8	21.8	100.0
	合计	133	100.0	100.0	

图 7-17　第四题项的分布情况

自然的译文 5

		频率	百分比	有效百分比	累积百分比
有效	A	14	10.5	10.5	10.5
	B	32	24.1	24.1	34.6
	C	76	57.1	57.1	91.7
	D	11	8.3	8.3	100.0
	合计	133	100.0	100.0	

图 7-18　第五题项的分布情况

自然的译文 6

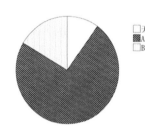

		频率	百分比	有效百分比	累积百分比
有效	无	13	9.8	9.8	9.8
	A	98	73.7	73.7	83.5
	B	22	16.5	16.5	100.0
	合计	133	100.0	100.0	

图 7-19　第六题项的分布情况

自然的译文 7

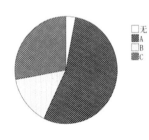

		频率	百分比	有效百分比	累积百分比
有效	无	4	3.0	3.0	3.0
	A	72	54.1	54.1	57.1
	B	20	15.0	15.0	72.2
	C	37	27.8	27.8	100.0
	合计	133	100.0	100.0	

图 7-20　第七题项的分布情况

自然的译文 8

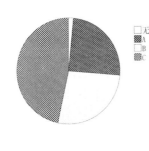

		频率	百分比	有效百分比	累积百分比
有效	无	2	1.5	1.5	1.5
	A	33	24.8	24.8	26.3
	B	36	27.1	27.1	53.4
	C	62	46.6	46.6	100.0
	合计	133	100.0	100.0	

图 7-21　第八题项的分布情况

自然的译文 9

		频率	百分比	有效百分比	累积百分比
有效	无	5	3.8	3.8	3.8
	A	53	39.8	39.8	43.6
	B	47	35.3	35.3	78.9
	C	28	21.1	21.1	100.0
	合计	133	100.0	100.0	

图 7-22　第九题项的分布情况

　　饼图显示了单一的数据系列中各项的大小与各项总和的比例。在这个实例中,饼图中不同图案的扇面部分分别代表 A、B、C、D 若干选项的序列。从结果可以看出,每个选项总会一个或最多两个占据优势地位,即我们可以相信对于调查结果而言,数据体现出了集中趋势。当然,配合对应的频率表,可以得出更精确的数值说明。

　　结论:我们在编制问卷的时候,默认的标准文献外译采用的都是选项A。从1~9问卷题目可以看出,9个采访题中第1、2、4、6、7、9题大多数受访者对外译的方式是认可的,同时第2~8题都出现了不同数量的答题者对问卷所给出的所有选项都不认可的情况(以上表格中所显示的"无"条目即为答题者另有心仪答案)。从翻译的角度上看,说明我国所给出的标准外译方式虽大部分能够为日语为母语的日本人所认可,但并不绝对。

八、双变量相关性分析

在进行问卷调查的时候,对于采样人群来说,存在着性别、年龄、职业、生存背景、文化层次等多方面的不同,我们可以将其以作为不同性质的组别来看待。我们很想知道,是否不同的组别面对提问会出现结果选择的差异。为此,我们期待通过双变量的相关性分析来得到结果。

我们针对第1~9题分别就性别、年龄、学历、职业、中文水平几个层面进行相关性分析。在此仅将部分结果列示如下。

表7-3　性别与题项1的相关性分析

			自然的译文1				合计
			A	B	C	D	
性别	男	计数	31	11	9	13	64
		期望的计数	33.2	10.1	8.2	12.5	64.0
		性别中的 %	48.4%	17.2%	14.1%	20.3%	100.0%
		自然的译文1中的 %	44.9%	52.4%	52.9%	50.0%	48.1%
		总数的 %	23.3%	8.3%	6.8%	9.8%	48.1%
		残差	−2.2	0.9	0.8	0.5	
		标准残差	−0.4	0.3	0.3	0.1	
		调整残差	−0.8	0.4	0.4	0.2	
	女	计数	38	10	8	13	69
		期望的计数	35.8	10.9	8.8	13.5	69.0
		性别中的 %	55.1%	14.5%	11.6%	18.8%	100.0%
		自然的译文1中的 %	55.1%	47.6%	47.1%	50.0%	51.9%
		总数的 %	28.6%	7.5%	6.0%	9.8%	51.9%
		残差	2.2	−0.9	−0.8	−0.5	
		标准残差	0.4	−0.3	−0.3	−0.1	
		调整残差	0.8	−0.4	−0.4	−0.2	

续表

		自然的译文 1				合计
		A	B	C	D	
合计	计数	69	21	17	26	133
	期望的计数	69.0	21.0	17.0	26.0	133.0
	性别中的 %	51.9%	15.8%	12.8%	19.5%	100.0%
	自然的译文 1 中的 %	100.0%	100.0%	100.0%	100.0%	100.0%
	总数的 %	51.9%	15.8%	12.8%	19.5%	100.0%

表 7-4　卡方检验

	值	df	渐进 Sig.（双侧）
Pearson 卡方	0.630[a]	3	0.890
似然比	0.630	3	0.890
线性和线性组合	0.335	1	0.563
有效案例中的 N	133		

a. 0 单元格(0.0%) 的期望计数少于 5。最小期望计数为 8.18。

表 7-5　对称度量

		值	近似值 Sig.
按标量标定	φ	0.069	0.890
	Cramer 的 V	0.069	0.890
有效案例中的 N		133	

a. 不假定零假设。
b. 使用渐进标准误差假定零假设。

同时, 对应条形图见图 7-23。

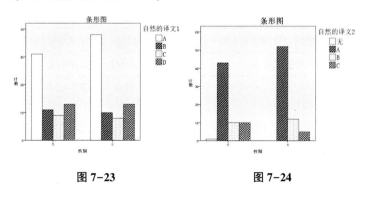

图 7-23　　　　　　　　图 7-24

图7-23是针对第一题的性别相关性。图7-24是针对第二题的性别相关性,余者不再赘叙。

由此可见,受访者并未因性别的不同而有不同的选择趋势。

我们也做了卡方检验。如表7-4,其结果 Pearson 卡方值为 $x_2 = 0.630$,拒绝零假设的 Sig. 值 $p = 0.89$,远大于显著性水平,也即题项选择(A、B、C、D)与性别之间不具有关联性。也就是说性别并不是决定翻译理解的关键因素。

对称度量(Symmetric Measures)输出的是除卡方检验外的其他统计量测量值与显著性近似值(Approx. Sig.)。本例中,如表7-5输出显示其为"按标量标定"(Nominal by Nominal)的统计量,其值均为 0.069。这两个统计量皆由卡方检验转换成 0-1 的系数,检验结果显示"近似值 Sig."也是 0.89,与卡方检验的结果一样。

其余的2-8题的情况也与此类似,因此我们可以得出题项1-9选项结果与性别均不具有关联性。

同样的,我们也对年龄、学历、中文水平、职业等参数进行了相关性考核,在此将所有相关性汇总如表7-6所示。

表7-6　被访者与各变量的相关性汇总和比较

	第1题	第2题	第3题	第4题	第5题	第6题	第7题	第8题	第9题
性别	0.89	0.318	0.772	0.184	**0.029**	**0.09**	0.228	0.976	0.302
年龄	0.146	0.972	0.601	0.844	0.967	0.902	0.938	**0.015**	0.64
学历	**0.03**	0.989	**0.002**	0.449	0.538	0.376	**0.073**	**0.001**	0.209
中文水平	0.52	0.282	0.741	0.325	0.293	0.383	0.817	0.946	0.776
职业	**0.022**	0.948	0	0.615	0.956	0.641	0.401	0.083	0.377
大类职业	**0.038**	0.873	0	0.611	0.916	0.619	0.531	**0.047**	0.274

注:表内值为 0-1 的系数,数值越小相关性越高,一般显著性水平设为<0.05。

九、结论分析

通过对表7-6的观察,0-1为相关系数值,我们通常认为相关系数小于

0.05可视为具备显著的相关性(即表中加粗字单元格)。由此我们可以得出这样的结论,对于问卷中外译效果而言,仅有22%的问题与受访者的社会属性具备相关性。也就是说本次问卷调查的结果是具备说服力的。

十、双变量组间差异分析

为了进一步说明统计数据在应用中的意义,又特别抽取了部分数据做了如下的实验,先看统计结果,如表7-7所示。

表7-7 第2题的分组统计结果

受访人	A=1	B=2	C=3	D4	均值	方差	标准差	众数
老师	1	3	7	0	2.55	0.4298	0.6556	3(C)
普通学生	0	2	14	0	2.875	0.1094	0.3308	3(C)
陳さん做的	0	2	4	0	2.667	0.2222	0.4714	3(C)
高明晨做的	0	6	46	0	2.808	0.1079	0.3285	3(C)

表7-7是我们抽取了一部分受访者对第2题的回答统计。抽取的分组方式是这样的:将教师和学生的问卷结果专门调取出来,将其分成了教师和普通学生两个组,同时也提取了另外两个不按照此分类方式进行的问卷单独成组(以不同的问卷牵头人为组别规定,他们所寻找的受访者包括了形形色色的身份),以作佐证。从表7-7中可以看出,四个组的众数,也即选择出现次数最多的都是C选项,因此各组的集中趋势是一样的,就是说无论是学生还是教师亦或是其他身份人员,他们体现出来的数据整体性是一致的。接下来,再回看教师和学生的情况对比,可以挖掘出来这样的信息:从均值来看,普通学生组均值为2.875,教师组均值为2.55,而C选项所代表的均值为3。所以,学生组趋近于C选项的趋势度高于教师组。从方差值来看,教师组为0.4298,学生组为0.1094,教师组明显高于学生组。这个结果的现实意义是教师组在四个选项中的分散程度变得更高了。

十一、对组间差异的结论分析

由分析结果得出这样的结论,仅就教师和学生而言,随着受教育程度的提高,可能出现的分散程度就越高,即不同观点的出现概率会更高。

十二、进行问卷调查需要的延伸学习

1. 以量表为出发点的问卷设计与普通的问卷调查的区别是什么?
2. 决定量表的架构是什么?
3. 问卷的信度与效度的考验是什么?
4. 该如何看待并解决问卷设计中各因素的重叠性?

十三、运用现代信息技术实现问卷调查

目前,可以利用的网络问卷调查方式五花八门,在此不再赘言。我们仅以金山文档表单为例,演示利用微信接口制作调查问卷的过程,读者可以根据自己的习惯和喜好采用不同的问卷平台。

在这里我们使用金山文档电脑版客户端,下载地址 https://www.kdocs.cn/newDownload? channel = 1003。相应的,也可以使用手机版客户端、微信小程序等,功能和操作方式基本一致。

图7-25　金山文档客户端下载页面

运行客户端,选择使用微信登录点击"新建"。

413

图 7-26　金山文档客户端操作界面

可以从调查问卷模板中新建,也可以如图方式完全从空白表单新建。

图 7-27　金山文档模块新建界面

可以看到,表单提供了各种类型的题目模块。

图 7-28　模块预设选择界面

可以任意添加自己需要的模块,需要添加题目说明则点击下图箭头所指处。

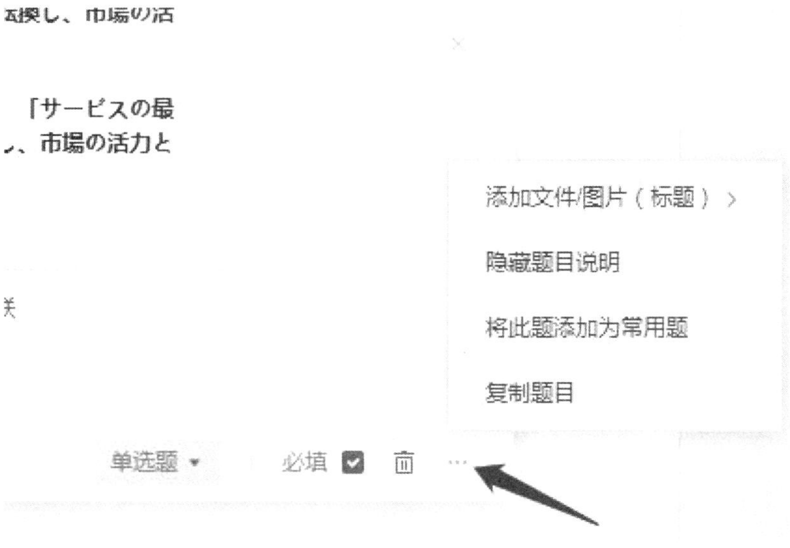

图 7-29　题目说明操作界面

点击"+"号添加选项,最终效果如下图。

『中国政府活動報告』の日本語版についての調査

この調査は『中国政府活動報告』の日本語版の翻訳方法に関する論文を作成するために、文のつながりなどの訳し方を注目して、ご意見をお伺いするものです。自然的な訳文、翻訳版の適当性、フェースシートという三つの部分があります。お忙しいところを恐縮ですが、よろしくお願いします。

*1. 姓名

请输入

2. 性別

○ 男　　　　　　　　○ 女

*3. ABCDの訳文の中で、どちらが一番自然な日本語なのかお選びください。もしできれば、コメントもお書入れください。

原文:简政放权、放管结合、优化服务等改革推动政府职能发生深刻转变,市场活力和社会创造力明显增强。

○ 「行政簡素化と権限委譲」、「緩和と管理の結合」、「サービスの最適化」などの改革により、政府の機能が大きく転換し、市場の活力と社会の創造力が著しく高まった。

○ 「行政簡素化と権限委譲」、「緩和と管理の結合」、「サービスの最適化」などの改革は、政府の機能を大きく転換させ、市場の活力と社会の創造力を著しく高めた。

○ 「行政簡素化と権限委譲」、「緩和と管理の結合」、「サービスの最適化」などの改革のおかげで、政府の機能が大きく転換し、市場の活力と社会の創造力が著しく高まった

○ 「行政簡素化と権限委譲」、「緩和と管理の結合」、「サービスの最適化」などの改革の結果、政府の機能が大きく転換し、市場の活力と社会の創造力が著しく高まった。

○ 其他　请输入

提交

图 7-30　PC 端最终效果图

手机端效果图如下。

图 7-31 手机端最终效果图

点击完成创建后可以分享到微信群、公众号,或者将二维码发送给指定人来完成问卷调查。

问卷过程中可以随时通过查看后台数据。

图 7-32 后台数据界面

第四节 实战:KH Coder 文本数据挖掘应用于中日翻译教学可视化分析

一、文本挖掘(Text Mining)到非结构化数据

文本挖掘是指从文本数据中获取有用信息,是数据挖掘领域的方法之一。通常计算机信息化将数据分为结构化、半结构化和非结构化形式。结

构化的数据是指可以使用关系型数据库表示和存储,存储结构为二维形式。其数据以行为单位,一行数据表示一个实体的信息,每一行数据属性相同。结构化数据的特点是存储和排列是有规律的。半结构化数据包含了相关标记,用来分隔语义元素以及对记录和字段进行分层。半结构化数据中结构模式附着或相融于数据,数据自身就描述了相应的结构模式。因此,半结构化数据也被称为自描述的结构。非结构化数据包括文档、图片、音视频数据。对于这类数据,我们一般直接整体进行存储,在计算机媒介中以二进制格式存储。非结构化数据的数据结构不规则或不完整,没有预定义的数据模型,不方便用数据库二维逻辑表来表现数据。

二、非结构化文本数据分析

非结构化文本数据以文本(如字符、数字、标点、符号等)作为数据形式。非结构化或半结构化文本数据的典型代表是图书馆数据库中的文档,这些文档可能包含结构字段,如标题、作者、出版日期、长度、分类等,也可能包含大量非结构化文本成分,如摘要和正文内容。

文本分析(或文本挖掘)是从非结构化文本中分割、提取信息、分析的过程,文本分析使数据科学家和分析人员可以评估内容,以确定其与特定主题的相关性,研究人员利用计算机软件来挖掘和分析文本。

通过非结构文本分析软件,将文本中的词频、词性、词间关系等特征信息转化为结构化的数据,进而实现可视化分析结果。主要包括:基于词典的非结构化文本分析软件;包含开发环境的非结构化文本分析软件;包含注释的非结构化文本分析软件。目前在英语学界,比较成熟且被广泛使用的软件是陈超美教授研发的一个用于分析和可视共现网络的应用程序"CiteSpace"。对于日语研究,笔者推荐使用 KH Coder 软件。这里将以 KH Coder 为例,对其数据格式、工作流程、分析示例进行介绍,以期为教师选用并研究文本分析提供参考。

三、KH Coder 简介

KH Coder 由日本学者樋口耕一开发,在社会学、经济学、语言学、教育学等领域应用广泛。经多次版本更新后,目前该软件能支持日语、汉语、英语、法语、德语、西班牙语、葡萄牙语、意大利语、俄语、荷兰语、斯洛文尼亚语以及泰罗尼亚语等多国语言。KH Coder 具备词频统计、词性分析、上下文关键词、关键词检索、相似度计算、自动分类、自动聚类、摘要生产和可视化(柱状图、折线图、网状图、散点图、气泡图、聚类分析树状图)等功能。

相较于 SPSS,KH Coder 无须太多的数理统计理论知识,不需要使用者具备计算机编程能力,对于计算机理论零基础的使用者具有友好性,能够轻松实现文本挖掘中常用的各类数据分析需求,包括词频/词性、共现分析、相关分析、文本聚类、主题提取、主题分布和演化。

KH Coder 是开源免费的,官方主页网址为 http://khcoder.net/en/,安装文件和软件介绍均可从官方网址下载。至笔者截稿前,版本更新至 3.Beta.07,其内核隐含狄利克雷分布(Linear Discriminant Allocation,LDA)模型。LDA 模型是 NLP 领域常用的模型,由 Blei 等人于 2003 年提出,用来推测文档的主题分布,它可以将每篇文档的主题集中到一起,以概率分布的形式给出,从而抽取出主题分布,进行主题聚类。KH Coder 提供了搜索和使用 ChaSen 文本算法,以 MySQL 作为后端。

KH Coder 操作界面支持英语、日语、中文、法语、韩语和西班牙语的切换,设定完成后需要重启软件才能生效。

四、实战:KH Coder 文本数据挖掘应用于中日翻译 教学可视化分析

(一)实验背景和数据来源

日语老师在日语专业大三学生的翻译课上做了一次翻译测试,同时配

合测试进行了相关问卷调查,本例就是从此次试验结果中获取数据来源,进行可视化分析。详细试验背景读者可参阅本书第五章。

(二)数据文件准备

KH Coder 支持的数据来源文件格式包括 CSV、Excel 文件和系列的 TXT 文件。本案例数据采用最常见的 Excel 格式,整理后如图 7-33 所示。

姓名	文本	成绩	描述
李*	全過程人民民主は社会主義民主政治の本質的な属性であり、最も広く、最も真実で、最も効果的な民主である。中国の特色、社会主義政治の発展の道を揺るぐことなく歩み、党の指導、人民が主人公となり、法に基づいて国を治める有機的な統一を堅持し、人民の主体的地位を堅持し、人民の意志を十分に体現し、人民の権益を保障し、人民の創造活力を引き出す必要がある。	D	非官方
赵*	全過程人民民主は社会主義民主政治の本質的な属性であり、最も広く、最も真実で、最も効果的な民主である。中国の特色ある社会主義政治の発展の道を揺るぐことなく歩み、党の指導、人民が主人公となり、法に基づいて国を治める有機的統一を堅持し、人民の主体的地位を堅持し、人民の意志を十分に体現し、人民の権益を保障し、人民の創造活力を引き出す必要がある。	D	非官方
胡*	全過程人民民主は社会主義民主政治の本質的な属性であり、最も広く、最も真実、最も効果的な民主である。中国の特色ある社会主義政治の発展の道を揺るぐことなく歩み、党の指導人民が主人公となる。法律に基づいて国を治める、有機的に統一し、人民の主体的地位を堅持し、人民の意志を十分に体現し、人民の権益を保障し、人民の創造活力を引き出す必要がある。	C	基本語法不正確

图 7-33　源数据文件(局部)

其中,文本列是各个同学作答的翻译结果,成绩列为教师给出的成绩,描述列为教师给出的主要错误类型。

需要注意的是,软件会将文件的第一行自动识别为提取后列变量的名称,从第二行开始规定为文本需要识别的内容,各行间不能空行。此外,用来分析的表格必须是 Excel 工作簿上的第一张表格,即"first sheet",后面的表格将被忽略。

(三)项目的建立和设置

在主菜单中按照【项目】→【新建】的命令顺序把我们需要分析的内容导入进来,过程如图 7-34。

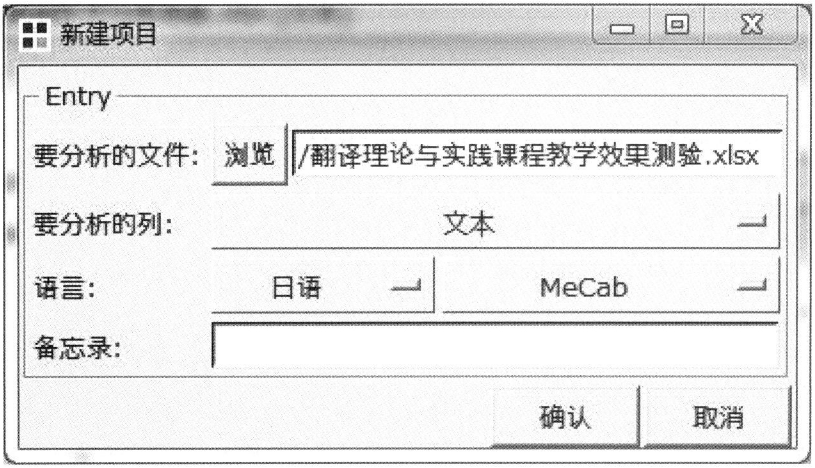

图 7-34　新建项目对话框

其中"要分析的列"就是 Excel 表格中文本列的表头名称,语言设定为日语,分词器设定为 MeCab。其中分词器是计算机把一个文档切分成词语的分词系统。目前 KH Coder 支持的日语分词词典包括 MeCab 和 ChaSen 两种。当前具备开源许可证的免费日语词典有很多,MeCab 无论在学术方面还是在工程方面都是非常优秀的,是京都大学信息专业和日本电信电话株式会社通讯研究所共同研究的项目,模型基于 CRF(条件随机场)和 C++实现,主要作者是工藤拓,就职于谷歌(Google),负责日语输入法相关项目。

在进行分析之前,需要通过"执行预处理"才能把文件中的词语提取出来。如果计算机预处理出来的分词结果有错误,还需要通过"选择词汇用于分析"选项对词性的取舍、强制提取(force pick up)词、强制忽略(force ignore)词进行设置。

(四)词频词性与语境分析

预处理之后,在主菜单中按照【工具】→【提取词汇】→【词频列表】的命令顺序,显示分词结果以及词频、词性信息。

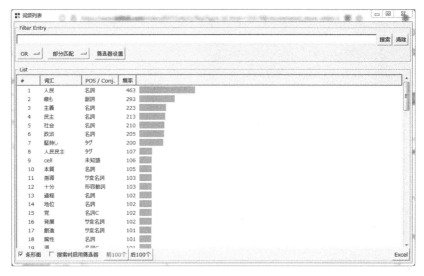

图 7-35　词频列表

之后我们还可以通过显示的"词频列表"窗口中右下角的"Excel"按钮将结果导出为 Excel 文件。（频率表选项中如果选择了"单列"，则输出的 Excel 表格呈现为一列，便于观察。）

（五）词汇共现网络分析

共现/共词分析法是利用文献集中词汇对或名词短语共同出现的情况，来确定该文献集所代表学科中各主题之间的关系。统计一组文献的主题词两两之间在同一篇文献出现的频率，便可形成一个由这些词对关联所组成的共词网络。共现网络图是按照关键词在每篇文章、段落、句子中共同出现的次数绘制的网络图谱，只要两个词共同出现在一个文章、段落、句子中，我们就把这两个词的节点绘制成一个边，最终生成一个网络图谱。具体操作为：主菜单中按照【工具】→【提取词汇】→【共现网络】的命令顺序打开，结果如图 7-36 所示。

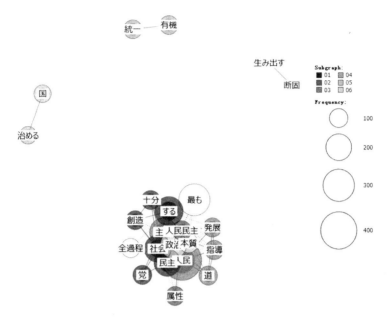

图 7-36　词汇共现网络

　　或者可以在共现网络选项窗口中勾选"仅绘制最小生成树"选项。如图 7-37 所示。

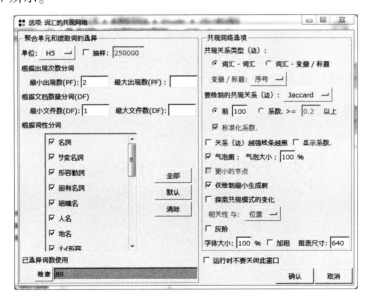

图 7-37　共现网络选项对话框

生成共现网络的最小生成树图谱,如图 7-38 所示。

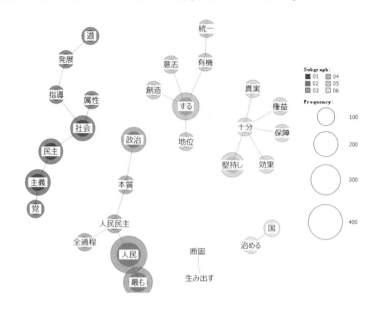

图 7-38　共现网络最小生成树

共现网络图中圆圈大小代表的是关键词的频次,频次越大,圆圈越大。共现网络体现的是关键词之间的联系,联系紧密的关键词会相对形成一个个小的聚合,进而我们可以对这些联系进行归纳总结,总结出对应的主题,然后对主题进行详细论述。这个过程的本质就是聚类分析。

如果在共现网络设置中我们把"词汇-词汇"更改为"词汇-变量/标题"选项,就可以构建词汇与外部变量之间的共现网络。这里我们设定共现关系为词汇与成绩,如图 7-39 所示。

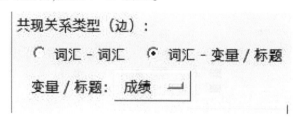

图 7-39　共现网络对话框选项

我们来看看对应不同成绩的学生,他们所使用的词汇又会呈现出哪些趋势。通过学生使用词汇的异同趋势,教师可以分析出学生所掌握和能使用的词汇规律,并应用于未来教学中。

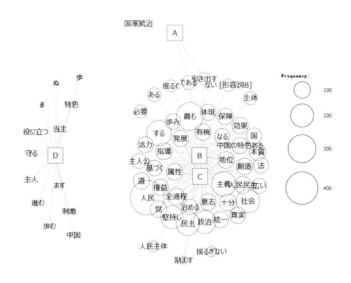

图 7-40 词汇和成绩的共现网络

和共现网络类似的,还有其他的图形化分析,如层次聚类树状图,如图7-41 所示。

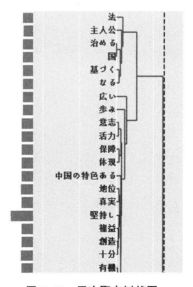

图 7-41 层次聚点树状图

(六)词汇/对应分析

KH Coder 的对应分析,研究的是哪些关键词总是出现在相似的条件下,通过操作主菜单:【工具】→【提取词汇】→【对应分析】,将对应分析选项设定,如图 7-42 所示。

图 7-42　对应分析对话框

在成绩相同的前提下,按照关联度的高低,在坐标系中,各个关键词出现的区域会各有不同。也就是按照不同的特征进行了词汇抽取,这里出现的关键词只会是特征词。特征词指的是那些出现条件差异化的词汇。例如,同样是成绩 B 和成绩 C 都出现的词就不是特征词,只有该情景下独有的关键词才是特征词。如图 7-43 所示。

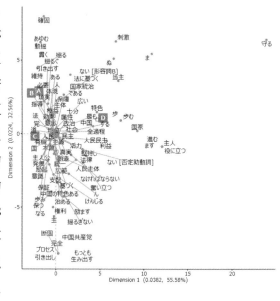

图 7-43　词汇和成绩的对应分析

同样,可以设定对应关系为"词汇-教师的描述评语"。

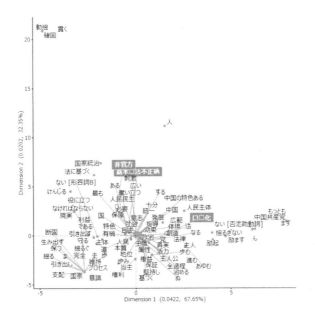

图 7-44　词汇和评语的对应关析

在这里,为了可以更清晰地显示对应关系,准确地列出特征词,按照主菜单【工具】→【外部变量和标题】打开"变量和标题列表对话框",选择"描述"作为变量,再打开下部的"词汇按钮",将词汇对应关系存储到 Excel 表格中。

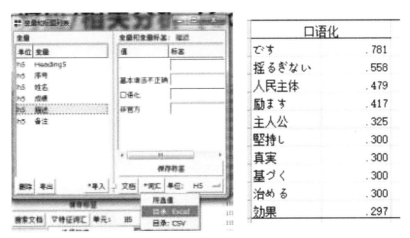

图 7-45　特征词的导出

表格中非常清晰地列出了特征词及对应的相关系数。

其他图谱还包括词汇的自组织图、多维尺度图等其他功能。

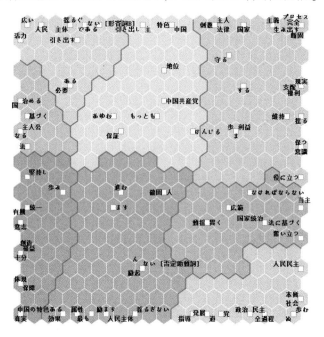

图 7-46　自组织图

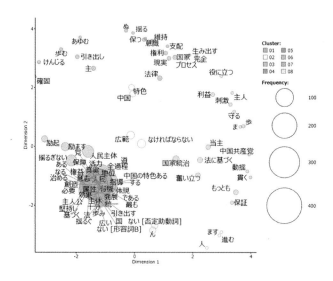

图 7-47　多维尺度图

(七) KH Coder 小结

KH Coder 提供了对原始词汇和主题编码进行分析的能力,对于不具备计算机编程能力的使用者可以方便地进行可视化分析。主要的分析场景包括了词频分析、语境分析、共现网络和相关分析几个方面。更多的操作说明请参照它的官方教程文档和说明文档。同时我们也推荐大家去 KH Coder 的官网上看一下"Research Using KH Coder",在这里有学者运用 KH Coder 以不同的语言写出来的论文汇总。

第五节　问卷和量表设计的基本原则

一、问卷设计的基本原则

1. 为调查对象着想,语言清晰易懂,回答填写简易。

2. 紧密相关实验需求,切忌无关问题和重复相关问题。注意提问质量与数量的平衡。

3. 结构合理,层次清楚。

4. 全面考虑后期数据处理、编码、录入、分析的需求和便利性。

二、问卷设计过程

1. 确认要收集的信息。

2. 选择调查问卷的填写方法。

3. 设计问题内容。

4. 设计问题结构。

5. 斟酌问题的措辞。

6. 以适当的顺序安排问题,可适当分类。

7.设计问卷页面的形式和布局。

8.形成问卷。

9.问卷的试填、修改和定稿。

三、问卷的类型和结构

(一) 问卷类型

自填问卷：由调查对象自行填写。

访问问卷：由调查员在调查过程中填写和整理。

(二) 问卷结构

引言

过滤问题(用于甄别受访者)

主要问题(问卷的核心部分)

调查对象基本信息

结束语(可省略)

四、问卷设计要素

(一)设计问卷时，要通盘考虑问题的内容、类别、格式、措辞和顺序。

(二)调查问卷中的问题一般涉及有关事实、看法、态度、知识等内容。通常根据内容可分为事实问题和主观问题两大类。在确定问题的内容时，需要考虑：这个问题是否有用；调查对象是否拥有必要的信息；调查对象是否愿意提供这信息。

(三)问题的结构可分为四类：开放式问题；封闭式问题；相倚问题；量表。

(四)选择问题的措辞要遵循的原则：

1.准确定义，避免歧义。

2.使用通俗易懂的词语,避免生僻和过于专业的词汇。

3.避免使用具有诱导性和倾向性的语言。

4.避免推论和估计。

(五)问题和备选答案的先后顺序会影响调查结果。一般来说,放在前面的答案容易被选中。所以为了提高完成率和保证准确性,应该将简单的、封闭式的问题放在前面,复杂敏感的问题放在后面。

(六)量表是用来对调查对象的态度和看法进行定量化测量的程序,通常是由一组相关的描述性语言组成的测量工具。常用的量表有连续评分量表、李克特量表(Likert)量表、语义差异量表、中心(Stapel)量表等。

连续评分量表是由一组等距的数据组成的,如很差、差、较好、好、很好。

李克特量表由一组评价组成,每一组都包含"非常同意""同意""不一定""不同意""非常不同意"五种回答,分别记为5、4、3、2、1,被调查者的态度总分就是他对各道题的回答所得分数的总和,代表了态度的强弱或不同状态。根据总分将受测者划分为高分组和低分组。高分组和低分组之间具备较大区分能力的项目构成了李克特量表。

语义差异量表(Semantic Differential Scale)由一系列两极性形容词词对组成,并被划分为7个等值的评定等级(有时也可以划分为5个或9个),主要含有3个基本维度,即"评价的"(如好的与坏的、美的与丑的、干净的与肮脏的),"能量的"(如大的与小的、强的与弱的、重的与轻的),"活动的"(如快的与慢的、积极的与消极的、主动的与被动的)。它们具有显示任何概念含义的语义空间特质。研究者可以据此来描述任何概念及其相关问题性质或属性方面的根本意义。语义差异量表常常用在社会学、社会心理学和心理学研究,如文化比较研究、群体差异比较研究、对事物的态度、看法的研究等。

(七)问卷填写说明通常包含以下信息:

1.访谈程序和要求;

2.问卷填写的一般性要求;

3.对具体名称术语的解释;

4.逻辑检验的方法和程序。

(八)问卷设计技巧

事实性问题的主要目的在于获取事实资料,因此问题中语义要清晰易懂,不能产生歧义,让受访者明确理解后准确回答。通常在问卷中将事实性问题放在后面,以免受访者在回答有关个人问题时有所顾忌。

意见性问题本质上是态度调查问题。受访者是否愿意表达真正的态度因态度的强度不同亦有不同。因此为获取意见性问题降低难度,可将其变换为百分比等形式作为答案。

困窘性问题是指受访者不愿直接回答的某些问题。比如关于私人的问题。如果一定要获取困窘性问题,又避免受访者不真实回答,可采用以下几种方法。

(1)间接问题法。不询问应答者的直接观点,而改为相关事情的看法。

(2)卡片整理法。将困窘性问题整理为"是、否"类简化问题,并采用匿名方法收集。

(3)假设性提问。

第六节 结语

教育部在 2019 年发布的《教育部关于加强新时代教育科学研究工作的意见》(教政法〔2019〕16 号)中指出,创新科研范式和方法,要"加强实证研究,坚持以事实和证据为依据,对重大问题持续跟踪,注重长期性、系统性研究。加强比较研究,深入挖掘中国优秀教育传统和经验,注重借鉴国外教育研究范式、方法,积极吸纳国际教育研究的前沿进展和优秀成果"。

实证研究方法通过对研究对象大量的观察、实验和调查,获取客观材料,从个别到一般,归纳出事物的本质属性和发展规律。采用程序化、操作化和定量分析的手段,使社会现象的研究达到精细化和准确化的水平。运用数学计量工具将影响因素予以固定,从而把握复杂现象之间的内在联系。统计分析方法通过对数据的收集、整理、分析、反馈为教育教学实施提供决策指导。

(本章撰写:屠学诚)

参考文献

[1]彼得·布鲁斯,安德鲁·布鲁斯,彼得·格德克.数据科学中的实用统计学[M].陈光欣,译.北京:人民邮电出版社,2021.

[2]陈定刚.翻译与文化:语言接受性的流转[M].成都:四川大学出版社,2019.

[3]陈伟运.教育统计入门[M].上海:华东师范大学出版社,2021.

[4]邓元兵.传播学研究方法[M].北京:中国传媒大学出版社,2022.

[5]风笑天.社会研究方法[M].北京:中国人民大学出版社,2022.

[6]杰弗里·班尼特,威廉·L,布里格斯,等.统计学入门:文科生也能看得懂的统计学[M].徐斌,吴彦龙,译.北京:人民邮电出版社,2021.

[7]杰克·莱文,詹姆斯·艾伦·福克斯,大卫·R.福德.社会研究中的基础统计学[M].王卫东,等译.北京:中国人民大学出版社,2021.

[8]哈拉兰博斯.社会学基础[M].上海:上海社会科学院出版社,1986.

[9]何承文,张天舒.应用统计学[M].上海:立信会计出版社,2022.

[10]胡开宝,朱一凡,李晓倩.语料库翻译学[M].上海:上海交通大学出版社,2018.

[11]罗伯特·马修斯.极简概率学[M].潘丽君译.广东:广东人民出版社.2017.

[12]丽贝卡·B,鲁宾,菲利普·帕尔姆格林,等.传播研究量表手册[M].邓建国,译.上海:复旦大学出版社,2017.

[13]米尔顿.深入浅出数据分析[M].李芳,译.北京:电子工业出版社,2012.

[14]魏立力,刘国军,张选德.概率统计引论:2版[M].北京:科学出版社,2020.

[15]王燕.文化转向视角下的英汉翻译问题再审视[M].长春:吉林大

学出版社,2019.

[16]威廉·M.鲍尔斯塔德,詹姆斯·M.柯伦.贝叶斯统计导论[M].陈曦,译.北京:清华大学出版社,2021.

[17]吴胜.微信小程序开发基础[M].北京:清华大学出版社,2018.

[18]吴喜之,吕晓玲.统计学:从数据到结论[M].北京:中国统计出版社,2021.

[19]西内启.统计思维[M].李晨,译.浙江:浙江人民出版社,2017.

[20]小宫山博仁.图解统计学:让数据说实话[M].王倩倩,译.北京:北京时代华文书局,2021.

[21]徐全智,吕恕.概率论与数理统计[M].北京:高等教育出版社,2017.

[22]亚瑟·阿伦,埃利奥特·库珀斯,伊莱恩·阿伦,等.行为与社会科学统计[M].林丰勋,译.北京:中国人民大学出版社,2021.

[23]詹姆斯·W.凯瑞作为文化的传播:媒介与社论文集(修订版)[M].丁未,译.北京:中国人民大学出版社,2019.

[24]张帆.微信小程序项目开发实战[M].北京:电子工业出版社,2019.

[25]周翔.传播内容数据分析与SPSS统计应用[M].北京:中国社会科学出版社,2017.

[26]周翔.传播学内容分析研究与应用[M].重庆:重庆大学出版社.2014.

[27]朱迪丝·N.马丁,托马斯·K.那卡雅玛.跨文化传播[M].陈一鸣,刘魏巍,译.北京:清华大学出版社,2019.

第八章 从教育学的视角看中国政治文献多语种外译教学

中国政治文献包含政治、经济、文化、社会、生态、语言、哲学、历史等领域，涉及国家大政方针、政策主张、主权领土等政治问题，从翻译来看，涵盖语言文字、背景出处、传统文化、翻译技巧等翻译知识，因此，中国政治文献外译的教学是多维度、多层面的。对其从课程、教学两个维度展开分析，进而更好地为中国政治文献外译教学服务。为此，我们需要从教育学谈起，什么是教育学呢？

教育学（pedagogy）是以教育实践为基础，通过研究教育现象揭示教育规律，反过来又指导教育实践的一门科学。教育规律是在教育实践中认识的，不是制造出来的。当然，教育不是实践经验的集合，是在实践中凝练出来的深层次的、整体的、一般的理论。外译教学是教师教和学生学把母语译成其他语言，掌握理解和表达的过程。中国政治文献外译是一种政治和文化的输出行为，正如本书第一章所言，中国政治文献外译受政治因素的影响和制约，不可避免地刻着意识形态的烙印。党的二十大报告指出，我们要推进文化自信自强，增强中华文明传播力影响力，加快构建中国话语和中国叙事体系，讲好中国故事、传播好中国声音，展现可信、可爱、可敬的中国形象。本章节将阐述中国政治文献外译教学应用于高校开设的高年级课程，试图从课程开发、教学实施等方面提出实用性策略。

第一节　中国政治文献外译课程的内涵与开发

新时代的背景下,翻译学科不断发展,翻译不是简单地把文字从一种语言转换成另外一种语言这种纯客观的语言转换,更不是机械地编码和解码,中国政治文献外译要结合语境与政治、意识形态、社会环境及诗学、美学观念用法,使得文化信息得以准确传播,进而构建中国对外话语体系。然而,当前对中国政治文献外译研究相对较多,对中国政治文献外译的课程开发较少。本节主要研究"教什么"的问题,开发中国政治文献外译课程,这将有助于扩大外译研究的学术视野,进一步丰富外语类专业教学内容。

一、中国政治文献外译课程的内涵及特点

(一)课程

目前,关于课程这一术语定义多种多样,大致有以下几种典型代表:其一,课程即教学科目,指的是课程所教授的学科。如我国古代的"六艺":礼、乐、射、御、书、数。这种课程观本质上把课程理解为教学科目,课程是由一系列学科化的知识组成,片面强调课程内容,割裂了课程过程,对学生的经验重视程度不够。其二,课程即预期的学习结果或目标。这种课程观把"预期的学习结果或目标"视作课程,把内容或经验看作是课程的手段,强调目标预测、行为控制和工作效率,重视目标和结果,割裂了课程手段与过程。其三,课程即学习经验,最早源于杜威的实用主义教育理论,认为"教育是在经验中,通过经验,为了经验的一种发展过程"。这种课程观突出了学生的直接经验和学生的地位,但在一定程度上容易忽视教师的引导作用,不是所有的经验都能拿来使用。此外,还有学者认为课程即社会改造,是社会文化的再生产。概括来看,课程内涵是复杂的,正因为人们认识课程的视角不同,课程定义也不同。

课程发展受学生本身、政治、生产力和传统文化等要素的影响。教育是一种培养人的社会活动,因此学生的身心发展规律是影响课程变化发展的重要因素,课程内容的深度、广度及编排情况,受学生身心发展水平的影响。课程反映着一定社会的政治、经济要求,必然随着社会的发展而不断发展,开设的课程为培养德智体美劳等全面发展的社会主义事业建设者和接班人这一目标服务。课程受社会生产力、科学技术变革的影响,生产力和科学技术的发展为课程的改革提供了丰富的资料。反过来,社会对人才素质的要求不断变化,也在加速课程的革新。不同的民族文化也使课程开设有所不同,各个时代的教育内容都是人类文化发展的缩影。

(二) 中国政治文献外译课程的内涵

作为将本国国情、国际国内事务、各项政策等传达给世界的一个重要载体,中国政治文献中大量运用了具有中国特色的政治术语。此类文献基于党政类文本本身及其文化因素双重出发点,翻译的质量对国际社会客观和理性看待我国的发展成果,读懂中国、理解中国至关重要。中国政治文献外译课程来源主要有《毛泽东传》《毛泽东文集》《周恩来选集》《刘少奇选集》《陈云文选》《邓小平文选》《江泽民文选》《胡锦涛文选》《习近平谈治国理政》等党和国家重要领导人著作、论述摘编,《中国共产党历史》《中国共产党简史》、中国共产党全国代表大会和中国人民政治协商会议等党和国家重要会议文件,政府工作报告、党和国家领导人重要时间讲话及新华网、中国国际广播电台、人民网、中国网等官媒新闻文章,《人民中国》《求是》杂志等,以及各外语语种通过对以上篇章的案例节选相关内容,循序渐进、与时俱进地补充更新课程内容,挖掘提取代表中国向世界传递在政治、经济、文化和社会等领域性发展状况的文献课程内容。翻译课程是外语类专业高年级的一门重要必修课,应当基于高校的教学目的、教学计划和师资队伍等情况合理设置。

(三) 中国政治文献外译课程的特点

政治性。中国政治文献外译课程是落实课程思政的有力举措,把其中的思想政治教育理论知识、精神价值追求融入大学生的思想意识和言谈举止中,其课程目标正是要培养大学生的政治意识,确保译本政治信息的准确传达。如日译教学中专有名词的表述,"社会主义现代化国家"(社会主义現代化国家)、"中国共产党"(中国共産党)。该门课程在翻译教学过程中潜移默化地为国家培养具备坚定理想信念的外语人才,对引导大学生树立正确的国家观、历史观和民族观有重要作用,这是不同于其他课程的属性。

逻辑性。一方面,中国政治文献是政论文体,本身逻辑严密,有着较强的说理性,翻译时要根据上下文对句子重新排序。另一方面,中国政治文献外译课程作为外语类专业的高年级翻译课程,在组织编写的过程中注重由易到难,由简单到复杂,由关键字、关键词到句式段落、语法分析等层层拔高,把握好知识的特殊性与一般性的规律,及时做好翻译的归纳总结。

更新性。中国政治文献外译课程应该秉持与时俱进的精神,淘汰课程中一些不准确的、过时的甚至还可能引起负面作用的教学内容。当前,尤其要与时俱进地把最新课程思政的"点睛之语"加入教学当中,优化课程思政内容供给。同时,要密切关注大学生的学习状态,发挥主体意识,结合大学生的既有知识经验,合理更新中国政治文献外译课程。

二、中国政治文献外译课程的开发

中国政治文献外译课程开发是开发者根据教学目的分析大学生需求、确定课程目标,从中国政治文献中选择适宜的教学内容,并计划、组织、实施、评价和修订相关教学活动,以期最终达到课程目标的整个过程。课程开发包括课程目标、课程内容、课程结构和课程实施这几个部分,最后根据实施情况展开课程评价。

(一)中国政治文献外译课程开发的程序

1. 确定课程目标

课程目标指的是在课程设计过程中,课程本身要实现的标准和学生在学完某门课程后知识技能和情感态度等方面所达到的状态,即预期的课程结果。它是整个课程编制过程中最为关键的准则,是课程的出发点和归宿。随着知识经济时代的来临,各级各类学校在把握培养什么人、怎样培养人、为谁培养人这一教育根本问题的基础上,要及时更新培养方案与教学大纲,课程及教学目标随这一动态过程不断发生着变化。制定课程目标基本的依据是大学生自身的需要,除此之外,还有社会经济发展和学科知识传播发展的需要。中国政治文献外译课程依据学期或学年学时安排,做好课程的目标计划。一般来说,课程目标的三个维度即知识与技能、过程与方法、情感态度与价值观,课程目标案例如表8-1所示。

表 8-1　中国政治文献俄译课程目标的案例

课程内容		坚持"一国两制"和推进祖国统一		
学科		翻译理论与实践(汉译俄)	年级	本科三年级
教学目标	知识与技能	通过本节内容的学习,学生能够积累课程要求的翻译技巧(词性转换、长句翻译等),理解并用俄语简要阐述"一国两制"构想的含义及其理论创新的伟大意义,包括能够熟练介绍港澳回归后两地的发展情况以及海峡两岸交流的历史与现状。		
	过程与方法	围绕"'一国两制'与推进祖国统一"这一主题,利用视频资源进行探究性学习,认识"一国两制"伟大构想的科学性,培养锻炼材料收集和辩证思维能力。		
	情感态度与价值观	(1)通过学习"一国两制"构想,认识到邓小平伟大的创造精神和非凡智慧,树立大胆创新的意识。 (2)通过了解港澳回归历程认识到祖国统一是全体中国人的共同心愿,是不可逆转的历史潮流,激发爱国主义情感和民族认同感。 (3)增强作为外语人的自身使命感,更好地传播中国声音,讲好中国故事。		

知识(间接知识、社会经验、信息知识)与技能(智力技能、基本技能、动作技能和自我认知技能)目标是每门课程的基本知识和基本技能要立足于让学生学会。学习过程与方法的目标,即能力目标。过程是德、智、体、美、劳全面培养和发展的过程,是学生的性格、气质、兴趣、能力等个性品质全面培养和发展的全部过程;方法是指在此过程中,让大学生学会学习的方法,包括发现、解决问题的方法,如掌握翻译技巧、原则和策略,培养创新精神、提高翻译实践能力。情感是指人的社会性需要是否得到满足时产生的态度

体验,包括学习态度、学习责任,还包括乐观的生活态度、宽容的人生态度等;价值观指的是问题的是非、善恶、有用与否的取向认识。依附于探索知识的过程中,形成和发展能力,挖掘课程中的育人因素,情感态度与价值观也在潜移默化随之变化。课程目标是学生学习的质量规格标准,是教育目的和培养目标的具体化,是选择课程内容、实施课程和评价课程的依据。

2. 组织课程内容

课程内容是课程的灵魂,课程内容的质量高低在较大程度上决定了课程的质量水平,从而影响着课程目标乃至学校人才培养目标和教育目的的实现。中国政治文献外译的课程内容是一个不断丰富的过程,如何组织形成"融盐于水"般的中国政治文献外译教学内容?编撰中国政治文献外译的教材内容,各结构要素具有科学的、合理的逻辑联系,能体现事物的各种内在关系,如上下、并列、交叉等关系。课程开发者要依据各语种语言特点、结合大学生现阶段学习水平,从政治文献中选择官方发布的外译版本,选取其中更具代表性的部分,构建成课程的体系。

在课程内容设计方面,前期的课程中要做好翻译训练,先让学生主动辨别,然后学习概念,引导大学生充分考虑之后使用恰当的翻译策略,在此基础上掌握规则或原理,根据不同受众群体,把中国政治文献翻译出各种适合的外译版本。要注重课程内容的基础性,把握好翻译知识学习的广度与深度,也要注重基础知识与当代社会经济发展之间的关系,考虑翻译文本对大学生全面发展的意义,尽可能给他们提供全面的、完整的教育经验,使得大学生获得扎实的翻译技能和较强的翻译应变能力。例如,以下是中国政治文献俄译课程学时的安排,在学习"中国特色大国外交"这一话题的过程中,可以安排3课时。

首先,课前将学生分为3~5人的小组,确定本课话题,要求学生分工收集并整理能够找到的所有资料,锻炼其分工合作及信息处理能力。

第1课时:请各小组用汉语在5分钟内做成果汇报,教师进行一定的点评和提问。各小组汇报内容不可重复,可适当互相提问。

第2课时:在第1课时完成后,学生对"中国特色大国外交"已经有了较为全面、客观的了解。此时第2课时即可引导学生将上节课出现频率较高的词组、句式进行试译,并提示学生注意在翻译具有中国特色负载词时要运用的翻译策略。例如,"两个一百年"奋斗目标(цель борьбы "двух столетий"),大局观(взгляды на всю обстановку),风险与挑战(вызовы и риски),外交活动(дипломатическое мероприятие),和平外交政策(мирная внешняя политика),共赢(взаимный выигрыш),战略机遇期(период важных стратегических возможностей),"亲、诚、惠、容"的周边外交理念(Принципы "Дружелюбие; искренность; взаимовыгодность и толерантность" в отношениях с соседними странами),高举……旗帜(высоко держать знамя чего)等。

接着引用相关政治文献语段让学生尝试翻译(译后可进行组内讨论),随后进行小组互评、教师点评及共性问题总结。

实现中华民族伟大复兴,需要推进中国特色大国外交。党的十八大以来,我国综合国力和国际地位显著提升,日益走近世界舞台中央,中华民族迈向伟大复兴的步伐不可阻挡。国际体系变革期的不确定、不稳定因素日益突出,我国发展进入战略机遇和风险挑战并存、不确定难预料因素增多的时期,伟大复兴必然伴随具有许多新的历史特点的伟大斗争。我们必须统筹国内国际两个大局,开展更具全球视野、更富进取精神、更有中国特色的大国外交,为实现民族复兴营造和平稳定的国际和地区环境。

中共中央总书记、国家主席、中央军委主席习近平在会上发表重要讲话强调,要高举和平、发展、合作、共赢的旗帜,统筹国内国际两个大局,统筹发展安全两件大事,牢牢把握坚持和平发展、促进民族复兴这条主线,维护国家主权、安全、发展利益,为和平发展营造更加有利的国际环境,维护和延长我国发展的重要战略机遇期,为实现"两个一百年"奋斗目标、实现中华民族伟大复兴的中国梦提供有力保障。

第3课时:经过前两个课时的练习,学生已经掌握了本课主题基本内容及基础词汇、句型方面的知识,已经基本达成了本单元的知识与技能目标。但本科阶段的学生大多较少关注外交热点新闻,缺乏外交视角,想要更加自如地进行相关话题的翻译以及口语活动,还需要教师引导其多做输出练习,以便学生进行自主思考,充分练习旧知和新知。例如,教师给出问题:"你如何看待主场外交？有人说，主场外交完全是'面子工程'，浪费钱。对此，你怎么看？"

小组讨论过后，教师请每组派代表做3分钟俄语表述，随后及时进行词汇、语法及翻译技巧方面的指导及总结。

课程内容是选择的结果，中国政治文献涵盖了社会、政治、经济、文化、生态、国防和外交等各领域内容，我们只能从中选择有限的内容呈现给学生，由易到难，从贴近社会生活出发，不断丰富和深化课程内容。翻译知识学习适用于螺旋式组织课程内容，即在不同阶段重复出现知识点，需要逐渐拓展和加深，直到学生全面掌握为止。选择课程内容要根据大学生身心发展以及他们的兴趣、需要和背景，以已经习得的知识技能为基础，适应大学生个性化发展的需求。尤其是要注重培养大学生的国家认同教育，梳理出文献中需要对外传达的意识形态重点内容，潜移默化地植入词汇、语法、句子、篇章等外译教学的方方面面，真正在课堂中讲好中国故事，这不仅有利于做好当下课程思政工作，也能加强大学生的日常思想政治教育。

3. 构建课程结构

课程结构是课程目标转化为教育成果的纽带，是课程顺利实施的主要依据，体现着课程理念和课程设置的价值取向。它既指翻译类专业整个课程体系，包括不同的课程类型、教材类型及学习活动类型等各语种要结合自身语言的内在规律，与其他翻译类课程呼应，形成立体的发展性结构体系，也指翻译类专业课程自身内部的骨架，即课程内部各种要素、各种成分的内部关系，主要包括课程内容的排列顺序和比重、课程的形态结构等，在这里我们分析的是后者。课程结构是与时俱进的、开放的、不断生成发展的，它是课程内部各要素、各成分以及各部分之间规律的组合，以课程目标为依据，使课程内容、课时安排保持恰当的比例，各翻译知识之间的相互渗透性增强。

有序性是课程结构的组织特性，课程结构各要素、各成分、各部分之间的排列和组合具有一定的层次和序列。在知识体系中对相关翻译方法进行必要的归类和整理，实现课程结构的整体优化。课程结构的目的是让所有的课程内容融为一体，由此为实现课程目标服务。例如，本书第二章中国政治文献英译课程部分总共分为四大模块,按照从基础到提高的程度划分为翻译基础知识、词的翻译、句子的翻译、篇章的翻译。在授课过程中包含以下内容:课前展示、教师讲授新知、翻译案例分析、学生小组讨论、教师点评与总结。

第一部分是"翻译基础知识",这一部分涉及翻译的一些基本问题,让学生对翻译活动有一个整体性的把握,其中包括翻译的性质与不同类型划分的依据、翻译的单位、中西方关于翻译的标准探讨、译者的语言素质、译者文化知识的储备、译者职业道德。

第二部分是"词的翻译"。文章的写作积词为句、积句为段、积段为篇,因此翻译的过程也可以按照遣词、造句和谋篇来推进。词语是翻译过程中需要译者把握的基本单位,所以学习如何理解并且正确地翻译出词的意义是学好翻译的基础。此部分包括词的字面意义与蕴含意义的理解与表达、确定词义的方法、成语和四字格的翻译、中国特色词汇的表达。

第三部分是"句子的翻译"。包括英汉句法对比分析、译文主语的确定方法、译文谓语的确定与主谓一致、句子语序的调整方法、不同类型句子功能的复现。

第四部分是"篇章的翻译"。该部分按照文章题材与内容,划分成为新闻文本翻译、说明性文本、科技类文本、政治类文本。其中政治类文本的难度较大,所以在学生经历过前面内容的学习与铺垫后,放到最后来学习。

4. 开展课程实施

课程实施是将课程计划付诸具体实践的过程,是课程层面质量保证的关键,也可以说是课程的落实过程。课程实施是一个创新的过程,是动态的。在制订好课程计划后,我们还要结合课堂情况、学生学习情况对其进行灵活调整。这种调整有时在几课时内进行,也有可能需要在一个学期内进行。

学生此前并未从文化转向视角认识中国政治文献,对于中国特色话语体系的了解和积累较少。因此,前几节课容易出现学生学习情况和教师的预期情况出现偏差的情况,教师要及时调整教学计划以应对这一问题。例如,中国政治文献俄译教学中,讨论"形式主义""官僚主义"(формализм и бюрократизм)话题时,有部分学生不知道"四风"的概念;有学生认为"形式主义"只出现在"表格抗疫""作秀留痕"等问题上,并不了解其本质。出现上述问题有的是因为预习不全面,有的则是由于学生接触政治文献较少,对我国国情了解不够。遇到这类问题,教师需要及时调整课程安排,课上适时补充相关俄语及汉语背景知识,课中临时调整计划,让学生快速进行小组合作自主探究,课下可以再布置一些任务,一方面巩固本节课计划外补充的知识,另一方面让学生在进行下节课预习时,有意识地去发现并尝试解决更多问题。另外,在教学过程中遇到中俄两国政治、文化等话题时,中教课可以与外教课"联动",请外教从俄语母语者角度与学生进行讨论,要求学生在下一节中教课上讲述自己的理解。例如,前面提到的"官僚主义"问题,在现今的俄罗斯也经常被广泛讨论,但我们的学生对此可能知之甚少,此时需要中外教的共同指导。

除了课程设计自身的问题,在此过程中,课程还受到内部与外部环境的差异而产生不同的课程教学,教师和学生在不同的教学环境和实践环境下也会产生不同的教学效果。因此,课程能否顺利有效实施,教师起到了至关重要的作用。在课程实施中,要想保持创新和高质量的教学,要紧紧围绕课程目标和育人目标开展教学,把课程目标转化为尽量清晰、具体、可操作的学习目标,教师要把自己的领悟转化为运作课程,依据教育情境和课程需求,对课程的文本适度删减,做出适应学生的调整,运用多样化的教学方法和手段,在课程实施过程中要注重营造宽松、自由、合作的课堂氛围,做好课堂调控,激发大学生的好奇心和求知欲,培养他们举一反三、探索创新的能力,切实提高课堂教学的实效性。

教师课程实施能力至关重要,教学过程中教师要始终以教学目标为中心,准确把握教学中文献翻译知识的规律和方法,尤其要找准重点、难点和关键点,合理输入新知识点,培养大学生的翻译素质。要控制好现场教学,提前备好课,通过操作示范,使学生在打好基本功的基础上,更好地掌握相关翻译技巧。在中国政治文献翻译文本中,课程中要加大翻译技术教学的比重,熟练运用翻译工具及翻译技术,将翻译理论更好地运用于中国政治文献外译中。吸收优秀译作精华的同时,提升外译的基本功,真正从译文润色、重要概念译法等核心点上切实提升外译教学培养质量。在翻译知识传授方式方面,要注意调动学生的主动性和积极性,避免学生产生厌学情绪,注重学生创造意识、创造精神和创造能力的培养;在教学组织形式方面,可以根据不同的课程内容灵活性安排,充分利用线上学习,以最大限度地调动大学生的自主性和积极性。

(二) 中国政治文献外译课程评价的开展

在课程实践中往往存在重视课程开发、忽视开展课程评价的问题,对中国政治文献外译课程进行评价是课程实践的重要环节,对于课程具有很强的反馈作用,是一个很好的反思环节。如此,才能实现课程设计与真实的课堂有机结合,教育理论与教学实际切实融合。课程及教学反馈是教师成长的摇篮,课程评价随时诊断课程设计和实施中的问题,评价的方面应涵盖课程目标的评价、课程内容的评价、课程实施的评价、学生学习效果的评价。

课程的评价包括以下步骤:一是确定课程评价的目的。评价的目的是多方面的,并根据评价目的制定出相应的评价方案(评价对象、评价指标、评价方法、评价过程的组织安排),但无论如何,其主要目的应该是促进和改善大学生的学习情况,使他们更好地成为自主学习者。二是收集相关信息。根据评价方案,在遵守规则要求的基础上,对所需要的信息采取相应的方法和手段来获得信息。三是组织信息材料。对收集到的信息进行编码、储存和提取,去除无关信息。四是分析归纳材料。运用教育技术学对数据进行统计分析。五是整理课程评价结果。把整个课程的基本情况进行统计整理,形成评价结论。可以运用新媒体技术量化测评大学生在学习中存在的问题,授课教师依据量化标准,结合授课后与学习者的交流、教师个人反思等方面衡量课程的合理性。课程质量评价的内容应该是系统的、动态的,不能局限于学习者的评价或教师个人的评价。教师要根据课堂实际情况,依据课堂目标,对教学活动进行反馈调节和纠正,使之能够更好地达到教学目标,促进大学生的全面发展。

"学然后知不足,教然后知困。"课程开发正是在课程评价中找到课程存在的问题,以改进教学质量,促进学生学习效果的提升。总之,需要对中国政治文献有着较为全面准确的深入研究,注重循序渐进,根据不同语种的语言习惯,遵循教育教学的基本特点,在篇章布局中要有规律且不断深入地带领学生掌握翻译字、词、语句、段落、篇章的规律。

第二节　浅议中国政治文献外译教学论

顾名思义,教学论主要研究中国政治文献外译这门课程"怎样教"的问题,在不断提高理论研究抽象概括水平的基础上,进行应用研究,归根结底是要解决教学中最普遍性的问题,试图寻求最优化的教学途径。对于外译教学来说,翻译属于跨文化交际的行为,外译教学的内容主要包括翻译的基本理论、外语汉语的语言差异对比和翻译技巧等,翻译理论和语言差异对比可以帮助学生从科学的角度更好地理解翻译,而开展中国政治文献外译离不开翻译技巧的使用。但是话说回来,又不能只关注大学生对词汇和语法等的学习,应该注重他们的实际交际能力和认知水平的不断提升。

一、中国政治文献外译教学的发展策略

每所高校在外译教学有不同的教学体系和培养框架,而中国政治文献外译不是单纯的翻译知识教学,它包含了高度概括的综合知识体系。如何更好地提高学生的中国政治文献外译能力,笔者认为应从以下几个方面入手。

(一)提高翻译理论与实践相结合的能力

教材中的译例在翻译理论(知识性内容)与翻译实践(技能技巧)之间架起了桥梁,关于翻译理论的比重没有规定和共识,在不同的教育内容中所融入的翻译理论知识也不同,应当依据教学目标来确定比重。因此,本科阶段和研究生阶段侧重点应该有不同之处:本科阶段应该是培养学生基本的翻译技巧、翻译策略,逐渐提高学生的中国政治文献中外译能力;而硕士阶

段学生需要对翻译理论进行系统学习,如功能目的翻译理论、翻译文化理论等。课堂上,在学生了解翻译理论的基础上,充分进行课堂练习和实践,让学生发言、讨论,才能实现由记忆、理解到练习、反思再到应用、创造的目标。比如,在中国政治文献日译教学本科阶段教师曾经讲过党的二十大报告中出现的一个套译的例子。

例(1)

中文:加强人才国际交流,**用好用活各类人才**。(习近平,2022)

日译:人材の国際交流を強化し、**適材適所**を徹底する。(習近平,2022)

把"用好用活各类人才"直译成"各種類の人材をよく利用です"(好好利用)日本人也能明白,但日语有"適材適所"(安排人去最符合他才能的位置)一词,套用这个词来翻译,受众可以借助本来有的词来理解,能与译文产生共鸣。

硕士阶段则侧重指导学生从文化的角度提升翻译能力。比如,教师在课堂上举过这样一个能体现中国人内倾思维的例子,同样出自党的二十大报告。

例(2)

中文:特别是面对突如其来的新冠肺炎疫情,**我们**坚持人民至上、生命至上,坚持外防输入、内防反弹,坚持动态清零不动摇,开展抗击疫情人民战争、总体战、阻击战,最大限度保护了人民生命安全和身体健康,统筹疫情防控和经济社会发展取得重大积极成果。(习近平,2022)

日译:明るい未来を切り開くことを呼びかけた。とくに、突如として発生した新型コロナウイルス感染症を前にして、**われわれは人民至上・生命至上を堅持し**、海外からの輸入感染防止と国内での再発防止を堅持し、揺るぐことなく「動的ゼロコロナ」を堅持し、感染症対策の人民戦争、総力戦、阻止戦を展開し、人民の生命の安全と身体の健康を最大限に

守り、感染症対策と経済・社会発展の両立において重要で前向きな成果を収めた。(習近平,2022)

日本人并不具备内倾思维,"わたし"(我)在任何场合和文本中基本上都是省略的,而日本的政策类文献更不可能用人做主语。

翻译理论具有普遍性和指导性。教师在外译教学时,起初要传授给学生基本的翻译理论,让学生在对翻译原则和标准有了初步了解的基础上再进行实践,在大量的训练中获得翻译的技能技巧。因此,翻译实践不是理论研究,学生需要不断在翻译实践中提高知识能力和认知水平。在进行翻译实践时,教师带领学生对其译作进行剖析、讲评往往能加深学生的印象,比抽象讲解效果会更好。相比之下,硕士阶段需要对翻译理论做拔高阶段的讲解,学生们在进行大量翻译实践的前提下,可以更深刻地理解翻译理论,提升翻译素养。

(二) 注重翻译语篇意识能力的培养

何谓翻译意识？对于大学生而言,就是在具备初步专业知识的基础上,对中国政治文献文本有着较强的语言敏感度。许多学生对已经学过的词汇、语法、固定用法等换副面孔不能唤起已有认知,这正是未能树立起翻译意识引起的,缺乏从翻译视角想问题。在外译前,学生能用专业的视角自觉且敏感地从翻译学的角度思考和揣摩译本;在外译过程中,政治文献中成语、典籍名言具有画龙点睛的作用,具有重要的语篇功能,从语境的角度思考中国政治文献中文字、词语、句子的翻译,做到始终结合语境进行翻译,如以下法译例句所示。

例(3)

中文:在独立自主的立场上把他人的好东西加以消化吸收,化成自己的好东西,但决不能囫囵吞枣、决不能邯郸学步。(习近平,2014)

法译:assimiler en toute indépendance leurs atouts et les transformer en les nôtres. Pourtant, il ne faut ni tout gober, ni imiter les autres et perdre notre identité. (La gouvernance de la Chine II–Raffermissons notre confiance dans le régime politique du socialisme à la chinoise)

习近平总书记在论述中国特色社会主义政治制度建设要立足于本国国情和政治条件、不能奉行搬来主义时,使用了两个文化负载较强的成语。试想如果直译,对不熟悉"枣"这种食品,更不了解"邯郸"在哪里的法国人,必然会造成困惑甚至误读,阻碍交际的顺利展开。所以考虑到文本的可读性和读者的接受度,这里采取译意的办法:"既不应该整个吞下,也不能模仿他人而失去自我"。"gober"既有整个吞食又有盲目相信的意思,该词的翻译既兼顾了意象又兼顾了内涵,使"囫囵吞枣"的形象跃然纸上,可谓传神与可读性俱佳。

(三) 加强翻译文化知识能力的学习

翻译不是文本的对应,也不是语言的简单转换,而是文化间的交流与合作,因此不少学者用"跨文化"来形容。一方面,两种语言本身就有思维和文化差异,思维和语言习惯的不同,不同的译者理解原文、表达译文是不同的,译本让目的语读者读起来也会有差异性的理解。教师在处理文化差异时,强调异化方法,阐述其特点和作用,使学生了解其中的差异所在,在翻译过程中培养学生的文化意识,意识到两种文化的异同,从而更好地把握翻译对策。另一方面,文化的翻译属于较高难度的范畴,遇到不了解的文化会出现误译的地方,不同的语言文化存在差异,对源语的理解和目的语的表达同样重要。中国政治文献中包含着中国传统文化知识,想要译得准确,学生必须考虑语言背后的文化因素,找到目的语文化与汉语的差异表述方法,提升文化理解和表达能力。因此,为了更好地学习翻译,文化学习是必不可少的。在教学中融入中西方文化及文学方面的知识内容是必要的,其中的文化渗透可以让大学生置身于其中,激发学生学习的积极性,帮助学生更加忠实且准确地译出原文的思想意图,提高翻译过程中处理文化问题的能力。除此以外,教师应鼓励学生增加阅读中国古典文学和目的语语言文化知识储备,培养学生跨文化交际的意识和能力。

比如,在中国政治文献英译第一部分"翻译基础知识"模块中,提到了译者需要具备广博的中西文化知识,包括文学、艺术、政治、历史、地理、风土人情、民族传统、自然风貌、宗教信仰等。因为在翻译过程中出现的语言差异和不对等现象,也在一定程度上反映了中西文化之间的差异。如果缺乏文化背景知识,译者可能会犯一些低级错误。

例(4)

中文:I'll leave the school tomorrow. I will shake the dust off my feet.

英译:我明天离开学校。我要抖掉脚上的尘土。

这句话的译文虽然从字面意思上能够跟原文对应得上,但是明显后半句"抖掉脚上的尘土"让读者不知所云,跟前半句话搭不上关系。因为"shake the dust off one's feet"是英文中的一个俗语,出自《圣经》,原文是"And whosoever shall not receive you, nor hear your words, when ye depart out of that house or city, shake off the dust of your feet."其大意为:不管是哪里的人不接待你们,或者不听你们的话,你们就离开那个地方——无论那是一间房子或是一座城市——你就不要再回去。因此,"shake the dust off one's feet"指的是离开的意思,尤其是讨厌某个地方,决定再也不去那里了。因此修改后的正确译文应该是:我明天离开学校,再也不回到这个破地方了。从以上例句不难看出,单掌握英文的词汇或者句法知识对翻译来说是远远不够的,译者需要不断地提升自己的文化素养。

(四) 强化宏观入手微观修整的理念

宏观入手要基于局部的微观分析,微观修整应以宏观视角为指导。众所周知,过于宏观容易有纲无目,忽视枝叶;过于微观不及全貌,困于狭窄琐碎,很难以小见大。在中国政治文献外译教学中,应立足于培养学生认识到翻译本质及其规律的宏观背景,把握语言微观方面及深层次联系。翻译时有宏观指导,微观才能方向明确,从宏观高度把握微观。要从宏观入手、从总体上把握原文的核心所在,在此基础上过渡到微观的层面,从整体到部分进行外译,即把握从全文到段落、从段落到句子、从句子到词汇。在掌握宏观翻译原则基础上,教授学生灵活掌握微观技巧。在方法的教学中,最好发挥学生的创造性和积极性,不要束缚学生的手脚,让学生自己去领悟、感受翻译的魅力;在具体例句外译的讲解中,则要剖析透彻、清楚,把握细节,在把原文文本背景、含义分析清晰的基础上,才能让学生对译文有所触动。例如,在本书中国政治文献日译教学的思考与案例中,前期先组织学生做了问卷调查,根据问卷调查的科学分析结果,设计了从词汇背景入手,教学生查阅词语搭配,结合中日文句式特点翻译句子,串联翻译语篇的新型日译教学法。恰好是从宏观调查结果入手,逐步关注微观教学细节操作的实际典型操作。

(五) 传递和培养学生正确价值观念

翻译本身是文化的交融和碰撞,是译者对译文所进行的文化意识方面的改写,意识形态在其中的作用不容忽视。学生所处的环境和时代背景、教育内容和方式对其价值观的形成影响很大,进而影响其翻译行为。

例如,政治文献法译安排在四年级翻译理论与实践的课程中,该课程主要针对即将毕业的高年级学生,开展包括新闻类、科技类、文学类和政治文献类的汉译法实践,其中 1/3 的课时用于政治文献翻译的法译,授课时长为 6 周,每周 2 课时,共计 12 课时。由于政治文本的特殊性,将政治文献的法译放在其他文本类型之后,便于学生进一步体会政治文本翻译在忠实性、准确性、敏感性、译者立场及意识形态把握方面的特殊性。文学翻译更注重艺术性和渲染性,对文本的理解甚至见仁见智,具有比较明显的模糊性。科技翻译更抽象,更注重客观性,较少有评论性和主观性的阐述,比较具有专业性,译者的可操作性空间更少,科普类文章也具有一定的文学性。新闻类翻译与前两者相比更强调译者的责任,在准确度上要求更高,文化负载性较强的文字出现频率较高,也可见对意识形态立场问题的处理,从这个角度来说更接近政治文本翻译。通过不同文本的对比,更凸显了政治文献翻译的特殊性,要求译者具有高度责任感和使命感,对准确性要求最高,对文本中具有文化性和意识形态特征词汇表达的理解要更加精准,进而要求在翻译策略选择中要万变而不离原文。在对比中,学生树立正确的翻译观,才能在政治文献翻译实践中少走弯路,达到事半功倍的效果。

二、中国政治文献外译教学中可行的模式

教学模式是教学理论和教育实践的中介,是教学理论的转化形式。教学模式有很多种,任何一种教学模式不可能适用所有的教学活动,运用何种教学模式取决于教学内容、教师和学生的不同特点。教学模式是整体概念,包括程序、师生配合方式和支持条件等多要素。

(一)教学中以学生为本,培养自主式学习

该教学模式受到人本主义教育理念影响,要求教师既要关注学生的整体需求,也要考虑学生的个体差异,着重培养学生的自主学习能力。传统翻译教学突出教师的中心地位这一思想,往往采用"满堂灌"教学,较大程度上忽视了学生的自主参与,使得学生缺少自主思考的能力。这部分学生对翻译有畏难情绪,大致翻译草草了事急着翻看答案,缺乏思考深入的过程。那么,他们学习翻译知识的效果会很差,翻译能力也很难提升。尽管翻译教学中知识和翻译技巧讲解必不可少,但是学生作为教学过程的主体和中心,引导学生进行自主学习是很重要的。教师根据教学内容设置授课形式,使整体化教学与个别化教学有机结合,鼓励学生自我评估,进而指导自身的学习行为。一方面,把学习主动权还给学生,才能使学生学习的主观能动性最大限度地发挥出来。学生在课堂学到的知识是有限的,只有授之以渔,培养学生自主学习的意识,教学目标才能得以实现。教学方法和教学设计都应该围绕学生的实际进行。另一方面,要培养学生自主学习的意识,提高学生的阅读量。学生在自我思考的基础上,主动探索知识,选择多种学习资源,对待翻译课程积极认真、主动探究,找到自己困惑的地方,及时查阅相关资料,有着浓厚的学习探究兴趣。从实践来看,在外译教学过程中尊重学生的学习风格,有助于学生探索适合自己的学习策略,能够提高学业成绩。

(二)教学中重视学习过程,倡导互动式教学

该教学模式是以社会学习理论为依据,把行为、个体和环境视为相互影响的、互相联结的整体,三者相互作用。在外译教学中,三个因素是指课堂教学活动、教师和学生、学习环境之间的相互作用,三者的积极互动将促进学生知识与技能的提升。互动式教学强调学习过程,改变缺乏民主互动的课堂氛围,优化了教学和学习环境。尤其是现代教育技术为交互作用提供了更加宽松适宜的环境,教师授课、学生学习和师生交流时都可以应用,多媒体和网络已成为重要的信息呈现形式、资料来源渠道和沟通交流媒介,促进了各个教学要素的互相作用。例如,运用计算机网络等媒体在课前进行线上反馈,中国政治文献法译在词汇搭配的教学中,学生对"affronter les défis"(应对挑战)和"relever les défis"(迎接挑战)的使用语境区别表现出较大困难,对"effectuer une grande lutte"(进行伟大斗争)的中文式法语表达不理解。借助现代教学技术,教师了解了学生学习中的困惑,放弃了比较传统的法法辞典释义的教学方法,借助更直观的语料库检索,更好地进行了师生之间、学生之间以及人机的交流,很好地解决了学生的诉求,取得了较好的教学效果。师生互动过程中,教师了解了学生翻译存在的误区及薄弱环节,动态调整作业内容;在通过平行文本进行翻译实践的过程中,注意到学生在平行文本检索能力有待加强,将原有的直接提交译文的作业,改为更有针对性的题目:"在翻译党的二十大报告中金句的过程中,列举出你搜索到的平行文章及其出处,并用表格的形式呈现平行文本与原文的对应关系"。通过学生反馈或计算机反馈等可以让教师及时接收有关信息,指导学生进行练习和修改。

(三)教学中以任务为中心,鼓励合作探究式教学

合作学习在20世纪70年代兴起于美国,最早由明尼苏达大学的约翰逊兄弟提出,是指教学中运用小组的形式使学生共同参与,从而有效地促进其学习。该模式主要以建构主义学习理论为基础,主要是通过学生之间的合作,研究和探讨翻译任务,培养学生的竞争意识、协作精神和合作学习技

能,发展批评性思维推理和解决问题的能力。在外译教学的课堂上,合作学习包括以下类型:教学前的合作学习,即课前预习准备;教学中的合作学习,包括陈述报告、小组讨论和讲评等;教学后的合作学习,包括延伸学习、译文欣赏、小组竞赛等活动。教师要把握好分组、分配学习任务以及课堂监督、评估等方面,需注意以下几点:前期教师精讲,为合作学习做准备,让学生参与、分组工作,在安排翻译任务或讨论时,组员进行分工明确的资料查询工作,如专业词汇、作者写作风格、相关背景以及平行文本等信息,然后再汇总进行讨论分析,后面教师要分析评价,检验合作学习成果,并及时解决合作学习过程中存在的问题。

外译课堂上,学习任务由大家共同分担,促进学生彼此帮助,互相提高,激发翻译的灵感,促进感情交流,发挥学生的团队精神与互助精神,进而提高整体教学质量。其一,由个人转化为小组间的竞争,培养了竞争意识和合作能力,促进了师生之间、学生之间的交流和沟通;其二,使得有差异的、不同层次的学生得到发展和提高,达到了优势互补,共同进步的效果,弥补教师教学可能存在的不足之处;其三,营造相对宽松与活跃的课堂气氛,增加了更多的个人展示机会,更好地在真实交际语境中交流。总之,在翻译课上运用合作学习,通过小组活动,使学生在轻松愉快的气氛中共同学习进步与提高,在教学中学生之间的相互支持和配合,不仅达到锻炼学生翻译能力、培养了学生团结合作精神与逻辑思维能力的近期目标,更能达到在实践中发现问题、解决问题和追求完善的远期目标。

为了避免"填鸭式"教学,教师可以在教学过程中引入小组讨论,充分发挥学生作为学习主体的作用,激发起学生的学习兴趣。

例(5)

中文:甘肃震区急需帐篷 甘肃省委副书记呼吁各界援助

英译:At Least 70000 Tents Needed in Gansu, China

这个例子选自新闻标题,学生在看到这个标题的英文翻译并不能够完全和原文对应得上,比如缺少了"震区""省委副书记"和"呼吁各界援助",

英文却增补出了"70000"这一数字。在给出这个例子之后,让学生 4 人为一小组进行 5 分钟的小组讨论:造成这种现象的原因是什么? 随后让学生发言,教师逐渐引出新闻标题的翻译原则。标题是新闻报道的灵魂,醒目的标题能够瞬间吸引读者的目光,并通过凝练的文字迅速告知读者该报道的要点内容。译者也需要了解英汉新闻标题之间的差异:英文标题很少使用完整的句子,通过大量省略冠词、连词、代词、助词等成分来节省篇幅,同时省略细节,仅保留核心成分。译者通过增补"70000"这一数字突出了标题的信息功能和祈使功能,让数字说话,唤起国际社会对赈灾的关注。

另外,翻译教学的课堂时间是有限的,线上网络和第二课程作为课堂教学的补充,应该很好地利用起来。线上网络教学有着广阔的使用空间,网络中资源信息更新及时,通过使用学校开发的语言学习平台、翻译网站,或者超星等教学资源网站,实现翻译课程与信息技术的整合,在网络中实现教学资源共享。如在教学前和教学后利用超星学习平台、语料库网站等多种形式进行预习、作业布置、测试等,实现在教学计划下的自主学习、探究学习和合作学习,丰富教学手段,为教学效果的提高打下基础。

三、提高中国政治文献外译教学价值的分析

教学的本质之处在于教育过程本身,教学价值应该是我们作为教师追寻的逻辑起点。什么样的中国政治文献外译课堂教学才有意义,什么样的教学才能让学生在潜移默化中感受正确的价值取向进而影响其行为实践,这些意义认知帮助教师更好地理解教育。让教与学有意义,是教学价值的体现,包括教学过程中留存在学生脑海中的知识体系和潜在的思想价值观念。下面分析如何能产生更高的教学价值。

(一) 处理好顶层设计与最优化教学之间的关系

教师处理好顶层设计的教学意义转化为个人的意义认同是产生教学价值的前提。教育教学的顶层设计是为了保障教学目标和人才培养目标的实现,是方向和愿景,没有也不可能给出具体的实施路径。中国政治文献外译

教学是实现顶层设计价值传递链的众多篇章之一,应该始终沿着"主干道"进行教学设计。教师是教学价值和教学意义的追寻者,他们正是在顶层设计的大方向下一步一步开展教学的,教学层面的"落地"和"生根"才是取得成效和价值转化的关键。如何"落地"和"生根"正是需要考虑何种教学模式是最优化的。毋庸置疑,"教学有法,教无定法",不存在绝对的"最优""最佳"教学。苏联教育学家巴班斯基提出的"最优化教学"不是一种专门的教学方法,而是从系统性的观点研究教学论。需要教师不断从经验中摸索,对教师自我分析、教学目的和教学任务进行分析,尤其要对不同学习能力的学生进行分析,即因教学内容而异、因学生而异。在中国政治文献外译的课堂上,教师要主动思考如何使教学活动变得轻松、活泼,用有限的学习时间优化增加师生互动,丰富每一次的教学过程,创造性、创新性地改造课堂活动,优化课堂教学,实现情感态度与价值观目标的达成,以期实现更高的教学价值和意义。

(二)过渡好最优化教学与有意义学习之间的关系

由教师的教学意义转化为学生的有意义学习是教学价值产生的关键。教师的教学意义和学生的有意义学习是不能画等号的,每个学生是单独的个体,其自身的综合素质和学习的外在条件都会影响着教学价值的生成。有意义学习需要满足以下条件:学生内心想要进行有意义学习,学习内容对学生有潜在意义。一是教师在设计教学过程时,在学生接受学习时,应考虑"最近发展区"的概念,即在中国政治文献外译课堂例句、段落等的选择上应是略高于学生的外语水平,这样才能对学生起到启发和引导的作用,其中教师呈现的新知识与学生原有认知结构要有逻辑上的关联性,即内在的关联;避免传统教学中的机械讲授和学习,即新知识与已有认知结构不发生作用的讲授和学习,以帮助学生实现认知结构的同化,在教师主导的教学过程中"生长"更多的教学价值和意义。二是在学生进行学习时,在前期学习策略教授的基础上,教师要注重创设情境,启发学生自己发现学习内容与原有认真结构内在的关联性,让学生独立进行思考、自行探索外译知识和技巧,参与知识体系的建立过程,发现翻译知识的原理和原则,帮助学生提高学习的积极性,激发学习的兴趣,教会学生自主学习,实现由教到学意义的融合。

第三节　中国政治文献外译教学实践与展望

教学本身就是一项较为复杂的工作,受到学生的认知心理、教师的教育教学观念和社会大环境等诸多因素的影响。维未斯说:"理论是容易而且简短的,但是除了它所给予的满足以外,没有别的结果。反之,实践是困难而且冗长的,但有极大的效用。"翻译技能是手段,翻译内容是灵魂所在。中国政治文献外译教学的过程包括教学前、教学中、教学后的全部阶段,过去的那种只关注教学中阶段的传统教学理念应该更新。教学过程是课程实施的基本途径,是师生交往、共同发展进步的互动过程。这个过程不仅传播知识,更重要的是发挥育人功能,培养学生掌握和利用翻译的能力,激发学生潜能。本节从教与学的活动入手,试图分析教与学的条件和教与学的操作。

一、教学准备

(一) 做好学生情况分析

教学准备是教学工作的初始环节,也是教学顺利进行的前提。教师在上课前应该与学生进行充分的交往,了解学生的生理和心理基本情况,教师要在把握个人教学风格的基础上,了解学生的认知风格,如学生在记忆、思维、推理、解决问题等方面所显示出来的独特的、长期的外在表现,知晓其学习需求及动机,尽可能掌握更多信息,尤其是学生的语言能力及学习方式等方面情况,了解他们对本门课程的学习态度、存在的不足等,还要了解心理情况,包括兴趣爱好、个性特点等。同时,也要了解授课班级的学习风气、精神状态、班级特点等,掌握以上信息才能更好地帮助学生打好基础,了解学生的个体差异,找到教学中所教授的共性部分。

(二)制定清晰教学目标

教学目标是教学活动的出发点和归宿,是教学要达到的标准,即通过中国政治文献教学使学生的学习水平发生怎样的变化。教师应该认真钻研教学大纲,做好教学中的重难点分析,与学生沟通,制定的目标应在学生所学内容之上,可能的话尽量吸引学生参与目标的设计过程,找到学生的兴趣相关点,科学设计,防止教学目标的程式化和面面俱到。

(三)深研外译教学内容

钻研教学内容不是对教学内容的简单了解,要求教师对教学的每个字、每个词、每个句子、每个段落、每个案例仔细阅读,反复推敲,弄懂弄通,把政治文献中文版和译版真正弄懂、读透,达到内化于心的程度。外译教学内容是整个翻译教学过程中最重要的媒介,应从宏观上确定模块内容,在微观上具体落实,并不是与翻译学科相关的所有内容都适宜为教学内容,必须遵循其目的性、合规性、主体参与等原则。提倡教师自己去打造和编写属于自己课堂的讲义,及时补充较新的中国政治文献典型例句,既可避免照本宣科的问题,也能增加学生探索新知识的好奇心,其效果往往比采用固定文本教学要好。

(四)深化教学过程设计

设计教学方案时把学生作为研究对象,"坚持一切从学生出发",把中国政治文献外译课程,具体到中国政治文献外译每堂课、每个学习任务进行教学设计。要把握以下几条原则:一是面向所有授课学生,培养终身学习的习惯;二是关注学生情感,设法营造宽松、民主的教学氛围;三是尝试多种教学手段,拓宽外译课堂学习形式;四是提倡教师合作备课,丰富中国政治文献外译教学资源,创造性地完成教学任务。教学设计开发课程及教学设计都需要不断探索,课程要结合学生水平进行开发,同样的,教学也是为提升学生的翻译思考能力和再创作能力服务的。在教学过程中,不断训练学生译出的文本服务受众,顺应国外读者的语言思维和文化习惯,也要加强学生学习兴趣的培养,以促进翻译学习效率和效果的提升。

二、教学实施与教学技巧

(一)教学实施

教学是一门艺术,教学实施是把教学设计付诸教学实践的活动,是教师和学生双方相互作用以实现教学目标的过程,是教学工作的中心环节。在教学实施中优化教学过程、有效传递外译理论知识,要恰当使用学习迁移,让学生在一种情境中知识、技能、态度的获得对另一种情境获得影响,使学生在宽容的环境中增长能力。具体来说,学习迁移使习得的经验得以概括化、系统化。

例如,在第五章中国政治文献日译中引用了党的二十大报告里一共出现的六个"不能",翻译的结果各异。如果按照中文的"不能"直译,只有"ことができない"一种翻译结果,肯定不适合所有上下文的语境。因此,为了避免母语中文带来的负迁移,日译教学中分析了六种不同翻译的含义,指导学生深刻理解中文的博大精深和各个例句的丰富内涵,提醒学生在做文献外译时不要掉以轻心,时刻警惕母语负迁移带来的翻译问题。

只要是学习就有迁移,迁移是学习的继续和巩固,又是提高和深化学习的条件。因此,学习与迁移的关系是不可分割的。教师要教授学习策略,增强学生的迁移意识。教师在教学中要重视引导学生对各种问题进行深入分析、综合、比较、抽象、概括,帮助学生认识问题之间的关系,寻找新旧知识或课题的共同特点,归纳知识经验的原理、法则、定理、规律的一般方法,培养学生分析问题和概括问题的能力,促进更有效的迁移。

在教学实施中,教师要注意以下几点:其一,准备充分,熟练流畅。教师课堂教学效果取决于课下准备情况,包括课前的教学设计和日常生活的积累。其二,组织良好,情绪饱满。课堂上要注意组织好开始,在课堂上教师要展示学识、个性和能力,激情是教学的生命力,是吸引学生的因素,它能感染和影响学生。其三,语言生动,有感染力。教学语言是教学信息的载体,是完成教学任务的主要手段。教师的语言修养在很大程度上决定着学生在课堂上的脑力劳动效率。其四,手段合理,形象直观。尽量为学生提供丰富多彩的感性认识机会,教师应尽一切可能让学生看看、听听、摸摸、闻闻。其五,师生互动,风格鲜明。教学风格是教师教学活动中的个性特点。发挥学生的主体性,运用小组教学,调动学生的积极性。

(二)教学技巧

教学技巧包括有效课堂导入技巧、提问技巧、教学幽默技巧、教学语言技巧等。

1. 有效课堂导入技巧

课堂导入是教师在教学中进行的"穿针引线"工作,起着承上启下的作用。方法有检查复习、创设情境、直观演示等。检查复习是教师引导学生复习总结上一节课的内容,特别是对那些与新知识有联系的问题,在新旧知识的紧密联系中,合乎逻辑地提出本节课即将要讲解的问题。创设情境是教师利用录音、录像等手段,或通过语言的形象描述,营造出生动活泼的气氛,然后提出要解决的问题。

例如,中国政治文献日译教学中以"全过程人民民主"(全過程の人民民主)为例,让每组学生在课前自行查一个有广泛内涵的主题,查出概念的提出时间、场合、中文基本内涵和以往提的"民主"的区别、"全过程"究竟指哪些过程。同时提醒学生查日语的"民主"概念的内涵,并跟中文"民主"加以对比。课前业余组内讨论每位同学的翻译和官译,并形成对"全过程人民民主"这个主题的含义介绍及小组译文。结合自身实际讨论该主题,并制作成PPT。

2. 提问技巧

包括问题的设计和问题的提出。从课堂结构角度看,可以分为导入式问题、讲授式问题和总结式问题;从教学内容角度,可以分为理论问题、实践问题和综合性问题。教师提问是为实现不同教学目标而服务的,不同类型的问题有不同的功能,在教学实践中应根据教学目标设计相应的问题。在问题的提出时,教师应善于选择发问时机,提出问题后启发学生回答,问题要适宜、准确,学生回答问题后要用赞赏或分析的态度肯定或鼓励学生。比如,在中国政治文献法译教学中在讨论'坚持'一词时,可以先脱离政治文本,抛给学生头脑风暴式的问题:"Est-ce que vous pouvez faire des phrases en chinois avec le mot '坚持' et en expliquer le sens?"(你能用中文以"坚持"造句并解释其含义吗?)这样从简单的问题入手,活跃课堂气氛,引导学生积极思考踊跃发言,探究"坚持"的具体含义,再回到文本中进行翻译。

笔者认为,从文化转向视角理解中国政治文献翻译在应用于本科阶段时,课堂提问的选择性、条理性和多样性尤为重要。

首先,要选好问题及提问对象。对于一个班里不同层次的学生要给予适当深度的问题,即尽量做到分层教学,因材施教。例如,在中国政治文献俄译教学中,教师给出一个语段:实现"两个一百年"奋斗目标、实现中华民族伟大复兴的中国梦,需要汇聚全民族的智慧和力量,需要广泛凝聚共识、不断增进团结。我们要准确把握人民政协的性质定位,聚焦党和国家中心任务履职尽责,加强和改进政协民主监督工作,广泛凝聚实现中华民族伟大复兴的正能量。

在对语段进行翻译及讲评后,对于俄语词汇、语法基础比较薄弱的学生,我们尽可能进行基础信息提问,换句话说,即进行机械练习。例如,"Мы уже много разговаривали о '中国梦' и '两个一百年' 奋斗目标, да? А вы еще помните, как эмц фразы звучат по-русски?"(我们已经聊过很多有关"中国梦"和"两个一百年"奋斗目标的内容了,那你还记得它们用俄语怎么说吗?)"Вы знаете, что означает аббревиатура НПКСК?"(你知道"НПКСК"这个词是什么意思吗?)

而对于基础比较好的学生,提问即可依托文本适当增加难度,鼓励其积极表达。例如,"Как вы будете объяснять русским друзьям понятие '中国梦'? И какая у вас '中国梦'?"(你会如何向俄罗斯朋友解释"中国梦"?你有怎样的"中国梦"?)

其次,提问的条理性也很重要。课堂提问要做到由浅及深、由已知到未知,并且要具有连贯性,以起到引导作用。

最后,要尽力做到多种形式提问,如互动、假设、启发等。例如,译中环节,师生可以采用互动模式,着重交流,让学生理解翻译大多没有标准答案,多问、多读、多练才能慢慢提升。在译后阶段,可多采用假设提问。例如,"假如你的俄罗斯同学想写一篇关于中俄生活方式变迁的年级论文,你会给他哪些建议?""如果你的俄罗斯老师希望你带他参观我们的城市,你会给他介绍哪些地方? 为什么?"

3. 教学幽默技巧

苏联著名教育家斯维特洛夫说:"教育家最主要的,也是第一位的助手是幽默。"教学是用心灵和学生打交道的事业,幽默教学是课堂中必不可少的。教学幽默是教师素质的综合体现,与教师的气质风格和积累的知识经验有关,使用教学幽默需要教师有扎实的专业理论知识,良好的文化修养,敏锐深刻地观察生活和超越现实的创造性思维能力。教学幽默主要的形式是口头语言,指的是教师运用比喻、夸张、双关、反语等修辞手段,吸引学生模仿夸张语言等。教学幽默还有多种形式,如教师的动作幽默,即利用手势、头势、身体姿势的超常规变化,达到教学幽默的目的;如教师的重复幽默,在一件事情中,通过反复说同一语句对某事物进行说明实施的幽默;教师的表情幽默,利用面部表情、眼神变化或者故作惊讶实施的教学幽默,产生出强烈的戏剧效果;教师的书面语言幽默,即在作业评语、书写板书等时运用的幽默。教学幽默可以活跃课堂气氛,激发学习兴趣,让学生在大笑之后静下心来思考、琢磨,启迪学生智慧,吸引学生的注意力,陶冶学生情操,融洽师生关系。

4. 教学语言技巧

教学语言是教学信息的载体,是完成教学任务的主要手段,包括口语和书面语。教学语言是一种专门艺术,是构成教师职业技能的重要组成部分。无论科技怎样提高,教学手段如何现代化,每项教学活动的进行都要依靠教学语言来提示、指点迷津。因此,没有语言技巧的教学不能称作一次成功的教学。教学语言不同于哲学,政治用语也不同于文学艺术用语,既不是纯粹的书面语言,也不是普通的日常用语。它具有专业性,具有以下的特点:教育性、学科性、科学性、简明性、启发性、生动性和节奏感。列举法国人在讲中文时的有趣例子,比如,法国人总是说"我是高兴的""我有三十岁今年"。

让学生谈谈听到这些表达的感受,用幽默的方式让学生理解法国人也会说法语式的中文。并请大家列举还听过哪些这样的例子。

让学生在笑声中明白,法国人说:"je suis heureux."这里的"suis"(是)在法语里不能省略,所以讲中文时也会加上"是"。法国人在表达年龄时,会说:"j'ai trente ans cette année.""ai"表示"有","cette année(今年)"习惯放在句尾,所以才有了相应的中文表达。

三、教学展望

教师和学生分别是教学活动中的主导和主体,是提高教学活动质量的两大重要因素。除此以外,教学评价也能提升教学有效性。

(一)促进教师专业化发展

课堂教学的关键在于教师,教师的教学思想和教学理念制约着教学行为和教学行动。教师有许多影响外译教学效果差异的地方,如教学态度、语言水平、学识造诣、教学经验、教学法的专门训练、教学的适应性、年龄和性别等,因此,教师的专业发展至关重要。首先,对教师的政治思想素质要求更高。教师要具备良好的师德,自身要有正确且坚定的政治方向、高尚的道德品质和崇高的思想境界,影响着课堂思政水平的高低。其次,对教师的语言专业知识能力要求更高。中国政治文献有许多专有用词,教师更需要不断加深语言类专业知识的功底,包括更新知识、拓宽加深语言结构,形成体系化。再次,对教师的其他能力要求更高,包括教育教学能力、科研能力、创新能力等。最后,对教师的心理的素质要求更高。教师的精神状态、调节情绪的控制力、抗挫折与失败能力、自我批评与自我完善能力等都影响着教师能力的提高。

(二)关注学生内部生命成长

在中国政治文献外译教学中,学生是学习的主体,也是不同于其他人的生命个体,他们的知识背景、爱好、个性等都有自己的特点,且在不断发生着变化。在教学中,把中国政治文献中所蕴含的政治文化知识、哲学知识等深入学生脑海,在把握大的方向原则的基础上,最大限度地激发学生的求知欲,保护学生的创新精神,深耕设计教学,使每个学生充分展示自己的才华,赋予学生最大的发展和成长空间,使他们成长为区别于他人的、具有强大生命力的生命个体。同时,中国政治文献内容丰富,课堂教学时间是有限的,要注重培养学生的可持续发展能力。把课堂上学生学习的情况和课外的表现相结合,了解学生在学习过程中情感、态度、能力等方面的情况,最大限度促进、支持学生的全面发展,为学生的可持续发展注入动力,为传播和发展中国政治文献注入持久动力。

(三)运用多元化评价方式

多元化评价方式是指既要关注中国政治文献外译教学成果和学生成绩,更要关注教学过程与教学环节,关注学生的个体差异和内部生命成长,关注教学价值和意义。多样化的评价方式需要学校、教师和学生共同参与,使得评价主体多元、评价内容多维、评价方法多样、评价标准多角度。加大对学生中国政治文献外译学习过程的评价措施,重视过程性评价,帮助教师及时辨别学生强项和弱项,依据其确定继续学习还是加强过程中的强化,激励学生参与多种形式的教学活动,尤其是增加亲身体验和合作学习的机会,让学生明确自己在外译学习中需要努力的方向,促进学生自我反思、自我提高,真正让学生享受学习的过程,提高学习兴趣,形成较强的学习动机,增加学生的自我效能感。在教学后阶段,做好师生的外译测试和外译教学的评估工作,以期教师提升外译教学水平。

第四节　结语

中国政治文献外译要求翻译人员必须具备家国情怀,课程怎么教,不同的老师、不同的学生没有一定的成规,只要能达到既定的教学目标即可。教学中以课堂教学为主要载体,配合多种形式的辅助教学,丰富学习内容和形式,不断提高学生的翻译基础知识和技能。或许,不同的译者对中国政治文献含义有着不同的理解,影响着教师的教学和学生的翻译结果,因此教师必须在中国政治文献文本中把握大的方向、原则,尤其是要恰如其分地传递意识形态正确的价值观念。中国政治文献外译课程的设置,是对课程思政的践行,既对外语类专业学生语言技能、语言学习持续、跨学科研究能力、人文素养的不断提升具有重要的意义,又能培养学生的国家意识和国际意识。课程的开设立足翻译学科发展,对强化语言学习、培育翻译人才,对服务国家战略、服务学科布局有重要作用。

中国政治文献外译教学,作为中国政治文化传播的途径之一,对扩大中国政治文献的传播和受众面、加强国际传播能力建设,加快构建中国特色哲学社会科学学科体系、学术体系、话语体系的助推作用是显而易见的。正如党的二十大报告中提到的,我们要推进文化自信自强,铸就社会主义文化新辉煌。中国文化要"走出去",中国声音要"传播出去",中国方案要"贡献出去",把中国的政治文化翻译成外语对每个翻译工作者而言无疑是一种很大的挑战。因此,翻译教学需提倡终身教育,除了学校课堂的教育,学习者、研究者、译者也需进行大量的翻译工作实践和经验的积累,需要经过长时间的实践锻炼,才能成为中国政治文献外译合格的译者和政治文化的传播者。

(本章撰写:徐淑贞)

参考文献

[1]陈双双.构建中国政治文献外译研究体系的现实意义[J].天津:天津外国语大学学报,2020,27(3).

[2]陈双双.中国政治文献外译目的研究系统的构建[J].中州大学学报,2021,38(5).

[3][捷]夸美纽斯.大教学论[M].傅任敢,译.北京:教育科学出版社,2011.

[4]何魏魏,耿小超.中学西传:译者主体性与文献翻译政治性的统一[J].考试与评价(大学英语教研版),2020(6).

[5]黄雪.政治文献英译的中国国家形象话语建构[D].大连:大连外国语大学,2021.

[6]黄勇民.翻译教学与研究(第一辑)[M].上海:复旦大学出版社,2011.

[7]敬露阳.中外文化翻译教学与实践研究[M].长春:吉林人民出版社,2019.

[8]梁天柱,李海勇,鞠艳霞.外语翻译与文化融合[M].北京:九州出版社,2018.

[9]刘和平.翻译学:口译理论和口译教育[M].上海:复旦大学出版社,2017.

[10]罗琼.翻译教学与研究初探[M].西安:西安交通大学出版社,2017.

[11]邵志洪.翻译理论、实践与评析[M].上海:华东理工大学出版社,2017.

[12]苏辛欣.跨文化交际视域下的翻译教学[M].长春:吉林人民出版社,2019.

[13]王宏志.翻译史研究[M].上海:复旦大学出版社,2018.

［14］武光军.翻译教学中的学习者因素研究［M］.上海：上海交通大学出版社，2018.

［15］许建忠.翻译教育学［M］.天津：天津社会科学院出版社，2021.

［16］许钧，穆雷.翻译学概论［M］.南京：译林出版社，2009.

［17］徐媛媛.翻译教学与翻译人才培养创新研究［M］.延吉：延边大学出版社，2018.

［18］于丽.评价理论视角下政治文献翻译中译者的主体性研究［J］.外语学刊，2021（6）.

［19］周兴华.翻译教学的创新性与前瞻性体系研究［M］.长沙：湖南师范大学出版社，2018.

［20］朱耀先，张香宇.政治·文化·翻译［M］.郑州：河南人民出版社，2010.

［21］习近平.习近平谈治国理政［M］.北京：外文出版社，2014.

终　章

第一节　本研究的总结

本书首先回顾了我国相关翻译、梳理了中国政治文献翻译与外译教学的发展、现状、成绩、教学、科研和展望。在前人研究的基础上，借助翻译文化转向理论探讨了中国政治文献英、法、俄、日等多语种外译教学实践，提出"政治文化"在对外翻译、教学实践中的应用。我们学习贯彻习近平新时代中国特色社会主义思想，坚持"两个确立"、做到"两个维护"、增强"四个意识"、坚定"四个自信"，具体落实好"三进"工作，服务国家战略，做好中国文化传播，为党育人为国育才，将中国政治文献外译教学与研究活动融入民族大业、社会发展、国家繁荣之中，以期培养出具有家国情怀、全球视野、融通中外、过硬专业本领，讲好中国故事，堪当民族复兴大任的专业人才。同时形成与我国国际地位相匹配的国际话语权，推动中国更好地走向世界，让世界更好地理解中国。

我们项目组的全体同志历时近三年时间，基于"文化转向"理论服务于中国政治文献多语外译，将构思、设计在翻译教学实践中加以尝试探索。同时，根据实际需要，利用了大量的业余时间，进行课题探讨、沟通、撰写交流。

提起翻译，在我国一般是将外文译成中文居多。从 1978 年中国共产党十一届三中全会，我国将工作重心转移到经济建设上来，通过国家的不断积累和几代人艰苦卓绝的奋斗打下了良好的基础，特别是在党的十九大以来，随着我国综合国力稳步提升,在学习世界一切先进文明的同时,我们也需要将"中华文明"和"现代中国"传向世界,国际社会也需要了解一个真实、可信、立体的中国形象。我国也需要正确表达自己的观点,向世界表达自己的诉求,传达"中国之声"、体现"中国智慧"、提出"中国方案"、讲好"中国故事"。在此前提下,我们外语人自然要有意识地将时代所需融入自己的学习工作层面,提升对外翻译水平和国际传播能力。我们要不断与时俱进,不断学习新知识,磨炼中译外技巧,参与对外翻译实践活动,服务好国家战略。将个人的理性思考、社会实践代入课堂,运用丰富、生动、实用的教学案例来服务教学,培育堪当大任的专业人才。

本研究试图在"文化转向"翻译理论框架下,通过多语种外译教学实例的研究探讨、实证分析,寻求中译外实践过程中如何从意识形态的传达、中外语能力、语言外能力、翻译知识能力、工具能力等多个维度培养出合格的外译人才。具体以中国政治文献的多语种文本为题材,提出多语种翻译外译教学模式,力争培养学生翻译出对象国人民易于理解、易于接受的文本形式。同时尝试在大学本科和硕士教育中引入思政进课堂的教学模式,在翻译教学过程中潜移默化地形成"政治文化"理念,为国家培养政治立场过硬的实用型外语人才。

对外话语体系是一国向外部世界阐述其思想理论体系和知识体系的表达形式。在研究过程中,我们通过对相关语种带有语言特色的、较好的表达方式来呈现译文,进而达到受众易于接受的效果,简单归纳不进一步展开,希望为外译人员提供参考借鉴。

第一,我们查阅了大量的时政文献、对译语料、网站素材,通过语言间的对比、不同版本的翻译,学习、调研了一手资料,为准确把握好译文、分析了解译文的表达方式、规律、同一语意多种近似表达等,做了大量工作。我们希望能从实际案例中得到有益的启示。

第二,我们借助计算机系统对有关语料进行了数据统计,将教育学理论与多语外译教学实践的应用,以图表的形式进行分析、验证,确保实证研究结论的真实性和可靠性。通过教师与学习者之间的教学互动,将专业学习与课程思政有机融合,使枯燥的文字翻译与学习者关心的、周围的现实问题体现在外译教学中。通过对学习结果的分析以及反思我们在教学过程中的问题,提高教学效果,使我们的教学活动更具有目的性和针对性。

第三,中国政治文献的外译反映了国家意志,是国家翻译实践活动的具体表现,体现了国家形象与对外话语地位,也是对外翻译的较高境界。这就要求译者、相关从业人员不但具有一般外语人所必须具备的双语转换能力和应有的其他属性,还要求其具备可靠的政治素养、敏锐的政治文化和民族精神。在实际操作和教学科研上,要做到译文思想正确、客观公正、真实无误、读者易于接受。

第四,随着时代的发展,基于作者时代、文化、喜好、经历、背景等诸多因素,语言的表达是有变化的。在中译外时,今天的表达与过去有了较大的变化,归根结底还是表达方式的问题。无论是中外语言的历时性还是共时性,总的来说呈变化之势。因此在中国政治文献外译方面,作为相关工作者不但要对语言的变化、翻译方法保持敏感度,还要对相关理论、行业动态有所关注,要做到知己知彼、与时俱进。

第五,在外译教学科研方面,教师要真心热爱、孜孜不倦、勤于思考、持之以恒、身体力行。外语专业面临新文科、高等教育普及化、以 ChatGPT 为代表的新技术方面的挑战,中国政治文献的外译教学是一个新事物,任课教师的学习、积累、磨练是不可或缺的基本功,要不断探索有特色、有品位、既有温度又易于学生接受的实用的教学模式,培养学习者基本的外译常识,有效提高学习者的汉外双语实际运用能力、应用方策能力、中国话语国际传播能力、交流思辨新技术运用能力,为有志于外译的高端人才打下良好的发展基础,在立德树人、国际传播能力、适应社会需求、终身学习上培育新人。

第二节　本课题的理论和应用价值

本课题在前人研究的基础上,提出"文化转向"理论在中国政治文献多语外译教学实践中的具体应用。

其理论价值为,"文化转向"在新时期中国政治文献多语种外译教学实践的应用,在此框架下探索外语专业人才的培养路径。在准确表达原文思想的前提下,探索贴近译出语的表达方式,且使读者易于理解、接受翻译文本。服务好国家战略、做好外宣工作,将中国的声音准确、有效、真实、可信、全面地传达给外国读者。在理解中文的前提下,把握好意识形态、引入"文化转向"理论,形成"政治文化"理念,运用在多语种外译实践活动中,符合国家育才导向,有利于拓展中国政治文献多语外译的主题研究。使世界更好地理解中国,文明互鉴、推进人类命运共同体的构建,发展中国政治文献多语外译理论。任何理论只有付诸实践才能证明其有效性,本课题探索了"政治文化"在政治类文本的翻译过程、翻译效果及翻译应用中的作用。

其应用价值为,随着中国经济的发展以及国际地位的不断提升,我们已经从"翻译世界"向"翻译中国"转变,就需要有相适应的高素质人才从事中国政治文献外译工作。通过教学实践、案例探讨,有利于增强中国政治文献外译人才培养的针对性、实效性和实现"育人",讲好中国故事,传播好中国好声音,有利于中国文化"走出去"。厘清中国政治文献外译的渊源,从政治素材的视角,通过系统研究有效的训练实践,培养外宣人才,服务于有关单位提供教学参考。

特点:中国政治文献多语外译立论明确,内容表述准确,准确、客观、时效、完整,政治文化鲜明,代表国家形象,体现国家意志,达到受众易于接受的语言,传达中国声音,向世界呈现中国话语的表达。

重点:包括以下几个方面。

一是文化转向理论的实际应用。阐述中国政治文献外译过程中,如何有效地运用文化转向理论,将现代中国的声音传向世界。通过多语种翻译实践与教学,探索非母语话语者在中国政治文献外译时,如何调动自身的所有机能,将表达内容较准确地呈现出来并使受众易于接受。

二是中国政治文献外译内容选择与教学模式设计。在传统翻译理论的基础上,试图探索符合当代中国实际的政治文献类翻译规律,分析研究中国政治文献外译受众结果的数据,引导学习者使用恰当的翻译方法。同时在中国政治文献外译时,以习近平新时代中国特色社会主义思想为引领,注意政治文化和课程思政的运用,从政治、经济、法律、宗教、伦理等多方面,梳理出文献中需要对外传达的意识形态重点内容,体现在词汇、语法、句子、篇章、表达方式等外译教学的诸多方面,最终实现文本外译的地道表达。引导学习者翻译出各语种恰当的外译文本。

三是统计与假设检验。在外译教学过程中通过数次数据的采集,正确解释统计结果,结合对外翻译及政治、文化环境因素等研究指向,得出样本的描述性分析。以利于检验当下教学效果以及今后教学的实施。首先,建立描述数据资料的拟定标志和变量,实现变量赋值和分类,确定变量维度,制作编码表并进行编码。区分变量的层级划分,即定类变量、定序变量和度量变量。其次,为了测量的准确性和可靠性,对变量进行操作化定义。根据变量性质选择合适的统计分析方法。最后,在数据分析的基础上,正确解释统计输出结果,结合对外翻译及政治、文化环境因素等研究指向,得出样本的描述性分析。本研究的终极目标是以描述性统计为基础,推断总体参数或进行假设检验,以实现文科教师也能用理科工具为教学服务的新文科设想,为比较不同班级、教师和学科之间的学习成果提供基础,解决学生自我评价报告缺少一定的客观性和标准性的问题,同时探索学生个体转变效果的量化指标与教学法面向班级整体之间的因果关系,通过有效的手段评价外译教学的效果。

难点:包括以下几方面。

一是文献语料的选择与外译教学的课程设置。在现有教材、中国政治文献时政素材、结合现实问题的基础上,有机融入课程思政元素,选出适合外译教学的案例,结合国家战略、外宣重点、受众、学习者的接受情况等因素进行综合选材,训练学生用外语表达"中国声音"的意识和能力。需要教研人员在数据分析的基础上,提出切实有效的教学法,以期提高中国政治文献外译的教学质量。

二是政治文化在翻译过程和翻译教学中的导入。因非母语话语者在多语外译中受到政治经济、意识形态、文化背景、民族意识、语言实践、心理等诸多因素的影响,试图从多语种合作中发现规律,以文化转向理论为主,突出政治文化概念,突破传统的教学模式,将外语与新时代中国特色社会主义思想、对外传媒、外交学、国际政治等基本常识融入课堂,探索新型教学和翻译实践模式。

三是传统的翻译思维与现实的外译表达。传统的翻译效果大都考察是否达到翻译目标、是否实现原文与译文对等，同时高度抽象的思维、表达方式、人为因素、国家意志、对外话语、受众接受度、知识融合在外译中的应用，也需要考虑文字以外的因素。翻译行为和检验效果除了译者的主观因素，还导入科学的数据分析，将实践经验、翻译理论和数据验证结合起来，分析并得出合理的结论。

四是对于教学效果的检验。学习的效果测量是基于信息回忆及对翻译文本的分析、归纳能力的掌握，对学习效果的量化存在一定的困难。需要转化为可统计的、具备可读性的评价指标。因此对评价量表的信度、效度建立和评价，以及测量方法是实现评价量化的难点。

第三节　今后的课题与展望

众所周知，在对外宣传中英语处于世界通用地位，这决定了英语的"领头羊"地位在中国政治文献外译方面也是如此。跟随其后的就是法语、俄语、西班牙语、阿拉伯语、日语、德语、葡萄牙语等。除了联合国工作语言，还与其语言的使用人口、国家历史、经济实力、对世界的影响密切相关。各高校根据自身的办学特点和力量，一般外语院校均开设了这些学科、设置了相关专业，综合院校、特色院校均呈现选择开设的现状。截至 2022 年 6 月，本科、硕士研究生阶段的课程教学多以对象国的文学类的题材教学，占比较大。中国政治文献外译作为课程设置，体现在现实的教学中尚属鲜见。事物的认识发展都有一个过程。新中国的发展也是这样，随着历届党和国家领导人带领中国人民不懈的努力和艰苦卓绝的奋斗，我国经济、军事、政治、外交等实力不断上升，取得举世瞩目的成绩。我们已经完成了"站起来""富起来"工作任务。特别是党的十八大以来，为实现伟大的中华民族的伟大复兴，我们在中国共产党和"习近平新时代中国特色社会主义思想"的指引下，正奋进在国家"强起来"的道路上。据此，我们的教育也要服务国家战略，在学习世界上一切先进的文化文明、坚持改革开放的同时，还要坚持

"四个自信",讲好中国故事、展示中国智慧、提高中国话语地位、占领舆论主动。国家宏观"顶层设计"、教育部"具体指导",贯彻"三进课堂""课程思政"、使用"多语种'理解当代中国'系列教材"等举措,有条不紊地推进实施,填补不足。

下一步在教学过程中,要不断提高培养专业人才的水平,理解和表达可信真实全面的中国,讲好中国故事,提高中国话语的综合应用能力,加大非通用语言的师资、经费、时政翻译笔译口译的教学、实践以及多语种合作、社会服务等方方面面的投入,做好教师实践与理论结合,坚持终身学习的导向,培养出本科"基础全面"、硕士"实论结合"、博士"重视实践学术研究"的不同层次的翻译人才。通过本项目组对课题的粗浅探究,我们认为中国政治文献外译教学,要以习近平新时代中国特色社会主义思想为指导,全面贯彻党的二十大精神,培养学习者具有家国情怀和远大的格局,坚持社会主义核心价值观,知晓政府治国方略和中国国情国策。培养学生掌握一般中国话语外译技能,把握国际传播规律,兼备翻译能力和国际传播意识的融合,服务国家文化对外传播与国际交流战略大局,培养政治立场坚定、语言知识扎实的时政文献翻译人才。本研究达到了研究的预期目标,探讨了中国政治文献多语外译教学的概况,提出了中国政治文献外译过程中"政治文化"的观点。由于我们水平所限,对一些范畴还存在分析探讨不到位、不全面或尚待探讨的问题,中国特色的外译表达是我们今后继续研究的课题。学习没有止境,研究也不会停止。我们会在本研究的基础上,借鉴前人研究,关注海内外行业动态,不断思考,提出新的相关研究课题,突破自身的现有水平。

希望在今后的中国政治文献多语种外译教学中在以下方面有所提升:理解当今中国国情、提升政治敏感度和政治文化素养,熟悉政治话语表述,夯实现代汉语水平,磨炼外文受众表达与技巧,对比中外文差异,与时俱进、时时学习同时掌握好新词新语的使用,利用好行业规范、网络工具和资源数据,注意中外合作等。以最佳的译文展现我国外语人的综合素质,传达正确的"中国之声",表现强国风范,与时代共舞!

（本章撰写:徐淑贞）

后 记

本项目在申请立项的时候,没有志在必得的动机,只是分析了国家战略和教学实际,根据每位教师的研究方向以及学术成果,确定了个人的研究要与国家需求紧密相关,具有理论造诣的教师提出研究理论,然后大家附议。在学校的支持、专家的指导下,尝试着进行前期讨论、申报方向等准备工作。庆幸的是本项目成功获得了 2021 年度教育部人文社会科学研究规划基金项目立项,这是我们没有想到的。

天道酬勤,机会是留给有准备的人的。项目获批后,参加项目研究的老师们倍感珍惜,以一种学习的心态推进课题研究。团队成员各具优势,相互学习、共同切磋,任劳任怨,反复自查修改稿件。大家在探讨和撰写过程中,牺牲了大量的业余时间,不计报酬,对所承担的部分认真准备、大胆设想、小心求证。大家在教学研究中成长,在课题科研中提升撰写能力,做到科研、教学双促进。

在本书出版之际,天津社会科学院出版社社长、总编辑高潮女士,副总编辑吴琼女士给予我们鼎力相助和出版指导。此外,对我们书稿给予专业指导的专家有天津外国语大学校长、英语博士生导师陈法春教授,国内日语界知名专家、教育部高校外国语言文学类教学指导委员会副主任委员、天津外国语大学原校长、日语博士生导师修刚教授,教育部高校外国语言文学类教学指导委员会俄语分会副主任委员、天津外国语大学翻译与跨文化传播研究院院长、天津外国语大学原副校长、俄语博士生导师王铭玉教授,河北工业大学法语系主任邓颖副教授等。此外,项目责任单位天津外国语大学滨海外事学院院长曹家为教授、教学副院长玄以晶副教授也从科研、教学、管理层面给予我们悉心的指导和全方位的支持。教育部的主管部门、学校的职能部门也给予我们有力的支持。在项目组自审过程中,崔杰研究员认真仔细地对全稿进行了通读。在此我们一并向给予我们帮助的有关单位、人士致以崇高的敬意和衷心的感谢!

本书的付梓是对中国政治文献多语种外译教学研究的一种探讨与尝试,我们的研究是在前人研究的基础上进行补充探究所形成的。如果能够起到抛砖引玉的作用,我们会感到无比的欣慰。虽然撰写人员尽心尽力,但是由于我们的水平所限,书中还有很多不成熟、尚需完善之处,错讹在所难免,敬请广大读者和专家不吝赐教。

最后,感谢教育部对我们项目组的信任,感谢各级领导的栽培、行业专家的指导和恩师的教诲,谨以本书庆祝中华人民共和国成立 75 周年、天津外国语大学建校 60 周年、天津外国语大学滨海外事学院建院 20 周年,并以此书献给默默支持我们工作的学生和家人!

全体参编人员
2024 年 5 月记